Lebesgue 测度与积分
——问题与方法

陈建仁 宋福陶 孙玉莉 编著

哈尔滨工业大学出版社
HARBIN INSTITUTE OF TECHNOLOGY PRESS

内容简介

本书围绕 Lebesgue 测度与积分及其相关内容,总结和归纳了一些常用的解决问题的方法,并通过若干典型例题加以说明.每一章后都配备了一定数量的习题,而且每题都有较为详细的解答,并尽量做到通俗易懂.

本书注重方法的讲解,因而对于初学者可以起到事半功倍的效果,对于备考研究生会有很大的帮助,也可以作为"实变函数"任课教师的参考书.

图书在版编目(CIP)数据

Lebesgue 测度与积分:问题与方法/陈建仁,宋福陶,孙玉莉编著. —哈尔滨:哈尔滨工业大学出版社,2011.6
ISBN 978-7-5603-3314-4

Ⅰ.①L… Ⅱ.①陈…②宋…③孙… Ⅲ.①实变函数 Ⅳ.①O174.1

中国版本图书馆 CIP 数据核字(2011)第 121500 号

策划编辑	杜 燕 赵文斌
责任编辑	唐 蕾
出版发行	哈尔滨工业大学出版社
社 址	哈尔滨市南岗区复华四道街10号 邮编 150006
传 真	0451—86414749
网 址	http://hitpress.hit.edu.cn
印 刷	东北林业大学印刷厂
开 本	787mm×960mm 1/16 印张 13.25 字数 288 千字
版 次	2011年6月第1版 2011年6月第1次印刷
书 号	ISBN 978-7-5603-3314-4
定 价	29.80 元

(如因印装质量问题影响阅读,我社负责调换)

前　言

　　Lebesgue 测度与积分是"实变函数"中的核心内容,其思想方法适于处理无穷(可列)过程,因而用来解决各种分析问题就变得非常简单.但是这种简单是有代价的,就是对无穷集更为细致的认识,尤其要把握集合各种各样的分解和合成,而这些都是数学分析中所未见到的."实变函数的每一道习题都似乎是一个挑战,它们似乎没有关联,一道题一个方法",初学者常常会有如此的感慨.

　　笔者曾讲授过多个版本的实变函数,也常感受到学生们的无奈,故而一直试图总结出若干方法用来指导解决相关的问题.本书即是围绕方法展开,在某一方法下罗列出若干问题.每个问题,包括书后的习题,都给出了详尽的解答,尽量做到通俗易懂和一题多解.

　　本书共分五章,每章第一节都是一些必备的基础知识,事实上这里也包括了笔者对部分知识的评注和总结以及对容易犯错地方的提示,这些来源于笔者多年的教学经验.随后的各节用来论述本章涉及的某类问题,尽量做到对相关的命题及例题作出适当编排,以便读者容易产生联想.每章的习题都列到该章的最后,以便读者综合运用掌握的方法来解决问题.

　　笔者选择的问题都是从最简单情形开始的,渐次递进,使随后稍复杂的想法和技巧都显得顺其自然,这是笔者想达到的,也希望读者能够感受到.本书包括了若干流行实变函数教科书书后习题以及部分院校实变函数研究生试题.

　　当然学习是从模仿开始的,有些问题也有一定的难度,不知如何下手,即便如此,使用本书时,笔者还是希望读者能尽量独立地解决问题,在扎实提高能力的同时,也能体会到成功的喜悦!

　　欢迎读者提出宝贵意见,笔者将不胜感激!

编　者

2011 年 6 月 16 日

目 录

第1章 集合运算与 R^n 中的点集、可数集与集合的基数、可测集 ……… 1

  1.1 基本概念及主要定理 ……………………………………………… 1
  1.2 集合的运算及其分解 ……………………………………………… 8
  1.3 可数集与集合的基数 ……………………………………………… 12
  1.4 可测集 …………………………………………………………… 17
  练习题 1 …………………………………………………………… 23

第2章 可测函数与依测度收敛 ……………………………………… 31

  2.1 基本概念及主要定理 ……………………………………………… 31
  2.2 可测函数 ………………………………………………………… 35
  2.3 依测度收敛 ……………………………………………………… 39
  2.4 典型题选解 ……………………………………………………… 42
  练习题 2 …………………………………………………………… 47

第3章 Lebesgue 积分 ……………………………………………… 52

  3.1 基本概念及主要定理 ……………………………………………… 52
  3.2 Lebesgue 积分的证明与计算(一) ………………………………… 56
  3.3 Lebesgue 积分的证明与计算(二) ………………………………… 61
  练习题 3 …………………………………………………………… 66

第4章 有界变差函数和微分 ………………………………………… 73

  4.1 基本概念和主要结论 ……………………………………………… 73
  4.2 有界变差函数 …………………………………………………… 76
  4.3 绝对连续函数 …………………………………………………… 83
  练习题 4 …………………………………………………………… 88

第5章 L^p 空间 …………………………………………………… 91

  5.1 基本概念和基本结论 ……………………………………………… 91
  5.2 典型例题和方法 ………………………………………………… 93

  5.3 L^2 空间 ··· 99
  练习题 5 ··· 102

练习题答案 ··· 106
  练习题 1 答案 ·· 106
  练习题 2 答案 ·· 136
  练习题 3 答案 ·· 157
  练习题 4 答案 ·· 182
  练习题 5 答案 ·· 193

参考文献 ··· 204

第1章

集合运算与 $\mathbf{R}^n$ 中的点集、可数集与集合的基数、可测集

1.1 基本概念及主要定理

1.1.1 集合及其运算

1. 具有一定性质的对象的全体称为一个集合. 设 A,B 是两个集合, 若 $A \subset B$ 且 $B \subset A$, 则称集合 A 与 B 相等或相同, 记 $A = B$.

2. 设 $\{A_\alpha\}_{\alpha \in I}$ 为一集合族, $\forall \alpha \in I, A_\alpha \subset X$, 称集合
$$\bigcup_{\alpha \in I} A_\alpha = \{x \in X : \exists \alpha \in I, 使 x \in A_\alpha\}$$
为集族 $\{A_\alpha\}_{\alpha \in I}$ 的并集; 称集合
$$\bigcap_{\alpha \in I} A_\alpha = \{x \in X : \forall \alpha \in I, x \in A_\alpha\}$$
为集族 $\{A_\alpha\}_{\alpha \in I}$ 的交集.

3. 对任意集合 A 及集合族 $\{A_\alpha\}_{\alpha \in I}$, 如下运算规律成立.
$$A \cap \left(\bigcup_{\alpha \in I} A_\alpha\right) = \bigcup_{\alpha \in I}(A \cap A_\alpha)$$
$$A \cup \left(\bigcap_{\alpha \in I} A_\alpha\right) = \bigcap_{\alpha \in I}(A \cup A_\alpha)$$

4. (De Morgan 定律)
$$\left(\bigcup_{\alpha \in I} A_\alpha\right)^c = \bigcap_{\alpha \in I} A_\alpha^c, \quad \left(\bigcap_{\alpha \in I} A_\alpha\right)^c = \bigcup_{\alpha \in I} A_\alpha^c$$

利用 $A \setminus B = A \cap B^c$ 及上面的等式, 容易证明

$$A\setminus(\bigcup_{\alpha\in I} A_\alpha) = \bigcap_{\alpha\in I}(A\setminus A_\alpha),\quad A\setminus(\bigcap_{\alpha\in I} A_\alpha) = \bigcup_{\alpha\in I}(A\setminus A_\alpha)$$

5. 设 A,B 是两个集合,称 $A\triangle B = (A\setminus B)\cup(B\setminus A)$ 为 A 与 B 的对称差.

6. 设 $\{A_k\}$ 是一个集合列,若 $A_1 \supset A_2 \supset \cdots \supset A_k \supset \cdots$,则称此集合列为递减集合列,此时称其交集 $\bigcap_{k=1}^{\infty} A_k$ 为集合列 $\{A_k\}$ 的极限集(极限),记为 $\lim_{k\to\infty} A_k$;若 $\{A_k\}$ 满足 $A_1 \subset A_2 \subset \cdots \subset A_k \subset \cdots$,则称此集合列为递增集合列,此时称其并集 $\bigcup_{k=1}^{\infty} A_k$ 为 $\{A_k\}$ 的极限集(极限),记为 $\lim_{k\to\infty} A_k$.

设 $\{A_n\}$ 是集合列. 令 $B_n = \bigcup_{k=n}^{\infty} A_k$,则易知 $B_1 \supset B_2 \supset \cdots \supset B_n \supset \cdots$,称

$$\lim_{n\to\infty} B_n = \bigcap_{n=1}^{\infty} B_n = \bigcap_{n=1}^{\infty}\bigcup_{k=n}^{\infty} A_k$$

为 $\{A_k\}$ 的上极限集(上限集),记为 $\varlimsup_{k\to\infty} A_k$,即

$$\varlimsup_{k\to\infty} A_k = \bigcap_{n=1}^{\infty}\bigcup_{k=n}^{\infty} A_k$$

类似的,称集合 $\bigcup_{n=1}^{\infty}\bigcap_{k=n}^{\infty} A_k$ 为 $\{A_k\}$ 的下极限集(下限集),记为 $\varliminf_{k\to\infty} A_k$,即

$$\varliminf_{k\to\infty} A_k = \bigcup_{n=1}^{\infty}\bigcap_{k=n}^{\infty} A_k$$

若集合列 $\{A_k\}$ 的上、下限集相等,则说 $\{A_k\}$ 的极限存在并等于上限集或下限集,记为 $\lim_{k\to\infty} A_k$.

若 $\{A_k\}$ 为单调递增(减)集合列,易知其上、下限集一定相等,且等于 $\bigcup_{k=1}^{\infty} A_k$(或 $\bigcap_{k=1}^{\infty} A_k$).

有下列事实:

(1) $\varlimsup_{n\to\infty} A_n = \{x \mid \forall n, \exists k \geqslant n, x \in A_k\}$.

(2) $\varliminf_{n\to\infty} A_n = \{x \mid \exists n_0, \forall k \geqslant n_0, x \in A_k\}$.

集合列 $\{A_k\}$ 的上、下限集有如下明显的关系:

(1) $\varliminf_{k\to\infty} A_k \subset \varlimsup_{k\to\infty} A_k$.

(2) $E \setminus \varlimsup_{n\to\infty} A_n = \varliminf_{n\to\infty}(E\setminus A_n)$.

(3) $E \setminus \varliminf_{n\to\infty} A_n = \varlimsup_{n\to\infty}(E\setminus A_n)$.

其中 E 为 $\mathbf{R}^n$ 的任一子集.

7. 设 X,Y 是两个集合,称 $X\times Y = \{(x,y) \mid x \in X, y \in Y\}$ 为 X 与 Y 的直积集.

8. 设 $A \subset X$,作映射 $\chi_A(x) = \begin{cases} 1, & x \in A \\ 0, & x \in X\setminus A \end{cases}$,称 $\chi_A: X \to \mathbf{R}^1$ 是定义在 X 上的 A 的特征函数.

特征函数尽管定义简单,但在本课程中非常重要. 它常将集合运算转化为函数的运算.

1.1.2 可数集与集合的基数

1. 设 A,B 是两个集合,若存在一个从 A 到 B 上的一一映射,则称集合 A 与 B 对等,记为 $A \sim B$. 若集合 A 与集合 B 对等,则称 A 与 B 的基数或势是相同的,记为 $\overline{\overline{A}} = \overline{\overline{B}}$. 若 $A \sim C \subset B$, 则称 $\overline{\overline{A}} \leqslant \overline{\overline{B}}$;若 $A \sim C \subset B$ 但 A 不与 B 对等,则称 $\overline{\overline{A}} < \overline{\overline{B}}$.

2. (Cantor-Bernstein) 若集合 X 与 Y 的某个真子集对等,Y 与 X 的某个真子集对等,则 $X \sim Y$. 特别的,若 $A \subset B \subset C$,且 $A \sim C$,则 $A \sim B \sim C$.

3. (无最大基数定理) 设 A 是任意集合,$M = P(A)$ 是 A 的所有子集组成的集合,则 $\overline{\overline{M}} > \overline{\overline{A}}$.

4. $\mathbf{N}^*$ 为正整数集,记 $\overline{\overline{\mathbf{N}^*}} = \aleph_0$. 若 $A \sim \mathbf{N}^*$,则称 A 为可列集. 有限集与可列集统称为可数集(或至多可列集). 可数集有如下性质:

(1) 任意无限集必包含一个可列子集.

(2) 若 $A_n (n=1,2,\cdots)$ 是可数集,则并集 $A = \bigcup_{n=1}^{\infty} A_n$ 也是可数集.

(3) 设 $A_k (k=1,2,\cdots,n)$ 是可数集,则 $A_1 \times A_2 \times \cdots \times A_n$ 是可数集.

(4) 设 A 是无限集且其基数为 α,若 B 是可数集,则 $A \cup B$ 的基数仍为 α.

5. 区间 $(0,1)$ 不是可列集:记 $\overline{\overline{(0,1)}} = c$,有 $\overline{\overline{(0,1)}} = c > \aleph_0 = \overline{\overline{\mathbf{N}^*}}$. 若 $A \sim (0,1)$,则称 A 具有连续基数. 设 $\{A_k\}$ 是集合列,且每个 A_k 的基数都是连续基数,则其并集 $\bigcup_{n=1}^{\infty} A_k$ 以及集合 $A_1 \times A_2 \times \cdots \times A_n \times \cdots = \{(x_1, x_2, \cdots, x_n, \cdots) : x_n \in A_n (n=1,2,\cdots)\}$ 都具有连续基数.

6. 以 $2^{\aleph_0}$ 来记可数集的所有子集所构成的集合的基数,则有 $2^{\aleph_0} = c$.

1.1.3 $\mathbf{R}^n$ 中的距离及特殊点集、一般集合上的连续函数

1. 设 $x = (\xi_1, \xi_2, \cdots, \xi_n) \in \mathbf{R}^n$,令 $|x| = \sqrt{\xi_1^2 + \cdots + \xi_n^2}$,称 $|x|$ 为 x 的模(范数)或长度.

2. 设 $x, y \in \mathbf{R}^n$,称
$$d(x,y) = |x-y| = \sqrt{(\xi_1 - \eta_1)^2 + (\xi_2 - \eta_2)^2 + \cdots + (\xi_n - \eta_n)^2}$$
为 x 与 y 间的距离. 距离具有如下性质:

(1) $d(x,y) \geqslant 0, d(x,y) = 0 \Leftrightarrow x = y$.

(2) $d(x,y) = d(y,x)$.

(3) $d(x,y) \leqslant d(x,z) + d(y,z)$.

3. 设 $x \in \mathbf{R}^n$,E 是 $\mathbf{R}^n$ 中的非空点集,称
$$d(x,E) = \inf\{|x-y| : y \in E\}$$
为点 x 到 E 的距离;若 E_1, E_2 是 $\mathbf{R}^n$ 中的非空点集,称
$$d(E_1, E_2) = \inf\{|x-y| : x \in E_1, y \in E_2\}$$

为 E_1 与 E_2 之间的距离. 也可等价定义为
$$\inf\{d(x,E_2):x \in E_1\}$$
或
$$\inf\{d(E_1,y):y \in E_2\}$$

注 对任一非空集 $E \subset \mathbf{R}^n$, 距离函数 $f(x)=d(x,E)$ 为 $\mathbf{R}^n$ 上的一致连续函数. 这是由于 $\forall x,y \in \mathbf{R}^n$, 总有 $|d(x,E)-d(y,E)| \leqslant |x-y|$ 成立.

4. 设 $E \subset \mathbf{R}^n$. 若 $E' \subset E$(即 E 包含 E 的一切极限点), 则称 E 为闭集. 记 $\bar{E}=E \cup E'$ 为 E 的闭包, 则 E 为闭集 $\Leftrightarrow E=\bar{E} \Leftrightarrow E=\{x \in \mathbf{R}^n: \forall \delta>0, B(x,\delta) \cap E \neq \varnothing\}$.

闭集有如下性质.

(1) $\mathbf{R}^n, \varnothing$ 皆为闭集.

(2) 若 $F_1, F_2, \cdots, F_n$ 是闭集, 则 $\bigcup_{k=1}^{n} F_k$ 是闭集.

(3) 若 $\{F_\alpha: \alpha \in I\}$ 是 $\mathbf{R}^n$ 中的一个闭集族, 则 $\bigcap_{\alpha \in I} F_\alpha$ 是闭集.

注 若集合 E 的任一个开覆盖都有一个有限的子覆盖, 则称 E 为紧集, $\mathbf{R}^n$ 中一个集合 E 为紧集当且仅当 E 为有界闭集.

5. 设 $G \subset \mathbf{R}^n$. 若 $G^c=\mathbf{R}^n \setminus G$ 是闭集, 则称 G 为开集. 记 $\mathring{E}$ 为 E 的内点的全体, 称为 E 的内核, 则 E 为开集 $\Leftrightarrow E=\mathring{E} \Leftrightarrow \forall x \in E, \exists \delta>0$, 使 $B(x,\delta) \subset E$.

开集有如下性质.

(1) $\mathbf{R}^n, \varnothing$ 皆为开集.

(2) 若 $\{G_\alpha: \alpha \in I\}$ 是 $\mathbf{R}^n$ 中的一个开集族, 则其并集 $G=\bigcup_{\alpha \in I} G_\alpha$ 是开集.

(3) 若 $G_k(k=1,2,\cdots,m)$ 是 $\mathbf{R}^n$ 中的开集, 则 $G=\bigcap_{k=1}^{m} G_k$ 是开集.

注 $\mathbf{R}^1$ 中的非空开集可唯一地表示为可数个互不相交的开区间的并集; $\mathbf{R}^n$ 中的非空开集是可列个互不相交的半开闭矩体的并集; 若记 $\Gamma=\{B(x,\frac{1}{k}):x$ 是 $\mathbf{R}^n$ 中的有理点, k 是自然数$\}$, 则 $\mathbf{R}^n$ 中任一开集 G 也可表为 Γ 中某些开集的并集.

6. 设 $E=\bigcap_{k=1}^{\infty} G_k$, 其中 G_k 是 $\mathbf{R}^n$ 中的开集, 则称 E 为 G_δ 集; 若 $F=\bigcup_{k=1}^{\infty} F_k$, 其中 F_k 是 $\mathbf{R}^n$ 中的闭集, 则称 F 为 F_σ 集.

设 $\Gamma \subset P(X)$, 若满足以下条件, 则称 Γ 是一个 σ-代数.

(1) $\varnothing \in \Gamma$.

(2) 若 $A \in \Gamma$, 则 $A^c \in \Gamma$.

(3) 若 $A_k \in \Gamma(k=1,2,\cdots)$, 则 $\bigcup_{k=1}^{\infty} A_k \in \Gamma$.

由 $\mathbf{R}^n$ 中的一切开集构成的开集族生成的 σ-代数(即包含开集族的最小的 σ-代数)称为 Borel σ-代数, 记为 $\mathcal{B}$. 称 $\mathcal{B}$ 中的元素为 Borel 集.

闭集、开集、F_σ 集、G_δ 集都是 $\mathbf{R}^n$ 中的 Borel 集. Borel 集的余集, Borel 集合列的交集、并集

以及上、下极限集都是 Borel 集.

7. Cantor(康托) 集与 Cantor 函数：

将 $[0,1]$ 三等分，去掉中间的 $\frac{1}{3}$，记留下部分为

$$F_1 = \left[0, \frac{1}{3}\right] \bigcup \left[\frac{2}{3}, 1\right] = F_{1,1} \bigcup F_{1,2}$$

再将两部分各自三等分并各去掉中间部分，记留下部分为

$$F_2 = \left[0, \frac{1}{9}\right] \bigcup \left[\frac{2}{9}, \frac{1}{3}\right] \bigcup \left[\frac{2}{3}, \frac{7}{9}\right] \bigcup \left[\frac{8}{9}, 1\right] = F_{2,1} \bigcup F_{2,2} \bigcup F_{2,3} \bigcup F_{2,4}$$

如此进行下去，得到集合列 $\{F_n\}$，其中

$$F_n = F_{n,1} \bigcup F_{n,2} \bigcup \cdots \bigcup F_{n,2^n}, n = 1, 2, \cdots$$

作集合 $C = \bigcap\limits_{n=1}^{\infty} F_n$，则称 C 为 Cantor 集. Cantor 集有如下性质：

(1) C 是非空有界闭集.

(2) $C = C'$，即 C 是完全集.

(3) C 无内点.

(4) Cantor 集的基数是连续基数 c，即 $\overline{\overline{C}} = c$.

(5) Cantor 集是可测集，其测度 $m(C) = 0$.

$\forall x \in C$，存在 $\alpha_i, \alpha_i = 0, 1 (i = 1, 2, \cdots)$，使 $x = 2\sum\limits_{i=1}^{\infty} \frac{\alpha_i}{3^i}$，定义

$$\varphi(x) = \varphi\left(2\sum_{i=1}^{\infty} \frac{\alpha_i}{3^i}\right) = \sum_{i=1}^{\infty} \frac{\alpha_i}{3^i}$$

且令

$$\Phi(x) = \sup\{\varphi(y) : y \in C, y \leqslant x\}, \forall x \in [0, 1]$$

则称 $\Phi(x)$ 为 Cantor 函数. $\Phi(x)$ 是 $[0,1]$ 上的单调上升的连续函数.

8. 设 $f(x)$ 是 $E \subset \mathbf{R}^n$ 上的实值函数，$x_0 \in E$. 如果对 $\forall \varepsilon > 0, \exists \delta > 0$，当 $x \in E \bigcap B(x_0, \delta)$ 时，有 $|f(x) - f(x_0)| < \varepsilon$，则称 $f(x)$ 在 $x = x_0$ 处连续，称 x_0 为 f 的一个连续点. 若 f 在 E 上每一点连续，则称 f 在 E 上连续. 记 E 上连续函数的全体为 $C(E)$，即 $C(E) = \{f : f \text{ 在 } E \text{ 上连续}\}$.

由定义容易知道若 f 在 $\mathbf{R}^n$ 上连续，则 f 在 $\mathbf{R}^n$ 的任意子集上都连续. 一般的，若 f 在集合 E 上连续则一定在子集 $F \subset E$ 上连续，反之常常不成立.

注意到 $\forall x \in C$，Cantor 函数 $\Phi(x) = \varphi(x)$，因此，$\varphi(x)$ 是 C 到 $[0,1]$ 上的连续函数且 $\varphi([0,1]) = [0,1]$. 任取 $[0,1]$ 中的一个不可测集 A，则 $\varphi^{-1}(A) \subset C$. 由于 $m(C) = 0$，所以 $\varphi^{-1}(A)$ 一定是测度为零的可测集，这说明连续函数不保持集合的可测性.

连续函数具有如下事实.

(1) 设 E 是 $\mathbf{R}^n$ 中的紧集，$f \in C(E)$，则：

① f 在 E 上有界.
② $\exists x_0 \in E, y_0 \in E$,使 $f(x_0) = \inf f(E), f(y_0) = \sup f(E)$.
③ f 在 E 上一致连续.

容易知道,若 $E \subset \mathbf{R}^n$ 上的连续函数列 $\{f_k(x)\}$ 一致收敛于 $f(x)$,则 $f(x)$ 是 E 上的连续函数.

(2)(连续延拓定理) 若 F 是 $\mathbf{R}^n$ 中的闭集,$f(x)$ 是定义在 F 上的连续函数且 $|f(x)| \leqslant M(x \in F)$,则存在 $\mathbf{R}^n$ 上的连续函数 $g(x)$,满足
$$|g(x)| \leqslant M, g(x) = f(x), x \in F$$

(3) f 是 $\mathbf{R}^n$ 上的连续函数当且仅当对任意开集 $G \subset \mathbf{R}^1$
$$f^{-1}(G) = \{x \in \mathbf{R}^n : f(x) \in G\}$$
为 $\mathbf{R}^n$ 中的开集.f 是 $E \subset \mathbf{R}^n$ 上的连续函数当且仅当对任意开集 $G \subset \mathbf{R}^1$,存在开集 $O \subset \mathbf{R}^n$,使
$$O \cap E = f^{-1}(G) = \{x \in E : f(x) \in G\}$$

注 E 上的连续函数 f 是与 E 紧密相关的. 例:函数 $f(x) = \begin{cases} 1, & x \in \mathbf{Q} \\ 0, & x \in \mathbf{R}^1 \backslash \mathbf{Q} \end{cases}$,则 $f \in C(\mathbf{Q})$ 及 $f \in C(\mathbf{R}^1 \backslash \mathbf{Q})$,但 $f \notin C(\mathbf{R}^1)$.

1.1.4 可测集

1. 设 I 是 $\mathbf{R}^n$ 中的一个(有限)矩体,其边长分别为 $l_1, l_2, \cdots, l_n$,规定其体积 $|I|$ 为
$$|I| = l_1 l_2 \cdots l_n$$

设 $E \subset \mathbf{R}^n$ 若 $\{I_k\}$ 是 $\mathbf{R}^n$ 中的可数个开矩体,且有 $E \subset \bigcup_{k \geqslant 1} I_k$,则称 $\{I_k\}$ 为 E 的一个 L-覆盖.称
$$m^*(E) = \inf\left\{\sum_{k \geqslant 1} |I_k| : \{I_k\} \text{ 为 } E \text{ 的 } L\text{-覆盖}\right\}$$
为点集 E 的 Lebesgue 外测度. Lebesgue 外测度有如下性质:

(1) 非负性:$\forall E \subset \mathbf{R}^n, m^*(E) \geqslant 0$ 且 $m^*(\varnothing) = 0$.
(2) 单调性:若 $A \subset B$,则 $m^*(A) \leqslant m^*(B)$.
(3) 次可加性:$m^*(\bigcup_{n=1}^{\infty} A_n) \leqslant \sum_{n=1}^{\infty} m^*(A_n)$.
(4) 距离可加性:若 $d(A, B) > 0$,则 $m^*(A \cup B) = m^*(A) + m^*(B)$.
(5) 平移不变性:设 $E \subset \mathbf{R}^n, x_0 \in \mathbf{R}^n$,令 $E + \{x_0\} = \{x + x_0 : x \in E\}$,则
$$m^*(E + \{x_0\}) = m^*(E)$$

2. 设 $E \subset \mathbf{R}^n$,若对任意的点集 $T \subset \mathbf{R}^n$ 有
$$m^*(T) = m^*(T \cap E) + m^*(T \cap E^c)$$
则称 E 为 Lebesgue 可测集,其中 T 称为试验集.这一等式称为 Carathodory 条件.可测集的全体称为可测集类,简记为 μ.可测集有如下性质:

(1) $\varnothing$ 为可测集.

(2) 若 E 为可测集,则 E^c 为可测集.

(3) 若 E_1 为可测集,E_2 为可测集,则 $E_1 \bigcup E_2$,$E_1 \bigcap E_2$ 及 $E_1 \backslash E_2$ 皆为可测集.

(4) 若 $E_i(i=1,2,\cdots)$ 为可测集,则其并集也为可测集,若有 $E_i \bigcap E_j = \varnothing(i \neq j)$ 则
$$m(\bigcup_{i=1}^{\infty} E_i) = \sum_{i=1}^{\infty} m(E_i)$$
称该性质为测度的"可数可加性".

以上性质也说明了可测集类是一个 σ-代数. 由于开集一定是可测集,故 Borel 集一定是可测集.

3. 若 E 是可测集,则对任给的 $\varepsilon > 0$,有:

(1) 存在包含 E 的开集 G,使得 $m(G \backslash E) < \varepsilon$.

(2) 存在包含于 E 的闭集 F,使得 $m(E \backslash F) < \varepsilon$.

进而有:

(3) $E = H \backslash Z_1$,其中 H 是 G_δ 集,$m(Z_1) = 0$.

(4) $E = K \bigcup Z_2$,其中 K 是 F_σ 集,$m(Z_2) = 0$.

这说明对任一可测集 E,存在包含 E 的 G_δ 集 H,使 $m(H) = m(E)$;存在包含于 E 的 F_σ 集 K,使 $m(E) = m(K)$. 所以 Lebesgue 可测集类 μ 与 Borel 集类 B 仅差一个测度为 0 的集合类.

由于任意有界可测集总能包含在一个矩体里,其测度不大于该矩体的体积,因而一定是有限的;测度有限的集合不一定是有界集,例如 $\mathbf{R}^n$ 中的有理点集测度为零但无界.

若 E 含有内点 x_0,其外测度一定不为零. 事实上,由于存在 $\delta > 0$,使 $B(x_0, \delta) \subset E$,而可做一个矩体 $I_0 \subset B(x_0, \delta)$,所以 $m^*(E) \geqslant m(B(x_0, \delta)) \geqslant |I_0| > 0$.

$\mathbf{R}^n$ 中的不可测集是存在的. 实际上,对任意可测集 $E \subset \mathbf{R}^n$,若 $m(E) > 0$,则 E 中一定存在一个不可测的子集.

称上面 (3) 中的 H 为 E 的等测包,(4) 中的 K 为 E 的等测核. 事实上,对任意集 $E \subset \mathbf{R}^n$ 同样存在包含 E 的 G_δ 集 H,使 $m(H) = m^*(E)$,亦称 H 为 E 的等测包. 这个性质可以将有些外测度的问题转化成测度问题去解决.

4. 集合列的极限集与测度的关系.

(1) 设 $\{E_k\}$ 为递增可测集列 $E_1 \subset E_2 \subset \cdots \subset E_k \subset \cdots$,则 $m(\lim_{k \to \infty} E_k) = \lim_{k \to \infty} m(E_k)$.

(2) 设 $\{E_k\}$ 为递减可测集列 $E_1 \supset E_2 \supset E_3 \supset \cdots \supset E_k \supset \cdots$ 且 $m(E_1) < \infty$,则
$$m(\lim_{k \to \infty} E_k) = \lim_{k \to \infty} m(E_k)$$

(3) 设 $\{E_k\}$ 为任一个可测集列,则有
$$m(\varliminf_{k \to \infty} E_k) \leqslant \varliminf_{k \to \infty} m(E_k)$$

特别的,若存在 k_0 及集合 E,$m(E) < \infty$,而当 $k \geqslant k_0$ 时,恒有 $E_k \subset E$,则有

$$m(\varlimsup_{k\to\infty} E_k) \geqslant \varlimsup_{k\to\infty} m(E_k)$$

亦即一定有

$$m(\varliminf_{k\to\infty} E_k) \leqslant \varliminf_{k\to\infty} m(E_k) \leqslant \varlimsup_{k\to\infty} m(E_k) \leqslant m(\varlimsup_{k\to\infty} E_k)$$

这说明若集合列$\{E_k\}$存在极限,且满足存在k_0及集合$E,m(E)<\infty$,使当$k\geqslant k_0$时,恒有$E_k\subset E$,则$\{m(E_k)\}$亦存在极限,且$m(\lim_{k\to\infty} E_k)=\lim_{k\to\infty} m(E_k)$.

1.2 集合的运算及其分解

在实分析中,关注的集合运算主要是无穷交(并)运算,而其中最重要的当属集合列的交(并)运算(可列运算).这主要是因为诸如这样一些事实的需要,比如:可数个可数集的并仍为可数集,可数个可测集的交(并)仍然可测,可数个零测集的并仍是零测集,可测函数列的极限仍是可测函数以及若干个极限与积分的交换定理等.也正是这些结论的存在,使得可以将一个集合分解成可列个相对简单集合的交(并),以达到简化问题的目的.

本节主要讨论两个问题:一是在整个知识体系中起着重要作用的集合分解的问题,二是集合列的极限问题(上极限集和下极限集).

1.2.1 集合常用的分解方法

经常采用如下的分解:

1. 记$B_k = B(0,k)$,则$\mathbf{R}^n = \bigcup_{k=1}^{\infty} B_k$,从而对任意集合$E \subset \mathbf{R}^n$,若记$E_k = E \cap B_k$,则一定有$E = \bigcup_{k=1}^{\infty} E_k$,即任一个集合都可以表成可数个有界集的并集.

2. 记$T_{\frac{1}{k}} = \left[\frac{1}{k}, +\infty\right)$,则$(0,+\infty) = \bigcup_{k=1}^{\infty} T_{\frac{1}{k}}$,从而对任意集合$E \subset (0,+\infty)$,若记$E_k = E \cap T_{\frac{1}{k}}$,则一定有$E = \bigcup_{k=1}^{\infty} E_k$,即任一个正数集都可以表成可数个下界大于零的集合的并集.

例1 设X是由$\mathbf{R}^1$中某些互不相交的正测集形成的集族,试证明X是可数的.

分析 首先将X进行第一次分解,记$X_k = \{A: m(A \cap [-k,k]) > 0, A \in X\}$,容易知道$\{X_k\}$是单调增加集列,且$X = \bigcup_{k=1}^{\infty} X_k$.下面只需证$X_k$是可数的.$\forall A \in X_k$,若记$A_k = A \cap [-k,k]$,则$m(A_k) > 0$,且$\forall A,B \in X_k$,若$A \neq B$,一定有$A_k \cap B_k = \varnothing$.由于$A$和$A_k$是一一对应的,因此不妨设$X_k$就是由这些$A_k$组成的(仍将$A_k$称为$A$).现在将问题转化成证明$X_k$可数,除了原有的条件($\forall A,B \in X_k$,若$A \neq B$,则$A \cap B = \varnothing$)外,还比原来增加了条件:$\forall A \in X_k, A \subset [-k,k]$且$mA > 0$.

现在还不能直接证明X_k是可数的,还需将X_k分解.记$X_k^{\frac{1}{n}} = \left\{A \in X_k: m(A) > \frac{1}{n}\right\}$,则

容易证明 $X_k = \bigcup_{n=1}^{\infty} X_k^{\frac{1}{n}}$，从而要证 X_k 是可数的只需证 $X_k^{\frac{1}{n}}$ 是可数的. 证明 $X_k^{\frac{1}{n}}$ 是可数的比原来又增加了条件：$\forall A \in X_k^{\frac{1}{n}}, m(A) > \frac{1}{n}$. 注意到 $X_k^{\frac{1}{n}}$ 中的集合都是互不相交的，都含于区间 $[-k, k]$ 中而测度又都大于固定的数 $t = \frac{1}{n}$，所以 $X_k^{\frac{1}{n}}$ 中的集合最多不超过 $2k \div \frac{1}{n} = 2kn$ 个，即 $X_k^{\frac{1}{n}}$ 为有限集. 至此命题得证！

将证明的详细过程留给读者.

当然视具体情况还会有各种各样的可数分解. 比如：$(0, +\infty) = \bigcup_{k=1}^{\infty} (k-1, k]$，$(c, +\infty) = \bigcup_{n=1}^{\infty} \left[c + \frac{1}{n}, +\infty\right)$，等等，以及上述情况的各种变化. 分解的关键是要将集合分解为至多可列个集合的并（交）.

例 2 设 $E \subset (0, +\infty)$ 中的点不能以数值大小加以排列，则 $E' \neq \varnothing$.

分析 本题适于用反证法. 只需证若 $E' = \varnothing$，则 E 中的点一定能以数值大小加以排列. 注意到有限数集能以大小排列，将集合 E 采取如下分解：记 $E_k = E \cap (k-1, k]$，则 $E = \bigcup_{k=1}^{\infty} E_k$.

证明 反证，设 $E' = \varnothing$. $\forall k$，记 $E_k = E \cap (k-1, k]$，由于 $E' = \varnothing$，必有 $E_k' = \varnothing$，而 E_k 为有界集，因而由 Weierstrass 定理，E_k 一定是有限集，从而 E_k 中的点一定能以数值大小加以排列. 注意到 $E = \bigcup_{k=1}^{\infty} E_k, E_k \cap E_{k'} = \varnothing (k \neq k')$，因而 $\forall x, y \in E$，若 $x \in E_{k_1}, y \in E_{k_2}$，当 $k_1 < k_2$ 时，则有 $x < y$，且 y 在前 x 在后，其顺序与大小一致，反之亦然；若 $k_1 = k_2$，由前面所证 x, y 也能按大小顺序排列. 这个结果与已知矛盾！所以 $E' \neq \varnothing$，命题得证！

例 3 设对任意正整数 $k, F_k(x)$ 是集合 $E \subset \mathbf{R}^n$ 上的可测函数. 记 $\mathbf{N}$ 为自然数集，若 $\psi: E \to \mathbf{N}$ 是可测函数，则函数 $F_{\psi(x)}(x)$ 一定是 E 上的可测函数.

分析 只需证 $\forall t \in \mathbf{R}^1$，集合 $E_t = \{x \in E : F_{\psi(x)}(x) > t\}$ 为可测集. 已知 $F_k(x), \psi(x)$ 是可测函数，从而 $\forall k$，集合 $\{x \in E : F_k(x) > t\}$ 和 $\{x \in E : \psi(x) = k\}$ 都是可测集. 只需将 E_t 用这些集合表示出来就可以了.

证明 $\forall t \in \mathbf{R}^1$，记 $E_t = \{x \in E : F_{\psi(x)}(x) > t\}$ 及 $\psi(E_t) = \{k_i\} \subset \mathbf{N}$，则一定有
$$E_t = \bigcup_{k \in \{k_i\}} (\{x \in E : F_k(x) > t\} \cap \{x \in E : \psi(x) = k\})$$

事实上，$\forall k \in \{k_i\}$ 及 $x \in \{x \in E : F_k(x) > t\} \cap \{x \in E : \psi(x) = k\}$，有 $\psi(x) = k \in \{k_i\}$ 及 $F_k(x) > t$，从而一定有 $F_{\psi(x)}(x) = F_k(x) > t$，即 $x \in E_t$；若 $x \in E_t$，则 $F_{\psi(x)}(x) = F_k(x) > t$，同时 $\psi(x) = k \in \{\psi(E_t)\} = \{k_i\}$，所以 $x \in \{x \in E : F_k(x) > t\} \cap \{x \in E : \psi(x) = k\}$.

注意到 $F_k(x), \psi(x)$ 都是可测函数，从而 $\forall k$，集合 $\{x \in E : F_k(x) > t\}$ 和 $\{x \in E : \psi(x) = k\}$ 都是可测集，所以 E_t 是可测集，函数 $F_{\psi(x)}(x)$ 是 E 上的可测函数.

1.2.2 集合的极限(上极限集,下极限集)

关于集合列的极限集,记住如下几点是必要的.

1. 集合运算表达式

$$\varlimsup_{k\to\infty} A_k = \lim_{n\to\infty} \bigcup_{k=n}^{\infty} A_k = \bigcap_{n=1}^{\infty} \bigcup_{k=n}^{\infty} A_k$$

与

$$\varliminf_{k\to\infty} A_k = \lim_{n\to\infty} \bigcap_{k=n}^{\infty} A_k = \bigcup_{n=1}^{\infty} \bigcap_{k=n}^{\infty} A_k$$

2. 极限集的元素的性质,即

$$\varlimsup_{n\to\infty} A_n = \{x \mid \forall n, \exists k \geqslant n, x \in A_k\}$$

与

$$\varliminf_{n\to\infty} A_n = \{x \mid \exists n_0, \forall k \geqslant n_0, x \in A_k\}$$

3. 上、下极限集与集合的交、并的关系

$$\bigcap_{n=1}^{\infty} A_n \subset \varliminf_{n\to\infty} A_n \subset \varlimsup_{n\to\infty} A_n \subset \bigcup_{n=1}^{\infty} A_n$$

通过对集合列的极限(上极限,下极限)的定义和研究,使人们对一个集合列的极限运算有了进一步的认识,从而可以利用集合列的极限来研究更为复杂的运算.

例 4 设 f 及 $f_k(k=1,2,\cdots)$,是定义在集合 $E \subset \mathbf{R}^n$ 上的实值函数,记 $D = \{x \in E: f_k(x) \to f(x)\}$,则

$$D = \bigcap_{s=1}^{\infty} \bigcup_{n=1}^{\infty} \bigcap_{k=n}^{\infty} \{x \in E: |f_k(x) - f(x)| < \frac{1}{s}\}$$

分析 若记 $E_{k,s} = \{x \in E: |f_k(x) - f(x)| < \frac{1}{s}\}$,则只需证明 $D = \bigcap_{s=1}^{\infty} \varliminf_{k\to\infty} E_{k,s}$. 由于已经知道 $\varliminf_{k\to\infty} E_k$ 的组成,这样表达会使问题变得简单.

证明 $\forall x \in D$,由于 $\lim_{k\to\infty} f_k(x) = f(x)$,因此 $\forall \frac{1}{s} > 0$,一定存在 N,当 $k > N$ 时,有 $|f_k(x) - f(x)| < \frac{1}{s}$,即 $k > N$ 时,$x \in E_{k,s}$,从而 $x \in \varliminf_{k\to\infty} E_{k,s}$,所以 $x \in \bigcap_{s=1}^{\infty} \varliminf_{k\to\infty} E_{k,s}$;反之 $\forall x \in \bigcap_{s=1}^{\infty} \varliminf_{k\to\infty} E_{k,s}, \forall \frac{1}{s} > 0, x \in \varliminf_{k\to\infty} E_{k,s}$,从而存在 $N, k > N$ 时便有 $x \in E_{k,s}$,亦即 $|f_k(x) - f(x)| < \frac{1}{s}$,所以 $x \in D$. 综上命题成立!

例 5 设 $\{A_k\}$ 是一个集列,试证明:

(1) $\varlimsup_{k\to\infty} A_k = \varlimsup_{k\to\infty} A_{2k-1} \cup \varlimsup_{k\to\infty} A_{2k}$.

(2) $\varliminf\limits_{k\to\infty} A_k = \varliminf\limits_{k\to\infty} A_{2k-1} \bigcap \varliminf\limits_{k\to\infty} A_{2k}$.

证明 (1) 由于显然 $\varlimsup\limits_{k\to\infty} A_{2k-1} \subset \varlimsup\limits_{k\to\infty} A_k$ 以及 $\varlimsup\limits_{k\to\infty} A_{2k} \subset \varlimsup\limits_{k\to\infty} A_k$,故

$$\varlimsup\limits_{k\to\infty} A_{2k-1} \bigcup \varlimsup\limits_{k\to\infty} A_{2k} \subset \varlimsup\limits_{k\to\infty} A_k$$

反之,$\forall x \in \varlimsup\limits_{k\to\infty} A_k$,若 $x \notin \varlimsup\limits_{k\to\infty} A_{2k-1} \bigcup \varlimsup\limits_{k\to\infty} A_{2k}$,则 $x \notin \varlimsup\limits_{k\to\infty} A_{2k-1}$,一定存在 k_0,当 $k > k_0$ 时,$x \notin A_{2k-1}$;$x \notin \varlimsup\limits_{k\to\infty} A_{2k}$,一定存在 k_1,当 $k > k_1$ 时,$x \notin A_{2k}$. 取 $K = \max\{k_0, k_1\}$,则当 $k > 2K$ 时,便有 $x \notin A_k$,此与 $x \in \varlimsup\limits_{k\to\infty} A_k$ 矛盾! 从而 $x \in \varlimsup\limits_{k\to\infty} A_{2k-1} \bigcup \varlimsup\limits_{k\to\infty} A_{2k}$,结论成立.

(2) 由(1)知

$$\varlimsup\limits_{k\to\infty} A_k{}^c = \varlimsup\limits_{k\to\infty} A_{2k-1}{}^c \bigcup \varlimsup\limits_{k\to\infty} A_{2k}{}^c$$

故

$$(\varliminf\limits_{k\to\infty} A_k)^c = (\varliminf\limits_{k\to\infty} A_{2k-1})^c \bigcup (\varliminf\limits_{k\to\infty} A_{2k})^c$$

从而一定有

$$\varliminf\limits_{k\to\infty} A_k = \varliminf\limits_{k\to\infty} A_{2k-1} \bigcap \varliminf\limits_{k\to\infty} A_{2k}$$

上述情形显然可以推广为多个子列的情形.

特殊情形:若子集列 $\{A_{2k-1}\}$ 与 $\{A_{2k}\}$ 都存在极限,则

$$\varliminf\limits_{k\to\infty} A_k = \lim\limits_{k\to\infty} A_{2k-1} \bigcap \lim\limits_{k\to\infty} A_{2k}$$

以及

$$\varlimsup\limits_{k\to\infty} A_k = \lim\limits_{k\to\infty} A_{2k-1} \bigcup \lim\limits_{k\to\infty} A_{2k}$$

例 6 求 $\{E_n\}$ 的上、下极限集,其中

$$E_1 = \left[0, \frac{1}{2}\right]$$

$$E_2 = \left[0, \frac{1}{2^2}\right] \bigcup \left[\frac{2}{2^2}, \frac{3}{2^2}\right]$$

$$E_3 = \left[0, \frac{1}{2^3}\right] \bigcup \left[\frac{2}{2^3}, \frac{3}{2^3}\right] \bigcup \left[\frac{4}{2^3}, \frac{5}{2^3}\right] \bigcup \left[\frac{6}{2^3}, \frac{7}{2^3}\right]$$

$$\vdots$$

$$E_n = \left[0, \frac{1}{2^n}\right] \bigcup \left[\frac{2}{2^n}, \frac{3}{2^n}\right] \bigcup \cdots \bigcup \left[\frac{2^n-2}{2^n}, \frac{2^n-1}{2^n}\right]$$

$$\vdots$$

分析 做这类问题类似于求数列的极限,要先找到集列的变化规律,随后看其趋势. 通过对 E_1, E_2, E_3 及 E_n 的观察,发现 E_n 可以这样得到:首先将 $[0,1)$ 分成 2^{n-1} 等份,得到 2^{n-1} 个长度为 $\frac{1}{2^n}$ 左闭右开小区间 $\{I_t\}(t = 1, 2, \cdots, 2^{n-1})$,随后将每个 I_t 两等分并去掉其右边一份(开区间),将留下的 2^{n-1} 个小闭区间并起来就得到了 E_n. 注意到对任意的 $n \in \mathbf{N}$,都有 $|E_n| = \frac{1}{2^n} \times 2^{n-1} = \frac{1}{2}$,因此 E_n 最终不能充满 $[0,1]$. $\{E_n\}$ 显然不是单调集.

首先注意到,对任意的 $n \in \mathbf{N}, 0 \in E_n, 1 \notin E_n$,且对任意介于 $0,1$ 间的分点,即形为 $x = \frac{s}{2^t}(0 < s < 2^t, s, t \in \mathbf{N})$ 的 x,当 $n > t$ 时,一定有 $x \in E_n$. 其次,若 $x \neq 0,1$ 或 $0,1$ 间的分点,则对 $\forall n \in \mathbf{N}$,一定存在 $s \in \mathbf{N}$,使 $\frac{s}{2^n} < x < \frac{s+1}{2^n}$. 当将小区间继续两等分下去时,$x$ 不能始终在左面的一份或右面的一份,否则 x 一定是某一分点,从而与假设矛盾. 这说明这样的点 x 一定属于无限多个 E_n,但又不属于某个 n 以后的所有的 E_n. 经过上面的分析立即知道

$$\overline{\lim_n} E_n = [0,1), \underline{\lim_n} E_n = \left\{\frac{s}{2^t} : 0 \leqslant s < 2^t, s, t \in \mathbf{N}\right\}$$

1.3 可数集与集合的基数

集合的基数将无穷集合进行了分类,特别是区分出了可列集与具连续基数的集合,进一步加深了对无穷现象的认识. 作为具有最小基数的无穷集——可列集,具有许多特殊的性质,因此说明一个集合是可列集(或可数集)是较为重要的. 本节首先归纳和总结可数集的证明方法,随后讨论部分涉及不可数集的基数——连续基数的问题.

1.3.1 可数集

证明一个集合是可数集的方法一般来说有两种:

1. 映射法,即证明这个集合与一个可数集(或其子集)对等.
2. 集合分解法,即将这个集合进行可数分解,证明分解后的每个子集可数.

熟知的可数集:自然数集、有理数集、$\mathbf{R}^n$ 中的有理点(即各个坐标皆为有理数的点)以及互不相交的开区间族等.

关于"可数"的性质中,如下两个结果比较重要:

(1) 若 $A_n(n = 1, 2, \cdots)$ 为可数集,则并集 $A = \bigcup_{n=1}^{\infty} A_n$ 也是可数集.

(2) 若 $A_k(k = 1, 2, \cdots, n)$ 是可数集,则 $A_1 \times A_2 \times \cdots \times A_n$ 也是可数集.

性质(1)是集合分解法的理论依据,性质(2)告诉人们证明集合可数时建立该集合到若干可数集的直积(或其子集)的映射,问题一样会解决.

例1 若 $E \subset \mathbf{R}^n$ 中任意两点间的距离均大于 1,则 E 是可数集.

用两种方法来证明这个结论:映射法和集合分解法.

证明 方法 1. 由于集合 E 中任意两点的距离都大于 1,$\forall x, y \in E, B\left(x, \frac{1}{2}\right)$ 和 $B\left(y, \frac{1}{2}\right)$ 当 $x \neq y$ 时互不相交. 注意到 $\mathbf{Q}^n$(即有理点集)在 $\mathbf{R}^n$ 中是稠密的,因此至少存在一个

有理点 $x_q \in B\left(x, \frac{1}{2}\right)$ 和 $y_q \in B\left(y, \frac{1}{2}\right)$，且只要 $x \neq y$，便有 $x_q \neq y_q$. 作映射 $f: E \to \mathbf{Q}^n$，$\forall x \in E, f(x) = x_q$. 由于 $x \neq y$ 一定有 $x_q \neq y_q$，所以 f 为单射. 由于 $\mathbf{Q}^n$ 可数知 E 是可数集.

方法 2. 作 $E_k = E \cap B(0, k)$，则 $E = \bigcup\limits_{k=1}^{\infty} E_k$. 注意到 $E_k \subset B(0, k)$ 为有界集，由 Weierstrass 定理，E_k 一定是有限集，否则 E_k 便有收敛的子列，而 E_k 中任意两点的距离都大于 1，矛盾！由可数集性质(1)，$E = \bigcup\limits_{k=1}^{\infty} E_k$ 为可数集.

例 2 若 $E \subset \mathbf{R}^n$ 中的每个点都是 E 的孤立点，则 E 是可数集.

分析 同样用两种方法去证明. 本例与例 1 不同，找不到这样的正数 s，使 $\forall x, y \in E$，当 $x \neq y$ 时，$B(x, s)$ 和 $B(y, s)$ 互不相交，因此方法照搬不行. 考虑到 $\forall x \in E$，一定存在 $s_x > 0$，使 $B(x, s_x) \cap (E \setminus \{x\}) = \varnothing$，故作如下变化.

证明 **方法 1.** $\forall x \in E$，设 $s_x > 0$，使 $B(x, s_x) \cap (E \setminus \{x\}) = \varnothing$. 一定存在有理点 $x_q \in B(x, r_x)$，其中 r_x 为有理数且满足 $0 < r_x < \frac{s_x}{2}$，由于 $|x - x_q| < r_x$ 及 $\forall y \in B(x_q, r_x)$，$|y - x| \leqslant |y - x_q| + |x_q - x| < s_x$，因此有 $x \in B(x_q, r_x) \subset B(x, s_x)$. $\forall x, x' \in E$，若 $x \neq x'$，则一定有 $B(x_q, r_x) \neq B(x_q', r_{x'})$，否则便有 $x' \in B(x_q', r_{x'}) = B(x_q, r_x) \subset B(x, s_x)$，此与 $B(x, s_x) \cap (E \setminus \{x\}) = \varnothing$ 矛盾！作映射 $f(x): E \to \mathbf{Q}^n \times \mathbf{Q}$，$\forall x \in E, f(x) = (x_q, r_x)$，则 $f(x)$ 为单射，E 是可数集.

方法 2. 作 $E_{\frac{1}{k}} = \left\{x \in E : B(x, s_x) \cap (E \setminus \{x\}) = \varnothing, s_x > \frac{1}{k}\right\}$，则 $E = \bigcup\limits_{k=1}^{\infty} E_{\frac{1}{k}}$. 为证明这个等式只需说明 $E \subset \bigcup\limits_{k=1}^{\infty} E_{\frac{1}{k}}$. $\forall x \in E$，存在 $s_x > 0$，使 $B(x, s_x) \cap (E \setminus \{x\}) = \varnothing$，因此一定存在 k，使 $s_x > \frac{1}{k}$，即 $x \in E_{\frac{1}{k}}$，所以 $E \subset \bigcup\limits_{k=1}^{\infty} E_{\frac{1}{k}}$. 注意到 $E_{\frac{1}{k}}$ 中任意两点的距离都不小于 $\frac{1}{k}$. 由例 1，$E_{\frac{1}{k}}$ 为可数集，所以 $E = \bigcup\limits_{k=1}^{\infty} E_{\frac{1}{k}}$ 为可数集.

注 在例 2 的证明中，注意利用了可数集的性质(2). 同时要提醒读者掌握方法 1 中 $B(x_q, r_x)$ 的作法.

例 3 若对任意有限个 $x_1, x_2, \cdots, x_n \in E$，存在 $A > 0$，使 $\left|\sum\limits_{i=1}^{n} f(x_i)\right| < A$ 成立，试证 $\{x \in E : f(x) \neq 0\}$ 为可数集.

分析 这类问题适于用集合分解去证明. 可分别考虑函数值大于零和小于零两种情形.

证明 先证 $E^+ = \{x \in E : f(x) > 0\}$ 为可数集. 作 $E_{\frac{1}{k}} = \left\{x \in E : f(x) > \frac{1}{k}\right\}$，则 $E^+ = \bigcup\limits_{k=1}^{\infty} E_{\frac{1}{k}}$（证明留给读者）. 容易知道 $E_{\frac{1}{k}}$ 一定为有限集. 事实上，若 $E_{\frac{1}{k}}$ 为无限集，则存在

$\{x_i\}_{i=1}^{\infty} \subset E_{\frac{1}{k}}$,使 $\sum_{i=1}^{n} f(x_i) > \frac{n}{k} \to +\infty (n \to \infty)$,与已知矛盾!所以 $E^+ = \bigcup_{k=1}^{\infty} E_{\frac{1}{k}}$ 一定是可数集. 同理可证 $E^- = \{x \in E : f(x) < 0\}$ 为可数集,故结论成立!

例 4 设 f 是 $\mathbf{R}^1$ 上的实值函数. 若 $\forall x_0 \in \mathbf{R}^1$,都有 $\delta > 0$ 与之对应,当 $|x-x_0| < \delta$ 时, $f(x) \geqslant f(x_0)$. 证明 f 的函数值全体为可数集.

分析 下面用两种方法给出证明. 注意到本题涉及函数的整体性质,因此应该考虑和区间建立对等关系.

证明 记 $A = \{y : y = f(x), x \in \mathbf{R}^1\}$,下面证明 A 是可数集.

方法 1. $\forall y_0 \in A$,取 $x_0 \in f^{-1}(y_0)$ 与之对应,由已知条件,存在 $(x_0 - \delta_{x_0}, x_0 + \delta_{x_0})$,使 $\forall x \in (x_0 - \delta_{x_0}, x_0 + \delta_{x_0})$,都有 $f(x) \geqslant f(x_0)$. 同时,$\forall y_1, y_2 \in A, y_1 \neq y_2$,一定有 $(x_1 - \delta_{x_1}, x_1 + \delta_{x_1}) \neq (x_2 - \delta_{x_2}, x_2 + \delta_{x_2})$,否则便有 $f(x_1) \geqslant f(x_2)$ 及 $f(x_2) \geqslant f(x_1)$ 同时成立,与 $y_1 \neq y_2$ 矛盾!下面取非负有理数 $r_{x_0} < \frac{\delta_{x_0}}{2}$ 及有理数 $c_{x_0} \in (x_0 - r_{x_0}, x_0 + r_{x_0})$,则有 $x_0 \in (c_{x_0} - r_{x_0}, c_{x_0} + r_{x_0}) \subset (x_0 - \delta_{x_0}, x_0 + \delta_{x_0})$,同理可证,$\forall y_1, y_2 \in A, y_1 \neq y_2$,一定有 $(c_{x_1} - r_{x_1}, c_{x_1} + r_{x_1}) \neq (c_{x_2} - r_{x_2}, c_{x_2} + r_{x_2})$.

作映射 $f : A \to \mathbf{Q} \times \mathbf{Q}, \forall y \in A, f(y) = (c_{x_0} - r_{x_0}, c_{x_0} + r_{x_0})$(此处为有理数对),$f$ 为单射, $\mathbf{Q} \times \mathbf{Q}$ 可数,所以 A 是可数集.

方法 2. $\forall y_0 \in A$,固定一个 $x_0 \in f^{-1}(y_0)$ 与之对应,记这些 x_0 的集合为 E,则 $E \subset \mathbf{R}^1$ 且与 A 对等. 作 $E_{\frac{1}{k}} = \{x_0 \in E : \exists \delta_{x_0} > \frac{1}{k}, \forall x \in (x_0 - \delta_{x_0}, x_0 + \delta_{x_0}), f(x) \geqslant f(x_0)\}$,则易证 $E = \bigcup_{k=1}^{\infty} E_{\frac{1}{k}}$. 注意到 $\forall x_1, x_2 \in E_{\frac{1}{k}}, x_1 \neq x_2$,一定有 $|x_1 - x_2| \geqslant \frac{1}{k}$. 事实上若 $|x_1 - x_2| < \frac{1}{k}$,则 $x_1 \in (x_2 - \frac{1}{k}, x_2 + \frac{1}{k}) \subset (x_2 - \delta_{x_2}, x_2 + \delta_{x_2})$,从而 $f(x_1) \geqslant f(x_2)$;同理 $f(x_2) \geqslant f(x_1)$,便有 $f(x_2) = f(x_1)$. 此与 $x_1 \neq x_2$ 矛盾!由例 1 知 $E_{\frac{1}{k}}$ 一定可数,所以 $E = \bigcup_{k=1}^{\infty} E_{\frac{1}{k}}$ 为可数集,进而 A 是可数集.

1.3.2 集合的基数

首先讨论连续基数的问题. 在这类问题的研究中,除了重要的 Cantor-Bernstain 定理外,还有一个较为重要的工具,就是 p-进制小数.

设 p 为任一大于 1 的整数,则 $\forall x \in [0, 1)$,一定存在整数 $a_n (n = 1, 2, \cdots)$,满足 $0 \leqslant a_n < p$,使 $x = \sum_{n=1}^{\infty} \frac{a_n}{p^n}$,称 $\sum_{n=1}^{\infty} \frac{a_n}{p^n}$ 为 $x \in [0, 1)$ 的 p-进制小数表示.

事实上,首先将 $[0, 1]$ p 等分,分点为

$$0 = \frac{0}{p} < \frac{1}{p} < \cdots < \frac{p-1}{p} < \frac{p}{p} = 1$$

则一定存在 $i_1(0 \leqslant i_1 < p)$，使 $x \in \left[\frac{i_1}{p}, \frac{i_1+1}{p}\right]$，记 $\alpha_1 = i_1$；再将 $\left[\frac{i_1}{p}, \frac{i_1+1}{p}\right]p$ 等分，分点为

$$\frac{i_1}{p} = \frac{i_1}{p} + \frac{0}{p^2} < \frac{i_1}{p} + \frac{1}{p^2} < \cdots < \frac{i_1}{p} + \frac{p-1}{p^2} < \frac{i_1}{p} + \frac{p}{p^2} = \frac{i_1+1}{p}$$

同样存在 $i_2(0 \leqslant i_2 < p)$，使 $x \in \left[\frac{i_1}{p} + \frac{i_2}{p^2}, \frac{i_1}{p} + \frac{i_2+1}{p^2}\right]$，记 $\alpha_2 = i_2$. 如此下去，一般的，存在 $i_n(0 \leqslant i_n < p)$，使 $x \in \left[\sum_{k=1}^{n-1}\frac{i_k}{p^k} + \frac{i_n}{p^n}, \sum_{k=1}^{n-1}\frac{i_k}{p^k} + \frac{i_n+1}{p^n}\right]$，或直接写为 $x \in \left[\sum_{k=1}^{n-1}\frac{\alpha_k}{p^k} + \frac{i_n}{p^n}, \sum_{k=1}^{n-1}\frac{\alpha_k}{p^k} + \frac{i_n+1}{p^n}\right]$，….

若记 $I_n = \left[\sum_{k=1}^{n-1}\frac{\alpha_k}{p^k} + \frac{i_n}{p^n}, \sum_{k=1}^{n-1}\frac{\alpha_k}{p^k} + \frac{i_n+1}{p^n}\right]$，则有 $I_1 \supset I_2 \supset \cdots \supset I_n \supset \cdots$，且 $|I_n| = \frac{1}{p^n} \to 0 (n \to \infty)$. 由区间套定理，存在唯一的 $y \in I_n(n=1,2,\cdots)$，且

$$y = \lim_{n\to\infty}\left(\sum_{k=1}^{n-1}\frac{\alpha_k}{p^k} + \frac{i_n}{p^n}\right) = \lim_{n\to\infty}\sum_{k=1}^{n}\frac{\alpha_k}{p^k} = \sum_{k=1}^{\infty}\frac{\alpha_k}{p^k}$$

注意到 $x \in I_n(n=1,2,\cdots)$，因此有 $x = y = \sum_{k=1}^{\infty}\frac{\alpha_k}{p^k}$.

强调如下三点：

(1) 从上面的构造过程可以知道，0 的表达式是唯一的，同时若 $x \in (0,1)$，而 x 不是任何 $I_n(n=1,2,\cdots)$ 的端点时，表达式也是唯一的.

(2) 若 $x \in (0,1)$，而 x 是某一个 I_n 的端点时，即 $x = \sum_{k=1}^{n-1}\frac{\alpha_k}{p^k} + \frac{i_n}{p^n}$，表达式并不唯一. 这是由于 x 同属于两个小区间：$\left[\sum_{k=1}^{n-1}\frac{\alpha_k}{p^k} + \frac{i_n}{p^n}, \sum_{k=1}^{n-1}\frac{\alpha_k}{p^k} + \frac{i_n+1}{p^n}\right]$ 和 $\left[\sum_{k=1}^{n-1}\frac{\alpha_k}{p^k} + \frac{i_n-1}{p^n}, \sum_{k=1}^{n-1}\frac{\alpha_k}{p^k} + \frac{(i_n-1)+1}{p^n}\right]$. 因此 x 的表达式要有两个（按照在前一个区间）

$$x = \sum_{k=1}^{n}\frac{\alpha_k}{p^k} + \sum_{k>n}\frac{0}{p^k} = \sum_{k=1}^{n}\frac{\alpha_k}{p^k}$$

及（按照在后一个区间）

$$x = \sum_{k=1}^{n-1}\frac{\alpha_k}{p^k} + \frac{\alpha_n-1}{p^n} + \sum_{k>n}\frac{p-1}{p^k} = \sum_{k=1}^{\infty}\frac{\alpha_k}{p^k}(\alpha_k = p-1, k > n)$$

注意到 $\sum_{k>n}\frac{p-1}{p^k} = \frac{1}{p^n}$，两个表达式是相等的. 称第一个表达式为 x 的有限 p-进制小数形式，第二个表达式为 x 的无限（循环）p-进制小数形式. 因此，$[0,1)$ 中的任何一个数与其无限 p-进

制小数形式是一一对应的(对等). 可以证明有限 p-进制小数全体一定是可数的(见练习题).

（3）由于任何实数都等于其整数部分与小数部分之和,因此任何实数都可以用 p-进制数和 p-进制小数形式表示出来.

p-进制小数让人们知道"固定的 $p(p>1)$ 个不同的实数构成的数列全体与区间具有相同的基数".

下面考虑连续基数的问题,以 c 记连续基数.

这部分问题一般可分为两类:一是证明一个集合的基数为 c,二是利用具连续基数集合的不可数性解决一些实际问题(比如,否定具某种性质的函数的存在等).

在第一类问题中,首先考虑的当然是运用建立"对等"的方法加以证明,但对大部分题目来说,这一点通常是很难做到的. 因此要用到的除了连续基数的几个性质外,最重要的恐怕就是 Cantor-Bernstain 定理了. 另外,熟记一些具连续基数的集合是非常必要的,这些集合主要有:$[0,1]$, $\mathbf{R}^1$, $\mathbf{R}^n$, $n(n>1)$ 个不同的实数构成的数列全体,由自然数构成的数列(或单调增加数列)的全体,实数列全体(或 $\mathbf{R}^\infty$),可列集的所有子集构成的集类以及 $[a,b]$ 区间上的连续函数构成的集合等.

在第二类问题中最主要的手段就是利用可数集与不可数集不对等来构造矛盾.

例 5 若集 E 具有连续基数,则 E 的一切有限子集与可数子集构成的集合具有什么样的基数?

分析 可列集的所有子集所构成的集类基数为 c,同时任何一个可数集都可对应一个点列,而可数个基数为 c 的集合的积基数仍为 c.

解 记 E 的一切有限子集与可数子集构成的集合为 M,则 $\overline{\overline{M}}=c$,即 M 具连续基数. 下面证明这个结论.

首先,任取 E 的一个可列子集 $A \subset E$,则 $\overline{\overline{2^A}}=c$. 由于显然 $2^A \subset M$,故 $\overline{\overline{M}} \geqslant c$;其次注意到集合 $E \times E \times \cdots \times E \times \cdots$ 的基数为 c,任取 E 的一个子集 $F=\{x_1,x_2,\cdots,x_n\}$ 或子集 $N=\{y_1, y_2,\cdots,y_n,\cdots\}$,作对应 $F \to (x_1,x_2,\cdots,x_n,x_n\cdots)$ 及 $N \to (y_1,y_2,\cdots,y_n,\cdots)$,则 M 与集合 $E \times E \times \cdots \times E \times \cdots$ 的子集对等,从而又有 $\overline{\overline{M}} \leqslant c$,由 Cantor-Bernstain 定理,集合 $\overline{\overline{M}}=c$.

例 6 求 $[a,b]$ 区间上所有实值单调函数所构成集合的基数.

分析 已知单调函数的间断点一定是可数的,而除了间断点外,其值是由区间中的有理数的函数值决定的.

解 记 $[a,b]$ 上单调递增函数所构成的集合为 M,下证 M 的基数为 c. 首先,由于 $\forall k>0$,$y=kx$ 为 $[a,b]$ 区间上的单调递增函数,故 $\overline{\overline{M}} \geqslant c$;其次,由于单调增加函数的间断点是可数的,$\forall f \in M$,$f$ 的间断点可表示为 $\{x_i : i \in T_f\}$(T_f 可数),其中 $x_n \in [a,b]$. 再注意到 $f(x)$ 在 $[a,b]\setminus\{x_n\}$ 中的每个点上都连续,故 f 在 $[a,b]\setminus\{x_n\}$ 的函数值是由 $[a,b]$ 中的有理数的函数值所决定的,亦即由实数列

$$(c'_1, c'_2, \cdots, c'_n, \cdots) = (f(q_1), f(q_2), \cdots, f(q_n), \cdots)$$

决定,其中$(q_1, q_2, \cdots, q_n, \cdots)$为$[a,b]$的所有有理数. 这样 $\forall f \in M$, 便对应集合

$$\{\{x_n\}(\text{可数集}): \{x_n\} \subset [a,b]\} \times \{(c'_1, c'_2, \cdots, c'_n, \cdots): c'_n \in \mathbf{R}^1\}$$

的一个点,由例 5 这个集合具连续基数,故又有 $\overline{\overline{M}} \leqslant c$.

综上,据 Cantor - Bernstain 定理,集合 $\overline{\overline{M}} = c$.

同理可证$[a,b]$上单调递减函数所构成的集合基数为 c,所以$[a,b]$区间上所有实值单调函数所构成集合具有连续基数.

例7 设 x,y 为 $\mathbf{R}^2$ 中任意两个不相同的点,试证在 $\mathbf{R}^2$ 中一定存在一条联结 x,y 的曲线,这条曲线不经过有理点(坐标皆为有理数).

证明 设以 x,y 为端点的线段的垂直平分线为 l,而 p 为 l 上的任意一点,联结 px 和 py,则联结 x,y 的折线 xpy 与 p 一一对应. 注意到有理点全体为可数集,而 l 上点集不可数,故一定存在一个点 p,使联结 x,y 的折线 xpy 不含任何有理点.

例8 试证不存在这样的函数 $f \in C(\mathbf{R}^1): f$ 在有理数上的函数值都是无理数,而在无理数上的函数值都是有理数.

证明 用反证法. 若命题为真,任取一无理数 r 及有理数 q, 则 $f(r)$ 为有理数, $f(q)$ 为无理数, 不妨设 $f(r) > f(q)$, 由连续函数介值定理, 区间 $[f(q), f(r)]$ 中的任一无理数至少存在一个有理数与之对应, 从而 $[f(q), f(r)]$ 中的无理数集便与一有理数子集对等, 矛盾!

最后要说明的是,由无最大基数原理,不可数集的基数不仅仅是 c.

例9 设 A 为 $[a,b]$ 上的所有实值函数的全体,试证 $\overline{\overline{A}} = 2^c$.

证明 首先 $\forall E \subset [a,b], \chi_E(x) \in A$, 且 E 和 $\chi_E(x)$ 是一一对应的,所以 $\overline{\overline{A}} \geqslant 2^c$; 其次 $\forall f \in A, f$ 与 $[a,b] \times \mathbf{R}^1$ 的一个子集 $\{(x, f(x)): x \in [a,b], f(x) \in \mathbf{R}^1\}$ 一一对应. 由于 $[a,b] \times \mathbf{R}^1$ 的基数为 c, 故又有 $\overline{\overline{A}} \leqslant 2^c$, 由 Cantor - Bernstain 定理, $\overline{\overline{A}} = 2^c$.

1.4 可 测 集

本节从三个方面归纳可测集的问题:一、如何证明一个集合可测;二、关于测度的等式以及涉及测度的证明题;三、集合测度的计算.

1.4.1 如何证明一个集合可测

在真正进入证明题之前,首先了解下面这些简单的事实是必要的.
(1) 若集合 A 是可测集,而 B 不可测,且 $B \subset A$(或 $A \subset B$),则 $A \setminus B$(或 $B \setminus A$)一定不可测.
(2) 若集合 A 是可测集,而 B 不可测,且 $B \cap A = \varnothing$,则 $B \cup A$ 一定不可测.
(3) 若 $m(A) = 0$,则集合 $B \cup A$ 与集合 B 同时可测或同时不可测.
在证明一个集合可测时,一般可有如下三种方法.

(1) 利用定义及可测集是 σ 环.

(2) 利用等测包.

(3) 去掉或加上零测集不影响可测性.

例 1 设 $E \subset [0,1], m^*(E) + m^*([0,1]\backslash E) = 1$ (m^* 表示外测度),证明 E 是可测集.

分析 本题适于直接由定义证明.注意区间 I 是可测的,先证明试验集取区间 I 时卡氏条件成立,再过渡到一般集合 T.

证明 记 $E^c = [0,1]\backslash E$. 对任意含于 $[0,1]$ 的区间 I,记 $I^c = [0,1]\backslash I$,则 I 及 I^c 均为可测集,且 $m^*(I) + m^*(I^c) = 1$,从而有

$$m^*(E) = m^*(E \cap I) + m^*(E \cap I^c), m^*(E^c) = m^*(E^c \cap I) + m^*(E^c \cap I^c)$$

利用已知条件

$$1 = m^*(E) + m^*(E^c) = (m^*(E \cap I) + m^*(E^c \cap I)) +$$
$$(m^*(E \cap I^c) + m^*(E^c \cap I^c))$$
$$\geqslant m^*(I) + m^*(I^c) = 1$$

得知

$$m^*(I) = m^*(I \cap E) + m^*(I \cap E^c)$$

其次,对直线上的任意区间 I,$I \cap [0,1] \subset [0,1]$,故

$$m^*(I) \leqslant m^*(I \cap E) + m^*(I \backslash E) \leqslant m^*((I \cap [0,1]) \cap E) +$$
$$m^*((I \cap [0,1]) \cap E^c) + m^*(I \backslash [0,1])$$
$$= m^*(I \cap [0,1]) + m^*(I \backslash [0,1]) = m^*(I)$$

从而又有

$$m^*(I) = m^*(I \cap E) + m^*(I \cap E^c)$$

最后,设 T 为直线上的任一个集合,$m^*(T) < \infty$,根据外测度定义,$\forall \varepsilon > 0$,存在区间列 $I_n (n=1,2,\cdots)$,满足 $T \subset \bigcup_{n=1}^{\infty} I_n$,且 $\sum_{n=1}^{\infty} |I_n| < m^*(T) + \varepsilon$. 这样便有

$$m^*(T \cap E) + m^*(T \cap E^c) \leqslant m^*((\bigcup_{1}^{\infty} I_n) \cap E) + m^*((\bigcup_{1}^{\infty} I_n) \cap E^c)$$
$$\leqslant \sum_{n=1}^{\infty} m^*(I_n \cap E) + \sum_{n=1}^{\infty} m^*(I_n \cap E^c)$$
$$= \sum_{n=1}^{\infty} |I_n| < m^*(T) + \varepsilon$$

由 ε 的任意性,$m^*(T \cap E) + m^*(T \cap E^c) \leqslant m^*(T)$,所以 E 一定是可测集.

例 2 设 $f_k(x)$ 及 $f(x)$ 都是可测集 E 上的实值可测函数,试证明 E 中 $f_k(x)$ 收敛于 $f(x)$ 的点所构成子集和 $f_k(x)$ 不收敛于 $f(x)$ 的点所构成子集都是可测集.

分析 本题由于已知 $f_k(x)$ 及 $f(x)$ 都是可测集 E 上的可测函数,因此适于利用可测函数的性质来证明.

证明 方法 1. 由 1.2 节例 4,若记 $D=\{x\in E: f_k(x)\to f(x)\}$,则

$$D=\bigcap_{s=1}^{\infty}\bigcup_{n=1}^{\infty}\bigcap_{k=n}^{\infty}\left\{x\in E: |f_k(x)-f(x)|<\frac{1}{s}\right\}$$

注意到 $f_k(x)$ 及 $f(x)$ 都是可测集 E 上的可测函数, $\forall s,k$, 集合

$$\left\{x\in E: |f_k(x)-f(x)|<\frac{1}{s}\right\}$$

都是可测集,所以集合 D 一定是可测集,进而 $E\backslash D$,即不收敛点所构成的集亦是可测的.

方法 2. 由于 $f_k(x)$ 都是 E 上的可测函数,因此 $\varlimsup\limits_{k\to\infty}f_k$ 和 $\varliminf\limits_{k\to\infty}f_k$ 都是 E 上的可测函数,故 $f_k(x)$ 在 E 上的收敛点集 $C=\{x\in E: \varlimsup\limits_{k\to\infty}f_k(x)=\varliminf\limits_{k\to\infty}f_k(x)\}$ 一定是可测集. 再注意到 $f(x)$ 亦是可测集 E 上的实值可测函数,所以

$$D=\{x\in E: f_k(x)\to f(x)\}=\{x\in E: \varlimsup\limits_{k\to\infty}f_k(x)=\varliminf\limits_{k\to\infty}f_k(x)=f(x)\}$$

同样是可测集. 同时亦知 $E\backslash D$,即不收敛点所构成的集亦是可测的.

注 将一个集合表达成可数个可测集交、并的形式是证明一个集合可测的经常采用的方法.

例 3 设 $A_1,A_2\subset\mathbf{R}^n$, $A_1\subset A_2$, A_1 是可测集且有 $m(A_1)=m^*(A_2)<\infty$,试证明 A_2 是可测集.

分别用等测包和卡氏条件来证明,请读者体会.

证明 方法 1. 设 A_2 的等测包为 G,则有

$$m^*(A_2\backslash A_1)\leqslant m^*(G\backslash A_1)=m(G)-m(A_1)=m^*(A_2)-m^*(A_1)=0$$

故 $A_2\backslash A_1$ 可测,进而 $A_2=(A_2\backslash A_1)\cup A_1$ 可测.

方法 2. 由于 A_1 是可测集,取试验集 $T=A_2$,则有

$$m^*(A_2)=m^*(A_2\cap A_1)+m^*(A_2\cap A_1^c)=m^*(A_2)+m^*(A_2\backslash A_1)$$

注意到 $m(A_1)=m^*(A_2)<\infty$,所以 $m^*(A_2\backslash A_1)=0$,进而 $A_2=(A_2\backslash A_1)\cup A_1$ 可测.

例 4 证明集合 $E\subset\mathbf{R}^n$ 是 Lebesgue 可测的充分必要条件是存在单调递减的开集列 $\{G_n\}$, $G_n\supset E$, $G_n\supset G_{n-1}$, 使得 $\lim\limits_{n\to\infty}m^*(G_n\backslash E)=0$,这里 m^* 表示外测度.

证明 必要性:由可测集与开集的关系, $\forall \frac{1}{n}$,一定存在开集 H_n,使 $m^*(H_n\backslash E)<\frac{1}{n}$. 作 $G_1=H_1, G_2=H_2\cap H_1,\cdots$,一般的, $\forall \frac{1}{n}$,作 $G_n=\bigcap\limits_{k\leqslant n}H_k$,则 G_n 为开集,且开集列 $\{G_n\}$ 是单调递降的以及 $\forall \frac{1}{n}$,满足 $G_n\supset E$. 注意到

$$m^*(G_n\backslash E)=m^*(\bigcap_{k\leqslant n}H_k\backslash E)\leqslant m^*(H_n\backslash E)\leqslant \frac{1}{n}\to 0, n\to\infty$$

所以

$$\lim_{n\to\infty} m^*(G_n\setminus E) = 0$$

充分性:取 $G = \bigcap_{n\geq 1} G_n$,则 G 为可测集,且 $\forall \frac{1}{n}$

$$m^*(G\setminus E) \leq m^*(G_n\setminus E) \to 0, n\to\infty$$

所以 $m^*(G\setminus E) = 0$,从而 $G\setminus E$ 为可测集. 注意到 $E = G\setminus(G\setminus E)$,所以 E 是可测集.

1.4.2 关于测度的等式以及涉及测度的证明题

在本问题中要综合运用测度的各种性质,比如:测度的定义和性质、集合列的极限(上、下限集)与集合的测度的极限(上、下极限)的关系以及可测集与 Borel 集的关系,等等.

如下几类方法经常用到:① 利用测度的定义;② 将集合列的"交"的问题转化为"并";③ 构造连续函数法;④ 转化为积分问题.

例 5 设 $E \subset \mathbf{R}^1$,且存在 $q(0 < q < 1)$,使得对任意区间 (a,b),都有开区间列 $\{I_n\}$

$$E \cap (a,b) \subset \bigcup_{n=1}^{\infty} I_n, \quad \sum_{n=1}^{\infty} m(I_n) < (b-a)q$$

则

$$m(E) = 0$$

证明 方法 1. 用反证法,关键之处是利用 $m(E) > 0$ 得到矛盾.

不妨设 E 为有界集. 假设 $m(E) > 0$,则对给定的 $q(0 < q < 1)$,一定存在一个有限区间 I,使 $m(E \cap I) > qm(I)$(事实上,$\forall \varepsilon > 0$,存在 E 的 L-覆盖 $\{J_n\}$(J_n 皆为有限区间),使 $\sum_{n=1}^{\infty} |J_n| < m(E) + \varepsilon$,则 $\{J_n\}$ 中必有一个 J_n 使 $m(E \cap J_n) > qm(J_n)$,否则便有

$$m(E) \leq \sum_{n=1}^{\infty} m(E \cap J_n) \leq q \sum_{n=1}^{\infty} |J_n| \leq q(m(E) + \varepsilon) < m(E)$$

矛盾! 取 $I = J_n$ 即可). 但由已知,存在开区间列 $\{I_n\}$,使

$$E \cap I \subset \bigcup_{n=1}^{\infty} I_n$$

及

$$\sum_{n=1}^{\infty} m(I_n) < qm(I)$$

便有

$$m(E \cap I) \leq m(\bigcup_{n=1}^{\infty} I_n) \leq \sum_{n=1}^{\infty} m(I_n) < qm(I)$$

此与 I 的选取矛盾! 所以 $m(E) = 0$.

下面给出一个直接证明. 本证明关键是抓住了 $0 < q < 1$,请读者比较.

方法 2. 记 $E_m = E \cap (-m,m)$,则有 $m^*(E_m) \leq 2m$. 由已知存在 E_m 的一个 L-覆盖 $\{I_n\}$,使 $E_m = E \cap (-m,m) \subset \bigcup_{n=1}^{\infty} I_n$,且 $\sum_{n=1}^{\infty} m(I_n) < 2mq$,这样又有 $m^*(E_n) < 2mq$. 但对于每个 I_n,

义存在 L-覆盖 $\{I_{n,i}\}$，使 $E_m \cap I_n \subset E \cap I_n \subset \bigcup_{i=1}^{\infty} I_{n,i}$，且使得 $\sum_{i=1}^{\infty} m(I_{n,i}) < q \cdot |I_n|$．注意到 $\{I_{n,i}: n=1,2,\cdots; i=1,2,\cdots\}$ 又是 E_m 的一个 L-覆盖，因而又有

$$m(E_m) \leqslant \sum_{n,i=1}^{\infty} m(I_{n,i}) < \sum_{n=1}^{\infty} q \cdot |I_n| = q \cdot \sum_{n=1}^{\infty} |I_n| < 2mq^2$$

仿此一直下去，可知 $\forall k > 0, k$ 为整数，一定有 $m^*(E_m) < 2mq^k$．注意到 $0 < q < 1$，从而有 $m^*(E_m) = 0$，进而由于 $E = \bigcup_{m=1}^{\infty} E_m$，知 $m^*(E) \leqslant \sum_{m=1}^{\infty} m^*(E_m) = 0$，所以 $m(E) = 0$．

例 6 设 $E_n \subset [0,1]$ 是可测集，其测度 $m(E_n) = 1$，证明 $m(\bigcap_{n=1}^{\infty} E_n) = 1$．

分析 可以通过 E_n 在 $[0,1]$ 中的对偶 $[0,1]\setminus E_n$，将"交"转化成"并"．

证明 注意到，$\forall n, m([0,1]\setminus E_n) = 1 - m(E_n) = 0$，而 $[0,1] = \bigcap_{n=1}^{\infty} E_n \cup ([0,1]\setminus \bigcap_{n=1}^{\infty} E_n)$，所以

$$1 = m(\bigcap_{n=1}^{\infty} E_n) + m(\bigcup_{n=1}^{\infty} ([0,1]\setminus E_n)) \leqslant m(\bigcap_{n=1}^{\infty} E_n) + \sum_{n=1}^{\infty} m([0,1]\setminus E_n) = m(\bigcap_{n=1}^{\infty} E_n)$$

而显然 $m(\bigcap_{n=1}^{\infty} E_n) \leqslant 1$，命题得证！

例 7 设 $E \subset \mathbf{R}^1$，且 $0 < \alpha < m(E)$，试证明存在 E 中的闭集 F，使得 $m(F) = \alpha$．

分析 只需说明函数 $f(x) = m(E \cap [-x,x])$ 是连续函数以及利用可测集与 Borel 集的关系定理．

证明 (1) 先证一定存在 $x > 0$，当 $A_x = [-x,x] \cap E \subset E$ 时，$m(A_x) = \alpha$．

$\forall x > 0$，作 $f(x) = m(E \cap [-x,x])$ 及 $f(0) = 0$，则 f 是 $[0,+\infty)$ 上的连续函数，这是由于 f 是单调递增的且 $\forall x, y > 0$

$$|f(x) - f(y)| = |m(E \cap [-x,x]) - m(E \cap [-y,y])| \leqslant 2|x-y|$$

以及

$$f(\frac{1}{n}) = m(E \cap [-\frac{1}{n}, \frac{1}{n}]) \leqslant \frac{2}{n} \to 0, n \to \infty$$

再注意到

$$\lim_{n\to\infty} f(n) = \lim_{n\to\infty} m(E \cap [-n,n]) = m(\lim_{n\to\infty}(E \cap [-n,n])) = m(E)$$

所以在 $[0,+\infty)$ 上 $0 \leqslant f(x) \leqslant m(E)$．由介值定理结论成立．

(2) 由可测集与 Borel 集的关系定理，存在闭子集 $B \subset E$ 使 $0 < \alpha < m(B) \leqslant m(E)$，将 (1) 中的 E 换成 B，结论仍然成立，即存在 $x > 0$，使 $A_x = [-x,x] \cap B \subset B$，满足 $m(A_x) = \alpha$．令 $F = A_x$，则 F 是 $B \subset E$ 的闭子集，且 $m(F) = \alpha$．

例 8 若 $E \subset \mathbf{R}^n$ 是有界可测集，则 $\lim_{|h| \to 0} m(E \cap (E + \{h\})) = m(E) (h \in \mathbf{R}^n)$．

分析 由于 $\chi_{E \cap (E+\{h\})}(x) = \chi_E(x) \cdot \chi_{(E+\{h\})}(x) = \chi_E(x) \cdot \chi_E(x-h)$，因此本题能比较

容易地转化成积分的问题. 一般来说,由于积分性质比测度的性质要丰富得多,测度问题转化成积分问题常常会变得简单.

证明 由于
$$\chi_{E\cap(E+\{h\})}(x)=\chi_E(x)\cdot\chi_{(E+\{h\})}(x)=\chi_E(x)\cdot\chi_E(x-h)$$
以及
$$m(E\cap(E+\{h\}))=\int_{\mathbf{R}^n}\chi_{E\cap(E+\{h\})}(x)\mathrm{d}x=\int_{\mathbf{R}^n}\chi_E(x)\cdot\chi_E(x-h)\mathrm{d}x$$
$$=\int_E\chi_E(x-h)\mathrm{d}x$$
$$m(E)=\int_{\mathbf{R}^n}\chi_E(x)\mathrm{d}x=\int_E\chi_E(x)\mathrm{d}x$$
可得
$$|m(E\cap(E+\{h\}))-m(E)|\leqslant\int_E|\chi_E(x-h)-\chi_E(x)|\mathrm{d}x$$
$$\leqslant\int_{\mathbf{R}^n}|\chi_E(x-h)-\chi_E(x)|\mathrm{d}x$$

由于 $\chi_E(x)$ 在 $\mathbf{R}^n$ 中是可积的,由可积函数的平均连续性立知结论成立.

1.4.3 测度计算

测度与 p-进制小数,测度与 Cantor 集以及类 Cantor 集联系起来是经常出现的问题. 解决前者的关键是要了解 p-进制小数中每个数位上的数字的意义;解决后者的关键是要掌握 Cantor 集的结构以及类 Cantor 集的作法.

例 9 在 $[0,1]$ 中作点集 E,满足 E 中的每个数在其无限十进制表示中,不出现 $0\sim 9$ 这十个数中的某一个,试求 $m(E)$.

解 作点集 $E_k(0\leqslant k\leqslant 9)$,$E_k$ 中的每个数满足在其无限十进制表示中不出现 k,则 $E=\bigcup_{k=0}^9 E_k$. E_k 中的点可以这样得到:

首先将 $[0,1]$ 10 等分,去掉第 $k+1$ 个区间 $[\frac{k}{10},\frac{k+1}{10})$,剩余区间中的点其十进制小数中第一位小数不出现 k. 其次,将剩余的 9 个小区间 10 等分,分别去掉第 $k+1$ 个区间 $[\frac{k}{10^2}+\frac{i}{10},\frac{k+1}{10^2}+\frac{i}{10})(0\leqslant i\leqslant 9,i\neq k)$,剩余区间中的点其十进制小数中第二位小数不出现 k. 如此进行下去,就得到了 E_k. 已知去掉的子区间总长度为 $\frac{1}{10}+\frac{9}{10^2}+\frac{9^2}{10^3}+\cdots=1$,由此得到 $m(E_k)=0$,从而 $m(\bigcup_{k=1}^9 m(E_k))\leqslant\sum_{k=1}^9 m(E_k)=0$,所以 $m(E)=0$.

例 10 以 Cantor 集 C 中的每一点为中心,作长度为 $\frac{1}{10}$ 的开区间,设 G 是所有这些开区间的并集,试求 $m(G)$.

解 由 Cantor 集的构造可知,每一次去掉的开区间的端点一定在 C 里,且
$$C \subset [0, \frac{1}{3^2}] \cup [\frac{2}{3^2}, \frac{3}{3^2}] \cup [\frac{6}{3^2}, \frac{7}{3^2}] \cup [\frac{8}{3^2}, 1]$$

先考虑 $[0, \frac{1}{3^2}]$. $\forall x \in C \cap [0, \frac{1}{3^2}] \subset [0, \frac{1}{3^3}] \cup [\frac{2}{3^3}, \frac{3}{3^3}]$,由于 $[0, \frac{1}{3^3}] \subset (\frac{1}{3^3} - \frac{1}{20}, \frac{1}{3^3} + \frac{1}{20})$,$[\frac{2}{3^3}, \frac{3}{3^3}] \subset (\frac{2}{3^3} - \frac{1}{20}, \frac{2}{3^3} + \frac{1}{20})$ 以及 $\frac{2}{3^3} - \frac{1}{20} < \frac{1}{3^3} + \frac{1}{20}$,因此所有以 x 为中心,长度为 $\frac{1}{10}$ 的开区间的并为三个以端点为中心,长度为 $\frac{1}{10}$ 的区间的并,亦即为 $(-\frac{1}{20}, \frac{1}{3^2} + \frac{1}{20})$,测度为 $\frac{19}{90}$. 上述事实对其他三个区间也成立,且不同的区间所得到的开区间的并亦互不相交. 所以
$$m(G) = \frac{19}{90} \times 4 = \frac{38}{45}$$

例 11 设有 $0 < \delta \leqslant 1$ 以及区间 $[a,b]$,试证明在 $[a,b]$ 中存在稠密开集 G,使得 $m(G) = \delta(b-a)$.

证明 记 $p = \frac{1+2\delta}{\delta} \geqslant 3$. 首先在 $[a,b]$ 中挖去以 $\frac{a+b}{2}$ 为心,长为 $\frac{b-a}{p}$ 的开区间 $I_1^{(1)}$,随后再在剩下的两个闭区间中,以这两个闭区间的中心为心,各挖去长为 $\frac{b-a}{p^2}$ 的开区间 $I_2^{(1)}$, $I_2^{(2)}$. 一直类似地做下去. 记 $G = \bigcup_{n=1}^{\infty} \bigcup_{i=1}^{2^{n-1}} I_n^{(i)}$,则 G 为开集,由于 $[a,b] \setminus G$ 没有内点,故 G 在 $[a,b]$ 中稠密,且
$$m(G) = m\left(\bigcup_{n=1}^{\infty} \bigcup_{i=1}^{2^{n-1}} I_n^{(i)}\right) = \sum_{n=1}^{\infty} 2^{n-1} \frac{b-a}{p^n} = \delta(b-a)$$

练习题 1

1. 试证 $(0,1) = \bigcup_{n=1}^{+\infty} [\frac{1}{n}, 1 - \frac{1}{n}]$.

2. 设 $E \subset \mathbf{R}^2$. 记 $B_k = \{(x,y) \in \mathbf{R}^2 : \sqrt{x^2+y^2} \leqslant k\}$,$k = 1, 2, \cdots$,以及 $E_k = E \cap B_k$. 试证:$\mathbf{R}^2 = \bigcup_{k=1}^{+\infty} B_k$ 以及 $E = \bigcup_{k=1}^{+\infty} E_k$.

3. 记 $T_1 = B(0,1)$,$T_k = B(0,k) \setminus B(0,k-1)$,$k = 2, 3, \cdots$. 对任意集合 $E \subset \mathbf{R}^n$,若 $E_k = E \cap T_k$,试证明 $E = \bigcup_{k=1}^{\infty} E_k$,且 $E_k \cap E_{k'} = \emptyset$ ($k \neq k'$).

4. 记 $T_{\frac{1}{k}} = (\frac{1}{k}, +\infty)$. 对任意集合 $E \subset (0, +\infty)$, 若 $E_k = E \cap T_{\frac{1}{k}}$, 试证 $E = \bigcup\limits_{k=1}^{\infty} E_k$.

5. 求证:

(1) $(A\backslash B)\backslash C = A\backslash(B \cup C)$.

(2) $(A \cup B)\backslash C = (A\backslash C) \cup (B\backslash C)$.

6. 请回答 $(A\backslash B) \cup C = A\backslash(B\backslash C)$ 成立的充要条件是什么.

7. 设 $f(x)$ 是 $[a,b]$ 上的实值函数, 则对任意的实数 β, 有

$$\{x : f(x) = \beta\} = \bigcap_{n=1}^{\infty} \left\{x : \beta \leqslant f(x) < \beta + \frac{1}{n}\right\}$$

8. 判断下列集合等式正确与否, 并证明: 设 $f(x)$ 是 $[a,b]$ 上的实值函数, 则 $\forall \beta \in \mathbf{R}^1$.

(1) $\{x : f(x) > \beta\} = \bigcup\limits_{n=1}^{\infty} \left\{x : f(x) > \beta + \frac{1}{n}\right\}$.

(2) $\{x : f(x) > \beta\} = \bigcap\limits_{n=1}^{\infty} \left\{x : f(x) > \beta - \frac{1}{n}\right\}$.

(3) $\{x : f(x) \geqslant \beta\} = \bigcup\limits_{n=1}^{\infty} \left\{x : f(x) \geqslant \beta + \frac{1}{n}\right\}$.

(4) $\{x : f(x) \geqslant \beta\} = \bigcap\limits_{n=1}^{\infty} \left\{x : f(x) \geqslant \beta - \frac{1}{n}\right\}$.

9. $\forall M, N \subset X$, 规定运算 $\Delta : M\Delta N = (M\backslash N) \cup (N\backslash M)$, 并称之为对称差运算. 设 $A, B, C \subset X$, 证明 "Δ" 满足如下规律:

(1) $A\Delta \emptyset = A, A\Delta A = \emptyset, A\Delta A^c = X, A\Delta X = A^c$.

(2) 交换律: $A\Delta B = B\Delta A$.

(3) 结合律: $(A\Delta B)\Delta C = A\Delta(B\Delta C)$.

(4) 交与对称差满足分配律: $A \cap (B\Delta C) = (A \cap B)\Delta(A \cap C)$.

(5) $A^c \Delta B^c = A\Delta B$.

(6) 对任意的集合 A 与 B, 存在唯一的集合 E, 使 $E\Delta A = B$.

10. 设 A, B, E 是全集 X 中的子集, 则 $B = (E \cap A)^c \cap (E^c \cup A) \Leftrightarrow B^c = E$.

11. 设 $A_1 \subset A_2 \subset \cdots \subset A_n \subset \cdots, B_1 \subset B_2 \subset \cdots \subset B_n \subset \cdots$, 则

$$(\bigcup_{n=1}^{\infty} A_n) \cap (\bigcup_{n=1}^{\infty} B_n) = \bigcup_{n=1}^{\infty} (A_n \cap B_n)$$

并举例说明集列 $\{A_n\}$ 或 $\{B_n\}$ 不是单调集列时, 上面的等式不成立.

12. 求下列集合列 E_n 的上、下限集:

(1) $E_n = \begin{cases} A, & n = 3k-2 \\ B, & n = 3k-1 \\ C, & n = 3k \end{cases}$

(2) $E_{3n-2} = (0, \frac{1}{n})$, $E_{3n-1} = (0, 1+\frac{1}{n})$, $E_{3n} = (1, n)$.

13. 设 $A_n = \{\frac{m}{n} : m \in \mathbf{Z}\}$，试证 $\varlimsup\limits_{n \to \infty} A_n = \mathbf{Q}$ 及 $\varliminf\limits_{n \to \infty} A_n = \mathbf{Z}$.

14. 设 $B_n = (\frac{1}{n}, 1+\frac{1}{n})$ $(n = 1, 2, \cdots)$，试证明 $\lim\limits_{n \to \infty} B_n = (0, 1]$.

15. 设有集列 $\{E_n\}$，作集列 $\{D_n\}$ 如下
$$D_1 = E_1, D_2 = D_1 \triangle E_2, \cdots, D_{n+1} = D_n \triangle E_{n+1}, \cdots$$
求证 $\lim\limits_{n \to \infty} D_n$ 存在的充要条件是 $\varlimsup\limits_{n \to \infty} E_n = \emptyset$.

16. 设 X 是固定集，$A \subset X$，$\chi_A(x)$ 是集 A 的特征函数，证明 $\chi_{\bigcup\limits_{\alpha \in N} A_\alpha}(x) = \max\limits_{\alpha \in N} \chi_{A_\alpha}(x)$ 以及 $\chi_{\bigcap\limits_{\alpha \in N} A_\alpha}(x) = \min\limits_{\alpha \in N} \chi_{A_\alpha}(x)$.

17. 设 $E_k \subset \mathbf{R}^n$ $(k = 1, 2, \cdots)$，则

(1) $\varlimsup\limits_{k \to \infty} \chi_{E_k}(x) = \chi_{\varlimsup\limits_{k \to \infty} E_k}(x)$.

(2) $\varliminf\limits_{k \to \infty} \chi_{E_k}(x) = \chi_{\varliminf\limits_{k \to \infty} E_k}(x)$.

18. 设 $\{f_n(x)\}$ 以及 $f(x)$ 都是定义在 $\mathbf{R}^1$ 上的实值函数，且有 $\lim\limits_{n \to \infty} f_n(x) = f(x)$，$x \in \mathbf{R}^1$，则对 $t \in \mathbf{R}^1$，有 $\{x \in \mathbf{R}^1 : f(x) \leqslant t\} = \bigcap\limits_{k=1}^{\infty} \bigcup\limits_{m=1}^{\infty} \bigcap\limits_{n=m}^{\infty} \{x \in \mathbf{R}^1 : f_n(x) < t + \frac{1}{k}\}$.

19. 设 $f(x)$ 是 $\mathbf{R}^1$ 上的实值函数，记 C 为 $f(x)$ 在 $\mathbf{R}^1$ 上的连续点集，则 $C = \bigcap\limits_{n=1}^{\infty} E_n$，其中 $E_n = \{x \in \mathbf{R}^1 : \exists \delta > 0, \forall x_1, x_2 \in (x-\delta, x+\delta), |f(x_1) - f(x_2)| < \frac{1}{n}\}$.

20. 设 $a_n \to a$ $(n \to \infty)$，则 $\bigcap\limits_{k=1}^{\infty} \bigcup\limits_{N=1}^{\infty} \bigcap\limits_{n=N}^{\infty} (a_n - \frac{1}{k}, a_n + \frac{1}{k}) = \{a\}$.

21. 建立区间 $[a, b)$ 到 $[a, b]$ 的一一映射以及平面上开球 $B(0, l) = \{x \in \mathbf{R}^2 : |x| < l\}$ 到闭球 $\overline{B}(0, l) = \{x \in \mathbf{R}^2 : |x| \leqslant l\}$ 的一个一一映射.

22. 建立闭正方形 $[0, 1] \times [0, 1]$ 到 $[0, 1]$ 的一个一一映射.

23. 试作由 0, 1 两个数组成的数列之全体 E 与自然数的幂集 $P(\mathbf{N})$ 的一一映射.

24. 若 $A \subset B$，且 $A \sim (A \cup C)$，试证明 $B \sim (B \cup C)$.

25. 试证可数集 E 的所有有限子集生成的集合为可数集.

26. 试证：将 $[0, 1)$ 中的数用 $p(p > 1)$ 进制表示时，有限 $p(p > 1)$ 进制小数的全体 A 一定是可数集.

27. 试证整系数方程 $a_n x^n + a_{n-1} x^{n-1} + \cdots + a_1 x + a_0 = 0$ 的全体 A 是可数集，并由此推知超越数（即不是整系数方程的根 —— 代数数）所构成的集合的基数是 c.

28. 对于平面上的直线 $3y - 2x = 5$ 来说，它具有下述性质：若 $x \in \mathbf{Q}$，则 $y \in \mathbf{Q}$. 试问具有

这种性质的直线在平面上有多少?

29. 设 $E \subset \mathbf{R}^1$ 是不可数集,则 $E' \neq \varnothing$.

30. 设 $E \subset \mathbf{R}^n$. 若 E' 是可数集,则 E 是可数集.

31. 设 $E \subset (0,1)$ 是无限集,若从 E 中任意选取不同的数所组成的无穷正项级数总是收敛的,试证明 E 是可数集.

32. 设 A 是 $\mathbf{R}^1$ 上的非空集,试证明点集 $B = \{x \in A : \exists \delta_x > 0, (x, x+\delta_x) \cap A = \varnothing\}$ 是可数集.

33. 若 $E \subset \mathbf{R}^2$ 中任意两点间的距离均大于 1,则 E 是可数集.

34. 记正方形 $\{(x,y): 0 \leqslant x \leqslant 1, 0 \leqslant y \leqslant 1\}$ 上定义的一切二元连续函数 $f(x,y)$ 之全体为 X,试证明 $\overline{\overline{X}} = c$.

35. 试问直线上所有开区间的全体形成的集合 G 的基数是什么?

36. 设 $\bigcup_{n=1}^{\infty} E_n$ 的基数为连续基数 c,试证一定存在一个 E_n 具有连续基数.

37. 设 $E \subset \mathbf{R}^2$ 是不可数集,试证明存在 $x_0 \in E$,使得对于任一内含 x_0 的圆邻域 $B(x_0)$,点集 $E \cap B(x_0)$ 为不可数集.

38. 设 $E \subset \mathbf{R}^1$ 且 $\overline{\overline{E}} < c$,试证明存在实数 a,使得 $E + \{a\} = \{x+a : x \in E\} \subset \mathbf{R}^1 \backslash \mathbf{Q}(a \notin \mathbf{Q} - E := \{x-y : x \in \mathbf{Q}, y \in E\})$.

39. 试问是否存在集合 E,使得 $P(E) = 2^E$ 是可列集.

40. 试将自然数集 $\mathbf{N}$ 分成 c 个子集,使得任意两个子集均有严格的包含关系(视 n 为有理数的下标).

41. 设 $E \subset \mathbf{R}^1$ 是非空点集. 若 E 中任一子集均为闭集,试问 E 是有限集吗?

42. 设 f 在 (a,b) 上可微,且除可数集外,有 $f'(x) = 0$,试证明 $f(x) = c$(常数).

43. 不存在 $\mathbf{R}^1$ 上的连续函数 $f(x)$,它在无理数集是单射,而在有理数集 $\mathbf{Q}$ 上不是单射.

44. 设 $A, B \subset \mathbf{R}^2$,试问:

(1) $(A \cup B)^0 = A^0 \cup B^0$ 是否恒成立?

(2) $(A \cap B)' = A' \cap B'$ 是否恒成立?

(3) 若 $A^0 \subset B^0$,是否必有 $A' \subset B'$?

45. 设 $E = \{(x,y) \mid x = y\} \subset \mathbf{R}^2$,则 E 为闭集.

46. 求证:任何点集的导集是闭集.

47. 试证:

(1) $x_0 \in \overline{E} \Leftrightarrow \forall \delta > 0, N(x_0, \delta) \cap E \neq \varnothing$.

(2) $x_0 \in \overline{E} \Leftrightarrow \exists \{x_n\} \subset E, x_n \to x_0 (n \to \infty)$.

48. 设 A 为 $\mathbf{R}^n$ 中的开集,则对任意集合 $B \subset \mathbf{R}^n$,均有 $A \cap \overline{B} \subset \overline{A \cap B}$.

49. 证明 $\mathbf{R}^n$ 中一个集合 E 为紧集当且仅当 E 为有界闭集.

50. 记
$$\Gamma = \left\{B\left(x, \frac{1}{k}\right) : x \text{ 是 } \mathbf{R}^n \text{ 中的有理点}, k \text{ 是自然数}\right\}$$
则 $\mathbf{R}^n$ 中任一开集 G 均可表为 Γ 中某些开集的并集.

51. 若集合 M 和 A 满足 $M' \cap A \subseteq M$,则称 M 闭于 A (M 相对于 A 为闭集).求证 M 包含于 A 且闭于 A 的充要条件是存在闭集 F,使得 $M = A \cap F$.

52. 试证集合 $E \subset \mathbf{R}^n$ 的任意开覆盖一定有可数的子覆盖.

53. 证明下面结论.

(1) 设 E 是 $\mathbf{R}^n$ 中紧集,$f \in C(E)$,则 $\exists x_0 \in E, y_0 \in E$,使
$$f(x_0) = \inf f(E), f(y_0) = \sup f(E)$$

(2) 函数列 $\{f_k(x)\}$ 一致收敛于 $f(x)$,则 f 在 E 上一致连续.

(3) 若 $E \subset \mathbf{R}^n$ 上的连续函数列 $\{f_k(x)\}$ 一致收敛于 $f(x)$,则 $f(x)$ 是 E 上的连续函数.

54. 设 $f \in C(\mathbf{R}^n)$,且 f 具紧支集,证明 f 在 $\mathbf{R}^n$ 上一致连续.

55. 设 $f \in C(B_l)$,其中 $B_l = \{y : |y| < l\}$. 取 $y_1, y_2 \in B_l$,不妨设 $f(y_1) \geqslant f(y_2)$,则对任意的 $s, f(a) \leqslant s \leqslant f(b)$,一定存在 $\xi \in B_l$,使 $f(\xi) = s$.

56. 下列问题,正确的给出证明,不正确的给出反例.

(1) 如果定义在集合 E 上的实函数 f 关于闭集 $F(F \subset E)$ 连续且 $m(E-F) = 0$. 试问是否 f 关于 E 是几乎处处连续的?

(2) 如果 f 关于 E 几乎处处连续,试问:是否存在关于 E 连续的函数 $g(x)$,使得
$$f(x) = g(x), \quad \text{a.e.} \quad x \in E$$

57. 设 $G_1, G_2, \cdots, G_n$ 是直线上的一列开集,每个 G_n 都是直线中的稠密子集,试证明 $\bigcap_{n=1}^{\infty} G_n$ 亦在直线上稠密.

58. 举例说明可列个开集的交不一定是开集,可列个闭集的并不一定是闭集.

59. 试证 $\mathbf{R}^1$ 中的有理数集不是 G_δ 集.

60. 设 E 是 Cantor 集 C 补集的构成区间(即可数个互不相交的区间)中点的全体,试证 $E' = C$.

61. 设 $E \subset \mathbf{R}^n$ 为任一非空集,证明 $\forall x, y \in \mathbf{R}^n$,总有 $|d(x, E) - d(y, E)| \leqslant |x-y|$ 成立. 并据此完成如下问题:

(1) 证明距离函数 $f(x) = d(x, E)$ 为 $\mathbf{R}^n$ 上的一致连续函数.

(2) 设 F_1, F_2 为任意两个不交的非空闭集,则存在 $\mathbf{R}^n$ 上的连续函数 H,使
$$0 \leqslant H(x) \leqslant 1$$
以及 $\quad F_1 = \{x \in \mathbf{R}^n : H(x) = 1\}, F_2 = \{x \in \mathbf{R}^n : H(x) = 0\}$
进而 $\forall a, b \in \mathbf{R}^n, a > b$ 存在 $\mathbf{R}^n$ 上的连续函数 H_1,使

以及
$$b \leqslant H_1(x) \leqslant a$$
$$F_1 = \{x \in \mathbf{R}^n : H(x) = a\}, F_2 = \{x \in \mathbf{R}^n : H(x) = b\}$$

(3) 设 F_1, F_2 为任意两个不交的非空闭集,则一定存在两个不交开集 G_1, G_2,满足 $F_1 \subset G_1$ 和 $F_2 \subset G_2$.

(4) 设 F_1, F_2 为任意两个不交的非空闭集,且其中一个有界,则一定存在 $x \in F_1$ 及 $y \in F_2$,使 $d(x, y) = d(F_1, F_2)$.

62. 设 A 为非空点集,$a > 0$,$B = \{x \mid d(x, A) < a\}$,则 $A \subset B$,且 B 为开集.

63. 证明实直线 $\mathbf{R}^1$ 中的闭区间 $[a, b]$ 不能表为两个互不相交的非空闭集的并.

64. 试回答在"连续延拓定理中"闭集 F 能否简化成为任意非空集? $f(x)$ 在无界情形下是否也能连续延拓到整个 $\mathbf{R}^n$?

65. 证明 f 是 $\mathbf{R}^n$ 上的连续函数当且仅当对任意开集 $G \subset \mathbf{R}^1$,集合
$$f^{-1}(G) = \{x \in \mathbf{R}^n : f(x) \in G\}$$
为 $\mathbf{R}^n$ 中的开集;f 是非空集 $E \subset \mathbf{R}^n$ 上的连续函数当且仅当对任意开集 $G \subset \mathbf{R}^1$,存在开集 $O \subset \mathbf{R}^n$,使
$$O \cap E = f^{-1}(G) = \{x \in E : f(x) \in G\}$$

66. 设 $x \in \mathbf{R}^n, A \subset \mathbf{R}^n$,则 $x \in \overline{A} \Leftrightarrow \rho(x, A) = 0$.

67. 证明:对于集合 $A, B \subset \mathbf{R}^n$,有 $\rho(A, B) = \rho(\overline{A}, \overline{B})$.

68. 设集合 $E \subset \mathbf{R}^n$,H 为可测集且 $E \subset H$,$m^*(E) < \infty$. 证明 H 为 E 的等测包当且仅当对任意可测集 $A \subset H \setminus E$,一定有 $m(A) = 0$.

69. 设 $E \subset \mathbf{R}^n$ 且 $m^*(E) < +\infty$,若有
$$m^*(E) = \sup\{m(F) : F \subset E \text{ 是有界闭集}\}$$
试证明 E 是可测集.

70. 设有点集 E_1, E_2,其中 E_1 是可测集. 若 $m(E_1 \triangle E_2) = 0$,试证明 E_2 是可测集,且 $m(E_1) = m(E_2)$.

71. 设点集 B 满足:对任给 $\varepsilon > 0$,都存在可测集 A,使得 $m^*(A \triangle B) < \varepsilon$,试证明 B 是可测集.

72. 设 $E_1, E_2 \subset \mathbf{R}^n$,$E_1 \cup E_2$ 是可测集且 $m(E_1 \cup E_2) < \infty$,若有
$$m(E_1 \cup E_2) = m^*(E_1) + m^*(E_2)$$
则 E_1, E_2 皆为可测集.

73. 设 $E_k \subset [0, 1]$ $(k = 1, 2, \cdots, n)$ 是可测集. 若有 $\sum_{k=1}^n m(E_k) > n - 1$,证明 $m(\bigcap_{k=1}^n E_k) > 0$.

74. 设 $\{E_n\}$ 是 $[0, 1]$ 中的可测集列,且满足 $\varlimsup_{n \to \infty} m(E_n) = 1$. 试证明对任意的 $\alpha : 0 < \alpha < 1$,必存在 $\{E_{n_i}\}$,使得 $m(\bigcap_{i=1}^\infty E_{n_i}) > \alpha$.

75. 设可测集 $A_n \subseteq [0,1](n=1,2,\cdots)$，且 1 是 $\{mA_n\}_{n=1}^{+\infty}$ 的极限点(或称为聚点)，试证有子序列 $\{n_k\}_{k=1}^{+\infty}$ 使得 $m(\bigcap_{k=1}^{+\infty} A_{n_k}) > 0$.

76. 设 $A, B \subset \mathbf{R}^n$，$A$ 为可测集，试证明
$$m^*(A \cup B) + m^*(A \cap B) = m(A) + m^*(B)$$

77. 设 $A \subset \mathbf{R}^2, B \subset \mathbf{R}^2$，试证明
$$m^*(A \cup B) + m^*(A \cap B) \leqslant m^*(A) + m^*(B)$$

78. 设 $A \subset \mathbf{R}^n$ 且 $m^*(A) = 0$，试证明对任意的 $B \subset \mathbf{R}^n$，有
$$m^*(A \cup B) = m^*(B) = m^*(B \setminus A)$$

79. 完成下面问题.

(1) 设 $A, B \subset \mathbf{R}^n$，且 $m^*(B), m^*(A) < \infty$，试证明
$$|m^*(A) - m^*(B)| \leqslant m^*(A \Delta B)$$

(2) 设 A, B 与 C 是 $\mathbf{R}^n$ 中的点集，且有
$$m^*(A \Delta B) = 0, m^*(B \Delta C) = 0$$
试证明 $m^*(A \Delta C) = 0$.

80. 设 $\{A_n\}$ 是互不相交的可测集列，$B_n \subset A_n (n=1,2,\cdots)$，试证明
$$m^*(\bigcup_{n=1}^{\infty} B_n) = \sum_{n=1}^{\infty} m^*(B_n)$$

81. 设 $\{E_k\}$ 是 $\mathbf{R}^n$ 中可测集列，且 $\sum_{k=1}^{\infty} m(E_k) < +\infty$，试证明 $\mathbf{R}^n$ 中几乎所有点至多能属于 $\{E_k\}$ 中的有限个.

82. 设有 $\mathbf{R}^1$ 中可测集列 $\{E_k\}$，且当 $k \geqslant k_0$ 时，$E_k \subset [a,b]$. 若存在 $\lim_{k\to\infty} E_k = E$，试证明 $m(E) = \lim_{k\to\infty} m(E_k)$.

83. 设 $\{E_k\} \subset \mathbf{R}^n, m(\bigcup_{k=1}^{\infty} E_k) < +\infty$，若 $\inf_{k \geqslant 1}\{m(E_k)\} = \alpha > 0$，试证明 $m(\overline{\lim_{k\to\infty}} E_k) \geqslant \alpha$.

84. 设 $0 < \varepsilon_n < 1 (n=1,2,\cdots)$，试证明 $\varepsilon_n \to 0 (n\to\infty)$ 的充分必要条件是：存在 $E_n \subset [0,1], m(E_n) = \varepsilon_n (n=1,2,\cdots)$，使得
$$\sum_{n=1}^{\infty} \chi_{E_n}(x) < +\infty, x \in [0,1] \setminus Z, m(Z) = 0$$

85. 设 $E \subset \mathbf{R}^n$. 若对任意的 $x \in E$，存在开球 $B(x, \delta_x)$，使得 $m^*(E \cap B(x, \delta_x)) = 0$，试证明 $m^*(E) = 0$.

86. 设 $E \subset [0,1]$. 若 $m(E) = 1$，试证明 $\overline{E} = [0,1]$. 若 $m(E) = 0$，试证明 $\mathring{E} = \varnothing$.

87. 设 G 是 $\mathbf{R}^1$ 中的开集，则公式 $m(\partial G) = 0, m(G) = m(\overline{G})$ 以及 $m(\partial G) < m(G)$ 成立吗？

88. 设 G_1 是 G_2 的真子集，是否一定有 $m(G_1) < m(G_2)$？

89. 设 $f(x), g(x)$ 是 $[a,b]$ 上严格递减的连续函数，且对任意的 $t \in \mathbf{R}^1$，有
$$m(\{x \in [a,b]: f(x) > t\}) = m(\{x \in [a,b]: g(x) > t\})$$
试证明 $f(x) = g(x), x \in (a,b)$.

90. 设 μ^* 是定义在 $\mathbf{R}^n$ 上的一种外测度. 若任一 Borel 集都是 μ^* 可测集，试证明 μ^* 是距离外测度.

91. 设 $E \subset \mathbf{R}^1$ 是可测集，$0 < m(E) < \infty$，则存在 n 个互不相交的可测集 $E_k (k=1,2,\cdots,n)$，使得 $E = \bigcup_{k=1}^{n} E_k$，且 $m(E_k) = \dfrac{m(E)}{n}$.

92. 将 $[0,1]$ 中的数用十进制小数展开，完成下面问题.
(1) 试求在指定两个小数位置上都是已给定的数字的全体 E 的测度.
(2) 试求有 k 个数位不为零的全体 E_k 的测度.

93. 设 $\{E_n\}$ 是 $[0,1]$ 中互不相同的可测集合列，且存在 $\varepsilon > 0, m(E_n) \geqslant \varepsilon (n=1,2,\cdots)$. 是否一定存在子列 $\{E_{n_i}\}$，使得 $\bigcap_{i=1}^{\infty} E_{n_i} > 0$？

94. 试求下列集合的测度(其中 $I = [0,1] \times [0,1]$).
(1) $E = \{(x,y) \in I : x+y \text{ 是有理数}\}$.
(2) $E = \{(x,y) \in I : \sin x < \dfrac{1}{2}, \cos(x+y) \text{ 是无理数}\}$.

95. 设 E_1 是可测集，E_2 是任意点集，则
$$m^*(E_1 \cup E_2) + m^*(E_1 \cap E_2) = m^*(E_1) + m^*(E_2)$$

96. 若 $m^*(A) = 0$，则 $m^*(A \cup B) = m^*(B)$.

97. 若 $m^*(E_1 \setminus E_2) = m^*(E_2 \setminus E_1) = 0$，则
$$m^*(E_1 \cup E_2) = m^*(E_1 \cap E_2) = m^*(E_1) = m^*(E_2)$$

第 2 章

可测函数与依测度收敛

2.1 基本概念及主要定理

2.1.1 可测函数定义及其性质

1. 设 $f(x)$ 是定义在可测集 $E \subset \mathbf{R}^n$ 上的广义实值函数. 若对于任意 $t \in \mathbf{R}^1$, 点集 $\{x \in E: f(x) > t\}$ 都是可测集, 则称 $f(x)$ 是 E 上的可测函数, 或称 $f(x)$ 在 E 上可测.

注 上面定义中的"对于任意 $t \in \mathbf{R}^1$"可以替换为"对任意 $t \in D \subset \mathbf{R}^1$", 其中 D 在 $\mathbf{R}^1$ 中稠密.

2. 设 $f(x)$ 是 E 上的函数, 则下列命题等价:

(1) $f(x)$ 在 E 上可测.

(2) 任意 $t \in \mathbf{R}^1$, 点集 $\{x \in E: f(x) \leqslant t\}$ 是可测集.

(3) 任意 $t \in \mathbf{R}^1$, 点集 $\{x \in E: f(x) \geqslant t\}$ 是可测集.

(4) 任意 $t \in \mathbf{R}^1$, 点集 $\{x \in E: f(x) < t\}$ 是可测集.

由上面结论可知: 若 $f(x)$ 是 E 上的可测函数, 则点集 $\{x \in E: f(x) = t\}$, $\{x \in E: f(x) < +\infty\}$, $\{x \in E: f(x) = +\infty\}$, $\{x \in E: f(x) > -\infty\}$, $\{x \in E: f(x) = -\infty\}$ 都是可测集.

由测度的性质可立即知道, $f(x)$ 若在 E_1, E_2 上可测, 则在 $E_1 \cup E_2$ 上可测; 若在 E 上可测, A 是 E 中的可测子集, 则 $f(x)$ 看作定义在 A 上的函数时, 在 A 上也是可测的.

3. 可测函数的运算性质.

(1) 若 $f(x), g(x)$ 是 E 上的实值可测函数, 则函数: $cf(x) (c \in \mathbf{R}^1); f(x) + g(x); f(x) \cdot g(x)$ 都是 E 上的可测函数.

(2) 若 $\{f_k(x)\}$ 是 E 上的可测函数列，则函数：$\sup\limits_{k\geqslant 1}\{f_k(x)\}$, $\inf\limits_{k\geqslant 1}\{f_k(x)\}$, $\overline{\lim\limits_{k\to\infty}}f_k(x)$, $\varliminf\limits_{k\to\infty}f_k(x)$ 都是 E 上的可测函数.

特别的，若 $\{f_k(x)\}$ 是 E 上的可测函数列，且有
$$\lim_{k\to\infty}f_k(x)=f(x), x\in E$$
则 $f(x)$ 是 E 上的可测函数.

4. 函数 $f(x)$ 的正部 f^+ 和负部 f^-.

(1) 称 $f^+(x)=\max\{f(x),0\}$, $f^-(x)=\max\{-f(x),0\}$ 分别为 $f(x)$ 的正部与负部.

(2) f^+, f^- 有如下性质：

① f^+, f^- 是 E 上的非负函数.

② $f(x)=f^+(x)-f^-(x)$.

③ $|f(x)|=f^+(x)+f^-(x)$.

④ f 在 E 上可测当且仅当 f^+, f^- 都在 E 上可测.

注 利用③和④，容易知道若 f 在 E 上可测，$|f(x)|$ 在 E 上一定可测，但反之不成立.

例如，函数 $f(x)=\begin{cases}1, & x\in w\\ -1, & x\in[0,1]\end{cases}$（其中 w 为 $[0,1]$ 中的不可测集）在 $[0,1]$ 上不可测，但显然常值函数 $|f(x)|$ 在 $[0,1]$ 上可测.

5. 设有一个与集合 $E\subset\mathbf{R}^n$ 中的点 x 有关的命题 $P(x)$. 若存在 $A\subset E, m(A)=0, P(x)$ 在 $E\setminus A$ 上成立，则称 $P(x)$ 在 E 上几乎处处是真的，并简记为 $P(x)$, a.e. $x\in E$.

(1) 设 $f(x), g(x)$ 是 E 上的可测函数，若有 $m(\{x\in E: f(x)\neq g(x)\})=0$，则称 $f(x)$ 与 $g(x)$ 在 E 上几乎处处相等，记为
$$f(x)=g(x), \text{a.e.} \ x\in E$$

注 ① $m(\{x\in E: f(x)\neq g(x)\})=0$ 等价于 $m(\{x\in E: |f(x)-g(x)|>\frac{1}{k}\})=0$, $\forall k$ 皆成立.

② 若 $f(x), g(x)$ 是 E 上的广义实值函数，$f(x)=g(x)$, a.e. $x\in E$ 且 $f(x)$ 是 E 上的可测函数，则 $g(x)$ 也一定是 E 上的可测函数.

(2) 设 $f(x)$ 是 E 上的可测函数，若有 $m(\{x\in E: |f(x)|=+\infty\})=0$，则称 $f(x)$ 在 E 上是几乎处处有限的，并记为
$$|f(x)|<+\infty, \text{a.e.} \ x\in E$$

(3) 设 $f(x)$ 是 E 上的可测函数，若存在 $M>0$，使 $m(\{x\in E: |f(x)|>M\})=0$，则称 $f(x)$ 在 E 上是几乎处处有界的，并记为
$$|f(x)|\leqslant M, \text{a.e.} \ x\in E$$

注 $f(x)$ 在 E 上几乎处处有界，亦称 $f(x)$ 在 E 上本性有界. $f(x)$ 在 E 上几乎处处有界

蕴涵 $f(x)$ 在 E 上是几乎处处有限的,反之不然.

6. 简单函数. 设 $f(x)$ 是定义在 $E \subset \mathbf{R}^n$ 上的实值函数. 若 $f(E)$ 是有限集,则称 $f(x)$ 为 E 上的简单函数.

(1) 设 $f(x)$ 为 E 上的简单函数,则 $f(x) = \sum_{i=1}^{n} c_i \chi_{E_i}(x), x \in E$. 其中 $E = \bigcup_{i=1}^{n} E_i, E_i \cap E_j = \varnothing (i \neq j)$,且 $f(x) = c_i, x \in E_i (i = 1, 2, \cdots, n)$. 若每个 E_i 都是可测集,则称 $f(x)$ 为 E 上的可测简单函数.

(2) 简单函数逼近定理.

① 若 $f(x)$ 是 E 上的非负可测函数,则存在非负可测简单函数渐升列: $\varphi_k(x) \leqslant \varphi_{k+1}(x) (k=1,2,\cdots)$,使得

$$\lim_{k \to \infty} \varphi_k(x) = f(x), x \in E$$

② 若 $f(x)$ 是 E 上的可测函数,则存在可测简单函数列 $\{\varphi_k(x)\}$,使得 $|\varphi_k(x)| \leqslant |f(x)|$,且有

$$\lim_{k \to \infty} \varphi_k(x) = f(x), x \in E$$

若 $f(x)$ 还是有界的,则上述收敛还是一致的.

注 上面定理中的可测简单函数列中的每一个均可取成具有紧支集的函数.

2.1.2 可测函数列的收敛

1. 设 $f(x), f_1(x), f_2(x), \cdots, f_k(x), \cdots$ 是定义在 $E \subset \mathbf{R}^n$ 上的广义实值函数. 若存在点集 $A \subset E$,使得 $\forall x \in E \setminus A, \lim_{k \to \infty} f_k(x) = f(x)$,且 $m(A) = 0$,则称 $\{f_k(x)\}$ 在 E 上几乎处处收敛于 $f(x)$,并简记为 $f_k(x) \to f(x)$, a.e. $x \in E$.

2. 设 $f(x), f_1(x), f_2(x), \cdots, f_k(x), \cdots$ 是 $E \subset \mathbf{R}^n$ 上几乎处处有限的可测函数,若对 $\forall \sigma > 0$,有

$$\lim_{k \to \infty} m(\{x \in E : |f_k - f| > \sigma\}) = 0$$

则称 $\{f_k(x)\}$ 在 E 上依测度收敛于 $f(x)$,简记为 $f_k(x) \xrightarrow[E]{m} f(x)$ 或者 $f_k(x) \Rightarrow f(x)$.

注 $\{f_k(x)\}$ 在 E 上依测度收敛于 $f(x)$ 也可定义为: $\forall \sigma, \varepsilon > 0$,存在正整数 K,当 $k > K$ 时,$m(\{x \in E: |f_k - f| > \sigma\}) < \varepsilon$.

3. 设 $\{f_k(x)\}$ 是 $E \subset \mathbf{R}^n$ 上几乎处处有限的可测函数列,若对 $\forall \varepsilon > 0$,有

$$\lim_{k \to \infty, j \to \infty} m(\{x \in E: |f_k - f_j| > \varepsilon\}) = 0$$

则称 $\{f_k(x)\}$ 为 E 上的依测度 Cauchy 列.

注 若 $\{f_k(x)\}$ 为 E 上的依测度 Cauchy 列,则一定存在 E 上的一个几乎处处有限的可测函数 $f(x)$,使 $\{f_k(x)\}$ 在 E 上依测度收敛于 $f(x)$;反之,若 $\{f_k(x)\}$ 在 E 上依测度收敛于

$f(x)$,则$\{f_k(x)\}$一定为E上的依测度Cauchy列.

4.设$f(x),f_1(x),f_2(x),\cdots,f_k(x),\cdots$是$E\subset \mathbf{R}^n$上的可积函数列.若
$$\lim_{k\to\infty}\int_E |f_k-f|\,\mathrm{d}x=0$$
则称$\{f_k(x)\}$在E上依L^1意义收敛于$f(x)$.

5.各种收敛之间的关系.

(1) 几乎处处收敛与一致收敛间的关系——叶果洛夫定理.

设$f(x),f_1(x),f_2(x),\cdots,f_k(x),\cdots$是$E\subset\mathbf{R}^n$上几乎处处有限的可测函数,且$m(E)<\infty$,若$f_k(x)\to f(x)$,a.e.$x\in E$,则对$\forall \delta>0$,存在$E$中可测子集$E_\delta,m(E_\delta)\leqslant\delta$,使得$\{f_k(x)\}$在$E\backslash E_\delta$上一致收敛于$f(x)$.

注 若对$\forall \delta>0$,存在E中可测子集$E_\delta,m(E_\delta)\leqslant\delta$,使得$\{f_k(x)\}$在$E\backslash E_\delta$上一致收敛于$f(x)$,则称$\{f_k(x)\}$在$E$上近乎一致收敛于$f(x)$.叶果洛夫定理说明在$m(E)<\infty$条件下,几乎处处收敛一定是近一致收敛.近一致收敛是几乎处处收敛的,并且不需要$m(E)<\infty$,这个结论常被称为叶果洛夫定理的逆定理.

定理中的条件$m(E)<\infty$是不能去掉的.

(2) 几乎处处收敛与依测度收敛间的关系.

设$f(x),f_1(x),f_2(x),\cdots,f_k(x),\cdots$是$E\subset\mathbf{R}^n$上几乎处处有限的可测函数,则

① 当$m(E)<\infty$时,若$f_k(x)\to f(x)$,a.e.$x\in E$,则$f_k(x)$依测度收敛于$f(x)$.(Lebesgue定理)

② 若$f_k(x)$依测度收敛于$f(x)$,则存在子列$\{f_{k_i}(x)\}$,使得$\lim_{i\to\infty}f_{k_i}(x)=g(x)$,a.e.$x\in E$.(Riesz定理)

注 ①中定理条件$m(E)<\infty$不能去掉,且依测度收敛不能得到几乎处处收敛.

(3) 依L^1意义收敛与依测度收敛间的关系.

$\{f_k(x)\}$依L^1意义收敛于$f(x)$蕴含$\{f_k(x)\}$依测度收敛于$f(x)$;若$m(E)<\infty$,则$\{f_k(x)\}$依测度收敛于$f(x)$等价于$\{f_k(x)\}$依L^1意义收敛于$f(x)$.

2.1.3 可测函数与连续函数之间的关系

1.鲁津定理:若$f(x)$是$E\subset\mathbf{R}^n$上的几乎处处有限的可测函数,则对任给的$\delta>0$,存在E中的闭集$F,m(E\backslash F)<\delta$,使得$f(x)$是$F$上的连续函数.

注 鲁津定理中不能将$m(E\backslash F)<\delta$改为$m(E\backslash F)=0$;鲁津定理的逆定理也成立.

2.若$f(x)$是$E\subset\mathbf{R}^n$上的几乎处处有限的可测函数,则对任给的$\delta>0$,存在$\mathbf{R}^n$上的连续函数$g(x)$,使得$m(\{x\in E:f(x)\neq g(x)\})<\delta$;若$E$还是有界集,则可使上述$g(x)$具有紧支集.

3.若$f(x)$是$E\subset\mathbf{R}^n$上的几乎处处有限的可测函数,则存在$\mathbf{R}^n$上的连续函数列$\{g_k(x)\}$,

使得 $\lim_{k\to\infty} g_k(x) = f(x)$, a.e. $x \in E$.

注 2和3显然是可逆的.

2.2 可测函数

本节讨论函数的可测性问题.

主要讨论如下三种方法：一是直接利用定义，二是证明这个函数和一个可测函数几乎处处相等，三是证明这个函数是一列可测函数的极限. 特别值得一提的是，将一个可测函数表示成一个简单可测函数列的极限是证明一个函数可测的重要手段.

在利用定义证明函数 $f(x)$ 是集合 E 上的可测函数时，主要是证明 $\forall t \in \mathbf{R}^1$, 集合 $\{x \in E: f(x) > t\}$(或其他等价形式)是可测集. 这里除了利用可测集的运算性质外，还要熟知哪些集合是可测集. 例如 Borel 集就都是可测集，因此利用定义证明函数 $f(x)$ 是 E 上的可测函数只需证明 $\{x \in E: f(x) > t\}$ 是一个 Borel 集就可以了.

例 1 记 Γ 为 $(0, 1)$ 上的一个连续函数族，则函数 $F(x) = \sup_{f \in \Gamma}\{f(x)\}$ 是 $(0, 1)$ 上的可测函数. 试问若 Γ 为 $(0, 1)$ 上的一个可测函数族，是否能保证 $F(x) = \sup_{f \in \Gamma}\{f(x)\}$ 是 $(0, 1)$ 上的可测函数？

分析 在第一个问题中，若 Γ 是由可数个函数所构成的族，$F(x)$ 的可测性是显然的，然而这时只需要每个函数是可测函数就可以了，函数不必连续，但是 Γ 未必是可数集，可见需要利用连续函数的性质. 对于第二个问题只需举出一个不可测的例子就可以了.

证明 先证第一个结论.

方法 1. 事实上，$\forall t \in \mathbf{R}^1$, 容易证明
$$\{x \in (0, 1): F(x) > t\} = \bigcup_{f \in \Gamma} \{x \in (0, 1): f(x) > t\}$$
而 $\forall f \in \Gamma, f$ 在 $(0, 1)$ 上连续，集合 $\{x \in (0, 1): f(x) > t\}$ 为开集，从而据开集的任意并还是开集的性质知 $\{x \in (0, 1): F(x) > t\}$ 为开集，因而一定是可测集.

方法 2. 直接证明 $\forall t \in \mathbf{R}^1, \{x \in (0, 1): F(x) > t\}$ 是开集.

事实上 $\forall x \in E_t$, 由于 $F(x) > t$, 一定存在 $f \in \Gamma$, 使 $f(x) > t$. 进而据 f 在 $(0, 1)$ 上的连续性，一定存在 $\delta > 0$, 使 $(x - \delta, x + \delta) \subset (0, 1)$, 且 $\forall y \in (x - \delta, x + \delta), f(y) > t$. 从而 $\forall y \in (x - \delta, x + \delta), F(y) > t$, 亦即 $(x - \delta, x + \delta) \subset E_t$. 所以集合 E_t 是开集为可测集，$F(x) = \sup_{f \in \Gamma}\{f(x)\}$ 是可测函数.

当 Γ 为 $(0, 1)$ 上的一个可测函数族时，不能保证 $F(x)$ 的可测性.

例如：取 $w \subset (0, 1)$ 为不可测集，且 $\forall \alpha \in w$, 作 $f_\alpha(x) = \begin{cases} 1, & x = \alpha \\ 0, & x \neq \alpha \end{cases}$ $(x \in (0, 1))$, 则函数 $f_\alpha(x)$ 为 $(0, 1)$ 上的可测函数. 记 $\Gamma = \{f_\alpha: \alpha \in w\}$, 由于此时

$$F(x)=\sup_{f\in \Gamma}\{f(x)\}=\begin{cases}1, & x\in w\\ 0, & x\in (0,1)\setminus w\end{cases}$$

$F(x)$ 不是 $(0,1)$ 上的可测函数.

例 2 设 $f(x)$ 是 $\mathbf{R}^n$ 上的实值函数,试证 $F(x)=\lim\limits_{\delta\to 0}\sup\limits_{y\in (B(x,\delta)\setminus\{x\})}f(y)$ 为 $\mathbf{R}^n$ 上的可测函数.

分析 在本题中,$f(x)$ 不是 $\mathbf{R}^n$ 上的可测函数,而有趣的是其上极限函数却是可测的. 由于没有其他的条件可借用,因此需要分析集合 $\{x\in \mathbf{R}^n : F(x)\geqslant t\}$ 的结构而得到证明.

证明 只需证 $\forall t\in \mathbf{R}^1$,集合 $\{x\in \mathbf{R}^n : F(x)\geqslant t\}$ 为可测集.

$\forall x_0\in \{x\in \mathbf{R}^n : F(x)\geqslant t\}$,据 F 的定义,$\forall \frac{1}{n},\frac{1}{m}$,一定存在 $y\in B(x_0,\frac{1}{m})\setminus\{x_0\}$,使 $f(y)>t-\frac{1}{n}$(若这样的 y 不存在,即 $\forall y, 0<|y-x_0|<\frac{1}{m}$,有 $f(y)\leqslant t-\frac{1}{n}$,则一定有 $F(x_0)=\lim\limits_{\frac{1}{m}\to 0}\sup\limits_{0<|y-x_0|<\frac{1}{m}}f(y)\leqslant t-\frac{1}{n}<t$,这与 $F(x)\geqslant t$ 矛盾!). 若记

$$E_{m,n}=\{x_0\in \mathbf{R}^n:\exists y\in B(x_0,\frac{1}{m})\setminus\{x_0\}, f(y)>t-\frac{1}{n}\}$$

则根据上面的事实,有

$$\{x\in \mathbf{R}^n:F(x)\geqslant t\}\subset \bigcap_{m,n=1}^{\infty}E_{m,n}$$

另一方面,若 $x'\in \bigcap\limits_{m,n=1}^{\infty}E_{m,n}$,则 $\forall m,n, x'\in E_{m,n}$,亦即存在 $y\in B(x',\frac{1}{m})\setminus\{x'\}$,使 $f(y)>t-\frac{1}{n}$ 成立,这说明 $F(x')=\lim\limits_{\frac{1}{m}\to 0}\sup\limits_{0<|y-x'|<\frac{1}{m}}f(y)\geqslant t-\frac{1}{n}$,再由 n 的任意性,便有 $F(x')\geqslant t$,所以又有 $\bigcap\limits_{m,n=1}^{\infty}E_{m,n}\subset \{x\in \mathbf{R}^n:F(x)\geqslant t\}$. 上面证明了

$$\{x\in \mathbf{R}^n:F(x)\geqslant t\}=\bigcap_{m,n=1}^{\infty}E_{m,n}$$

下面只需说明 $\forall \frac{1}{n},\frac{1}{m}$,集合 $E_{m,n}$ 为可测集.

事实上,若记 $A_n=\{y\in \mathbf{R}^n:f(y)>t-\frac{1}{n}\}\neq \varnothing$,则 $E_{m,n}=\bigcup\limits_{y\in A_n}(B(y,\frac{1}{m})\setminus\{y\})$,这是由于 $x_0\in E_{m,n}\Leftrightarrow$ 存在 $y\in B(x_0,\frac{1}{m})\setminus\{x_0\}, f(y)>t-\frac{1}{n}\Leftrightarrow$ 存在 $y\in A_n$,且 $0<|y-x_0|<\frac{1}{m}\Leftrightarrow x_0\in \bigcup\limits_{y\in A_n}(B(y,\frac{1}{m})\setminus\{y\})$. $E_{m,n}$ 显然是开集,所以为可测集.

下面考虑证明函数 f 可测的另外两种方法:先得到一个可测函数 g,随后证明 f 和 g 几乎处处相等;构造一个可测函数列 $\{f_n\}$,使 $f_n\xrightarrow{\text{a. e.}} f$. 通过下面同一例题的两种证明对这两种方法加以示范,请读者体会.

例 3 设 $\{f_n(x)\}$ 是 E 上的可测函数列,$f(x)$ 是 E 上的实值函数,若对任给 $\varepsilon > 0$,都有 $\lim_{n \to \infty} m^*(\{x \in E: |f_n(x) - f(x)| > \varepsilon\}) = 0$,试证 $f(x)$ 是 E 上的可测函数.

方法 1 分析 本题中的条件,很容易让人们联想到 $\{f_n(x)\}$ 应该是一个依测度收敛列,因此先尝试证明 $\{f_n(x)\}$ 是一个依测度收敛列,从而必收敛到一个可测函数 $h(x)$,随后证明 $f(x)$ 与 $h(x)$ 几乎处处相等.

证明 由于对任给 $\varepsilon > 0$

$$m(\{x \in E: |f_i(x) - f_j(x)| \geqslant \varepsilon\}) \leqslant m^*(\{x \in E: |f_i(x) - f(x)| \geqslant \frac{\varepsilon}{2}\}) +$$

$$m^*(\{x \in E: |f(x) - f_j(x)| \geqslant \frac{\varepsilon}{2}\}) \to 0 (i, j \to \infty)$$

因此 $\{f_n(x)\}$ 是 E 上的依测度 Cauchy 列,从而一定存在 E 上的几乎处处有限的可测函数 $h(x)$,使 $f_n(x)$ 依测度收敛于 $h(x)$. 又由于 $\forall \varepsilon > 0$

$$m^*(\{x \in E: |h(x) - f(x)| > \varepsilon\}) \leqslant m(\{x \in E: |h(x) - f_n(x)| > \frac{\varepsilon}{2}\}) +$$

$$m^*(\{x \in E: |f_n(x) - f(x)| > \frac{\varepsilon}{2}\}) \to 0 (n \to \infty)$$

所以

$$m^*(\{x \in E: |h(x) - f(x)| > \varepsilon\}) = 0$$

从而

$$m^*(\{x \in E: |h(x) - f(x)| > 0\}) = \lim_{n \to \infty} m^*(\{x \in E: |h(x) - f(x)| > \frac{1}{n}\}) = 0$$

因此 $h(x) = f(x)$, a.e. $x \in E$,$f(x)$ 是 E 上的可测函数.

方法 2 分析 可以利用所给条件构造一个 $\{f_n(x)\}$ 的子列 $\{f_{n_k}(x)\}$,使

$$f_{n_k}(x) \xrightarrow{\text{a.e.}} f(x)$$

证明 $\forall i$,一定存在 k_i 使 $n \geqslant k_i$ 时有

$$m^*(\{x \in E: |f_n(x) - f(x)| \geqslant \frac{1}{2^i}\}) < \frac{1}{2^i}$$

这样可以假设 $k_i < k_{i+1} (i = 1, 2, \cdots)$,使上面不等式成立.令

$$E_i = \left\{x \in E: |f_{k_i}(x) - f(x)| \geqslant \frac{1}{2^i}\right\}$$

以及

$$S = \bigcap_{j=1}^{\infty} \bigcup_{i=j}^{\infty} E_i$$

则有

$$m^*(S) \leqslant m^*(\bigcup_{i=j}^{\infty} E_i) \leqslant \sum_{i=j}^{\infty} m^*(E_i) < \sum_{i=j}^{\infty} \frac{1}{2^i} = \frac{1}{2^{j+1}}$$

对任意正整数 j 都成立,所以 $m^*(S) = 0$. 这说明 S 是可测集且测度为 0.

由于 $\forall x\in E\backslash S$,一定存在 j,使 $x\notin \bigcup_{i=j}^{\infty} E_i$,从而当 $i\geqslant j$ 时,一定有 $x\notin E_i$,即 x 满足 $|f_{k_i}(x)-f(x)|<\frac{1}{2^i}$,所以 $\lim_{i\to\infty} f_{k_i}(x)=f(x)$,进而 $f_{k_i}(x)\to f(x)$, a.e. $x\in E$. 因为 $\{f_{k_i}(x)\}$ 是可测函数列,所以 $f(x)$ 是 E 上的可测函数.

将一个可测函数表达成简单可测函数列的极限,是一个经常使用的解决问题的重要手段,这是由于简单函数具有一些其他函数不具有的特殊性质. 知道下面两个简单事实会对解决这类问题很有帮助:

(1) 设 $f(x)=\sum_{i=1}^{k} c_i \chi_{E_i}(x)$ 是定义在 $\mathbf{R}^n$ 上的简单函数,$g:\mathbf{R}^1\to\mathbf{R}^1$ 为实值函数,则复合函数 $g(f(x))$ 仍是 $\mathbf{R}^n$ 上的简单函数.

证明 由于 $f(x)=\sum_{i=1}^{k} c_i \chi_{E_i}(x)$ 是定义在 $\mathbf{R}^n$ 上的简单函数,从而有 $\bigcup_{i=1}^{k} E_i = \mathbf{R}^n$ 以及 $E_i\cap E_j=\varnothing (i\neq j)$. 有 $g(f(x))=\sum_{i=1}^{k} g(c_i)\chi_{E_i}(x)$,因而 $g(f(x))$ 是 $\mathbf{R}^n$ 上的简单函数. 事实上,$\forall x_0\in\mathbf{R}^n$,存在 $E_i\subset\mathbf{R}^n$,使 $x_0\in E_i$,从而

$$g(f(x_0))=g(c_i)=\sum_{i=1}^{k} g(c_i)\chi_{E_i}(x_0)$$

注 本结论的特例有 $f^2(x)=\sum_{i=1}^{k} c_i^2 \chi_{E_i}(x)$ 以及 $|f(x)|=\sum_{i=1}^{k} |c_i|\chi_{E_i}(x)$ 等.

(2) 设 $f(x,y)$ 是 $\mathbf{R}^2$ 上的实值函数,且 $f(x,y)=f(x,c_i), y\in E_i (i=1,2,\cdots)$,其中 E_i 为可测集,$\bigcup_{i=1}^{\infty} E_i=\mathbf{R}^1$ 且 $E_i\cap E_j=\varnothing (i\neq j)$. 若当 y 固定时,$f(x,y)$ 是 $\mathbf{R}^1$ 上的可测函数,则 $f(x,y)$ 亦是 $\mathbf{R}^2$ 上的可测函数.

证明 $\forall t\in\mathbf{R}^1$,则有

$$\{(x,y)\in\mathbf{R}^2: f(x,y)>t\}=\bigcup_{i=1}^{\infty}\{x\in\mathbf{R}^1: f(x,c_i)>t\}\times E_i$$

事实上

$(x,y)\in\{(x,y)\in\mathbf{R}^2: f(x,y)>t\} \Leftrightarrow \exists i, y\in E_i, f(x,y)=f(x,c_i)>t$
$\Leftrightarrow \exists i, y\in E_i, x\in \{x\in\mathbf{R}^1: f(x,c_i)>t\}$
$\Leftrightarrow (x,y)\in \bigcup_{i=1}^{\infty}\{x\in\mathbf{R}^1: f(x,c_i)>t\}\times E_i$

由于当 y 固定时,$f(x,y)$ 是 $\mathbf{R}^2$ 上的可测函数以及 E_i 为可测集,所以

$$\bigcup_{i=1}^{\infty}\{x\in\mathbf{R}^1: f(x,c_i)>t\}\times E_i$$

为 $\mathbf{R}^2$ 中的可测集,从而 $f(x,y)$ 亦是 $\mathbf{R}^2$ 上的可测函数.

例 4 设 $f(x)$ 是 E 上的可测函数,$F(x)$ 是 $\mathbf{R}^1$ 上的连续函数,则 $F(f(x))$ 也为 E 上的可

测函数.

证明 方法 1. 设 $\{\varphi_k(x)\}$ 是 E 上的简单可测函数列,使得 $\varphi_k(x) \to f(x)$, a. e. $x \in E$. 由于 $F(x)$ 连续,所以有 $F(\varphi_k(x)) \to F(f(x))$, a. e. $x \in E$. 注意到对任意的 k, $F(\varphi_k(x))$ 都是简单可测函数(见上面的(1)),所以 $F(f(x))$ 也为 E 上的可测函数.

方法 2. $\forall t \in \mathbf{R}^1$,集合
$$\{x \in E: F(f(x)) > t\} = f^{-1}(F^{-1}((t, +\infty)))$$
由于 $F(x)$ 是 $\mathbf{R}^1$ 上的连续函数,所以 $F^{-1}((t, +\infty))$ 为 $\mathbf{R}^1$ 中的开集,而 $f(x)$ 是 E 上的可测函数,所以 $f^{-1}(F^{-1}((t, +\infty)))$ 为可测集.

例 5 设 $f(x,y)$ 是 $\mathbf{R}^2$ 上的实值函数,且当 y 固定时,$f(x,y)$ 是 $\mathbf{R}^1$ 上的可测函数,当 x 固定时,$f(x,y)$ 是 $\mathbf{R}^1$ 上的连续函数.若 $g(x)$ 是 $\mathbf{R}^1$ 上的可测函数,求证 $f(x, g(y))$ 是 $\mathbf{R}^2$ 上的可测函数.

证明 由于 $g(y)$ 是 $\mathbf{R}^1$ 上的可测函数,由简单函数逼近定理,存在 $\mathbf{R}^1$ 上的一列简单可测函数 $\{\varphi_k(y)\}$,使 $\varphi_k(y) \xrightarrow{\text{a. e.}} g(y)$,由于 $f(x,y)$ 是关于变量 y 的连续函数,因此 $f(x, \varphi_k(y)) \xrightarrow{\text{a. e.}} f(x, g(y))$. 注意到 $\forall k, \varphi_k(y)$ 是简单可测函数,据前面的(2),$f(x, \varphi_k(y))$ 是 $\mathbf{R}^2$ 上的可测函数,所以其极限 $f(x, g(y))$ 亦是 $\mathbf{R}^2$ 上的可测函数.

注 当 $g(y) = y$ 时,$g(y)$ 显然是可测函数,因此本题中 $f(x,y)$ 一定是 $\mathbf{R}^2$ 上的可测函数.

最后要说明的是,在证明一个函数可测时,有时要综合运用上述方法.

2.3 依测度收敛

在实变函数中,依测度收敛是一种非常重要的收敛. 由于一致收敛、几乎处处收敛等在数学分析中已经接触到,而依测度收敛在这门课程中第一次出现,并且在后面的学习中又起着基础的作用,所以熟练掌握依测度收敛的概念、性质及其相关问题在实变函数课程的学习中是一个非常基本的要求.

关于依测度收敛的一些事实,前面两节已经介绍了一些,这里做一下补充和总结. 首先要注意的是,在谈依测度收敛时,除非特殊情形,函数列中的每一个函数都是几乎处处有限的.

2.3.1 关于依测度收敛的定义及其等价形式

1. 设 $f(x), f_1(x), f_2(x), \cdots, f_k(x), \cdots$ 是 $E \subset \mathbf{R}^n$ 上几乎处处有限的可测函数,若对 $\forall \sigma > 0$,有
$$\lim_{k \to \infty} m(\{x \in E: |f_k - f| > \sigma\}) = 0$$
则称 $\{f_k(x)\}$ 在 E 上依测度收敛于 $f(x)$.

等价的,$\{f_k(x)\}$ 在 E 上依测度收敛于 $f(x)$ 也可如下定义:$\forall \sigma, \varepsilon > 0$,存在正整数 K,当

$k > K$ 时
$$m(\{x \in E : |f_k - f| > \sigma\}) < \varepsilon$$
上面的定义也可以简化为：$\forall \varepsilon > 0$，存在正整数 K，当 $k > K$ 时
$$m(\{x \in E : |f_k - f| > \varepsilon\}) < \varepsilon$$
事实上，$\forall \sigma, \varepsilon > 0$，只需取 $\varepsilon' = \min\{\sigma, \varepsilon\} > 0$，则存在正整数 K，当 $k > K$ 时
$$m(\{x \in E : |f_k - f| > \varepsilon'\}) < \varepsilon'$$
从而就有，当 $k > K$ 时
$$m(\{x \in E : |f_k - f| > \sigma\}) \leqslant m(\{x \in E : |f_k - f| > \varepsilon'\}) < \varepsilon' \leqslant \varepsilon$$
所以 $\{f_k(x)\}$ 在 E 上依测度收敛于 $f(x)$.

2. 设 $\{f_k(x)\}$ 是 $E \subset \mathbf{R}^n$ 上几乎处处有限的可测函数列，若对 $\forall \varepsilon > 0$，有
$$\lim_{k \to \infty, j \to \infty} m(\{x \in E : |f_k - f_j| > \varepsilon\}) = 0$$
则称 $\{f_k(x)\}$ 为 E 上的依测度 Cauchy 列.

$\{f_k(x)\}$ 为 E 上的依测度 Cauchy 列当且仅当存在 E 上的一个几乎处处有限的可测函数 $f(x)$，使 $\{f_k(x)\}$ 在 E 上依测度收敛于 $f(x)$.

这里提醒读者注意结论：设 $\{f_n(x)\}$ 是 E 上的可测函数列，$f(x)$ 是 E 上的实值函数，若对任给 $\varepsilon > 0$，都有 $\lim_{n \to \infty} m^*(\{x \in E : |f_n(x) - f(x)| > \varepsilon\}) = 0$，则 $f(x)$ 是 E 上的可测函数，且 $\{f_n(x)\}$ 依测度收敛于 $f(x)$（见 2.2 节例 3）.

3. 当 $m(E) < \infty$ 时，$f(x), f_1(x), f_2(x), \cdots, f_k(x), \cdots$ 是 $E \subset \mathbf{R}^n$ 上几乎处处有限的可测函数. $f_1(x), f_2(x), \cdots, f_k(x), \cdots$ 的任意子列 $\{f_{k_i}(x)\}$ 中都有子列 $\{f_{k_{i_j}}(x)\}$ 收敛于 $f(x)$ 当且仅当 $f_k(x) \xrightarrow[E]{m} f(x)$（见练习题）.

本结论在 $m(E) = \infty$ 时是不成立的. 例如，函数列 $f_k(x) = \chi_{(k, +\infty)}(x)$ 在 $(0, +\infty)$ 上收敛于 $f(x) = 0 (0 < x < +\infty)$，因而其任一子列一定有子列收敛于 $f(x) = 0 (0 < x < +\infty)$，但是 $f_k(x) = \chi_{(k, +\infty)}(x)$ 不依测度收敛于 $f(x) = 0 (0 < x < +\infty)$.

2.3.2 依测度收敛的运算性质

1. 若 $f_k(x) \xrightarrow[E]{m} f(x), f_k(x) \xrightarrow[E]{m} g(x)$，则
$$f(x) = g(x), \text{a.e.} \, x \in E$$

2. 若 $f_k(x) \xrightarrow[E]{m} f(x), g_k(x) \xrightarrow[E]{m} g(x)$，则
$$f_k(x) + g_k(x) \xrightarrow[E]{m} f(x) + g(x)$$

3. 若 $c \in \mathbf{R}^1, f_k(x) \xrightarrow[E]{m} f(x)$，则

$$cf_k(x) \xrightarrow[E]{m} cf(x)$$

注 本结论更一般的形式是:若 $g(x)$ 在 E 上几乎处处有界,$f_k(x) \xrightarrow[E]{m} f(x)$,则

$$g(x)f_k(x) \xrightarrow[E]{m} g(x)f(x)$$

事实上,设 $|g(x)| \leqslant K$, a. e. $x \in E$,则 $\forall \varepsilon > 0$

$$m(\{x \in E: |g(x)f_k(x) - g(x)f(x)| \geqslant \varepsilon\})$$
$$= m(\{x \in E: |g(x)||f_k(x) - f(x)| \geqslant \varepsilon\})$$
$$\leqslant m(\{x \in E: |f_k(x) - f(x)| \geqslant \frac{\varepsilon}{K}\}) + m(\{x \in E: |g(x)| > K\})$$
$$\leqslant m(\{x \in E: |f_k(x) - f(x)| \geqslant \frac{\varepsilon}{K}\}) \to 0 (k \to \infty)$$

但是若 $g(x)$ 在 E 上几乎处处有限,结论不再成立. 例如,设 $E = (0, +\infty), g(x) = x$, $f_k(x) = \frac{1}{k}$,在 E 上 f_k 依测度收敛于 0,但 $g(x)f_k(x)$ 不依测度收敛.

4. 若 $f_k(x) \xrightarrow[E]{m} 0, g_k(x) \xrightarrow[E]{m} 0$,则 $f_k(x)g_k(x) \xrightarrow[E]{m} 0$;若 $m(E) < \infty, f_k(x) \xrightarrow[E]{m} f(x)$, $g_k(x) \xrightarrow[E]{m} g(x)$,则 $f_k(x)g_k(x) \xrightarrow[E]{m} f(x)g(x)$.

当 $m(E) = \infty$ 时,若 $f_k(x) \xrightarrow[E]{m} f(x), g_k(x) \xrightarrow[E]{m} g(x)$,一般情况下不能得到 $f_k(x)g_k(x) \xrightarrow[E]{m} f(x)g(x)$.

例如,设 $E = (0, +\infty)$,令 $g_k(x) = x, f_k(x) = \frac{1}{k}$,则 $g_k(x)$ 依测度收敛于 $g(x) = x, f_k(x)$ 依测度收敛于 $f(x) = 0$,但 $f_k(x)g_k(x)$ 不依测度收敛于 $f(x)g(x) = 0$.

2.3.3 依测度收敛与一致收敛、近乎一致收敛以及几乎处处收敛的关系

一致收敛与近乎一致收敛一定是依测度收敛的,反之显然不成立. 依测度收敛与几乎处处收敛的关系见 Lebesgue 定理与 Riesz 定理.

一致收敛的一致性能让人们得到很好的结论. 例如,熟知 $[a,b]$ 上的可测函数 $f(x)$ 可以由一个连续函数列来几乎处处逼近,而多项式在区间 $[a,b]$ 上又是一致逼近连续函数的,所以一定存在多项式列 $\{P_n(x)\}$,使 $\lim_n P_n(x) = f(x)$, a. e. $x \in [a,b]$.

又如,若设函数列 $\{f_{m,n}(x)\}$ 在 E 上一致收敛于 $f_n(x)(m \to \infty), n = 1, 2, \cdots$,以及 $f_n(x)$ 在 E 上一致收敛于 $f(x)$,则易证 $\{f_{m,n}(x)\}$ 中一定存在子列一致收敛于 $f(x)$.

然而,上面的一致收敛改为点点收敛却不成立. 例如,考察连续函数列 $(\cos(n! 2\pi x))^{2k}$

$$\lim_{n\to\infty}\lim_{k\to\infty}(\cos(n!\,2\pi x))^{2k}=\chi_{\mathbf{Q}}(x)=\begin{cases}1, & x\in\mathbf{Q}\\ 0, & x\notin\mathbf{Q}\end{cases}$$

其中 $\mathbf{Q}$ 是 $\mathbf{R}^1$ 中的有理数集. 注意到 $\mathbf{Q}$ 不是 G_δ 集(见练习题1中59题),因此 $\chi_{\mathbf{Q}}(x)$ 不能成为一个连续函数列的极限,这表明在 $(\cos(n!\,2\pi x))^{2k}$ 中不存在子列收敛于 $\chi_{\mathbf{Q}}(x)$.

依测度收敛具有某种一致性,可以证明若函数列 $\{f_{m,n}(x)\}$ 在 E 上依测度收敛于 $f_n(x)(m\to\infty), n=1,2,\cdots$,以及 $f_n(x)$ 在 E 上依测度收敛于 $f(x)$,则 $\{f_{m,n}(x)\}$ 中一定存在子列依测度收敛于 $f(x)$.

事实上,由于 $f_n(x)$ 在 E 上依测度收敛于 $f(x)$,因此 $\forall k$,存在 n_k,使

$$m(\{x\in E: |f_{n_k}(x)-f(x)|\geqslant \frac{1}{2k}\})<\frac{1}{2k}$$

而对于任意的 n_k,$\{f_{n_k,m}(x)\}$ 在 E 上依测度收敛于 $f_{n_k}(x)$,所以存在 m_k,使

$$m(\{x\in E: |f_{n_k,m_k}(x)-f_{n_k}(x)|\geqslant \frac{1}{2k}\})<\frac{1}{2k}$$

从而便有

$$m(\{x\in E: |f_{n_k,m_k}(x)-f(x)|\geqslant \frac{1}{k}\})\leqslant m(\{x\in E: |f_{n_k,m_k}(x)-f_{n_k}(x)|\geqslant \frac{1}{2k}\})+$$

$$m(\{x\in E: |f_{n_k}(x)-f(x)|\geqslant \frac{1}{2k}\})\leqslant \frac{1}{2k}+\frac{1}{2k}=\frac{1}{k}$$

这说明 $\{f_{n_k,m_k}(x)\}$ 依测度收敛于 $f(x)$.

2.4 典型题选解

本节综合运用前面提到的若干方法,解决几种典型问题.

1. 设 $m(E)>0$,$\{f_n(x)\}$ 是 E 上几乎处处有限的可测函数列,并且几乎处处收敛于几乎处处有限的可测函数 $f(x)$,则存在常数 M 和正测度集 $E_0\subset E$,使 $|f_n(x)|\leqslant M, \forall x\in E_0, n\in\mathbf{N}$.

证明 方法1.任取 E 的一个有界可测子集 $E_1\subset E$,且 $m(E_1)>0$,则 $\{f_n(x)\}$ 在 E_1 上几乎处处收敛于 $f(x)$.

由鲁津定理存在有界闭集 $F\subset E_1, m(F)>0$,而 $f(x)$ 在 F 上连续,从而一致连续,因而存在常数 C,使 $|f(x)|\leqslant C, \forall x\in F$;另一方面,$\{f_n(x)\}$ 在 F 上几乎处处收敛于 $f(x)$,由叶果洛夫定理,存在可测子集 $E_2\subset F, m(E_2)>0$,$\{f_n(x)\}$ 在 E_2 上一致收敛于 $f(x)$,从而存在 N,$n>N$ 时,$|f_n(x)|\leqslant |f_n(x)-f(x)|+|f(x)|\leqslant 1+C(\forall x\in E_2)$.

最后,由于 $\forall n\leqslant N, |f_n(x)|<\infty, \text{a.e.}\,x\in E_2, 0<m(E_2)\leqslant m(E_1)<\infty$,有

$$\lim_{k\to\infty}m(\{x\in E_2: |f_n(x)|>k\})=m(\{x\in E_2: |f_n(x)|=\infty\})=0$$

故存在 k_n, 使 $m(\{x \in E_2 : |f_n(x)| > k_n\}) < \dfrac{m(E_2)}{N}$. 记 $E_3 = \bigcup\limits_{n=1}^{N}\{x \in E_2 : |f_n(x)| > k_n\}$ 以及 $K = \max\limits_{0 < n \leqslant N}\{k_n\}$, 则 $m(E_3) = m(\bigcup\limits_{n=1}^{N}\{x \in E_2 : |f_n(x)| > k_n\}) < m(E_2)$. 命 $E_0 = E_2 \setminus E_3$, 则有 $m(E_0) > 0$, 以及当 $n \leqslant N$ 时, $\forall x \in E_0, |f_n(x)| \leqslant \max\limits_{0 < n \leqslant N}\{k_n\} = K$, 进而 $\forall n \leqslant N, x \in E_0$, $|f_n(x)| \leqslant K + C$, 命 $M = C + K$ 即得所证!

方法 2. 不妨设 $\{f_n(x)\}$ 是处处收敛的实值可测函数列, $f(x)$ 是 E 上的实值函数. 记 $E_k = \{x \in E : \sup\limits_{n \geqslant 1}|f_n(x)| \leqslant k\}$, 则一定有 $E = \bigcup\limits_{k=1}^{\infty} E_k$. 事实上, $\forall x \in E$, 由于 $\{f_n(x)\}$ 是收敛列, 因而一定有界, 从而一定存在 k, 使 $\forall n \in \mathbf{N}, |f_n(x)| \leqslant k$, 亦即 $x \in E_k$, 所以一定有 $E \subset \bigcup\limits_{k=1}^{\infty} E_k$, 进而 $E = \bigcup\limits_{k=1}^{\infty} E_k$.

注意到 $\{E_k\}$ 是单调增加的集列, $m(E) = \lim\limits_{k \to \infty} m(E_k)$, 而 $m(E) > 0$, 所以一定存在 k_0, 使 $m(E_{k_0}) > 0$, 取 $M = k_0, E_0 = E_{k_0}$ 即可.

注 本题中如果去掉条件"$\{f_n(x)\}$ 几乎处处收敛于几乎处处有限的可测函数 $f(x)$", 结论不再成立. 例如, 设 $f_n(x) = n (n = 1, 2, \cdots)$, 显然 $\{f_n(x)\}$ 是 $\mathbf{R}^1$ 上处处有限的可测函数列, 但在任意子集 $E_0 \subset \mathbf{R}^1$ 上, $\{f_n(x)\}$ 都不一致有界.

2. (函数列几乎处处收敛于 ∞ 情形下的叶果洛夫定理) 设 $m(E) < \infty$, $\{f_n(x)\}$ 是 E 上几乎处处收敛于 ∞ 的可测函数列, 证明 $\forall \delta > 0$, 存在 $E_\delta \subset E, m(E \setminus E_\delta) < \delta$, 在 E_δ 上 $\{f_n(x)\}$ 一致收敛于 ∞ (即 $\forall M, \exists N$, 当 $n > N$ 时, $\forall x \in E_\delta, |f_n(x)| \geqslant M$). 试说明, 当 $m(E) = \infty$ 时该结论是否成立.

证明 由于 $\forall n \in \mathbf{N}, f_n(x)$ 是 E 上的可测函数, 所以集合 $E_n = \{x \in E : f_n(x) = 0\}$ 以及 $E'_n = E \setminus E_1$ 都是 E 的可测子集. 作函数 $g_n(x) = \chi_{E_n}(x) + \dfrac{1}{f_n(x)}\chi_{E'_n}(x)$, 则 $\{g_n(x)\}$ 是 E 上的实值可测函数列(注意 $0 \cdot \infty = 0$). 由于 $\{f_n(x)\}$ 在 E 上几乎处处收敛于 ∞, 存在 $e \subset E$, $m(e) = 0$, 而 $\forall x \in E \setminus e, f_n(x) \to \infty (n \to \infty)$, 从而一定存在 $N, n > N$ 时, $f_n(x) \neq 0$, 即 $n > N$ 时, $g_n(x) = \dfrac{1}{f_n(x)}$, 所以 $\forall x \in e, g_n(x) \to 0 (n \to \infty)$, $\{g_n(x)\}$ 在 E 上几乎处处收敛于 0. 由叶果洛夫定理, $\forall \delta > 0$, 存在 $E_\delta \subset E, m(E \setminus E_\delta) < \delta$, 在 E_δ 上 $\{g_n(x)\}$ 一致收敛于 0, 从而 $\forall M > 1, \exists N$, 当 $n > N$ 时, $\forall x \in E_\delta, |g_n(x)| \leqslant \dfrac{1}{M}$, 此时显然 $x \notin E_n$, 否则便有 $1 = |g_n(x)| \leqslant \dfrac{1}{M} < 1$, 矛盾! 所以一定有 $\left|\dfrac{1}{f_n(x)}\right| = |g_n(x)| \leqslant \dfrac{1}{M}$, 即有 $|f_n(x)| \geqslant M$.

当 $m(E) = \infty$ 时结论不再成立. 例如, 设 $E = (0, +\infty), \forall n \in \mathbf{N}, f_n(x) = n\chi_{(0, n)}(x)$. 则 $\forall x \in (0, +\infty), f_n(x) \to \infty (n \to \infty)$, 但在 $(0, +\infty)$ 去掉任一个测度有限的集合 E_0, 由于

$\forall N$,一定存在 $x \in (N+1,+\infty)\backslash E_0$,从而有 $f_n(x)=0(n=N+1>N)$,这说明 $\{f_n(x)\}$ 不一致收敛于 ∞.

3. 设 f 是 $[a,b]$ 上实值可测函数,求证:有 $h_k>0, h_k \to 0$,使得
$$f(x+h_k) \to f(x), \text{a. e. } x \in [a,b]$$

证明 对 $\forall k \geqslant 1$,由鲁津定理,存在闭集 $F_k \subset (a,b), m(F_k) > b-a-\dfrac{b-a}{2^{k+1}}$, f 在 F_k 上一致连续,因而有 $h_k, 0<h_k<\dfrac{1}{k}$,使对任意的 $x, x+h_k \in F_k$,都有
$$|f(x+h_k)-f(x)|<\frac{1}{k}$$

令 $E_k = F_k \cap (F_k - \{h_k\})$,则
$$E_k = [a,b]\backslash (F_k \cup (F_k-\{h_k\})), m(E_k) > b-a-\frac{b-a}{2^k}$$

同时对任意的 $x \in E_k$,一定有 $x+h_k \in F_k$,所以有
$$|f(x+h_k)-f(x)|<\frac{1}{k}$$

现令 $E = \varliminf\limits_{k\to\infty} E_k = \bigcup\limits_{n=1}^{\infty}\bigcap\limits_{k=n}^{\infty} E_k$. 易知 $E \subset [a,b], m(E)=b-a, m([a,b]\backslash E)=0$,同时对 $\forall x \in E$,由于存在 $N, k>N$ 时,$x \in E_k$,从而有 $|f(x+h_k)-f(x)|<\dfrac{1}{k}$,故 $f(x+h_k) \to f(x)$,再注意到 $0 < h_k < \dfrac{1}{k}$,显然又有 $h_k > 0, h_k \to 0$,结论成立!

4. 设 $f(x)$ 是 $\mathbf{R}^1$ 上的实值可测函数,且有 $f(x+y)=f(x)+f(y)(x,y \in \mathbf{R}^1)$,则 $f(x)$ 是连续函数.

证明 由于 $f(x)$ 是 $\mathbf{R}^1$ 上的实值可测函数,因此存在有界闭集 $F \subset \mathbf{R}^1, m(F)>0$,而 $f(x)$ 在 F 上连续,同时一定存在 $a>0$,使 $I=(-a,a) \subset F-F$.

$\forall \varepsilon > 0$,F 为有界闭集,$f(x)$ 在 F 上一致连续,从而存在 $\delta > 0, \delta < a$,使 $x,y \in F$, $|x-y|<\delta$ 时,一定有 $|f(x)-f(y)|<\varepsilon$.这说明 $\forall t \in (-a,a) \subset F-F, |t|<\delta$,由于一定有 $x, y \in F$,使 $t=x-y$,因此一定有 $|f(t)|=|f(x-y)|=|f(x)-f(y)|<\varepsilon$.

现在 $\forall x_0 \in \mathbf{R}^1$ 及 $y \in \mathbf{R}^1, |x_0-y|<\delta<a$,由于 $x_0-y \in (-a,a)$,故一定有 $|f(x_0)-f(y)|=|f(x_0-y)|<\varepsilon$,这说明 $f(x)$ 是 $\mathbf{R}^1$ 上的连续函数.

5. 设 $f(x)$ 在 $\mathbf{R}^1$ 上可测.若有 $f(x+1)=f(x), \text{a. e. } x \in \mathbf{R}^1$,试作 $\mathbf{R}^1$ 上函数 $g(x)$,使 $g(x)=f(x), \text{a. e. } x \in \mathbf{R}^1$,并且 $g(x+1)=g(x), x \in \mathbf{R}^1$.

解 令 $E=\{x \in \mathbf{R}^1: f(x+1) \neq f(x)\}$,由已知条件 $m(E)=0$,并由测度的平移不变性知 $m(E+\{n\})=0(n=1,2,\cdots)$.再令 $\widetilde{E}=\bigcup\limits_{n=1}^{\infty}(E+\{n\})$,则 $\widetilde{E}$ 满足 $m(\widetilde{E})=0$,且 $\forall x \in \widetilde{E}, x+$

$1 \in \widetilde{E}$. 作函数

$$g(x) = \begin{cases} 0, & x \in \widetilde{E} \\ f(x), & x \notin \widetilde{E} \end{cases}$$

则 $g(x)$ 即为所求.

6. 设 $\{f_k(x)\}$ 是 $[a,b]$ 上的实值可测函数列,试证明存在正数列 $\{a_k\}$,使得

$$\lim_{k\to\infty} a_k f_k(x) = 0, \text{a. e. } x \in [a,b]$$

证明 $\forall k$,由于 $\lim_{n\to\infty} m(\{x \in [a,b]: |f_k(x)| \geqslant n\}) = m(\{x \in [a,b]: |f_k(x)| = \infty\}) = 0$,
因而存在 n_k,使 $m(E_k) = m(\{x \in [a,b]: |f_k(x)| \geqslant n_k\}) < \frac{1}{2^k}$. 令 $a_k = \frac{1}{kn_k}$,则在集合 $[a,b] \setminus E_k$ 上恒有 $|a_k f_k(x)| < \frac{1}{k}$,从而在集合 $\bigcup_{k=1}^{\infty} \bigcap_{n=k}^{\infty} ([a,b] \setminus E_n)$ 上 $\lim_{k\to\infty} a_k f_k(x) = 0$. 再注意到

$$m([a,b] \setminus \bigcup_{k=1}^{\infty} \bigcap_{n=k}^{\infty} ([a,b] \setminus E_n)) = m(\bigcap_{k=1}^{\infty} \bigcup_{n=k}^{\infty} E_n) \leqslant m(\bigcup_{n=k}^{\infty} E_n) \leqslant \frac{1}{2^{k-1}}$$

知 $m([a,b] \setminus \bigcup_{k=1}^{\infty} \bigcap_{n=k}^{\infty} ([a,b] \setminus E_n)) = 0$,所以 $\lim_{k\to\infty} a_k f_k(x) = 0$, a. e. $x \in [a,b]$.

7. 设 $f(x)$ 是 $[0,1]$ 上几乎处处有限的可测函数,求证:存在唯一的 $t_0 \in \mathbf{R}^1$,使得

$$m(\{x \in [0,1]: f(x) \geqslant t_0\}) \geqslant \frac{1}{2}, m(\{x \in [0,1]: f(x) \geqslant t\}) < \frac{1}{2}$$

其中 t 是大于 t_0 的任何实数.

证明 定义 $F(t) = m(\{x \in [0,1]: f(x) \geqslant t\})$,易知 $F(t)$ 是 $\mathbf{R}^1$ 上的单调递减函数,同时由于 $m([0,1]) < \infty$,对任意非负单调降趋于 0 的数列 $\{t_k\}$,有

$$\lim_{k\to\infty} F(t-t_k) = \lim_{k\to\infty} m(\{x \in [0,1]: f(x) \geqslant t-t_k\})$$
$$= m(\{x \in [0,1]: f(x) \geqslant t\}) = F(t)$$

因此 $F(t)$ 是左连续的. 由于 $F(-\infty) = 1$ 及 $F(+\infty) = 0$,又有 $\inf_{t \in \mathbf{R}^1}\{F(t)\} < \frac{1}{2} < \sup_{t \in \mathbf{R}^1}\{F(t)\}$. 设

$$t_0 = \sup\left\{t \in \mathbf{R}^1: F(t) \geqslant \frac{1}{2}\right\}$$

则 t_0 一定是实数,且存在单调递增的数列 $s_k \in \{t \in \mathbf{R}^1: F(t) \geqslant \frac{1}{2}\}$,使得 $s_k \to t_0$,从而有 $F(t_0) = \lim_{k\to\infty} F(t_0 - t_k) \geqslant \frac{1}{2}$,亦即 $m(\{x \in [0,1]: f(x) \geqslant t_0\}) \geqslant \frac{1}{2}$,而显然对任意大于 t_0 的 t 有 $F(t) < \frac{1}{2}$,即 $m(\{x \in [0,1]: f(x) \geqslant t\}) < \frac{1}{2}$. 若还有 t' 满足所给条件,则一定有 $t' \in \{t \in \mathbf{R}^1: F(t) \geqslant \frac{1}{2}\}$ 及对任意的 $t > t', F(t) > \frac{1}{2}$,这说明

$$t' = \sup\left\{t \in \mathbf{R}^1 : F(t) \geqslant \frac{1}{2}\right\} = t_0$$

t_0 是唯一的.

8. 设 $f(x), f_1(x), \cdots, f_k(x), \cdots$ 是 $[a,b]$ 上几乎处处有限的可测函数, 且有
$$\lim_{k \to \infty} f_k(x) = f(x), \text{a. e. } x \in [a,b]$$

试证明存在 $E_n \subset [a,b] (n=1,2,\cdots)$, 使得 $m([a,b] \setminus \bigcup_{n=1}^{\infty} E_n) = 0$, 而 $\{f_k(x)\}$ 在每个 E_n 上一致收敛于 $f(x)$.

证明 由叶果洛夫定理, $\forall \frac{1}{n}$, 存在 $E_n \subset [a,b]$, 使 $m([a,b] \setminus E_n) \leqslant \frac{1}{n}$, 而 $\{f_k(x)\}$ 在每个 E_n 上一致收敛于 $f(x)$. 由于 $\forall \frac{1}{n}$

$$m([a,b] \setminus \bigcup_{n=1}^{\infty} E_n) \leqslant m([a,b] \setminus E_n) \leqslant \frac{1}{n}$$

所以 $m([a,b] \setminus \bigcup_{n=1}^{\infty} E_n) = 0$.

9. 设 $f, f_n (n \in \mathbf{N})$ 都是可测集 E 上的几乎处处有限的可测函数, 并且
$$m(\{x \in E : f_n \neq f\}) < \frac{1}{2^n}, n \in \mathbf{N}$$

试证明, 在 E 上 $\{f_n(x)\}$ 既依测度收敛于 $f(x)$, 同时又几乎处处收敛于 $f(x)$.

证明 先证 E 上 $\{f_n(x)\}$ 依测度收敛于 $f(x)$.

事实上, $\forall \varepsilon > 0$
$$\lim_{n \to \infty} m(\{x \in E : |f_n(x) - f(x)| \geqslant \varepsilon\}) \leqslant \lim_{n \to \infty} m(\{x \in E : f_n(x) \neq f(x)\})$$
$$\leqslant \lim_{n \to \infty} \frac{1}{2^n} = 0$$

所以在 E 上 $\{f_n(x)\}$ 依测度收敛于 $f(x)$.

下面证明, 在 E 上 $\{f_n(x)\}$ 几乎处处收敛于 $f(x)$.

记 $E_{n,k} = \{x \in E : |f_n(x) - f(x)| \geqslant \frac{1}{k}\}$, 则在 E 中 $\{f_n(x)\}$ 不收敛于 $f(x)$ 的点的集合为

$$\bigcup_{k=1}^{\infty} \bigcap_{N=1}^{\infty} \bigcup_{n=N}^{\infty} \{x \in E : |f_n(x) - f(x)| \geqslant \frac{1}{k}\} = \bigcup_{k=1}^{\infty} \bigcap_{N=1}^{\infty} \bigcup_{n=N}^{\infty} E_{n,k}$$

由于 $E_{n,k} \subset \{x \in E : f_n(x) \neq f(x)\}$, 所以 $\forall k$

$$m(E_{n,k}) \leqslant m(\{x \in E : f_n(x) \neq f(x)\}) \leqslant \frac{1}{2^n}$$

以及 $(\forall N > 0)$

$$m(\bigcap_{N=1}^{\infty}\bigcup_{n=N}^{\infty}E_{n,k})\leqslant m(\bigcup_{n=N}^{\infty}E_{n,k})\leqslant \sum_{n=N}^{\infty}m(E_{n,k})\leqslant \frac{1}{2^{N+1}}$$

这说明 $\forall k, m(\bigcap_{N=1}^{\infty}\bigcup_{n=N}^{\infty}E_{n,k})=0$，进而 $m(\bigcup_{k=1}^{\infty}\bigcap_{N=1}^{\infty}\bigcup_{n=N}^{\infty}E_{n,k})=0$. 所以在 E 上 $\{f_n(x)\}$ 几乎处处收敛于 $f(x)$.

10. 求证：为使 $\mathbf{R}^1$ 上几乎处处有限的可测函数 $f(x)$ 除一零测集外为常数，充要条件是对任何实数 $t, \{x\in\mathbf{R}^1: f(x)>t\}$ 和 $\{x\in\mathbf{R}^1: f(x)<t\}$ 中至少有一个为零测集.

证明 必要性. 如若不然，假设存在一个实数 $t, \{x\in\mathbf{R}^1: f(x)>t\}$ 和 $\{x\in\mathbf{R}^1: f(x)<t\}$ 都不是零测集，则对任意实数 $a\in\mathbf{R}^1$，由于

$$\{x\in\mathbf{R}^1: f(x)\neq a\}=\{x\in\mathbf{R}^1: f(x)>a\}\bigcup\{x\in\mathbf{R}^1: f(x)<a\}$$

而 $\{x\in\mathbf{R}^1: f(x)>a\}$ 与 $\{x\in\mathbf{R}^1: f(x)<a\}$ 中，至少要有一个包含 $\{x\in\mathbf{R}^1: f(x)>t\}$ 和 $\{x\in\mathbf{R}^1: f(x)<t\}$ 中的之一，因此 $m(\{x\in\mathbf{R}^1: f(x)\neq a\})>0$. 这说明 $\{x\in\mathbf{R}^1: f(x)>t\}$ 和 $\{x\in\mathbf{R}^1: f(x)<t\}$ 中至少要有一个为零测集.

充分性. 记

$$A=\{t\in\mathbf{R}^1: m(\{x\in\mathbf{R}^1: f(x)>t\})=0\}, B=\{t\in\mathbf{R}^1: m(\{x\in\mathbf{R}^1: f(x)<t\})=0\}$$

则 $\mathbf{R}^1=A\bigcup B$. 设 $a=\inf\{t\in\mathbf{R}^1: m(\{x\in\mathbf{R}^1: f(x)>t\})=0\}$，则一定有 $a>-\infty$. 如果 $a=-\infty$，由于一定存在单调降的数列 $\{t_k\}\subset A$，使 $t_k\to a=-\infty$，便有

$$m(\{x\in\mathbf{R}^1: f(x)>-\infty\})=\lim_{k\to\infty}m(\{x\in\mathbf{R}^1: f(x)>t_k\})=0$$

与 $f(x)$ 几乎处处有限矛盾！类似可证 $b=\sup\{t\in\mathbf{R}^1: m(\{x\in\mathbf{R}^1: f(x)<t\})=0\}<+\infty$.

注意到 $\forall t<a, t\in B, t\leqslant b$，从而一定有 $a\leqslant b$. 若 $a<b$，一定存在 $t\in A$，使 $t<b$，从而

$$m(\{x\in\mathbf{R}^1: f(x)>b\})\leqslant m(\{x\in\mathbf{R}^1: f(x)>t\})=0$$

这说明 $b\in A$，又有 $b\leqslant a$，矛盾！故而一定有 $a=b$.

由于 $\forall t>a=b$，一定有 $t\in A$，从而 $m(\{x\in\mathbf{R}^1: f(x)>t\})=0$，进而推知

$$m(\{x\in\mathbf{R}^1: f(x)>a\})=0$$

又 $\forall t<a$，一定有 $t\in B$，从而 $m(\{x\in\mathbf{R}^1: f(x)<t\})=0$，进而又推知

$$m(\{x\in\mathbf{R}^1: f(x)<a\})=0$$

这样我们得到 $m(\{x\in\mathbf{R}^1: f(x)\neq a\})=0$. 命题得证！

练习题 2

1. 若 $E\subset\mathbf{R}^n$ 为可测集，试证明若 $f\in C(E)$，则 f 一定是 E 上的可测函数.

2. 设 $f(x)$ 在 E 上可测，且 $f(x)=g(x)$, a.e. $x\in E$，则 $g(x)$ 在 E 上也可测.

3. 设 $E_k(k=1,2,\cdots)$ 是 $\mathbf{R}^n$ 中的可测子集，$f(x)$ 是 $E=\bigcup_{k=1}^{\infty}E_k$ 上的函数. 证明 $f(x)$ 在 E 上可测的充要条件是 $f(x)$ 在每个 $E_k(k=1,2,\cdots)$ 上都可测.

4. 设 $f(x)$ 是可测集 E 上的函数,试证:

(1) $f^2(x)$ 在 E 上可测当且仅当 $|f(x)|$ 在 E 上可测.

(2) $f^3(x)$ 在 E 上可测当且仅当 $f(x)$ 在 E 上可测.

(3) $f(x)$ 在 E 上可测,则 $|f(x)|$ 在 E 上可测,反之不成立.

(4) 若集合 $A=\{x\in E: f(x)>0\}$ 为 E 的可测子集,则 $f(x)$ 在 E 上可测当且仅当 $|f(x)|$ 在 E 上可测.

(5) $\forall t \in \mathbf{R}^1, E_t = \{x \in E: f(x) = t\}$ 可测不能保证 $f(x)$ 在 E 上可测.

5. 设 $f(x), g(x)$ 为 E 上的可测函数,试证 $\{x \in E \mid f(x) > g(x)\}$ 是可测集.

6. 设 $f(x)$ 是可测集 E 上几乎处处有限的函数,若对任意的 $\varepsilon > 0$,有连续函数 $\varphi(x)$,使得 $m(\{x \in E: f(x) \neq \varphi(x)\}) < \varepsilon$,求证 $f(x)$ 是 E 上的可测函数.

7. 设 $\{f_n(x)\}$ 是 E 上的可测函数列,能否断定 $\sum_{n=1}^{\infty} f_n(x)$ 为 E 上的可测函数?

8. 设 E 是可测集,则有:

(1) f 在 E 上可测 $\Leftrightarrow$ 任意开集 $G \subset \mathbf{R}^1, f^{-1}(G) = \{x \in E: f(x) \in G\}$ 可测.

(2) f 在 E 上可测 $\Leftrightarrow$ 任意闭集 $F \subset \mathbf{R}^1, f^{-1}(F) = \{x \in E: f(x) \in F\}$ 可测.

(3) f 在 E 上可测 $\Leftrightarrow$ 任意 G_δ 型集(或 F_σ 型)$M \subset \mathbf{R}^1, f^{-1}(M) = \{x \in E: f(x) \in M\}$ 为可测集.

9. 试证: $m(\{x \in E: f(x) \neq g(x)\}) = 0$ 等价于 $m(\{x \in E: |f(x) - g(x)| > \frac{1}{k}\}) = 0$, $\forall k$ 皆成立.

10. 举例说明,鲁津定理中不能将 $m(E \backslash F) < \delta$ 改为 $m(E \backslash F) = 0$.

11. 若 $f(x)$ 是定义在 $E \subset \mathbf{R}^n$ 上的广义实值函数.若对任给的 $\delta > 0$,存在 E 中的闭集 F, $m(E \backslash F) < \delta$,使得 $f(x)$ 是 F 上的连续函数,则 $f(x)$ 是 $E \subset \mathbf{R}^n$ 上的几乎处处有限的可测函数.(鲁津定理的逆定理)

12. 设 $f: \mathbf{R}^n \to \mathbf{R}^1$,且对任意的 $\varepsilon > 0$,存在开集 $G \subset \mathbf{R}^n, m(G) < \varepsilon$,使得 $f \in C(\mathbf{R}^n \backslash G)$,试证明 $f(x)$ 是 $\mathbf{R}^n$ 上的可测函数.

13. 设 $f(x, y)$ 是 $\mathbf{R}^2$ 上的实值函数,当 x 固定时, $f(x, y)$ 是关于 y 的连续函数;当 y 固定时, $f(x, y)$ 是关于 x 的可测函数.求证:函数 $F(x) = \max_{c \leq y \leq d} f(x, y)$ 为可测函数.

14. 设 $f(x)$ 是可测集 E 上的几乎处处有限的函数,若 $\forall \varepsilon > 0$,存在 E 上的连续函数 $g(x)$,使 $m^*(\{x \in E: f(x) \neq g(x)\}) < \varepsilon$,求证 $f(x)$ 是 E 上的可测函数.

15. 对 $(0, 1)$ 中的点 x,用十进制小数来表示它, x_k 是它的第 k 位小数.令
$$f(x) = \max\{x_k: k \geq 1\}$$
求证 $f(x)$ 在 $(0, 1)$ 上可测.

16. 设 $f(x)$ 是 $E \subset \mathbf{R}^1$ 上的可测函数, $F(x)$ 是其值域上的单调函数,则 $F(f(x))$ 也为 E 上

的可测函数.

17. 设 $f(x)$ 是 (a,b) 上的实值函数,证明
$$\overline{D}f(x) = \lim_{\delta \to 0} \sup_{y \in U^\circ(x,\delta)} \frac{f(y)-f(x)}{y-x}, \underline{D}f(x) = \lim_{\delta \to 0} \inf_{y \in U^\circ(x,\delta)} \frac{f(y)-f(x)}{y-x}$$
是 (a,b) 上的可测函数.

18. 设 $f(x)$ 是 (a,b) 上的实值函数,$D \subset (a,b)$ 是 $f(x)$ 的可微点集,试证 $f'(x)$ 在 D 上是可测函数.

19. 设 $f(x)$ 在 $[a,b]$ 上可测,试证明存在多项式列 $\{P_n(x)\}$,使得 $\lim_{n \to \infty} P_n(x) = f(x)$, a.e. $x \in [a,b]$.

20. 设 $z = f(x,y)$ 是 $\mathbf{R}^2$ 上的连续函数,$g_1(x), g_2(x)$ 是 $[a,b] \subset \mathbf{R}^1$ 上的实值可测函数,试证明 $F(x) = f(g_1(x), g_2(x))$ 是 $[a,b]$ 上的可测函数.

21. 设 $f_1(x)$ 是 $E_1 \subset \mathbf{R}^p$ 上的可测函数,$f_2(y)$ 是 $E_2 \subset \mathbf{R}^q$ 上的可测函数,证明 $f_1(x)f_2(y)$ 是 $E_1 \times E_2 \subset \mathbf{R}^{p+q}$ 上的可测函数.

22. 设 $f(x)$ 在 $[a,b]$ 上存在右导数,试证明右导数 $f'_+(x)$ 是 $[a,b]$ 上的可测函数.

23. 设 $f(x)$ 是 $E \subset \mathbf{R}^n$ 上几乎处处有限的可测函数,$m(E) < \infty$. 试证明对任意的 $\varepsilon > 0$,存在 E 上的有界可测函数 $g(x)$,使得 $m(\{x \in E: |f(x) - g(x)| > 0\}) < \varepsilon$.

24. 设 $f(x)$ 在 $E \subset \mathbf{R}^1$ 上可测,作函数
$$\varphi(t) = m(\{x \in E: f(x) < t\}), \psi(t) = m(\{x \in E: f(x) > t\})$$
则 $\varphi(t)$ 是 $\mathbf{R}^1$ 上递增左连续函数,$\psi(t)$ 是 $\mathbf{R}^1$ 上递减右连续函数.

25. 设 $f(x)$ 为 $(0,1)$ 上的可测函数,作
$$f_n(x) = f(x) \chi_{(0,\frac{1}{n})}(x), n = 1, 2, \cdots$$
试证在 $(0,1)$ 上有 $f_n(x)$ 依测度收敛于 $0, n \to \infty$.

26. 试证:若 $f_k(x) \xrightarrow{m}_{E} f(x), f_k(x) \xrightarrow{m}_{E} g(x)$,则 $f(x) = g(x)$, a.e. $x \in E$;若 $f_k(x) \xrightarrow{m}_{E} f(x), g_k(x) \xrightarrow{m}_{E} g(x)$,则 $f_k(x) + g_k(x) \xrightarrow{m}_{E} f(x) + g(x)$.

27. 设 $\{f_k(x)\}$ 为 E 上的几乎处处有限的可测函数列,则 $\{f_k(x)\}$ 在 E 上依测度收敛于 E 上的某一几乎处处有限的可测函数 $f(x)$ 的充分必要条件是 $\{f_k(x)\}$ 为 E 上的依测度 Cauchy 列.

28. 设 $f(x), f_k(x)(k=1,2,\cdots)$ 是 $E \subset \mathbf{R}^n$ 上的可积函数. 若 $\lim_{k \to \infty} \int_E |f_k(x) - f(x)| \, dx = 0$,则 $f_k(x) \xrightarrow{m}_{E} f(x)$;若 $m(E) < \infty$,以及 $f_k(x) \xrightarrow{m}_{E} f(x)$,则 $\lim_{k \to \infty} \int_E \frac{|f_k(x) - f(x)|}{1 + |f_k(x) - f(x)|} dx = 0$.

29. 回答下面的问题:

(1) 叶果洛夫定理中的条件"$m(E) < \infty$"能否去掉?

(2) 能否将叶果洛夫定理结论中的"存在 E 中可测子集 $E_\delta, m(E_\delta) \leqslant \delta$,使得 $\{f_k(x)\}$ 在 $E \backslash E_\delta$ 上一致收敛于 $f(x)$"改为"存在 E 中可测子集 $e, m(e) = 0$,使得 $\{f_k(x)\}$ 在 $E \backslash e$ 上一致收敛于 $f(x)$"?

30. 设 $f(x), f_1(x), f_2(x), \cdots, f_k(x), \cdots$ 是 $E \subset \mathbf{R}^n$ 上几乎处处有限的可测函数,若 $\forall \delta > 0$,存在 E 中可测子集 $E_\delta, m(E_\delta) \leqslant \delta$,使得 $\{f_k(x)\}$ 在 $E \backslash E_\delta$ 上一致收敛于 $f(x)$,求证 $f_k(x) \to f(x)$, a. e. $x \in E$.(叶果洛夫定理逆定理)

31. 完成下面问题:
(1) 证明在 Lebesgue 定理中,条件 $m(E) < \infty$ 不能去掉.
(2) 举例说明 $\{f_k(x)\}$ 在 E 上依测度收敛于 $f(x)$ 不能推出 $f_k(x) \to f(x)$, a. e. $x \in E$.

32. 设 $m(E) < \infty, f(x), f_1(x), f_2(x), \cdots, f_k(x), \cdots$ 是 $E \subset \mathbf{R}^n$ 上几乎处处有限的可测函数. 若 $f_1(x), f_2(x), \cdots, f_k(x), \cdots$ 的任意子列 $\{f_{k_i}(x)\}$ 中都有子列 $\{f_{k_{i_j}}(x)\}$ 收敛于 $f(x)$,则 $f_k(x) \xrightarrow[E]{m} f(x)$.

33. 设 $\{f_k(x)\}$ 在 E 上依测度收敛于零,$g(x)$ 是 E 上实值可测函数,若 $m(E) = +\infty$. 试说明 $\{g(x)f_k(x)\}$ 在 E 上不一定依测度收敛于零.

34. 设 $\{f_k(x)\}$ 与 $\{g_k(x)\}$ 在 E 上都依测度收敛于零,试证明 $\{f_k(x)g_k(x)\}$ 在 E 上依测度收敛于零.

35. 设 $m(E) < \infty, \{f_k(x)\}$ 在 E 上依测度收敛于 $f(x), \{g_k(x)\}$ 在 E 上依测度收敛于 $g(x)$,试证明 $\{f_k(x)g_k(x)\}$ 在 E 上依测度收敛于 $f(x)g(x)$.

36. 设在可测集 $E \subset \mathbf{R}^1$ 上,$f_n(x)(n=1,2,\cdots)$,几乎处处收敛于 $f(x)$ 且依测度收敛于 $g(x)$,试问是否有关系式 $g(x) = f(x)$, a. e. $x \in E$.

37. 设 $f(x), f_1(x), \cdots, f_k(x), \cdots$ 是 E 上几乎处处有限的可测函数,而 $\{\varepsilon_k\}$ 是任一单调降收敛于 0 的正数列. 若 $\forall k$,函数列满足
$$m(\{x \in E : |f_k - f| > \varepsilon_k\}) < \varepsilon_k$$
试证 $\{f_k(x)\}$ 在 E 上依测度收敛于 $f(x)$.

38. 试用定义证明:若 $m(E) < +\infty, \{f_k(x)\}$ 在 E 上依测度收敛于 $f(x), g(x)$ 是 E 上几乎处处有限的可测函数,则 $g(x)f_k(x)$ 依测度收敛于 $g(x)f(x)$.

39. 设 $m(E) < +\infty, \{f_n(x)\}$ 是 E 上实值可测函数列. 若
$$\lim_{n \to \infty} \frac{|f_n(x) - f(x)|}{1 + |f_n(x) - f(x)|} = 0, \text{a. e. } x \in E$$
求证 $\{f_n(x)\}$ 在 E 上依测度收敛于 $f(x)$. 举例说明其逆命题不成立.

40. 设 $\{f_k(x)\}$ 在 E 上依测度收敛于 $f(x), m(E) < +\infty, g(x)$ 是 $\mathbf{R}^1$ 上的连续函数,试证明 $\{g(f_k(x))\}$ 在 E 上依测度收敛于 $\{g(f(x))\}$. 若将 $m(E) < +\infty$ 改为 $m(E) = +\infty$,结论还成立吗?

41. 设 $f_k(x)$ 在 E 上依测度收敛于 $f(x)$,$m(E)<+\infty$. 试证明 $|f_k(x)|^p$ 在 E 上依测度收敛于 $|f(x)|^p (0<p<+\infty)$.

42. 设 $E\subset \mathbf{R}^n, m(E)<\infty$. 若 $f_k(x)$ 在 E 上依测度收敛于 $f(x)$,且 $f_k(x)\neq 0, f(x)\neq 0$,a.e. $x\in E(k\in \mathbf{N})$,则 $\dfrac{1}{f_k(x)}$ 在 E 上依测度收敛于 $\dfrac{1}{f(x)}$.

43. 设 $m(E)<\infty, f(x), f_1(x),\cdots,f_k(x),\cdots$ 是 E 上几乎处处有限的可测函数,试证明 $\{f_k(x)\}$ 在 E 上依测度收敛于 $f(x)$ 的充分必要条件是
$$\lim_{k\to \infty}\inf_{\alpha>0}\{\alpha+m(\{x\in E:|f_k(x)-f(x)|>\alpha\})\}=0$$

44. 设 $\{f_k(x)\}$ 和 $\{g_k(x)\}$ 是 $E\subset \mathbf{R}^n$ 上实值可测函数列,$f_k(x)$ 依测度收敛于 $f(x)$,$g_k(x)$ 依测度收敛于 $g(x)$. 若 $\forall k, f_k(x)\leqslant g_k(x)$,a.e. $x\in E$,试证明 $f(x)\leqslant g(x)$ a.e. $x\in E$.

45. 设 $m(E)<\infty$,函数列 $\{f_{m,n}(x)\}$ 在 E 上几乎处处收敛于 $f_n(x)(m\to \infty), n=1,2,\cdots$,以及 $\{f_n(x)\}$ 在 E 上几乎处处收敛于 $f(x)$,则 $\{f_{m,n}(x)\}$ 中一定存在子列几乎处处收敛于 $f(x)$.

46. 设 $\{f_k(x)\}$ 是 $E\subset \mathbf{R}^n$ 上实值可测函数列,$m(E)<\infty$. 试证明 $\lim_{k\to\infty} f_k(x)=0$,a.e. $x\in E$ 的充分必要条件是:对任意的 $\varepsilon>0$,$\lim_{j\to\infty} m(\{x\in E:\sup_{k\geqslant j}\{|f_k(x)|\}\geqslant \varepsilon\})=0$.

47. 设 $f_n(x)(n=1,2,\cdots)$ 是 $[0,1]$ 上的递增函数,且 $\{f_n(x)\}$ 在 $[0,1]$ 上依测度收敛于 $f(x)$,试证明在 $f(x)$ 的连续点 x_0 上,$f_n(x_0)\to f(x_0)(n\to \infty)$.

48. 设 $\{f_n(x)\}$ 是 $E\subset \mathbf{R}^1$ 上依测度收敛列,且有 $|f_n(x')-f_n(x'')|\leqslant M|x'-x''|, x', x''\in E$,则 $\{f_n(x)\}$ 是 E 上几乎处处收敛列.

49. 设 $f(x), f_k(x)(k=1,2,\cdots)$ 是 $E\subset \mathbf{R}^1$ 上实值可测函数. 若对任意 $\varepsilon>0$,必有
$$\lim_{n\to\infty} m(\bigcup_{k=j}^{\infty}\{x:|f_k(x)-f(x)|>\varepsilon\})=0$$
试证明对任给 $\delta>0$,存在 $e\subset E$ 且 $m(e)<\delta$,使得 $\{f_k(x)\}$ 在 $E\setminus e$ 上一致收敛于 $f(x)$.

第3章

Lebesgue 积分

3.1 基本概念及主要定理

3.1.1 非负可测简单函数的积分

1. 设 $f(x)$ 是 $\mathbf{R}^n$ 上的非负可测简单函数,它在可测集 $A_i(i=1,2,\cdots,p)$ 上取值 c_i

$$f(x) = \sum_{i=1}^{p} c_i \chi_{A_i}(x), \quad \bigcup_{i=1}^{p} A_i = \mathbf{R}^n, A_i \cap A_j = \varnothing, i \neq j$$

若 $E \in \mu$,则定义 $f(x)$ 在 E 上的积分为

$$\int_E f(x) \mathrm{d}x = \sum_{i=1}^{p} c_i m(E \cap A_i)$$

2. 设 $f(x)$ 是 $E \subset \mathbf{R}^n$ 上的非负可测函数.定义 $f(x)$ 在 E 上的积分为

$$\int_E f(x) \mathrm{d}x = \sup_{\substack{h(x) \leqslant f(x) \\ x \in E}} \left\{ \int_E h(x) \mathrm{d}x : h(x) \text{ 是 } \mathbf{R}^n \text{ 上的非负可测简单函数} \right\}$$

这里的积分可以是 $+\infty$;若 $\int_E f(x) \mathrm{d}x < \infty$,则称 $f(x)$ 在 E 上是可积的,或称 $f(x)$ 是 E 上的可积函数,记作 $f \in L(E)$.

3. (Levi 非负渐升列的积分) 设有定义在 E 上渐升的非负可测函数列

$$f_1(x) \leqslant f_2(x) \leqslant \cdots \leqslant f_k(x) \leqslant \cdots$$

且有

$$\lim_{k \to \infty} f_k(x) = f(x), x \in E$$

则
$$\lim_{k\to\infty}\int_E f_k(x)\mathrm{d}x = \int_E f(x)\mathrm{d}x$$

4. (Fatou 引理) 若 $\{f_k(x)\}$ 是 E 上的非负可测函数列,则
$$\int_E \varliminf_{k\to\infty} f_k(x)\mathrm{d}x \leqslant \varliminf_{k\to\infty}\int_E f_k(x)\mathrm{d}x$$

5. (逐项积分定理) 若 $\{f_k(x)\}$ 是 E 上的非负可测函数列,则有
$$\int_E \sum_{k=1}^{\infty} f_k(x)\mathrm{d}x = \sum_{k=1}^{\infty}\int_E f_k(x)\mathrm{d}x$$

推论 设 $E_k \in \mu(k=1,2\cdots), E_i \cap E_j = \varnothing (i \neq j)$. 若 $f(x)$ 是 $E = \bigcup\limits_{k=1}^{\infty} E_k$ 上的非负可测函数,则
$$\int_E f(x)\mathrm{d}x = \int_{\bigcup\limits_{k=1}^{\infty} E_k} f(x)\mathrm{d}x = \sum_{k=1}^{\infty}\int_{E_k} f(x)\mathrm{d}x$$

3.1.2 一般可测函数的积分

1. 设 $f(x)$ 是 $E \subset \mathbf{R}^n$ 上的可测函数. 若积分
$$\int_E f^+(x)\mathrm{d}x, \quad \int_E f^-(x)\mathrm{d}x$$

中至少有一个是有限值,则称
$$\int_E f(x)\mathrm{d}x = \int_E f^+(x)\mathrm{d}x - \int_E f^-(x)\mathrm{d}x$$

为 $f(x)$ 在 E 上的积分(或称 $f(x)$ 在 E 上的积分存在);当上式右端两个积分值皆为有限时,则称 $f(x)$ 在 E 上是可积的,或称 $f(x)$ 是 E 上的可积函数,记为 $f \in L(E)$.

注 (1) 若 $f(x), g(x)$ 在 E 上积分存在, $f(x) \leqslant g(x)$, 则一定有 $\int_E f(x)\mathrm{d}x \leqslant \int_E g(x)\mathrm{d}x$.

(2) 若 $f(x)$ 是 E 上的有界可测函数,且 $m(E) < \infty$, 则 $f \in L(E)$; 若 $f(x)$ 是 $E \subset \mathbf{R}^n$ 上的可测函数, $g(x)$ 是 $E \subset \mathbf{R}^n$ 上的可积函数,且 $|f(x)| \leqslant g(x)$, 则 $f \in L(E)$.

(3) 若 $f \in L(E)$, 则 $f(x)$ 在 E 上是几乎处处有限的,并且 $\lim\limits_{N\to\infty}\int_{|x|>N} f(x)\mathrm{d}x = 0$; 若 $f(x)$ 在可测集 E 上几乎处处为零,则 $\int_E f(x)\mathrm{d}x = 0$ (当 $f(x)$ 为非负可测函数时,由 $\int_E f(x)\mathrm{d}x = 0$ 可推知 $f(x)$ 在可测集 E 上几乎处处为零).

2. (积分的线性性质) 若 $f, g \in L(E), c \in \mathbf{R}^1$, 则

(1) $\int_E cf(x)\mathrm{d}x = c\int_E f(x)\mathrm{d}x.$

(2) $\int_E (f(x)+g(x))\mathrm{d}x = \int_E f(x)\mathrm{d}x + \int_E g(x)\mathrm{d}x.$

3. (积分对定义域的可数可加性) 设 $E_k \in \mu(k=1,2,\cdots), E_i \cap E_j = \varnothing(i\neq j)$, 若 $f(x)$ 在 $E = \bigcup\limits_{k=1}^{\infty} E_k$ 上可积,则

$$\int_E f(x)\mathrm{d}x = \sum_{k=1}^{\infty} \int_{E_k} f(x)\mathrm{d}x$$

3.1.3 积分的绝对连续性

若 $f \in L(E)$, 则对任给的 $\varepsilon > 0$, 存在 $\delta > 0$, 使得当 E 中子集 e 的测度 $m(e) < \delta$ 时,有

$$\left|\int_e f(x)\mathrm{d}x\right| \leqslant \int_e |f(x)|\mathrm{d}x < \varepsilon$$

3.1.4 积分变量的平移变换

若 $f \in L(\mathbf{R}^n)$, 则对任意的 $y_0 \in \mathbf{R}^n, f(x+y_0) \in L(\mathbf{R}^n)$, 且有

$$\int_{\mathbf{R}^n} f(x+y_0)\mathrm{d}x = \int_{\mathbf{R}^n} f(x)\mathrm{d}x$$

3.1.5 控制收敛定理

1. (Lebesgue) 设 $f_k \in L(E)(k=1,2,\cdots), \lim\limits_{k\to\infty} f_k(x) = f(x), \text{a.e. } x \in E$. 若存在 E 上的可积函数 $F(x)$, 使得

$$|f_k(x)| \leqslant F(x), \text{a.e. } x \in E, k=1,2,\cdots$$

则

$$\lim_{k\to\infty} \int_E f_k(x)\mathrm{d}x = \int_E f(x)\mathrm{d}x$$

注 若将"$\lim\limits_{k\to\infty} f_k(x) = f(x), \text{a.e. } x \in E$"变成"$f_k(x)$ 在 E 上依测度收敛于 $f(x)$"结论仍然成立.

推论(有界控制收敛定理) 设 $m(E) < \infty, \{f_k\}$ 是 E 上的一列可测函数,且 $\{f_k\}$ 在 E 上几乎处处(或依测度)收敛于 $f(x)$. 若存在常数 K, 使得 $|f_k(x)| \leqslant K, \text{a.e. } x \in E$, 则有

$$\lim_{k\to\infty} \int_E f_k(x)\mathrm{d}x = \int_E f(x)\mathrm{d}x$$

2. (积分号下求导) 设 $f(x,y)$ 是定义在 $E \times (a,b)$ 上的函数,作为 x 的函数, $f(x,y)$ 在 E 上是可积的,作为 y 的函数, $f(x,y)$ 在 (a,b) 上是可微的. 若存在 $F \in L(E)$, 使得

$$\left|\frac{\mathrm{d}}{\mathrm{d}y}f(x,y)\right| \leqslant F(x), (x,y) \in E \times (a,b)$$

则
$$\frac{d}{dy}\int_E f(x,y)dx = \int_E \frac{d}{dy}f(x,y)dx$$

3. (逐项积分) 设 $f_k \in L(E)(k=1,2,\cdots)$，若有
$$\sum_{k=1}^{\infty}\int_E |f_k(x)|dx < \infty$$

则 $\sum_{k=1}^{\infty} f_k(x)$ 在 E 上几乎处处收敛；若记其和函数为 $f(x)$，则 $f \in L(E)$，且有
$$\sum_{k=1}^{\infty}\int_E f_k(x) = \int_E f(x)dx$$

3.1.6 可积函数与连续函数的关系

若 $f \in L(E)$，则对任给的 $\varepsilon > 0$，存在 $\mathbf{R}^n$ 上具有紧支集的连续函数 $g(x)$，使得
$$\int_E |f(x)-g(x)|dx < \varepsilon$$

推论 1 设 $f \in L(E)$，则存在 $\mathbf{R}^n$ 上具有紧支集的连续函数列 $\{g_k(x)\}$，使得

(1) $\lim_{k\to\infty}\int_E |f(x)-g_k(x)|dx = 0$.

(2) $\lim_{k\to\infty} g_k(x) = f(x)$, a.e. $x \in E$.

推论 2 设 $f \in L(E)$，则存在 $\mathbf{R}^n$ 上具有紧支集的阶梯函数列 $\{\varphi_k(x)\}$，使得

(1) $\lim_{k\to\infty}\int_E |f(x)-\varphi_k(x)|dx = 0$.

(2) $\lim_{k\to\infty} \varphi_k(x) = f(x)$, a.e. $x \in E$.

3.1.7 平均连续性

若 $f \in L(\mathbf{R}^n)$，则有
$$\lim_{h\to 0}\int_{\mathbf{R}^n} |f(x+h)-f(x)|dx = 0$$

3.1.8 Lebesgue 积分与 Riemann 积分的关系

1. 若 $f(x)$ 是定义在 $[a,b]$ 上的有界函数，则 $f(x)$ 在 $[a,b]$ 上是 Riemann 可积的充分必要条件是：$f(x)$ 在 $[a,b]$ 上的不连续点集是零测集.

2. 若 $f(x)$ 在 $I = [a,b]$ 上是 Riemann 可积的，则 $f(x)$ 在 $[a,b]$ 上是 Lebesgue 可积的，其积分值相同.

3.1.9 重积分与累次积分的关系

1. (Tonelli,非负可测函数的情形) 设 $f(x,y)$ 是 $\mathbf{R}^n = \mathbf{R}^p \times \mathbf{R}^q$ 上的非负可测函数,则有:
(1) 对于几乎处处的 $x \in \mathbf{R}^p, f(x,y)$ 作为 y 的函数是 $\mathbf{R}^q$ 上的非负可测函数.
(2) 记
$$F_f(x) = \int_{\mathbf{R}^q} f(x,y) \mathrm{d}y$$
则 $F_f(x)$ 是 $\mathbf{R}^p$ 上的非负可测函数.
(3) $\int_{\mathbf{R}^p} F_f(x)\mathrm{d}x = \int_{\mathbf{R}^p} \mathrm{d}x \int_{\mathbf{R}^q} f(x,y) \mathrm{d}y = \int_{\mathbf{R}^n} f(x,y) \mathrm{d}x\mathrm{d}y.$

2. (Fubini,可积函数的情形) 若 $f \in L(\mathbf{R}^n), (x,y) \in \mathbf{R}^n = \mathbf{R}^p \times \mathbf{R}^q$,则:
(1) 对于几乎处处的 $x \in \mathbf{R}^p, f(x,y)$ 作为 y 的函数是 $\mathbf{R}^q$ 上的可积函数.
(2) 记
$$F_f(x) = \int_{\mathbf{R}^q} f(x,y) \mathrm{d}y$$
则 $F_f(x)$ 是 $\mathbf{R}^p$ 上的可积函数.
(3) $\int_{\mathbf{R}^n} f(x,y) \mathrm{d}x\mathrm{d}y = \int_{\mathbf{R}^p} \mathrm{d}x \int_{\mathbf{R}^q} f(x,y) \mathrm{d}y = \int_{\mathbf{R}^q} \mathrm{d}y \int_{\mathbf{R}^p} f(x,y) \mathrm{d}x.$

3.2 Lebesgue 积分的证明与计算(一)

本节归纳几类关于 Lebesgue 积分的证明题.

3.2.1 关于证明被积函数几乎处处为零的问题

证明这类问题的最初的依据是如下的命题:

例 1 设 $m(E) > 0, f \in L(E), f(x)$ 非负且 $\int_E f(x) \mathrm{d}x = 0$,则 $f(x) = 0, \mathrm{a.e.}\ x \in E$.

证明见练习题 3.

要说明的是这里的条件"$f(x)$ 非负"是至关重要的,否则结论便不成立! 例如,取 $E = [-1,1], f(x) = x$,有 $\int_E f(x) \mathrm{d}x = 0$,而显然 $f(x) \neq 0, \mathrm{a.e.}\ x \in E$.

利用例 1 的结论可以立即证明如下一个关于一般函数的命题.

例 2 设 $m(E) > 0, f \in L(E)$,若对任意可测子集 $H \subset E$,都有 $\int_H f(x) \mathrm{d}x = 0$,则 $f(x) = 0, \mathrm{a.e.}\ x \in E$.

证明 记 $E_1 = \{x \in E : f(x) \geqslant 0\}, E_2 = \{x \in E : f(x) < 0\}$,则 E_1, E_2 皆为 E 的可测子

集,由条件一定有 $\int_{E_1} f(x)\mathrm{d}x = 0$ 和 $\int_{E_2} f(x)\mathrm{d}x = 0$(从而 $\int_{E_2} -f(x)\mathrm{d}x = 0$),所以 f 在 E_1 和 E_2 上都是几乎处处为零的,而 $E = E_1 \cup E_2$,所以 $f(x) = 0, \mathrm{a.\,e.\,} x \in E$.

当同测度问题相结合,会有如下变形:

例 3 设 $0 < m(E) < +\infty, f \in L(E), 0 < \alpha < m(E)$,若对任意测度为 α 的可测子集 $H \subset E$,都有 $\int_H f(x)\mathrm{d}x = 0$,则 $f(x) = 0, \mathrm{a.\,e.\,} x \in E$.

分析 记 $E_1 = \{x \in E : f(x) \geqslant 0\}$ 及 $E_2 = \{x \in E : f(x) < 0\}$,则只需证明 $\int_{E_1} f(x)\mathrm{d}x = 0$ 及 $\int_{E_2} f(x)\mathrm{d}x = 0$ 即可.

如 $m(E_1) = m(E_2) = \alpha$,则由已知结论立即成立.

如 $m(E_1) > \alpha$,此时由于 f 在 E_1 上同号,因而对于可测集 $E_0 \subset E_1$,如 $m(E_0) < \alpha$,存在 $E'_0 \subset E_1$,使 $m(E_0 \cup E'_0) = \alpha$,由 $\int_{E_0 \cup E'_0} f(x)\mathrm{d}x = 0$,亦应有 $\int_{E_0} f(x)\mathrm{d}x = 0$.由于 E_1 至多能表示为有限个这样集合的并,因而必有 $\int_{E_1} f(x)\mathrm{d}x = 0$.同理当 $m(E_2) > \alpha$ 时也有同样的结论.

如 $m(E_1) < \alpha$,则存在可测集 $E' \subset E_2$ 使 $m(E_1 \cup E') = \alpha$,当然 $m(E') < \alpha$.此时分为两种情况:

当 $m(E_2) > \alpha$ 时,由上面的结果,应有
$$\int_{E'} f(x)\mathrm{d}x = 0$$

从而
$$\int_{E_1} f(x)\mathrm{d}x = -\int_{E'} f(x)\mathrm{d}x = 0$$

当 $m(E_2) < \alpha$ 时,此时尽管还不能推知 $\int_{E'} f(x)\mathrm{d}x = 0$,但对任意可测子集 $E_0 \subset E_1$,若满足 $m(E_0 \cup E_1) = \alpha$,则等式
$$\int_{E_1} f(x)\mathrm{d}x = -\int_{E'} f(x)\mathrm{d}x$$
及
$$\int_{E_0} f(x)\mathrm{d}x = -\int_{E_2} f(x)\mathrm{d}x$$

同时成立.而 $E_0 \subset E_1$ 和 $E' \subset E_2$,必有 $\int_{E_1} f(x)\mathrm{d}x = \int_{E_0} f(x)\mathrm{d}x$,进而有 $\int_{E_1 \setminus E_0} f(x)\mathrm{d}x = 0$.

注意到 E_0 的任意性,说明对任意测度为 $\beta = m(E_1 \setminus E_0)$ 的可测子集 $H \subset E_1$,都有 $\int_H f(x)\mathrm{d}x = 0$ 且 $m(E_1) > \beta$,所以一定有 $\int_{E_1} f(x)\mathrm{d}x = 0$.同理亦有 $\int_{E_2} f(x)\mathrm{d}x = 0$.

详细证明过程留给读者.

还有另外一些变形,比如:

例 4 设 $f \in L(E), m(E) > 0$. 若对 E 上任意的有界可测函数 $\varphi(x)$, 都有
$$\int_{\mathbf{R}^1} f(x)\varphi(x)\mathrm{d}x = 0$$
则 $f(x) = 0, \mathrm{a.e.}\, x \in E$.

在这类问题证明中,要通过构造一个合适的函数来得到证明.

证明 令
$$\varphi(x) = \operatorname{sign} f(x) = \begin{cases} 1, & f(x) > 0 \\ 0, & f(x) = 0 \\ -1, & f(x) < 0 \end{cases}$$
则 $\varphi(x)$ 是 E 上的有界可测函数,因而
$$\int_E |f(x)|\mathrm{d}x = \int_E f(x)\varphi(x)\mathrm{d}x = 0$$
所以 $f(x) = 0, \mathrm{a.e.}\, x \in E$.

稍复杂一点的有如下的结论.

例 5 设 $f \in L(\mathbf{R}^n)$,并且对任何有紧支集的连续函数 g,有 $\int_{\mathbf{R}^n} f(x)g(x)\mathrm{d}x = 0$. 求证: $f(x) = 0, \mathrm{a.e.}\, x \in \mathbf{R}^n$.

将例 4 的证明进行改进,利用"任何有界集上的可测函数都可以表示为一列具紧支集的连续函数的极限"加以过渡.

证明 记 $E_n = \{x \in \mathbf{R}^n : |x| \leqslant n\}$,则 E_n 为有界集. 注意到 $\operatorname{sign} f(x)$ 是 E_n 上的可测函数,因而一定存在 $\mathbf{R}^n$ 上具紧支集的连续函数列 $\{g_k(x)\}$,使
$$\lim_{k \to \infty} g_k(x) = \operatorname{sign} f(x), \mathrm{a.e.}\, x \in E_n$$
且 $|g_k(x)| \leqslant 1, \mathrm{a.e.}\, x \in E_n$. 由已知 $\forall k, \int_{E_n} f(x)g_k(x)\mathrm{d}x = 0$,据 Lebesgue 控制收敛定理
$$\int_{E_n} |f(x)|\mathrm{d}x = \int_{E_n} f(x)\operatorname{sign} f(x)\mathrm{d}x = \int_{E_n} \lim_{k \to \infty} f(x)g_k(x)\mathrm{d}x$$
$$= \lim_{k \to \infty}\int_{E_n} f(x)g_k(x)\mathrm{d}x = 0$$

最后,由 Levi 定理
$$\int_{\mathbf{R}^n} |f(x)|\mathrm{d}x = \int_{\mathbf{R}^n} \lim_{n \to \infty} |f(x)| \chi_{E_n}(x)\mathrm{d}x = \lim_{n \to \infty}\int_{\mathbf{R}^n} |f(x)| \chi_{E_n}(x)\mathrm{d}x$$
$$= \lim_{n \to \infty}\int_{E_n} |f(x)|\mathrm{d}x = 0$$
所以, $f(x) = 0, \mathrm{a.e.}\, x \in \mathbf{R}^n$.

3.2.2 关于证明一个函数可积的问题

证明函数 f 在 E 上可积可采取如下的三种方法：

(1) 找到一个 E 上的可积函数 F，使在 E 上有 $|f(x)| \leqslant F(x)$，特别是当 $m(E) < \infty$ 时，只需要证明 f 在集合 E 上有界就可以了.

(2) 将 f 构造成一列可积函数的极限，利用 Levi 定理（函数列非负单调）或 Fatou 定理（函数列非负）或 Lebesgue 控制收敛定理加以证明.

(3) 对于多重积分利用 Fubini 交换定理交换积分顺序得到证明.

例 6 设 $f(x)$ 在 $[0,+\infty)$ 上非负可积，$f(0)=0$ 且 $f'(0)$ 存在，则函数 $F(x)=\dfrac{f(x)}{x}$ 在 $[0,+\infty)$ 上亦可积.

分析 本题的关键是处理 x 靠近 0 时的积分.

证明 由于 $f'(0)$ 存在，因此
$$\lim_{x\to 0}\frac{f(x)-f(0)}{x-0}=\lim_{x\to 0}\frac{f(x)}{x}=f'(0)$$
从而存在 $\delta > 0$，当 $0 < x < \delta$ 时，一定有
$$\frac{f(x)}{x} \leqslant f'(0)+1$$
则积分 $\int_{[0,\delta]}\dfrac{f(x)}{x}\mathrm{d}x$ 有限. 另一方面
$$\int_{[\delta,+\infty)}\frac{f(x)}{x}\mathrm{d}x \leqslant \int_{[\delta,+\infty)}\frac{f(x)}{\delta}\mathrm{d}x = \frac{1}{\delta}\int_{[\delta,+\infty)}f(x)\mathrm{d}x \leqslant \int_{[0,+\infty)}f(x)\mathrm{d}x < \infty$$
所以积分 $\int_{[0,+\infty)}\dfrac{f(x)}{x}\mathrm{d}x < \infty$.

例 7 设对任何 $\lambda \in (a,b)$ 有 $f \in L((a,\lambda))$，求证：为使 $f \in L((a,b))$，充要条件是极限 $\lim\limits_{\lambda\to b^-}\int_a^\lambda |f(x)|\mathrm{d}x$ 存在有限. 而且当条件满足时，$\int_a^b f(x)\mathrm{d}x = \lim\limits_{\lambda\to b^-}\int_a^\lambda f(x)\mathrm{d}x$.

证明 设 $h_{t_n}(x) = f(x)\chi_{[a,b-\frac{1}{t_n}]}(x)$，其中 $\{t_n\}$ 为任意单调增加趋于 $+\infty$ 的点列，则 $\{|h_{t_n}(x)|\}$ 为渐增的非负函数列，且 $(\forall x \in (a,b))$
$$\lim_{t_n\to\infty}h_{t_n}(x)=f(x)$$
因而有 $(\forall x \in (a,b))$
$$\lim_{t_n\to\infty}|h_{t_n}(x)|=|f(x)|$$
若 $f \in L((a,b))$，由 Levi 定理
$$\int_{[a,b]}|f(x)|\mathrm{d}x = \int_{[a,b]}\lim_{n\to\infty}|h_n(x)|\mathrm{d}x = \lim_{n\to\infty}\int_{[a,b]}|h_n(x)|\mathrm{d}x$$

$$= \lim_{n\to\infty}\int_{[a,b-\frac{1}{t_n}]} |f(x)|\,dx$$

由 $\{t_n\}$ 的任意性, $\lim_{\lambda\to b^-}\int_a^\lambda |f(x)|\,dx$ 存在且有限; 反之, 若 $\lim_{\lambda\to b^-}\int_a^\lambda |f(x)|\,dx$ 存在有限, 同样由上面的等式, 知 $\int_{[a,b]}|f(x)|\,dx$ 有限, 所以 $f\in L((a,b))$.

当条件满足时, 即 $f\in L((a,b))$ 时, 由于 $|h_{t_n}(x)|\leqslant |f(x)|$, 由 Lebesgue 控制收敛定理

$$\int_a^b f(x)\,dx = \int_a^b \lim_{t_n\to\infty} h_{t_n}(x)\,dx = \lim_{t_n\to\infty}\int_a^{b-\frac{1}{t_n}} f(x)\,dx$$

进而

$$\int_a^b f(x)\,dx = \lim_{\lambda\to b^-}\int_a^\lambda f(x)\,dx$$

例8 设 $f\in L((0,a))$, $g(x)=\int_x^a \frac{f(t)}{t}\,dt\,(a>x>0)$, 试证明 $g\in L((0,a))$, 且有

$$\int_0^a g(x)\,dx = \int_0^a f(x)\,dx$$

分析

$$\int_0^a g(x)\,dx = \int_0^a\int_x^a \frac{f(t)}{t}\,dt\,dx = \int_0^a\int_0^a \frac{f(t)}{t}\chi_{(x,a)}(t)\,dt\,dx$$

需要交换积分顺序去计算. 但是不能断定函数 $\frac{f(t)}{t}\chi_{(x,a)}(t)$ 在 $(0,a)\times(0,a)$ 上的可积性, 故不能直接应用 Fubini 定理. 注意到可积性与绝对可积是一致的, 因此可以先考虑函数 $\left|\frac{f(t)}{t}\chi_{(x,a)}(t)\right|$ 的可积性. 由非负函数的 Tonelli 定理, $\left|\frac{f(t)}{t}\chi_{(x,a)}(t)\right|$ 在 $(0,a)\times(0,a)$ 上的积分 $\int_{(0,a)\times(0,a)}\left|\frac{f(t)}{t}\chi_{(x,a)}(t)\right|\,dt\,dx$ 可以化为累次积分去计算.

证明 由于

$$\int_{(0,a)\times(0,a)}\left|\frac{f(t)}{t}\chi_{(x,a)}(t)\right|\,dt\,dx = \int_0^a\int_0^a \left|\frac{f(t)}{t}\chi_{(x,a)}(t)\right|\,dx\,dt = \int_0^a\int_0^a \frac{|f(t)|}{t}\chi_{(x,a)}(t)\,dx\,dt$$

$$= \int_0^a\int_0^a \frac{|f(t)|}{t}\chi_{(0,t)}(x)\,dx\,dt$$

$$= \int_0^a\int_0^t \frac{|f(t)|}{t}\,dx\,dt = \int_0^a |f(t)|\,dt < \infty$$

所以函数 $\frac{f(t)}{t}\chi_{(x,a)}(t)$ 在 $(0,a)\times(0,a)$ 上可积. 据 Fubini 定理

$$\int_0^a g(x)dx = \int_0^a \int_x^a \frac{f(t)}{t}dtdx = \int_0^a \int_0^a \frac{f(t)}{t}\chi_{(x,a)}(t)dxdt = \int_0^a \int_0^t \frac{f(t)}{t}dxdt = \int_0^a f(t)dt$$

注意利用 Tonelli 定理先证明可积性是经常采用的方法.

3.3 Lebesgue 积分的证明与计算(二)

3.3.1 由简单到一般的证明方法

有时在证明一个命题时,直接证明比较困难,常常先考虑就简单情形加以证明,随后再过渡到一般情形.

例 1 设 $f \in L([a,b])$. 求证:当 $k \to \infty$ 时

$$\int_a^b f(x)|\cos kx|dx \to \frac{2}{\pi}\int_a^b f(x)dx$$

证明 先考虑 $f(x)$ 为阶梯函数的情形. 设 $f(x) = \sum_{i=1}^p \alpha_i \chi_{I_i}(x)$,其中 $I_i = (a_i, b_i)$,则

$$\int_a^b f(x)|\cos kx|dx = \sum_{i=1}^p \int_a^b \alpha_i \chi_{I_i}(x)|\cos kx|dx = \sum_{i=1}^p \alpha_i \int_{a_i}^{b_i}|\cos kx|dx$$

注意到

$$\lim_{k\to\infty}\int_{a_i}^{b_i}|\cos kx|dx = \lim_{k\to\infty}\frac{1}{k}\int_{ka_i}^{kb_i}|\cos x|dx$$

$$= \lim_{k\to\infty}\left(\frac{1}{k}\int_{ka_i}^{ka_i+T\pi}|\cos x|dx + \frac{1}{k}\int_{ka_i+T\pi}^{kb_i}|\cos x|dx\right)$$

其中 $T = \left[\frac{k(b_i - a_i)}{\pi}\right]$ 为 $\frac{k(b_i - a_i)}{\pi}$ 的整数部分. 下证 $\lim_{k\to\infty}\int_{a_i}^{b_i}|\cos kx|dx = \frac{2(b_i - a_i)}{\pi}$.

首先,由于

$$0 < \frac{1}{k}\int_{ka_i+T\pi}^{kb_i}|\cos x|dx \leq \frac{1}{k}\int_{ka_i+T\pi}^{ka_i+(T+1)\pi}|\cos x|dx = \frac{1}{k}\int_0^\pi |\cos x|dx \to 0, \quad k \to \infty$$

所以

$$\lim_{k\to\infty}\frac{1}{k}\int_{ka_i+T\pi}^{kb_i}|\cos x|dx = 0$$

其次,由于

$$\frac{1}{k}\int_{ka_i}^{ka_i+T\pi}|\cos x|dx = \frac{1}{k}\int_0^{T\pi}|\cos x|dx = \frac{T}{k}\int_0^\pi |\cos x|dx = \frac{2}{k}\left[\frac{k(b_i - a_i)}{\pi}\right]$$

而

$$\frac{1}{k}\left(\frac{k(b_i - a_i)}{\pi} - 1\right) \leq \frac{1}{k}\left[\frac{k(b_i - a_i)}{\pi}\right] \leq \frac{1}{k}\frac{k(b_i - a_i)}{\pi}$$

所以又有
$$\lim_{k\to\infty}\frac{1}{k}\int_{ka_i}^{ka_i+T\pi}|\cos x|\,dx=\lim_{k\to\infty}\frac{2}{k}\left[\frac{k(b_i-a_i)}{\pi}\right]=\frac{2(b_i-a_i)}{\pi}$$

这样,便有
$$\lim_{k\to\infty}\int_{a_i}^{b_i}|\cos kx|\,dx=\frac{2(b_i-a_i)}{\pi}$$

进而
$$\int_a^b f(x)|\cos kx|\,dx=\sum_{i=1}^p \alpha_i\int_{a_i}^{b_i}|\cos kx|\,dx\to\sum_{i=1}^p \alpha_i\frac{2(b_i-a_i)}{\pi}=\frac{2}{\pi}\int_a^b f(x)\,dx$$

下面考虑一般情形. $\forall \varepsilon>0$,一定存在一个 $[a,b]$ 上的阶梯函数 $S(x)=\sum_{i=1}^p \alpha_i \chi_{I_i}(x)$,使

$$\int_a^b |f(x)-S(x)|\,dx<\varepsilon$$

由已证结果,有
$$\int_a^b S(x)|\cos kx|\,dx\to\frac{2}{\pi}\int_a^b S(x)\,dx,\,k\to\infty$$

因而一定存在 K,当 $k>K$ 时
$$\left|\int_a^b S(x)|\cos kx|\,dx-\frac{2}{\pi}\int_a^b S(x)\,dx\right|<\varepsilon$$

所以,当 $k>K$ 时,一定有
$$\left|\int_a^b f(x)|\cos kx|\,dx-\frac{2}{\pi}\int_a^b f(x)\,dx\right|$$
$$=\left|\int_a^b (f(x)-S(x))|\cos kx|\,dx+\int_a^b S(x)|\cos kx|\,dx-\right.$$
$$\left.\frac{2}{\pi}\int_a^b S(x)\,dx+\frac{2}{\pi}\int_a^b S(x)\,dx-\frac{2}{\pi}\int_a^b f(x)\,dx\right|$$
$$\leq\int_a^b |f(x)-S(x)|\,dx+\left|\int_a^b S(x)|\cos kx|\,dx-\frac{2}{\pi}\int_a^b S(x)\,dx\right|+$$
$$\frac{2}{\pi}\left|\int_a^b S(x)\,dx-\int_a^b f(x)\,dx\right|<\left(2+\frac{2}{\pi}\right)\varepsilon$$

这说明
$$\int_a^b f(x)|\cos kx|\,dx\to\frac{2}{\pi}\int_a^b f(x)\,dx$$

由简单情形过渡到一般情形最常用的方法就是,先证明对特征函数成立,随后依次证明对非负简单函数、非负可测函数成立,最后证明对一般可测函数成立. 例 1 中由于是针对可积函数,而可积函数能由阶梯函数逼近,所以只需先证明对阶梯函数成立就足够了.

除了上面的方法外还有其他的由简单到一般的证明方法,比如,由幂函数过渡到多项式函

数,再过渡到连续函数;由具紧支集的连续函数过渡到可积函数;由具紧支集的光滑函数过渡到可积函数等.

3.3.2 利用可积函数的若干重要性质的证明方法

1. 利用可积函数的积分绝对连续性.

例 2 设 $f \in L(E), E \subset \mathbf{R}^1$,求证:

(1) $F(x) = \int_{(-\infty,x) \cap E} f(t) \mathrm{d}t$ 是 x 的一致连续函数.

(2) $I = \{\int_e f(x) \mathrm{d}x : e$ 是 E 的可测子集$\}$ 是一个闭区间,并描述该闭区间的两个端点.

证明 (1) $\forall x_1, x_2 \in \mathbf{R}^1$(不妨设 $x_1 > x_2$),有

$$|F(x_1) - F(x_2)| = \left|\int_{(-\infty,x_1) \cap E} f(t)\mathrm{d}t - \int_{(-\infty,x_2) \cap E} f(t)\mathrm{d}t\right| = \left|\int_{(x_2,x_1) \cap E} f(t)\mathrm{d}t\right|$$

据可积函数的绝对连续性,对任意的 $\varepsilon > 0$,一定存在 $\delta > 0$,当 $m(e) < \delta (\forall e \subset E)$ 时,便有

$$\left|\int_e f(t)\mathrm{d}t\right| \leqslant \int_e |f(t)|\mathrm{d}t < \varepsilon$$

故,当 $|x_1 - x_2| < \delta$ 时,由于 $m((x_2, x_1) \cap E) \leqslant |x_1 - x_2| < \delta$,所以一定有

$$|F(x_1) - F(x_2)| < \varepsilon$$

从而 $F(x) = \int_{(-\infty,x) \cap E} f(t)\mathrm{d}t$ 是 x 的一致连续函数.

特别的,若 $f(t) \geqslant 0 (t \in E \subset \mathbf{R}^1)$,则 $\forall s, 0 \leqslant s \leqslant \int_E f(t)\mathrm{d}t$,一定存在 $e \subset E$,使 $s = \int_e f(t)\mathrm{d}t$.

事实上,容易知道

$$\lim_{x \to +\infty} F(x) = \lim_{n \to +\infty} \int_{(-\infty,n) \cap E} f(t)\mathrm{d}t = \lim_{n \to +\infty} \int_E f(t) \chi_{(-\infty,n) \cap E}(x) \mathrm{d}t$$

$$= \int_E \lim_{n \to +\infty} f(t) \chi_{(-\infty,n) \cap E}(x) \mathrm{d}t = \int_E f(t)\mathrm{d}t$$

其中,第二个等式是由于函数列 $\{f(t) \chi_{(-\infty,n) \cap E}(x)\}$ 是渐升的,Levi 定理保证其成立.同理可知 $\lim_{x \to -\infty} F(x) = 0$.再注意到 $F(x)$ 是连续的,一定存在 x_0,使 $F(x_0) = s$.取 $e = (-\infty, x_0] \cap E$ 即可.

(2) 记 $a = -\int_E f^-(x)\mathrm{d}x, b = \int_E f^+(x)\mathrm{d}x$,则 $I = [a, b]$.

首先,$\forall e \subset E$,由于

$$\int_e f(x)\mathrm{d}x = \int_e f^+(x)\mathrm{d}x - \int_e f^-(x)\mathrm{d}x$$

因而一定有
$$a \leqslant -\int_e f^-(x)dx \leqslant \int_e f(x)dx \leqslant \int_e f^+(x)dx \leqslant b$$
故 $I \subset [a,b]$.

其次,记 $E_1 = \{x \in E : f(x) \geqslant 0\}, E_2 = \{x \in E : f(x) < 0\}$,则一定有
$$\int_{E_2} f(x)dx = -\int_E f^-(x)dx = a, \int_{E_1} f(x)dx = \int_E f^+(x)dx = b$$
同时,$\forall t \in (a,b)$,若 $0 \leqslant t \leqslant b$,利用结论(1),存在子集 $e_1 \subset E_1$,使
$$t = \int_{e_1} f^+(x)dx = \int_{e_1} f(x)dx$$
若 $a \leqslant t \leqslant 0$,同理存在 $e_2 \subset E_2$,使
$$t = -\int_{e_2} f^-(x)dx = \int_{e_2} f(x)dx$$
这又说明 $[a,b] \subset I$. 所以 $I = [a,b]$.

2. 利用可积函数的几乎处处有限的性质.

例3 设 $\{r_k\} = [0,1] \cap \mathbf{Q}$,且作函数
$$f(x) = \sum_{k=1}^{\infty} \frac{1}{k^2 |x - r_k|^{\frac{1}{2}}}$$
则 $f(x) < +\infty$, a. e. $x \in [0,1]$.

证明
$$\int_0^1 f(x)dx = \sum_{k=1}^{\infty} \frac{1}{k^2} \int_0^1 \frac{dx}{|x - r_k|^{\frac{1}{2}}} = \sum_{k=1}^{\infty} \frac{1}{k^2} \left(\int_{r_k}^1 \frac{dx}{(x-r_k)^{\frac{1}{2}}} + \int_0^{r_k} \frac{dx}{(r_k-x)^{\frac{1}{2}}} \right)$$
$$= \sum_{k=1}^{\infty} \frac{2}{k^2} ((1-r_k)^{\frac{1}{2}} + r_k^{\frac{1}{2}}) \leqslant 4 \sum_{k=1}^{\infty} \frac{1}{k^2} < +\infty$$
即 $f(x)$ 在 $[0,1]$ 上可积,故 $f(x) < \infty$, a. e. $x \in [0,1]$.

3. 利用可积函数的分解.

本例也可看做由简单情形过渡到一般情形的证明方法,即由具紧支集的连续函数过渡到可积函数. 由于该方法非常重要,故特列一例.

例4 设 $f \in L(\mathbf{R}^n), E \subset \mathbf{R}^n$ 是紧集,试证明 $\lim\limits_{|y| \to \infty} \int_{E+\{y\}} |f(x)| dx = 0$.

分析 $E \subset \mathbf{R}^n$ 是紧集,说明存在 d,使 $E \subset B(0,d)$.

首先,若 f 是具紧支集的函数,结论是显然成立的. 这是由于 supp f 为紧集,一定存在 d',使 supp $f \subset B(0,d')$,从而 $\forall y$, supp $f - \{y\} \subset B(0,d') - \{y\} = B(-y,d')$,当 $|y| > d' + d$ 时,便有
$$(\text{supp } f - \{y\}) \cap E \subset B(-y,d') \cap B(0,d) = \varnothing$$
这说明 $\forall x \in E$,一定有 $x + y \notin$ supp f,即 $f(x+y) = 0$,从而当 $|y| > d' + d$ 时,便有

$$\int_{E+\{y\}}|f(x)|\,\mathrm{d}x=\int_{\mathbf{R}^n}\chi_{E+\{y\}}(x)|f(x)|\,\mathrm{d}x=\int_{\mathbf{R}^n}\chi_E(x-y)|f(x)|\,\mathrm{d}x$$
$$=\int_{\mathbf{R}^n}\chi_E(x)|f(x+y)|\,\mathrm{d}x=0$$

其中第三个等式用到了积分的平移不变性.

对于一般的 $f\in L(\mathbf{R}^n)$,利用可积函数的分解向具紧支集的函数过渡. $\forall\varepsilon>0$,存在 $\mathbf{R}^n$ 上的具紧支集的函数 g,使

$$\int_{\mathbf{R}^n}|f(x)-g(x)|\,\mathrm{d}x<\varepsilon$$

从而

$$\int_{E+\{y\}}|f(x)|\,\mathrm{d}x\leqslant\int_{E+\{y\}}|f(x)-g(x)|\,\mathrm{d}x+\int_{E+\{y\}}|g(x)|\,\mathrm{d}x$$
$$\leqslant\int_{\mathbf{R}^n}|f(x)-g(x)|\,\mathrm{d}x+\int_{E+\{y\}}|g(x)|\,\mathrm{d}x$$
$$<\varepsilon+\int_{E+\{y\}}|g(x)|\,\mathrm{d}x$$

利用前面的说明,由于函数 g 是具紧支集的函数,当 $|y|$ 充分大时,便有 $\int_{E+\{y\}}|g(x)|\,\mathrm{d}x=0$,亦即 $\forall\varepsilon>0$,当 $|y|$ 充分大时,便有 $\int_{E+\{y\}}|f(x)|\,\mathrm{d}x<\varepsilon$,结论成立.

详细的证明过程留给读者.

3.3.3 积分的计算

在 Lebesgue 积分的计算中,有三个方面的技术特别需要注意:第一个是利用 Fubini 定理,在累次积分(或化为累次积分)中的交换积分顺序的方法;第二个是利用函数项级数求和号与积分交换条件的便利,将被积函数按幂级数展开,先逐项积分再求和;第三个是利用求导运算,先求导再求原函数.

由于第一种方法前面已经介绍过,这里只给出后两种方法的例子.

例 5 试求 $I=\int_0^\infty\dfrac{\sin ax}{\mathrm{e}^x-1}\,\mathrm{d}x\,(a>0)$ 之值.

解 由于 $x>0$,因此 $\mathrm{e}^{-x}<1$,从而

$$\frac{1}{\mathrm{e}^x-1}=\frac{\mathrm{e}^{-x}}{1-\mathrm{e}^{-x}}=\mathrm{e}^{-x}\sum_{n=0}^\infty\mathrm{e}^{-nx}=\sum_{n=1}^\infty\mathrm{e}^{-nx}$$

所以

$$\frac{\sin ax}{\mathrm{e}^x-1}=\sum_{n=1}^\infty\mathrm{e}^{-nx}\sin ax,\ x>0$$

注意到 $\sum_{n=1}^{\infty}\int_0^{+\infty}|e^{-nx}\sin ax|dx \leqslant a\sum_{n=1}^{\infty}\int_0^{+\infty}xe^{-nx}dx = a\sum_{n=1}^{\infty}\frac{1}{n^2} < \infty$，因而

$$I = \int_0^{\infty}\frac{\sin ax}{e^x-1}dx = \sum_{n=1}^{\infty}\int_0^{\infty}e^{-nx}\sin ax\,dx = \sum_{n=1}^{\infty}\frac{a}{n^2+a^2}$$

例 6 试证明：$I(t) = \int_0^{\infty}e^{-x^2}\cos(2xt)dx = \frac{\sqrt{\pi}}{2}e^{-t^2}$.

证明 注意到

$$|e^{-x^2}\cos(2xt)| \leqslant e^{-x^2},\ \left|\frac{d}{dt}(e^{-x^2}\cos(2xt))\right| = |-2xe^{-x^2}\sin(2xt)| \leqslant 2xe^{-x^2}$$

而 $e^{-x^2}, 2xe^{-x^2} \in L((0,+\infty))$，有

$$I'(t) = -2\int_0^{\infty}xe^{-x^2}\sin(2xt)dx = e^{-x^2}\sin(2xt)\Big|_0^{+\infty} - 2t\int_0^{\infty}e^{-x^2}\cos(2xt)dx = -2tI(t)$$

由于容易求得 $I(t) = I(0)e^{-t^2}$，而 $I(0) = \int_0^{\infty}e^{-x^2}dx = \frac{\sqrt{\pi}}{2}$，所以等式成立.

还有许多重要的方法，有的或限于篇幅，有的或限于知识面，这里不能介绍. 比如利用"积分的平均连续性"、"积分的变量替换"以及"卷积性质"等，这些都有待于在今后的学习中加以注意和总结.

练习题 3

1. 若 $f \in L(\mathbf{R}^n), g \in L(\mathbf{R}^n)$，则函数 $m(x) = \min_{x \in \mathbf{R}^n}\{f(x), g(x)\}, M(x) = \max_{x \in \mathbf{R}^n}\{f(x),$ $g(x)\}$ 在 $\mathbf{R}^n$ 上可积.

2. 设 $f_1(x), \cdots, f_m(x)$ 是 E 上非负可积函数，则：

   (1) $F(x) = (\sum_{k=1}^{m}(f_k(x))^2)^{\frac{1}{2}}$ 在 E 上可积.

   (2) $G(x) = \sum_{1 \leqslant i, k \leqslant m}(f_i(x)f_k(x))^{\frac{1}{2}}$ 在 E 上可积.

3. 设 $0 < \alpha < 1$，求证 $x^{-\alpha} \in L([0,1])$，并求其积分.

4. 试证明 $\lim_{n\to\infty}\int_{[0,n]}(1+\frac{x}{n})^n e^{-2x}dx = \int_{[0,\infty)}e^{-x}dx$.

5. 设函数

$$f(x) = \begin{cases} x^2, & x \text{ 为 } [0,1] \text{ 的有理点} \\ x^3, & x \text{ 为 } [0,1] \text{ 的无理点} \end{cases}$$

说明 $f \in L([0,1])$，并计算 $\int_{[0,1]}f(t)dt$，其中 $L(E)$ 表示集合 E 上 Lebesgue 可积函数全体组

成的集合.

6. 设 $\{f_k(x)\}$ 是 E 上非负可积函数列. 若 $\lim\limits_{k\to\infty}\int_E f_k(x)\mathrm{d}x = 0$,则
$$\lim_{k\to\infty}\int_E (1-\mathrm{e}^{-f_k(x)})\mathrm{d}x = 0$$

7. 设 $f(x)$ 是 E 上非负可测函数. 试证如下结论:

(1) 若 $f(x)$ 在 E 上几乎处处等于零,则 $\int_E f(x)\mathrm{d}x = 0$.

(2) 若 $\int_E f(x)\mathrm{d}x = 0$,则 $f(x)$ 在 E 上几乎处处等于零.

(3) 若 $\int_E f(x)\mathrm{d}x = 0$ 且 $\forall x \in E, f(x) > 0$(或 < 0),则 $m(E) = 0$.

(4) 若 $f(x)$ 还是 E 上的可积函数,则 $f(x)$ 在 E 上是几乎处处有限的.

(5) 若 $f(x), g(x)$ 是 E 上的可积函数,$m(E) > 0$ 且 $f(x) < g(x)$, a.e. $x \in E$,则一定有
$$\int_E f(x)\mathrm{d}x < \int_E g(x)\mathrm{d}x$$

8. 设 $f(x), g(x)$ 是 $[a,b]$ 上的实值可积函数. 若有 $\int_a^b f(x)\mathrm{d}x = \int_a^b g(x)\mathrm{d}x$,则或有 $f(x) = g(x)$, a.e. $x \in [a,b]$,或存在 $E \subset [a,b]$,使得 $\int_E f(x)\mathrm{d}x > \int_E g(x)\mathrm{d}x$.

9. 设 $f \in L([a,b])$,而且对任何非负整数 k 有 $\int_a^b x^k f(x)\mathrm{d}x = 0$. 求证 $f(x) = 0$, a.e.(若 $k_0 \geqslant 1$,而且对任何 $k \geqslant k_0$,有 $\int_a^b x^k f(x)\mathrm{d}x = 0$,结论是否成立?)

10. 设实函数 $f \in L(\mathbf{R}^1)$,且对所有的正整数 n,有 $\int_{\mathbf{R}^1} |x|^n |f(x)|\mathrm{d}x \leqslant 1$. 证明或否定:$f(x) = 0$, a.e. $x \in \{x \in \mathbf{R}^1 : |x| \geqslant 1\}$.

11. 设 $f(x)$ 是 E 上的非负可积函数,则对任意的 $\varepsilon > 0$,存在 $N > 0$,使得
$$\int_E f(x)\chi_{\{x\in E:f(x)>N\}}(x)\mathrm{d}x < \varepsilon$$

12. 设非负可测函数 $f(x)$ 在 E 上有界:$0 \leqslant f(x) \leqslant M$, a.e. $x \in E$,且 $m(E) < \infty$. 在 $[0,M]$ 上作如下分划 T
$$0 = y_0 < y_1 < \cdots < y_{i-1} < y_i < \cdots < y_n = M$$
若记 $\delta_T = \max\limits_{1\leqslant i\leqslant n}\{y_i - y_{i-1}\}, E_i = \{x \in E : y_{i-1} \leqslant f(x) < y_i\}$ $(1 \leqslant i \leqslant n)$,以及任意的 $y_{i-1} \leqslant \xi_i \leqslant y_i$,试证
$$\lim_{\delta_T \to 0}\sum_{i=1}^n \xi_i m(E_i) = \int_E f(x)\mathrm{d}x$$

13. 设 $f(x)$ 是 E 上的非负可测函数,定义

$$f_n(x) = \begin{cases} n, & f(x) > n \\ f(x), & f(x) \leqslant n \end{cases}$$

并称之为 $f(x)$ 在 E 上的截断函数. 试证明

$$\lim_{n\to\infty}\int_E f_n(x)\mathrm{d}x = \int_E f(x)\mathrm{d}x$$

14. 试说明：在 Levi 非负渐升列的积分定理中，若去掉函数列的非负性假设，则结论不再成立.

15. 设 $\{f_n\}$ 是 E 上的可积函数的单调增加列，且 $\int_E f_n(x)\mathrm{d}x \leqslant M(n=1,2,\cdots)$，则 $\{f_n\}$ 收敛于一个可积函数 $f(x)$，且有

$$\lim_{n\to\infty}\int_E f_n(x)\mathrm{d}x = \int_E f(x)\mathrm{d}x$$

16. 设 $\{E_k\}$ 是 $\mathbf{R}^n$ 中递增可测集列，且 $E_k \to E(k\to\infty)$. 若 $f(x)$ 是 E 上非负可测函数，则

$$\int_E f(x)\mathrm{d}x = \lim_{k\to\infty}\int_{E_k} f(x)\mathrm{d}x$$

17. 设 $\{f_n\}_{n=1}^{+\infty}$ 及 f 均为有限区间 $[a,b]$ 上几乎处处有限的 Lebesgue 可测函数，且当 $n\to +\infty$ 时，$\int_a^b |f_n(x)-f(x)|\mathrm{d}x \to 0$. 试证必存在 $[a,b]$ 上的 Lebesgue 可测子集列 $\{E_n\}_{n=1}^{+\infty}$ 及 $\{f_n\}_{n=1}^{+\infty}$ 的子列 $\{f_{n_k}\}_{k=1}^{+\infty}$，使得

(1) $m([a,b]\setminus \bigcup_{n=1}^{+\infty} E_n) = 0$.

(2) 在每一个 E_n 上，f_{n_k} 一致收敛于 f.

18. 设 $\{f_k(x)\}$ 是 E 上的可测函数列，且 $\lim_{k\to\infty} f_k(x) = f(x)$，a.e. $x\in E$. 若有 E 上非负可积函数 $g(x)$，使 $|f_k(x)|\leqslant g(x)(k=1,2,\cdots)$，则对任给的 $\varepsilon > 0$，有

$$\lim_{j\to\infty} m(\bigcup_{k=j}^{\infty}\{x\in E: |f_k(x)-f(x)|>\varepsilon\}) = 0$$

19. 设 $\{f_n\}$ 是 E 上的可积函数列，若有 E 上的可积函数 h，使得

$$f_n(x) \geqslant h(x)(\text{a.e. } x\in E), n=1,2,\cdots$$

以及

$$\varliminf_{n\to\infty}\int_E f_n(x)\mathrm{d}x < \infty$$

则 $\varliminf_{n\to\infty} f_n(x)$ 在 E 上一定可积，且有

$$\int_E \varliminf_{n\to\infty} f_n(x)\mathrm{d}x \leqslant \varliminf_{n\to\infty}\int_E f_n(x)\mathrm{d}x$$

20. 设 $f_n(x)(n=1,2,\cdots)$ 和 $f(x)$ 都是可测集 E 上的可测函数，且在 E 上 $f_n(x) \Rightarrow f(x)$，若存在 E 上的非负可积函数 $F(x)$，使

$$|f_n(x)|\leqslant F(x), x\in E, n=1,2,\cdots$$

证明:$\lim_{n\to\infty}\int_{E_n}f_n(x)dx=\int_E f(x)dx$.

21. 设 E 为可测集,$f(x)$ 在 E 上可积,$E_n(n=1,2,\cdots)$ 为 E 的可测子集,且 $\lim_{n\to\infty}m(E\setminus E_n)=0$,证明:$\lim_{n\to\infty}\int_{E_n}f(x)dx=\int_E f(x)dx$.

22. 设 $f(x)$ 在 $\mathbf{R}^n$ 上可测,$\varphi:(0,+\infty)\to(0,+\infty)$ 为递增函数,则 $\forall\lambda>0$,有
$$m(\{x\in\mathbf{R}^n:|f(x)|>\lambda\})\leqslant\frac{1}{\varphi(\lambda)}\int_{\mathbf{R}^n}\varphi(|f(x)|)dx$$

23. 设 $f(x)$ 在可测集 E 上有界可测,且存在 $M>0$ 及 $a<1$,使得 $\forall\lambda>0$ 有
$$m(\{x\in E:|f(x)|>\lambda\})<\frac{M}{\lambda^a}$$
证明 $f(x)$ 在 E 上可积.

24. 设函数 f 在 $\mathbf{R}^1$ 上 Lebesgue 可积,$f(0)=0$,又 $f'(0)$ 存在且有限.证明:函数 $F(x)=|x|^{-\frac{3}{2}}f(x)$ 在实直线 $\mathbf{R}^1$ 上是 Lebesgue 可积的.

25. 设 $f(x)$ 是 $[0,1]$ 上的正值可测函数,$\{E_n\}\subset[0,1]$ 是可测点集列.若有
$$\lim_{n\to\infty}\int_{E_n}f(x)dx=0$$
则 $m(\varlimsup_{n\to\infty}E_n)=0$.

26. 回答下列问题:

(1) 若 $f(x)$ 在可测集 E 上可积,E_0 为 E 的任一个可测子集,试问 $f(x)$ 是否一定在 E_0 上可积?

(2) 设 $\{f_n\}$ 是 E 上的非负可积函数列,且 $f_n(x)\to 0(n\to\infty)$,a.e. $x\in E$.试问是否一定有 $\lim_{n\to\infty}\int_E f_n(x)dx=0$?

27. 设函数 f 在 E 上可积,$\{E_n\}$ 为单调增加的可测集列,满足 $\bigcup_{n=1}^{\infty}E_n=E$,试证明
$$\int_E f(x)dx=\lim_{n\to\infty}\int_{E_n}f(x)dx$$

28. 设 $\{E_k\}$ 是递增可测集合列,其并集是 E,$f\in L(E_k)(k=1,2,\cdots)$.若极限 $\lim_{k\to\infty}\int_{E_k}|f(x)|dx$ 存在且有限,则 $f\in L(E)$ 且有
$$\int_E f(x)dx=\lim_{n\to\infty}\int_{E_n}f(x)dx$$

29. 设 $m(E)<\infty$,$0<p_2<p_1<\infty$.若 $|f|^{p_1}\in L(E)$,求证 $|f|^{p_2}\in L(E)$.

30. 设在可测集 E 上非负可测函数列 $f_k\Rightarrow f$,求证 $\int_E f(x)dx\leqslant\varliminf_{k\to\infty}\int_E f_k(x)dx$.

31. 设 $f\in L([a,b])$.求证:当 $k\to\infty$ 时

$$\int_a^b f(x)\cos kx\,\mathrm{d}x \to 0, \int_a^b f(x)\sin kx\,\mathrm{d}x \to 0$$

32. 设 $f \in L([a,b])$,求证 $\lim_{\varepsilon \to 0}\int_a^{b-\varepsilon} f(x)\mathrm{d}x = \int_a^b f(x)\mathrm{d}x$.

33. 设 $f \in L(\mathbf{R}^n)$,求证 $\lim_{N\to\infty}\int_{\{x:|f(x)|\geqslant N\}} f(x)\mathrm{d}x = 0$.

34. 设 $f \in L([a,b])$, $I_k \subset [a,b] (k \in \mathbf{N})$ 是区间列.若存在 $\lambda > 0$,使得
$$\int_{I_k} |f(x)|\mathrm{d}x \leqslant \lambda |I_k|, k \in \mathbf{N}$$
则
$$\int_{\bigcup_{k=1}^{\infty} I_k} |f(x)|\mathrm{d}x \leqslant 2\lambda m(\bigcup_{k=1}^{\infty} I_k)$$

(提示:可设 $\forall x \in [a,b]$, x 至多属于 $I_k (k \in \mathbf{N})$ 中的两个而保持 $\bigcup_{k=1}^{\infty} I_k$ 不变.事实上,若
$$x \in (a_1,b_1) \cap (a_2,b_2) \cap (a_3,b_3)$$
设 $a_i = \min\{a_1,a_2,a_3\}, b_j = \max\{b_1,b_2,b_3\}$,则一定有
$$(a_1,b_1) \cup (a_2,b_2) \cup (a_3,b_3) = (a_i,b_i) \cup (a_j,b_j)$$
进而 $m(\bigcup_{k=1}^{\infty} I_k) = \int_{[a,b]} \chi_{\bigcup_{k=1}^{\infty} I_k}(x)\mathrm{d}x \geqslant \int_{[a,b]} \frac{1}{2}\sum_{k=1}^{\infty}\chi_{I_k}(x)\mathrm{d}x = \frac{1}{2}\sum_{k=1}^{\infty}|I_k|$.)

35. 设 $f \in L((0,\infty))$,且正数列 $\{a_n\}$ 中不会有多于 5 个数落入长度为 1 的区间中,则
$$\lim_{n\to\infty} f(x+a_n) = 0, \text{a.e.} x \in (0,\infty)$$

36. 设 $f \in L(\mathbf{R}^1)$, $\Phi(x)$ 满足 $\Phi(0)=0$, $|\Phi(x)-\Phi(y)| \leqslant |x-y|$, $x,y \in \mathbf{R}^1$,则 $\Phi(f(x))$ 在 $\mathbf{R}^1$ 上可积.

37. 设 $f(x)$ 是 $[a,b]$ 上递增函数,则对 $[a,b]$ 中的可测集 E, $m(E)=q$,一定有
$$\int_{[a,a+q]} f(x)\mathrm{d}x \leqslant \int_E f(x)\mathrm{d}x$$

38. 设 $f(x)$ 是 $[a,b]$ 上正值可积函数,令 $0 < q \leqslant b-a$,记 $\Gamma = \{E \subset [a,b] : m(E) \geqslant q\}$,则 $\inf_{E \in \Gamma}\{\int_E f(x)\mathrm{d}x\} > 0$.

39. 试求下列积分之值.

(1) $I = \int_0^1 \frac{\ln(1-x)}{x}\mathrm{d}x$.

(2) $I = \int_0^1 \left(\frac{\ln x}{1-x}\right)^2 \mathrm{d}x$.

(3) $I = \int_0^1 \frac{x^{m-1}}{1+x^n}\mathrm{d}x$.

40. 试证明 $I(t) = \int_0^\infty \mathrm{e}^{-x}\frac{\sin(xt)}{x}\mathrm{d}x = \arctan t$.

41. 设 $f \in L((0,\infty))$，令 $f_n(x) = f(x)\chi_{(0,n)}(x)$ $(n=1,2,\cdots)$，则 $f_n(x)$ 在 $(0,\infty)$ 上依测度收敛于 $f(x)$。

42. 设 $m(E) < \infty$，$\{f_k\}$ 是 E 上几乎处处有限的可测函数列。求证：为使 $f_k \Rightarrow 0$（f_k 依测度收敛于 0），充要条件是 $\int_E \frac{|f_k(x)|}{1+|f_k(x)|} dx \to 0 (k \to \infty)$。

43. 设 $f(x)$ 在 $[a,b]$ 上非负可测，则 $f^3(x)$ 在 $[a,b]$ 上可积当且仅当
$$\sum_{n=1}^{\infty} n^2 \cdot m(\{x \in [a,b] : f(x) \geqslant n\}) < +\infty$$

44. 设 $\{f_k(x)\}$ 是 E 上非负可测函数列。若有
$$\lim_{k \to \infty} f_k(x) = f(x), f_k(x) \leqslant f(x), x \in E, k=1,2,\cdots$$
则对 E 中任一可测子集 e，有
$$\lim_{k \to \infty} \int_e f_k(x) dx = \int_e f(x) dx$$

45. 设 $\{E_n\} \subset [0,1]$ 是可测集列。若 $m(\overline{\lim_{n \to \infty}} E_n) = 0$，则对任给的 $\varepsilon > 0$，存在 $[0,1]$ 中可测子集 A，使得 $m([0,1] \setminus A) < \varepsilon$，且有
$$\sum_{n=1}^{\infty} m(A \cap E_n) < +\infty, \sum_{n=1}^{\infty} \chi_{E_n}(x) < +\infty, \text{a.e. } x \in [0,1]$$

46. 设 $\{A_n\}$ 是一列可测集，$\sum_{n=1}^{\infty} m(A_n) < +\infty$。令 $\{G_k\}$ 表示所有属于 $\{A_n\}$ 中 k 个集合的元所构成的集合，求证：G_k 可测且 $\sum_{k=1}^{\infty} km(G_k) = \sum_{n=1}^{\infty} m(A_n)$。

47. 设 $f(x)$ 在 $\mathbf{R}^1$ 上可测且有周期 1。此外有 $M > 0$ 使对任何 $x \in \mathbf{R}^1$ 有
$$\int_0^1 |f(x+t) - f(t)| dt \leqslant M$$
求证：$f \in L([0,1])$。

48. 设 $f(x)$ 在 $\mathbf{R}^1$ 上可导。若 $f'(x)$ 在 $[a,b]$ 上有界，则 $f' \in L([a,b])$，且有
$$\int_{[a,b]} f'(x) dx = f(b) - f(a)$$

49. 设 $F \subset [0,1]$ 是闭集，且 $m(F) = 0$，则 $\chi_F \in L([0,1])$。

50. 设 $f:[0,1] \to [a,b]$ 是 Riemann 可积函数，$g \in C([a,b])$，则 $g(f(x))$ 在 $[0,1]$ 上 Riemann 可积。

51. 设 $f(x) \in L(\mathbf{R}^p)$，$g(y) \in L(\mathbf{R}^q)$，试问 $f(x)g(y)$ 在 $\mathbf{R}^p \times \mathbf{R}^q$ 是否一定可积？

52. 设 $f,g \in L(\mathbf{R}^n)$，回答下列问题：

(1) 是否一定有 $fg \in L(\mathbf{R}^n)$？

(2) 若定义 $f*g(x) = \int_{\mathbf{R}^n} f(x-t)g(t)\mathrm{d}t$,是否一定有 $f*g \in L(\mathbf{R}^n)$?

53. 设 $f \in L(\mathbf{R}^n)$,g 为 $\mathbf{R}^n$ 上具有紧支集的连续函数. 记
$$F(x) = (f*g)(x) = \int_{\mathbf{R}^n} f(x-t)g(t)\mathrm{d}t$$
求证 $F(x)$ 为 $\mathbf{R}^n$ 上的连续函数.

54. 设 $f(x), g(x)$ 均为 $\mathbf{R}^n$ 中的可测集 E 上的非负实值可测函数,且 $f(x)g(x)$ 在 E 上可积. 对 $t > 0$,记 $E_t = \{x \in E : g(x) \geq t\}$. 证明:

(1) 函数 $\lambda_f(t) = \int_{E_t} f(x)\mathrm{d}x$ 对一切 $t > 0$ 有定义.

(2) $\lambda_f(t)$ 在 $(0, +\infty)$ 上可积,且
$$\int_0^{+\infty} \lambda_f(t)\mathrm{d}t = \int_E f(x)g(x)\mathrm{d}x$$

55. 设可测函数 $f(x)$ 在集合 $E_\varepsilon = \{x : |x-a| \geq \varepsilon\}(\forall \varepsilon > 0)$ 上都可积,若极限
$$\lim_{\varepsilon \to 0} \int_{|x-a| \geq \varepsilon} f(x)\mathrm{d}x$$
存在,则称之为 $f(x)$ 在 $\mathbf{R}^n$ 上(关于 a 的)在主值意义上的积分,并记之为
$$\mathrm{p.\,v.} \int_{\mathbf{R}^n} f(x)\mathrm{d}x = \lim_{\varepsilon \to 0} \int_{|x-a| \geq \varepsilon} f(x)\mathrm{d}x$$
试证明:

(1) 若 $f \in L(\mathbf{R}^n)$,则 $\mathrm{p.\,v.} \int_{\mathbf{R}^n} f(x)\mathrm{d}x$ 一定存在且等于 $\int_{\mathbf{R}^n} f(x)\mathrm{d}x$.

(2) 设 $f(x) = \dfrac{1}{x}\chi_{[-1,1]}(x)$,则 $\mathrm{p.\,v.} \int_{\mathbf{R}^1} f(x)\mathrm{d}x$ 存在,但 $f \notin L(\mathbf{R}^1)$.

第4章

有界变差函数和微分

4.1 基本概念和主要结论

4.1.1 Vitali 覆盖

1. 设 $E \subset \mathbf{R}^1$, $\Gamma = \{I_\alpha\}$ 是一个区间族. 若对任意的 $x \in E$ 以及 $\varepsilon > 0$, 存在 $I_\alpha \in \Gamma$, 使得 $x \in I_\alpha$, $|I_\alpha| < \varepsilon$, 则称 Γ 是 E 在 Vitali 意义下的一个覆盖, 简称为 E 的 Vitali 覆盖.

2. (Vitali 覆盖) 设 $E \subset \mathbf{R}^1$, 且 $m^*(E) < \infty$, 若 Γ 是 E 的 Vitali 覆盖, 则对于任意的 $\varepsilon > 0$, 存在有限个互不相交的 $I_j \in \Gamma (j = 1, 2, \cdots, n)$, 使得

$$m^*\left(E \setminus \bigcup_{j=1}^n I_j\right) < \varepsilon$$

4.1.2 单调函数的可微性

1. 设 $f(x)$ 是定义在 $\mathbf{R}^1$ 中点 x_0 的邻域上的实值函数, 令

$$D^+ f(x_0) = \overline{\lim_{h \to 0^+}} \frac{f(x_0+h)-f(x_0)}{h}, \quad D_+ f(x_0) = \varliminf_{h \to 0^+} \frac{f(x_0+h)-f(x_0)}{h}$$

$$D^- f(x_0) = \overline{\lim_{h \to 0^-}} \frac{f(x_0+h)-f(x_0)}{h}, \quad D_- f(x_0) = \varliminf_{h \to 0^-} \frac{f(x_0+h)-f(x_0)}{h}$$

分别称它们为 $f(x)$ 在 x_0 点的右上导数、右下导数、左上导数、左下导数, 总称为 Dini 导数. 若此四个 Dini 导数皆等于同一个有限值, 则 $f(x)$ 在 x_0 点是可微的; 若 $D^+ f(x_0) = D_+ f(x_0)$ 为有限值, 则 $f(x)$ 在 x_0 点的右导数存在; 若 $D^- f(x_0) = D_- f(x_0)$ 为有限值, 则 $f(x)$ 在 x_0 点

的左导数存在.

2.(Lebesgue) 若 $f(x)$ 是定义在 $[a,b]$ 上的单调上升(实值)函数,则 $f(x)$ 的不可微点集为零测集,且有

$$\int_a^b f'(x)\mathrm{d}x \leqslant f(b)-f(a)$$

3.(Fubini 逐项微分) 设 $\{f_n(x)\}$ 是 $[a,b]$ 上的递增函数列,且 $\sum_{n=1}^{\infty} f_n(x)$ 在 $[a,b]$ 上收敛,则

$$\frac{\mathrm{d}}{\mathrm{d}x}(\sum_{n=1}^{\infty} f_n(x)) = \sum_{n=1}^{\infty} \frac{\mathrm{d}}{\mathrm{d}x} f_n(x), \text{a.e.} x \in [a,b]$$

4.1.3 有界变差函数

1. 设 $f(x)$ 是定义在 $[a,b]$ 上的实值函数,作分划 $\Delta: a = x_0 < x_1 < \cdots < x_n = b$ 以及相应的和 $v_\Delta = \sum_{i=1}^n |f(x_i) - f(x_{i-1})|$,称为 $f(x)$ 在 $[a,b]$ 上的变差,称

$$\bigvee_a^b (f) = \sup\{v_\Delta : \Delta \text{ 为 } [a,b] \text{ 的任一分划}\}$$

为 $f(x)$ 在 $[a,b]$ 上的全变差. 若 $\bigvee_a^b (f) < \infty$,则称 $f(x)$ 是 $[a,b]$ 上的有界变差函数,记其全体为 $BV([a,b])$.

2. 有界变差函数有如下性质:

(1) $f(x)$ 是 $[a,b]$ 上的有界变差函数,则 $f(x)$ 在 $[a,b]$ 上有界.

(2) $f(x)$ 是 $[a,b]$ 上的有界变差函数,则 $f(x)$ 是 $[a,b]$ 的任一个子区间上的有界变差函数;另外,若 $a < c < b, f(x)$ 分别是 $[a,c], [c,b]$ 上的有界变差函数,则 $f(x)$ 是 $[a,b]$ 上的有界变差函数,且

$$\bigvee_a^b (f) = \bigvee_a^c (f) + \bigvee_c^b (f)$$

(3) $BV([a,b])$ 构成一个线性空间.

(4) 有界变差函数的不连续点至多可列个.

(5) 有界变差函数是 Riemann 可积的.

(6) 有界变差函数几乎处处有有限导数.

(7) 有界变差函数的导数是 Lebesgue 可积的.

3.(Jordan 分解定理) $f \in BV([a,b])$ 当且仅当 $f(x) = g(x) - h(x)$,其中 $g(x)$ 与 $h(x)$ 是 $[a,b]$ 上的单调上升(实值)函数.

4.1.4 不定积分的微分

1. 设 $f \in L([a,b])$,令

$$F_h(x) = \frac{1}{h}\int_x^{x+h} f(t)\,dt$$

(当 $x \notin [a,b]$ 时,令 $f(x)=0$),有

$$\lim_{h\to 0}\int_a^b |F_h(x) - f(x)|\,dx = 0$$

2. 设 $f \in L([a,b])$,令 $F(x) = \int_a^x f(t)\,dt, x \in [a,b]$,则 $F'(x) = f(x)$,a.e. $x \in [a,b]$.

3. 若 $f \in L([a,b])$,则对 $[a,b]$ 中几乎处处的点 x,都有

$$\lim_{h\to 0}\frac{1}{h}\int_0^h |f(x+t) - f(x)|\,dt = 0$$

4.1.5 绝对连续函数

1. 设 $f(x)$ 是 $[a,b]$ 上的实值函数. 若对任给 $\varepsilon > 0$,存在 $\delta > 0$,使得当 $[a,b]$ 中任意有限个互不相交的开区间 $(x_i, y_i)(i=1,2,\cdots,n)$ 满足 $\sum_{i=1}^n (y_i - x_i) < \delta$ 时,有

$$\sum_{i=1}^n |f(y_i) - f(x_i)| < \varepsilon$$

则称 $f(x)$ 是 $[a,b]$ 上的绝对连续函数,其全体记为 $AC([a,b])$.

2. 绝对连续函数有如下性质:

(1) $f(x)$ 是 $[a,b]$ 上的绝对连续函数,则 $f(x)$ 一定是一致连续的.

(2) $f(x)$ 是 $[a,b]$ 上的绝对连续函数,则 $f(x)$ 是 $[a,b]$ 上的有界变差函数.

(3) $f(x)$ 是 $[a,b]$ 上的绝对连续函数,则 $f(x)$ 在 $[a,b]$ 上几乎处处可微,且 $f'(x)$ 可积.

(4) $f(x)$ 是 $[a,b]$ 上的绝对连续函数,且 $f'(x) = 0$, a.e. $x \in [a,b]$,则 $f(x)$ 在 $[a,b]$ 上等于一个常数.

3. $f(x), g(x)$ 是 $[a,b]$ 上的绝对连续函数,则 $f(x) \pm g(x), f(x)g(x)$ 也是绝对连续函数;若 $g(x) \neq 0$,则 $\dfrac{f(x)}{g(x)}$ 也是绝对连续函数.

4. 若 $f \in L([a,b])$,则 $F(x) = \int_a^x f(t)\,dt (a \leqslant x \leqslant b)$ 是绝对连续函数.

5. (微积分基本定理) 若 $f(x)$ 是 $[a,b]$ 上的绝对连续函数,则

$$f(x) - f(a) = \int_a^x f'(t)\,dt, x \in [a,b]$$

6. 定义在 $[a,b]$ 上的函数 $f(x)$ 可以写成

$$f(x) - f(a) = \int_a^x g(t)\,dt, g(t) \in L([a,b])$$

的充分必要条件是 $f(x)$ 是 $[a,b]$ 上的绝对连续函数.

4.2 有界变差函数

讨论有界变差函数问题,常用的方法有以下几种:一是利用有界变差函数的定义;二是利用 Jordan 分解定理,化有界变差函数为两个单调增加函数之差,利用单调增加函数的一些结论来证明有关命题;三是借助函数 $F(x) = \bigvee\limits_a^x (f)$.

例1 设 $|f(x)|$ 是 $[a,b]$ 上的有界变差函数,若 $f \in C([a,b])$,则 $f \in BV([a,b])$,且有 $\bigvee\limits_a^b (f) = \bigvee\limits_a^b (|f|)$.

证明 只需指出 $\bigvee\limits_a^b (f) \leqslant \bigvee\limits_a^b (|f|)$. 为此,对划分
$$\Delta: a = x_0 < x_1 < \cdots < x_n = b$$
考查 $v_\Delta = \sum\limits_{i=1}^n |f(x_i) - f(x_{i-1})|$:

(1) 若 $f(x_i)$ 与 $f(x_{i-1})$ 同号,则有 $||f(x_i)| - |f(x_{i-1})|| = |f(x_i) - f(x_{i-1})|$.

(2) 若 $f(x_i)$ 与 $f(x_{i-1})$ 反号,则取 $\xi_i \in (i-1, i)$,使得 $f(\xi_i) = 0$,从而可知
$$|f(x_i) - f(x_{i-1})| \leqslant ||f(x_i)| - |f(\xi_i)|| + ||f(x_{i-1})| - |f(\xi_i)||$$

再作分划
$$\Delta': a = x_0 < x_1 < \cdots < x_{i-1} < \xi_i < x_i < \cdots < x_n = b$$
有 $v_{\Delta'} = v_\Delta \leqslant \bigvee\limits_a^b (|f|)$.

例2 设 $f, g \in BV([a,b])$.

(1) $\bigvee\limits_a^b (fg) \leqslant \sup\limits_{[a,b]}\{f(x)\} \bigvee\limits_a^b (f) + \sup\limits_{[a,b]}\{g(x)\} \bigvee\limits_a^b (f)$.

(2) 若又有 $f(a) = 0 = g(a)$,则 $\bigvee\limits_a^b (fg) \leqslant \bigvee\limits_a^b (f) \cdot \bigvee\limits_a^b (g)$.

证明 (1) 利用公式 $a_1 a_2 - b_1 b_2 = a_1(a_2 - b_2) + (a_1 - b_1)$ 即可得证.

(2) 作标准分解 $f(x) = P(x) - N(x)$,其中
$$P(x) = \frac{1}{2}(\bigvee\limits_a^x (f) + f(x) - f(a)), \quad N(x) = \frac{1}{2}(\bigvee\limits_a^x (f) - f(x) + f(a))$$

此时有 $\bigvee\limits_a^b (f) = P(b) + N(b)$(一般 Jordan 分解 $f = g_1 - g_2$,当 $f(a) = 0$ 时,均有 $\bigvee\limits_a^b (f) \leqslant g_1(b) + g_2(b)$).

现在假定 $f(x), g(x)$ 的标准分解为
$$f(x) = P_1(x) - N_1(x), g(x) = P_2(x) - N_2(x)$$
则
$$f(x)g(x) = (P_1(x)P_2(x) + N_1(x)N_2(x)) - (P_1(x)N_2(x) + N_1(x)P_2(x))$$

从而可得
$$\bigvee_a^b (fg) \leqslant (P_1(b)P_2(b) + N_1(b)N_2(b)) + (P_1(b)N_2(b) + N_1(b)P_2(b))$$
$$= (P_1(b) + N_1(b)) \cdot (P_2(b) + N_2(b)) = \bigvee_a^b (f) \cdot \bigvee_a^b (g)$$

例 3 函数 $f(x)$ 为有界变差函数的充要条件是存在增函数 $\psi(x)$,使得当 $x_2 > x_1$ 时
$$f(x_2) - f(x_1) \leqslant \psi(x_2) - \psi(x_1)$$

证明 必要性. 设 $f(x)$ 为有界变差函数,则由 Jordan 分解定理,存在单调增加函数 $\varphi(x)$ 和 $g(x)$,使得 $f(x) = \varphi(x) - g(x)$. 令 $\psi(x) = \varphi(x)$,则 $\psi(x)$ 为增函数,且对 $x_2 > x_1$,有
$$f(x_2) - f(x_1) = \psi(x_2) - \psi(x_1) - (g(x_2) - g(x_1)) \leqslant \psi(x_2) - \psi(x_1)$$

充分性. 令 $\varphi(x) = \psi(x), g(x) = \psi(x) - f(x)$. 因为 $\varphi(x)$ 单调增加,且对任意的 $x_2 > x_1$,有
$$g(x_2) - g(x_1) = \psi(x_2) - \psi(x_1) - (f(x_2) - f(x_1)) \geqslant 0$$
所以 $g(x)$ 是单调增加的,而 $f(x) = \varphi(x) - g(x)$,从而知 $f(x)$ 是有界变差函数.

例 4 若 $f \in BV([a,b])$,则 $\bigvee_a^x (f)$ 几乎处处可微,且
$$\frac{\mathrm{d}}{\mathrm{d}x}(\bigvee_a^x (f)) = |f'(x)|, \mathrm{a.e.}\, x \in [a,b]$$

证明 (1) 根据全变差的定义可知,对任给的 $\varepsilon > 0$,存在分划
$$\Delta: a = x_0 < x_1 < \cdots < x_k = b$$
使得
$$\bigvee_a^b (f) - \sum_{i=1}^k |f(x_i) - f(x_{i-1})| < \varepsilon \qquad (*)$$
可以作出 $[a,b]$ 上的函数 $g(x)$,使得
$$g(x) = \begin{cases} f(x) + c_i, & f(x_i) \geqslant f(x_{i-1}) \\ -f(x) + c_i', & f(x_i) < f(x_{i-1}) \end{cases}$$
其中, $x \in [x_{i-1}, x_i] (i = 1, 2, \cdots, k), c_i, c_i' (i = 1, 2, \cdots, k)$ 是常数.

实际上,首先,对 $x \in [a, x_1]$,令
$$g(x) = \begin{cases} f(x) - f(a_0), & f(x_1) \geqslant f(a_0) \\ -f(x) + f(a_0), & f(x_1) < f(a_0) \end{cases}$$
其次,用归纳法,若在 $x \in [a, x_i] (i < k)$ 上已定义了 $g(x)$,则 $x \in [x_i, x_{i+1}]$,定义
$$g(x) = \begin{cases} f(x) + (g(x_i) - f(x_i)), & f(x_{i+1}) \geqslant f(x_i) \\ -f(x) + (f(x_i) - g(x_i)), & f(x_{i+1}) < f(x_i) \end{cases}$$
对如此做成的 $g(x)$,易知对每个 $[x_{i-1}, x_i]$,或 $g(x) - f(x)$ 或 $g(x) + f(x)$ 是常数,且
$$|g'(x)| = |f'(x)|, \mathrm{a.e.}\, x \in [a,b]$$
又由式 (∗) 可得

$$\bigvee_a^b (f) - g(b) < \varepsilon$$

以及 $\bigvee_a^x (f) - g(x)$ 是 $[a,b]$ 上的递增函数.

(2) 由(1)知,对 $\varepsilon = \frac{1}{2^n}$,存在 $[a,b]$ 上的函数列 $\{g_n(x)\}$,使得

$$\bigvee_a^b (f) - g_n(b) < \frac{1}{2^n}$$

$$|g'_n(x)| = |f'_n(x)|, \text{a.e. } x \in [a,b]$$

这说明

$$\sum_{n=1}^{\infty} \left(\bigvee_a^x (f) - g_n(x) \right) < \infty, x \in [a,b]$$

引用 Fubini 逐项微分定理,可知

$$\sum_{n=1}^{\infty} \left(\frac{\mathrm{d}}{\mathrm{d}x} \bigvee_a^x (f) - g'_n(x) \right) < +\infty, \text{a.e. } x \in [a,b]$$

由于

$$|g'_n(x)| = |f'(x)|, \text{a.e. } x \in [a,b]$$

且 $\frac{\mathrm{d}}{\mathrm{d}x} \bigvee_a^x (f) \geqslant 0, \text{a.e. } x \in [a,b]$,故有 $\frac{\mathrm{d}}{\mathrm{d}x} \bigvee_a^x (f) = |f'(x)|, \text{a.e. } x \in [a,b]$.

例 5 证明:当且仅当集 $E \subset [a,b]$ 只有有限个边界点时,集 E 的特征函数 $\chi_E(x)$ 是 $[a,b]$ 上的有界变差函数.

证明 若 E 只有有限个边界点,则 E 成为有限集,或为有限个区间的并,或为有限集与有限个区间的并,结论是明显的.

若 E 有无穷多个边界点,$\chi_E(x)$ 不是 $[a,b]$ 上的有界变差函数. 事实上,对于任意的自然数 N,从 (a,b) 中的边界点组成的集中选出 N 个点并按其递增的次序排列

$$a < x_1 < x_2 < \cdots < x_N < b$$

对这些点作两两互不相交的邻域 $D(x_1), D(x_2), \cdots, D(x_N)$,且在这些邻域的每一个中取一对点 ξ_i 和 η_i,使 $\xi_i \in E, \eta_i \notin E$. 则

$$\bigvee_a^b \chi_E(x) \geqslant \sum_{i=1}^N |\chi_E(\eta_i) - \chi_E(\xi_i)| = N$$

于是,函数 $\chi_E(x)$ 在线段 $[a,b]$ 上的变差可以大于任意预先给定的自然数 N,所以,变差为无穷.

例 6 函数 $f(x)$ 是 $[0,1]$ 上的有界变差函数,证明:函数 $F(x) = f(ax+b)$(这里 $a > 0$)是闭区间 $[-\frac{b}{a}, \frac{1-b}{a}]$ 上的有界变差函数,并且 $\bigvee_0^1 (f) = \bigvee_{-\frac{b}{a}}^{\frac{1-b}{a}} (F)$.

证明 若 $F(x) = f(ax+b)$ 不是闭区间 $[-\frac{b}{a}, \frac{1-b}{a}]$ 上的有界变差函数,则对任意的自

然数 N,作 $[-\frac{b}{a},\frac{1-b}{a}]$ 的一个分划

$$\Delta_1: -\frac{b}{a}=\zeta_0<\zeta_1<\cdots<\zeta_n=\frac{1-b}{a}$$

其中分点 ζ_k 当然与 N 有关,使得和式 $\sum_{k=1}^{n}|F(\zeta_k)-F(\zeta_{k-1})|>N$.

现在用点 $\eta_k=a\zeta_k+b$ 作 $[0,1]$ 的一个分划

$$\Delta_2: 0=\eta_0<\eta_1<\cdots<\eta_n=1$$

则有

$$\sum_{k=1}^{n}|f(\eta_k)-f(\eta_{k-1})|=\sum_{k=1}^{n}|f(a\zeta_k+b)-f(a\zeta_{k-1}+b)|$$
$$=\sum_{k=1}^{n}|F(\zeta_k)-F(\zeta_{k-1})|>N$$

这与 $f(x)$ 是 $[0,1]$ 上的有界变差函数矛盾!

例7 试证明下列命题:

(1) 设 $f(x)$ 在 $[a,b]$ 上可微.若 $f'\in \mathbf{R}^1([a,b])$,则 $\overset{b}{\underset{a}{V}}(f)=\int_a^b|f'(x)|\,dx$.

(2) 设 $f\in \mathbf{R}^1([a,b])$.令 $F(x)=\int_a^x f(t)dt(a\leqslant x\leqslant b)$,则 $\overset{b}{\underset{a}{V}}(F)=\int_a^b|f(t)|\,dt$.

证明 (1)① 对 $x',x''\in[a,b]$ 且 $x'<x''$,有

$$|f(x'')-f(x')|=\left|\int_{x'}^{x''}f'(x)dx\right|\leqslant\int_{x'}^{x''}|f'(x)|\,dx$$

由此易知 $\overset{b}{\underset{a}{V}}(f)\leqslant\int_a^b|f'(x)|\,dx$.

② 作 $[a,b]$ 的分划

$$\Delta: a=x_0<x_1<\cdots<x_n=b$$

则

$$v_\Delta=\sum_{i=1}^{n}|f(x_i)-f(x_{i-1})|=\sum_{i=1}^{n}|f'(\xi)||x_i-x_{i-1}|$$

注意到 $v_\Delta\leqslant\overset{b}{\underset{a}{V}}(f)$,由题设知

$$\int_a^b|f'(x)|\,dx=\lim_{\|\Delta\|\to 0}\sum_{i=1}^{n}|f'(\xi)||x_i-x_{i-1}|\leqslant\overset{b}{\underset{a}{V}}(f)$$

综合 ①② 即得所证.

(2)① 对 $[a,b]$ 的任一分划

$$\Delta: a=x_0<x_1<\cdots<x_n=b$$

均有

$$v_\Delta = \sum_{i=1}^n |F(x_i) - F(x_{i-1})| = \sum_{i=1}^n \left|\int_{x_{i-1}}^{x_i} f(t)dt\right| \leqslant \sum_{i=1}^n \int_{x_{i-1}}^{x_i} |f(t)|\,dt$$

$$= \int_a^b |f(t)|\,dt < +\infty$$

由此即知 $F \in BV([a,b])$,且 $\bigvee_a^b(F) \leqslant \int_a^b |f(t)|\,dt$.

②a. 先看特定的阶梯函数 $\varphi(x) = \sum_{i=1}^n \varepsilon_i \chi_{[x_{i-1},x_i]}(x), \varepsilon_i = 1$ 或 0 或 $-1(a \leqslant x \leqslant b)$,有

$$\int_a^b \varphi(x)f(x)dx = \sum_{i=1}^n \varepsilon_i \int_{x_{i-1}}^{x_i} f(t)dt \leqslant \sum_{i=1}^n \left|\int_{x_{i-1}}^{x_i} f(t)dt\right|$$

$$= \sum_{i=1}^n |F(x_i) - F(x_{i-1})| \leqslant \bigvee_a^b(F)$$

b. 对于题设中的 $f(x)$,作 $[a,b]$ 上的阶梯函数列 $\{\Psi_n(x)\}$,使得

$$\lim_{n\to\infty} \Psi_n(x) = f(x), \text{a.e.} x \in [a,b]$$

且令 $\varphi_n(x) = \text{sgn}\{\Psi_n(x)\}, (n \in \mathbf{N}, x \in [a,b])$,由 a 易知

$$\int_a^b \varphi_n(x)f(x)dx \leqslant \bigvee_a^b(F)$$

又注意到 $\lim_{n\to\infty}\varphi_n(x)f(x) = |f(x)|, \text{a.e.} x \in [a,b]$.

根据控制收敛定理可得

$$\int_a^b |f(t)|\,dt = \lim_{n\to\infty}\int_a^b \varphi_n(x)f(x)dx \leqslant \bigvee_a^b(F)$$

例8 设 $f \in BV([a,b])$. 对 $f(x)$ 的不连续点 $x_0 \in [a,b]$,记

$$D(x_0) = |f(x_0+0) - f(x_0)| + |f(x_0-0) - f(x_0)|$$

(若 $x_0 = a$ 或 b,则令 $D(x_0) = |f(x_0+0) - f(x_0)|$ 或 $|f(x_0-0) - f(x_0)|$),现在假定 $\{x_n\} \subset (a,b)$ 是 $f(x)$ 的不连续点列,则 $\sum_{n\geqslant 1} D(x_n) \leqslant \bigvee_a^b(f)$.

证明 若不连续点是有限个:$x_1, x_2, \cdots, x_m$,又设 $d > 0$ 是这些点之间的最小距离,则对任给的 $\varepsilon > 0$,存在

$$0 < a_i < \frac{d}{2}, 0 < b_i < \frac{d}{2}, i = 1, 2, \cdots, m$$

$$|f(x_i - 0) - f(x_i - a_i)| < \frac{\varepsilon}{2m}, |f(x_i + 0) - f(x_i + b_i)| < \frac{\varepsilon}{2m}$$

现在作 $[a,b]$ 之分划

$$\Delta: x_i, x_i - a_i, x_i + b_i, i = 1, 2, \cdots, m$$

则在其上 $f(x)$ 的变差 v_Δ 有估计

$$v_\Delta \geqslant \sum_{i=1}^m (|f(x_i - a_i) - f(x_i)| + |f(x_i) - f(x_i + b_i)|)$$

$$|f(x_i-0)-f(x_i)| \leqslant |f(x_i-0)-f(x_i-a_i)|+|f(x_i-a_i)-f(x_i)|$$
$$\leqslant \frac{\varepsilon}{2m}+|f(x_i-a_i)-f(x_i)|$$

由此知
$$|f(x_i-0)-f(x_i)|-\frac{\varepsilon}{2m}<|f(x_i-a_i)-f(x_i)|$$

类似地可推
$$|f(x_i+0)-f(x_i)|-\frac{\varepsilon}{2m}<|f(x_i+b_i)-f(x_i)|$$

从而得
$$v_\Delta \geqslant \sum_{i=1}^m \{(|f(x_i-0)-f(x_i)|-\frac{\varepsilon}{2m})+(|f(x_i+0)-f(x_i)|)-\frac{\varepsilon}{2m}\}$$
$$=\sum_{i=1}^m\{|f(x_i-0)-f(x_i)|+|f(x_i+0)-f(x_i)|-\frac{\varepsilon}{m}\}=\sum_{i=1}^m D(x_i)-\varepsilon$$

因此,有 $v_\Delta \geqslant \sum_{i=1}^m D(x_i)$. 随之就有 $\bigvee_a^b(f) \geqslant \sum_{i=1}^m D(x_i)(m \in \mathbf{N})$,由此易知
$$\bigvee_a^b(f) \geqslant \sum_{i \geqslant 1} D(x_i)(\text{即可列个} x_i \text{也成立})$$

例9 设 $f \in BV([a,b])$. 若 $x_0 \in [a,b]$,则 $x=x_0$ 是 $f(x)$ 的连续点当且仅当 $x=x_0$ 是 $\bigvee_a^x(f)$ 的连续点.

证明 (1) 因为对 $a \leqslant x_0 < x \leqslant b$,有
$$|f(x)-f(x_0)| \leqslant \bigvee_{x_0}^x(f)=\bigvee_a^x(f)-\bigvee_a^{x_0}(f)$$

所以当 $\bigvee_a^x(f)$ 在 $x=x_0$ 处连续时,$f(x)$ 也在 $x=x_0$ 处连续.

(2) 设 $x=x_0 \in [a,b)$ 是 $f(x)$ 的连续点,即对任给 $\varepsilon>0$,存在 $\delta>0$,使得
$$|f(x)-f(x_0)|<\frac{\varepsilon}{2}, x \in [x_0,x_0+\delta) \subset [a,b]$$

作 $[x_0,x_0+\delta]$ 的分划
$$\Delta:x_0<x_1<\cdots<x_n=x_0+\delta$$

使得
$$\sum_{i=1}^n|f(x_i)-f(x_{i-1})|+\frac{\varepsilon}{2}>\bigvee_{x_0}^{x_0+\delta}(f)$$

由于
$$\sum_{i=2}^n|f(x_i)-f(x_{i-1})| \leqslant \bigvee_{x_1}^{x_0+\delta}(f), \bigvee_{x_0}^{x_0+\delta}(f)=\bigvee_{x_0}^{x_1}(f)+\bigvee_{x_1}^{x_0+\delta}(f)$$

故有
$$\bigvee_{x_0}^{x_1}(f) = \bigvee_{x_0}^{x_0+\delta}(f) - \bigvee_{x_1}^{x_0+\delta}(f) \leqslant \sum_{i=1}^{n}|f(x_i)-f(x_{i-1})| + \frac{\varepsilon}{2} - \sum_{i=2}^{n}|f(x_i)-f(x_{i-1})|$$
$$= |f(x_1)-f(x_0)| + \frac{\varepsilon}{2} < \varepsilon$$

从而知 $\bigvee_{x_0}^{x}(f) \leqslant \bigvee_{x_0}^{x_1}(f) < \varepsilon (x_0 \leqslant x \leqslant x_1)$. 这说明 $\bigvee_{a}^{x}(f)$ 在 $x=x_0$ 处是右连续的. 同理可证 $\bigvee_{a}^{x}(f)$ 在 $x=x_0$ 处左连续.

例 10 设定义在 $[0,\infty)$ 上的 $f(x)$ 满足: $V = \sup\{\bigvee_{0}^{n}(f): n=1,2,\cdots\} < +\infty$, 则级数 $\sum_{k=1}^{\infty}f(k)$ 与 $\int_{0}^{+\infty}f(x)\mathrm{d}x$ 同敛散.

证明 (1) 对 $[0,\infty)$ 上的非负递减函数 $g(x)$, 令
$$\lambda_n = \int_0^n g(t)\mathrm{d}t - \sum_{k=1}^{n} g(k), n=1,2,\cdots$$

由
$$\lambda_{n+1} - \lambda_n = \int_n^{n+1} g(t)\mathrm{d}t - g(n+1) \geqslant 0$$

可知 $\{\lambda_n\}$ 是递增函数列. 因为
$$\int_0^n g(t)\mathrm{d}t = \sum_{k=0}^{n-1}\int_k^{k+1}g(t)\mathrm{d}t \leqslant \sum_{k=0}^{n-1}g(k), \lambda_n \leqslant g(0) - g(n) \leqslant g(0)$$

所以 $\{\lambda_n\}$ 是收敛列.

(2) 作分解 $f(x) = f_1(x) - f_2(x)$, 其中 $f_1(x) \geqslant 0, f_2(x) \geqslant 0$ 且都是递减函数(记 $[0,x]$ 上 $f(x)$ 的正、负变差为 $P(x), N(x)$; 若 $f(0) \geqslant 0$, 则 $f_1(x) = V+f(0)-N(x), f_2(x) = V-P(x)$; 若 $f(0) < 0$, 则 $f_1(x) = V-N(x), f_2(x) = V-f(0)-P(x)$).

令
$$d_n = \int_0^n f(t)\mathrm{d}t - \sum_{k=1}^{n} f(k)$$

则有
$$d_n = \left(\int_0^n f_1(t)\mathrm{d}t - \sum_{k=1}^{n} f_1(k)\right) - \left(\int_0^n f_2(t)\mathrm{d}t - \sum_{k=1}^{n} f_2(k)\right)$$

以 $f_1(x), f_2(x)$ 视为(1)中之 $g(x)$, 易知当 $n \to \infty$ 时上式极限存在.

若 $\int_0^{+\infty} f(t)\mathrm{d}t$ 存在, 则当 $n \to \infty$ 时, $\sum_{k=1}^{n} f(k) = \int_0^n f(t)\mathrm{d}t - d_n$ 的极限存在. 若 $\sum_{k=1}^{\infty} f(k)$ 收敛, 易知 $\lim_{t \to +\infty} f(t) = 0$, 则存在 $\lim_{t \to +\infty} \int_0^n f(t)\mathrm{d}t$, 即 $\int_0^{+\infty} f(t)\mathrm{d}t$ 收敛.

4.3 绝对连续函数

证明某个函数是否是绝对连续的,可以用定义,即依据题设条件分析推导,得到

$$\sum_{i=1}^{n}|f(y_i)-f(x_i)|<\varepsilon$$

也可以根据充要条件(微积分基本定理,即牛顿-莱布尼茨公式)来证;还可以利用绝对连续函数的运算性质. 主要是学会分析题设条件,决定相应的证明方法. 实际上,在处理与绝对连续函数有关的问题时,微积分基本定理是非常重要的.

例1 假设 $f(x)$ 是定义在 $[a,b]$ 上的单调上升函数,则 f 可分解为:$f(x)=g(x)+h(x)(x\in[a,b])$,其中,$g(x)$ 是单调上升的并且绝对连续的函数,$h(x)$ 是单调上升的并且 $h'(x)=0$, a. e. $x\in[a,b]$.

证明 令 $g(x)=f(a)+\int_a^x f'(t)dt, h(x)=f(x)-g(x)(a\leqslant x\leqslant b)$,则 $g(x)$ 是递增的,且 $h'(x)=0$, a. e. $x\in[a,b]$. 下证 $h(x)$ 的递增性. 为此,令 $a\leqslant y<x\leqslant b$,由 Lebesgue 定理知

$$g(x)-g(y)=\int_a^x f'(t)dt-\int_a^y f'(t)dt=\int_y^x f'(t)dt\leqslant f(x)-f(y)$$

即 $h(y)\leqslant h(x)$.

例2 设 f 是 $[a,b]$ 上的有界变差函数,证明:f 是 $[a,b]$ 上的绝对连续函数的充要条件为 $\overset{b}{\underset{a}{V}}(f)$ 是绝对连续函数.

证明 必要性. 设 f 是绝对连续函数,$\forall \varepsilon>0, \exists \delta>0$, 当 $\{(a_i,b_i)\}$ 是有限个互不相交的小区间,且 $\sum_{i=1}^n (b_i-a_i)<\delta$ 时,$\sum_{i=1}^n|f(b_i)-f(a_i)|<\dfrac{\varepsilon}{2}$. 对 $[a_i,b_i]$ 作分割 $a_i=x_0^{(i)}<x_1^{(i)}<\cdots<x_k^{(i)}=b_i$,使得

$$\overset{b_i}{\underset{a_i}{V}}(f)\leqslant \sum_j |f(x_j^{(i)})-f(x_{j-1}^{(i)})|+\frac{\varepsilon}{2^{i+1}}$$

因为

$$\sum_i\sum_j(x_j^{(i)}-x_{j-1}^{(i)})=\sum_i(b_i-a_i)<\delta$$

所以

$$\sum_i\sum_j|f(x_j^{(i)})-f(x_{j-1}^{(i)})|<\frac{\varepsilon}{2}$$

从而

$$\sum_i|\overset{b_i}{\underset{a}{V}}(f)-\overset{a_i}{\underset{a}{V}}(f)|=\sum_i\overset{b_i}{\underset{a_i}{V}}(f)\leqslant \sum_i\sum_j|f(x_j^{(i)})-f(x_{j-1}^{(i)})|+\sum_i\frac{\varepsilon}{2^{i+1}}<\varepsilon$$

所以$\bigvee_a^b(f)$是绝对连续函数.

充分性. 当$\bigvee_a^b(f)$是绝对连续时, $\forall \varepsilon>0, \exists \delta>0$, 使得当$\{(a_i,b_i)\}$是有限个两两互不相交的小区间, 且$\sum_i(b_i-a_i)<\delta$时

$$\sum_{i=1}^n|\bigvee_a^{b_i}(f)-\bigvee_a^{a_i}(f)|<\varepsilon$$

即

$$\sum_{i=1}^n\bigvee_{a_i}^{b_i}(f)<\varepsilon$$

由于$|f(b_i)-f(a_i)|\leqslant\bigvee_{a_i}^{b_i}(f)$. 故$\sum_{i=1}^n|f(b_i)-f(a_i)|\leqslant\sum_{i=1}^n\bigvee_{a_i}^{b_i}(f)\leqslant\varepsilon$, 从而知$f(x)$是绝对连续函数.

例3 证明: 函数F是$[a,b]$上的绝对连续函数的充要条件是, $\forall\varepsilon>0,\exists\delta>0$, 对任何一族互不相交的开区间$\{(a_i,b_i)\}$, 只要$\sum_i(b_i-a_i)<\delta$, 总有$\sum_i|F(b_i)-F(a_i)|<\varepsilon$.

证明 由绝对连续函数的定义知, 充分性显然.

下证必要性. 设F是绝对连续. $\forall\varepsilon>0$, 取$\delta>0$, 使得对任何有限个互不相交的开区间$\{(\alpha_i,\beta_i)\}$, 当$\sum_i(\beta_i-\alpha_i)<\delta$时, $\sum_i|F(\beta_i)-F(\alpha_i)|<\dfrac{\varepsilon}{2}$, 现对任意一族互不相交的开区间$\{(a_k,b_k)\}$, $\sum_{k=1}^\infty(b_k-a_k)<\delta$, 取$N\in\mathbf{N}$, 则$\sum_{k=1}^N(b_k-a_k)<\delta$, 这时, $\sum_{k=1}^N|F(b_k)-F(a_k)|<\dfrac{\varepsilon}{2}$. 于是, 由于$N$的任意性, 令$N\to\infty$, 即得

$$\sum_{k=1}^\infty|F(b_k)-F(a_k)|\leqslant\dfrac{\varepsilon}{2}<\varepsilon$$

例4 设$f(x)$是$[a,b]$上的连续的下凸函数, 则$f(x)$在$[a,b]$上绝对连续.

证明 对任给$\varepsilon>0$, 取$\eta>0$, 使得$4\eta<b-a$, 且有

$$|f(x)-f(a)|<\dfrac{\varepsilon}{3}, a<x<a+2\eta$$

$$|f(x)-f(b)|<\dfrac{\varepsilon}{3}, b-2\eta<x<b$$

以及$f(x)$在$[a,a+2\eta]$与$[b-2\eta,b]$上单调. 又有$M>0$, 使得

$$|f(y)-f(x)|\leqslant M|x-y|, a+\eta\leqslant x\leqslant b-\eta$$

令$\delta=\min\{\eta,\dfrac{\varepsilon}{3M}\}$, 且设互不相交组$\{(x_i,y_i)\}_1^n$: $\bigcup_{i=1}^n(x_i,y_i)\subset[a,b]$, $\sum_{i=1}^n(y_i-x_i)<\delta$, 这里假定$y_i\leqslant x_{i+1}$, 且对某个$1\leqslant p<q\leqslant n$, 有

$$x_p < a+\eta \leqslant x_{p+1} < y_{q-1} \leqslant b-\eta < y_q$$

(如有必要,可增加两个区间). 从而知

$$a < y_p = (y_p - x_p) + x_p < \delta + a + \eta \leqslant a + 2\eta$$

且由单调性得到

$$\sum_{i=1}^{p} |f(y_i) - f(x_i)| = \left| \sum_{i=1}^{p} (f(y_i) - f(x_i)) \right| \leqslant |f(y_p) - f(a)| < \frac{\varepsilon}{3}$$

类似地有

$$b > x_q = y_q - (y_q - x_q) > b - \eta - \delta \geqslant b - 2\eta$$

以及

$$\sum_{i=q}^{n} |f(y_i) - f(x_i)| \leqslant |f(b) - f(x_q)| < \frac{\varepsilon}{3}$$

从而知道

$$\sum_{i=1}^{n} |f(y_i) - f(x_i)| < \frac{2\varepsilon}{3} + \sum_{i=p+1}^{q-1} |f(y_i) - f(x_i)|$$

$$\leqslant \frac{2\varepsilon}{3} + M \sum_{i=p+1}^{q-1} |y_i - x_i|$$

$$< \frac{2\varepsilon}{3} + M\delta \leqslant \varepsilon$$

由此即得所证.

例 5 证明:函数 $F(x) = \begin{cases} x^2 \sin \frac{1}{x^2}, & x \neq 0 \\ 0, & x = 0 \end{cases}$ 在 $[-1,1]$ 上处处可微,但不绝对连续.

证明 因为 $F'(x) = \begin{cases} 2x \sin \frac{1}{x^2} - \frac{2}{x} \cdot \cos \frac{1}{x^2}, & x \neq 0 \\ 0, & x = 0 \end{cases}$,所以,$F(x)$ 在 $[-1,1]$ 处处可微.

通过证明 $F'(x)$ 不可积,可知 $F(x)$ 不绝对连续,故只要证 $\frac{2}{x} \cdot \cos \frac{1}{x^2}$ 在 $[-1,1]$ 上不可积即可. 当 $((2n+\frac{1}{3})\pi)^{-\frac{1}{2}} \leqslant x \leqslant ((2n-\frac{1}{3})\pi)^{-\frac{1}{2}}$ 时,有 $|\cos \frac{1}{x^2}| \geqslant \frac{1}{2}$,这时

$$\left| \frac{2}{x} \cdot \cos \frac{1}{x^2} \right| \geqslant \frac{1}{x}$$

记 $I_n = \left[((2n+\frac{1}{3})\pi)^{-\frac{1}{2}}, ((2n-\frac{1}{3})\pi)^{-\frac{1}{2}} \right]$,可知 $\bigcup_{n=1}^{\infty} I_n \subset (0,1) \subset (-1,1)$,且 $\int_{I_n} \frac{1}{x} dx = \ln \left(\frac{2n-\frac{1}{3}}{2n+\frac{1}{3}} \right)^{-\frac{1}{2}}$,于是

$$\int_{\bigcup_{n=1}^{\infty} I_n} \frac{1}{x} \mathrm{d}x = \frac{1}{2} \sum_{n=1}^{\infty} \ln \frac{2n+\frac{1}{3}}{2n-\frac{1}{3}} = \frac{1}{2} \sum_{n=1}^{\infty} \ln \left(1 + \frac{\frac{2}{3}}{2n-\frac{1}{3}}\right)$$

$$\geqslant \frac{1}{2} \sum_{n=1}^{\infty} \ln \frac{\frac{\frac{2}{3}}{2n-\frac{1}{3}}}{1+\frac{\frac{2}{3}}{2n-\frac{1}{3}}} = \frac{1}{2} \sum_{n=1}^{\infty} \ln \frac{1}{6n+1}$$

不等号仅因为当 $x>0$ 时，$\ln(1+x) > \frac{x}{1+x}$. 显然级数 $\sum_{n=1}^{\infty} \frac{1}{6n+1}$ 发散. 从而知 $\frac{2}{x} \cdot \cos \frac{1}{x^2}$ 在 $\bigcup_{n=1}^{\infty} I_n$ 上不可积，于是在 $[-1,1]$ 上不可积，即得出 $F'(x)$ 在 $[-1,1]$ 上不可积. 所以 $F(x)$ 不是绝对连续函数.

例 6 设 $f \in L([c,d])$, $c<a<b<d$, 若 $\int_a^b |f(x+h)-f(x)| \mathrm{d}x = O(|h|)$, $h \to 0$. 求证 $f(x) = g(x)$, a.e. $x \in [a,b]$, 其中 $g \in BV([c,d])$.

证明 作 $[a,b]$ 上的函数列 $f_n(x) = n\int_x^{x+\frac{1}{n}} f(t)\mathrm{d}t$ $(n=1,2,\cdots)$, 则

$$\int_a^b |f_n(x+h)-f_n(x)| \mathrm{d}x = n\int_a^b \left|\int_0^{\frac{1}{n}} (f(x+h+t)-f(x+t))\mathrm{d}t\right| \mathrm{d}x$$

$$\leqslant \int_0^1 \left(\int_a^b |f(x+h+t)-f(x+t)| \mathrm{d}x\right) \mathrm{d}t$$

$$= O(|h|), h \to 0 (\text{对 } n \text{ 一致})$$

因为 $f'_n \in L^1([a,b])$, 且 $\exists M>0$, 使得

$$\int_a^b |f'_n(x)| \mathrm{d}x \leqslant \varliminf_{h \to 0} \int_a^b \left|\frac{f_n(x+h)-f_n(x)}{h}\right| \mathrm{d}x \leqslant M$$

所以，对 $[a,b]$ 的任一分割 $D: a=x_0<x_1<\cdots<x_m=b$ 及一切 n, 有

$$\sum_{i=1}^{n} |f_n(x_i)-f_n(x_{i-1})| = \sum_{i=1}^{n} \left|\int_{x_{i-1}}^{x_i} f'_n(x)\mathrm{d}x\right| \leqslant \sum_{i=1}^{n} \int_{x_{i-1}}^{x_i} |f'_n(x)| \mathrm{d}x$$

$$= \int_a^b |f'_n(x)| \mathrm{d}x \leqslant M$$

从而 $\bigvee_a^b (f_n) \leqslant M$ $(n=1,2,\cdots)$.

由于存在集合 $Z(m(Z)=0)$, 在 $[a,b]\backslash Z$ 上点列 $\{f_n(x)\}$ 收敛于 $f(x)$, 故对分点不属于 Z 的分割，由 $\sum_{i=1}^{n} |f_n(x_i)-f_n(x_{i-1})| \leqslant M$, 令 $n \to \infty$ 可得 $\sum_{i=1}^{n} |f(x_i)-f(x_{i-1})| \leqslant M$, 即得证.

例7 设 $f \in L(\mathbf{R}^1), g \in L(\mathbf{R}^1)$. 若有 $\lim\limits_{h \to 0} \int_{\mathbf{R}^1} | \frac{f(x+h)-f(x)}{h} - g(x) | \, dx = 0$, 则存在 $a, \lambda \in \mathbf{R}^1$, 使得 $f(a+t) = \int_a^{a+t} g(x) dx + \lambda$, a.e. $t \in \mathbf{R}^1$, 从而 $f'(x) = g(x)$, a.e. $x \in \mathbf{R}^1$.

证明 易知 $\lim\limits_{h \to 0} \frac{1}{h} \int_x^{x+h} f(t) dt = f(x)$, a.e. $x \in \mathbf{R}^1$, 故存在 $a \in \mathbf{R}^1, \lambda \in \mathbf{R}^1$, 使得

$$\lim_{h \to 0} \frac{1}{h} \int_a^{a+h} f(t) dt = \lambda$$

从而得

$$f(a+t) - \int_a^{a+t} g(x) dx - \lambda$$

$$= f(a+t) - \lambda - \lim_{h \to 0} \int_a^{a+t} \frac{f(x+h) - f(x)}{h} dx + \lim_{h \to 0} \int_a^{a+t} \left(\frac{f(x+h) - f(x)}{h} - g(x) \right) dx$$

$$= f(a+t) - \lambda - \lim_{h \to 0} \int_a^{a+t} \frac{f(x+h) - f(x)}{h} dx$$

$$= f(a+t) - \lambda - \lim_{h \to 0} \left(\int_a^{a+t} \frac{f(x+h)}{h} dx - \int_a^{a+t} \frac{f(x)}{h} dx \right)$$

$$= f(a+t) - \lambda - \lim_{h \to 0} \left(\int_{a+h}^{a+h+t} \frac{f(x)}{h} dx - \int_a^{a+t} \frac{f(x)}{h} dx \right)$$

$$= f(a+t) - \lambda - \lim_{h \to 0} \left(\int_{a+t}^{a+h+t} \frac{f(x)}{h} dx - \int_a^{a+h} \frac{f(x)}{h} dx \right)$$

$$= f(a+t) - \lambda - (f(a+t) - \lambda) = 0$$

例8 $f \in \mathrm{Lip}1([0,1])$ 当且仅当存在 $f_n \in C^{(1)}([0,1])(n=1,2,\cdots)$, 使得

(1) $|f'_n(x)| \leqslant M(x \in [0,1], n=1,2,\cdots)$.

(2) $\lim\limits_{n \to \infty} f_n(x) = f(x), x \in [0,1]$.

证明 必要性. 假定 $f \in \mathrm{Lip}1([0,1])$, 则

$$f(x) = f(0) + \int_0^x f'(t) dt, \ |f'(t)| \leqslant M, \text{a.e. } t \in [0,1]$$

故存在 $g_n \in C([0,1])(n \in \mathbf{N}): |g_n(t)| \leqslant M(0 \leqslant t \leqslant 1)$, 使得 $\lim\limits_{n \to \infty} \int_0^1 |g_n(t) - f'(t)| dt = 0, \lim\limits_{k \to \infty} g_{n_k}(t) = f'(t)$, a.e. $t \in [0,1]$. 从而令 $f_k(x) = f(0) + \int_0^x g_{n_k}(t) dt$, 有

$$\lim_{k \to \infty} f_k(x) = f(0) + \lim_{k \to \infty} \int_0^x g_{n_k}(t) dt = f(0) + \int_0^x \lim_{k \to \infty} g_{n_k}(t) dt$$

$$= f(0) + \int_0^x f'(t) dt = f(x)$$

以及

$$f'_k(x) = g_{n_k}(x), 0 \leqslant x \leqslant 1$$

$$|f'_k(x)|\leqslant M, k\in \mathbf{N}$$

充分性. 假定存在 $f_n\in C^{(1)}([0,1])(n\in \mathbf{N})$ 使得(1),(2)成立,有

$$|f(x)-f(y)|=\lim_{n\to\infty}|f_n(x)-f_n(y)|=\lim_{n\to\infty}|f'_n(\xi_n)(x-y)|\leqslant M|x-y|$$
$$0\leqslant x<y\leqslant 1, x<\xi_n<y$$

练习题 4

1. 考察符号函数

$$f(x)=\operatorname{sgn} x=\begin{cases}1, x>0\\ 0, x=0\\ -1, x<0\end{cases}$$

在 $x=0$ 处的 Dini 导数.

2. 设 $a<b, a'<b'$,有函数

$$f(x)=\begin{cases}ax\sin^2\dfrac{1}{x}+bx\cos^2\dfrac{1}{x}, x>0\\ 0, x=0\\ a'x\sin^2\dfrac{1}{x}+b'x\cos^2\dfrac{1}{x}, x<0\end{cases}$$

求 $f(x)$ 在 $x=0$ 的四个 Dini 导数.

3. 求函数 $f(x)=\begin{cases}0, x\in \mathbf{Q}\\ 1, x\notin \mathbf{Q}\end{cases}$ 的 Dini 导数.

4. 证明:$\overset{b}{\underset{a}{V}}(f)=0$ 当且仅当 $f(x)=C$(常数).

5. 设 $f\in BV([a,b]), g\in BV([a,b])$,则 $M(x)=\max\{f(x),g(x)\}$ 是 $[a,b]$ 上的有界变差函数.

6. 设 $f\in BV([a,b])$,则 $|f|\in BV([a,b])$,但反之不然.

7. 若 $f\in \operatorname{Lip}1([a,b])$,则 $f\in BV([a,b])$.

8. 设 $f\in BV([a,b]), \varphi(x)$ 在 $(-\infty,+\infty)$ 上属于 $\operatorname{Lip}1$,则 $\varphi(f)\in BV([a,b])$.

9. 求下列函数的全变差.

(1) $f(x)=\begin{cases}x^2, 0\leqslant x<1\\ 5, x=1\\ x+3, 1<x\leqslant 2\end{cases}$.

(2) $f(x)=\begin{cases}0, x=0\\ 1-x, 0<x<1\\ 5, x=1\end{cases}$.

10. 试求：

(1) $\bigvee_{0}^{4\pi}(\cos x)$ 的值.

(2) $\bigvee_{-1}^{1}(x-x^3)$ 的值.

11. 下列函数是否是 $[0,1]$ 上的有界变差函数?

(1) $f(x)=\begin{cases} x^2\sin\dfrac{1}{x^2}, & 0<x\leqslant 1 \\ 0, & x=0 \end{cases}$.

(2) $g(x)=\begin{cases} x^2\sin\dfrac{1}{x}, & 0<x\leqslant 1 \\ 0, & x=0 \end{cases}$.

12. 设 $f(x)$ 是 $\mathbf{R}^1$ 上的有界可测函数,且对于每一个 $t\in\mathbf{R}^1$,有 $f(x)=f(x-t)$, a.e. $x\in\mathbf{R}^1$. 证明:存在常数 c,使得 $f(x)=c$, a.e. $x\in\mathbf{R}^1$.

13. 设 f 是 $[a,b]$ 上的有界变差函数,证明:$f(x)$ 与 $\bigvee_{a}^{x}(f)$ 有相同的右(左)连续点.

14. 解答下列问题：

(1) 试作一个在 $[0,1]$ 上无处单调的绝对连续函数.

(2) 设 $E\subset[0,1]$ 且 $m(E)>0$,试作 $f\in AC([0,1])$,且 $f(x)$ 严格递增,使得 $f'(x)=0(x\in E)$.

(3) 一致连续的函数是绝对连续的吗?

(4) 两个绝对连续的函数之复合函数是绝对连续函数吗?

(5) 绝对连续函数列在一致收敛的运算下是封闭的吗?

15. 证明：在 $[a,b]$ 上一切点有有界导数的函数是有界变差函数.

16. 设 f 定义在 $[a,b]$ 上,且对任给的 $\varepsilon>0$,有 $\bigvee_{a+\varepsilon}^{b}(f)\leqslant M$,其中 M 与 ε 无关. 证明: f 是 $[a,b]$ 上的有界变差函数.

17. 若 $\{f_n(x)\}\subset BV[a,b]$, $\bigvee_{a}^{b}(f_n)\leqslant M(n=1,2,\cdots)$,且 $\lim_{n\to\infty}f_n(x)=f(x)$,则 $f(x)\in BV[a,b]$.

18. 设 $f\in BV([0,a])$,令 $F(x)=\dfrac{1}{x}\int_{0}^{x}f(t)\mathrm{d}t(0<x\leqslant a)$,则 $F\in BV([0,a])$.

19. 设 $f\in BV([a,b])$ 当且仅当存在 $[a,b]$ 上的函数 $F(x)$,使得
$$|f(x')-f(x'')|\leqslant|F(x'')-F(x')|, a\leqslant x'<x''\leqslant b \qquad (*)$$

20. 设 $f\in BV([a,b])$. 若有 $\bigvee_{a}^{b}(f)=f(b)-f(a)$,则 $f(x)$ 是 $[a,b]$ 上的增函数.

21. 若 $f(x)$ 是 $[a,b]$ 上的有界变差函数,且 $f(x)\geqslant c$ 在 $[a,b]$ 上处处成立.证明函数 $\dfrac{1}{f(x)}$

也是$[a,b]$上的有界变差函数.

22. 设f是$[a,b]$上的有界变差函数,证明:存在唯一的(a,b)上右连续的有界变差函数g,使得

(1) 在(a,b)中f的连续点上,$f(x)=g(x)$.

(2) $f(a)=g(a),f(b)=g(b)$.

(3) $\bigvee_a^b(g) \leqslant \bigvee_a^b(f)$.

23. 设$\sum_{k=1}^{\infty}|a_k|<+\infty$,则$f(x)=\sum_{k=1}^{\infty}a_k x^k$是$[-1,1]$上的有界变差函数.

24. 设$f \in BV([a,b]), f_n \in BV([a,b])(n \in \mathbf{N})$. 若有$\lim_{n \to \infty}\bigvee_a^b(f-f_n)=0$,则存在$\{f_{n_k}(x)\}$,使得$\lim_{k \to \infty}f'_{n_k}(x)=f'(x)$, a.e. $x \in [a,b]$.

25. 若函数$f(x)$在$[a,b]$上满足Lipschitz条件:$|f(x)-f(y)| \leqslant M|x-y|, x,y \in [a,b]$,则$f(x)$是$[a,b]$上的绝对连续函数.

26. 设$f(x)$是$[a,b]$上的非负绝对连续函数,则$f^p(x)(p>1)$是$[a,b]$上的绝对连续函数.

27. 设$f \in BV([0,1])$. 若对任给$\forall \varepsilon > 0, f(x)$在$[\varepsilon,1]$上绝对连续,且$f(x)$在$x=0$处连续,则$f(x)$在$[0,1]$上绝对连续.

28. 设$g(x)$是$[a,b]$上的绝对连续函数,$f(x)$在$\mathbf{R}^1$上满足Lipschitz条件,则$f(g(x))$是$[a,b]$上的绝对连续函数.

29. 设$f(x)$在$[a,b]$上递增,且有$\int_a^b f'(x)\mathrm{d}x=f(b)-f(a)$,则$f(x)$在$[a,b]$上绝对连续.

30. 设$f \in BV([a,b])$. 若有$\int_a^b|f'(x)|\mathrm{d}x=\bigvee_a^b(f)$,则$f(x)$在$[a,b]$上绝对连续.

31. 设$f \in AC([a,b]), g \in AC([a,b])$,则$\bigvee_a^x(fg) \in AC([a,b])$.

32. 设$f(x)$定义在$[0,1]$上,则$f \in \mathrm{Lip}1([0,1])$的充分必要条件是:存在$g \in L^{\infty}([0,1])$,使得

$$f(x)-f(0)=\int_0^x g(t)\mathrm{d}t \qquad (*)$$

第5章

L^p 空间

5.1 基本概念和基本结论

5.1.1 L^p 空间

1. 定义.

(1) 设 $f(x)$ 是 $E \subset \mathbf{R}^n$ 上的可测函数,记

$$\|f\|_p = \left(\int_E |f(x)|^p \mathrm{d}x\right)^{\frac{1}{p}}, \quad 0 < p < \infty$$

用 $L^p(E)$ 表示使 $\|f\|_p < \infty$ 的 f 的全体,称其为 L^p 空间.

(2) 设 $f(x)$ 是 $E \subset \mathbf{R}^n$ 上的可测函数,$m(E) > 0$. 若存在 M,使得 $|f(x)| \leqslant M$, a.e. $x \in E$,则称 $f(x)$ 在 E 上本性有界,M 称为 $f(x)$ 的本性上界. 再对一切本性上界取下确界,记为 $\|f\|_\infty$,称为 $f(x)$ 在 E 上的本性上界. 此时用 $L^\infty(E)$ 表示在 E 上本性有界的函数的全体.

2. $L^p(E)$ 构成一个线性空间.

3. 对于 $f, g \in L^p(E)$,定义 $d(f, g) = \|f - g\|_p$,$1 \leqslant p \leqslant \infty$,则 $(L^p(E), d)$ 是一个距离空间,仍记为 $L^p(E)$.

4. 设 $f_k \in L^p(E)$ $(k = 1, 2, \cdots)$. 若存在 $f \in L^p(E)$,使得

$$\lim_{k \to \infty} d(f_k, f) = \lim_{k \to \infty} \|f_k - f\|_p = 0$$

则称 $\{f_k\}$ 依 $L^p(E)$ 的意义收敛于 f,$\{f_k\}$ 为 $L^p(E)$ 中的收敛列,f 为 $\{f_k\}$ 在 $L^p(E)$ 中的极限.

5. 设 $\{f_k\} \subset L^p(E)$. 若 $\lim\limits_{k, j \to \infty} \|f_k - f_j\|_p = 0$,则称 $\{f_k\}$ 是 $L^p(E)$ 中的基本(或 Cauchy)列.

6. $L^p(E)$ 是完备的距离空间.

7. 设 Γ 是 $L^p(E)$ 中的子集,若对任意的 $f \in L^p(E)$ 以及 $\varepsilon > 0$,存在 $g \in \Gamma$,使得 $\|f-g\|_p < \varepsilon$,则称 Γ 在 $L^p(E)$ 中稠密;若 $L^p(E)$ 中存在稠密且其元素是可数的子集,则称 $L^p(E)$ 是可分的.

8. $L^p(E)(1 \leqslant p < \infty)$ 是可分空间.

9. 若 $1 \leqslant p < \infty, 1 \leqslant r \leqslant \infty$,则 $L^p(E) \cap L^r(E)$ 在 $L^p(E)$ 中稠密.

5.1.2 L^2 空间

1. 对于 $f, g \in L^2(E)$,称
$$\langle f, g \rangle = \int_E f(x) g(x) \mathrm{d}x$$
为 f 与 g 的(实)内积,$L^2(E)$ 为(完备的)(实)内积空间.

2. 若在 $L^2(E)$ 中有 $\lim_{k \to \infty} \|f_k - f\|_2 = 0$,则对任意的 $g \in L^2(E)$ 有
$$\lim_{k \to \infty} \langle f_k, g \rangle = \langle f, g \rangle$$

3. 若 $f, g \in L^2(E)$ 且 $\langle f, g \rangle = 0$,则称 f 与 g 正交;若 $\{\varphi_\alpha\} \subset L^2(E)$ 中任意的两个元都正交,则称 $\{\varphi_\alpha\}$ 是正交系;若还有 $\|\varphi_\alpha\|_2 = 1$(一切 α),则称 $\{\varphi_\alpha\}$ 为 $L^2(E)$ 中的标准正交系.

4. $L^2(E)$ 中任一标准正交系都是可数的.

5. 设 $\{\varphi_k\}$ 是 $L^2(E)$ 中的标准正交系,$f \in L^2(E)$,称
$$c_k = \langle f, \varphi_k \rangle = \int_E f(x) \varphi_k(x) \mathrm{d}x, k = 1, 2, \cdots$$
为 f(关于 $\{\varphi_k\}$)的广义 Fourier 系数,称 $\sum_{k=1}^\infty c_k \varphi_k(x)$ 为 f(关于 $\{\varphi_k\}$)的广义 Fourier 级数,简记为 $f \sim \sum_{k=1}^\infty c_k \varphi_k$.

6. 设 $\{\varphi_i\}$ 是 $L^2(E)$ 中的标准正交系,$f \in L^2(E)$,取定 k,作 $f_k(x) = \sum_{i=1}^k a_i \varphi_i(x)$,其中 $a_i(i=1,2,\cdots,k)$ 是实数,则当 $a_i = c_i = \langle f, \varphi_i \rangle (i=1,2,\cdots,k)$ 时,使得 $\|f - f_k\|_2$ 达到最小值.

7. 设 $\{\varphi_k\}$ 是 $L^2(E)$ 中的标准正交系,且 $f \in L^2(E)$,则 $f(x)$ 的广义 Fourier 系数 $\{c_k\}$ 满足 $\sum_{k=1}^\infty c_k^2 \leqslant \|f\|_2^2$.

8. 设 $\{\varphi_k\}$ 是 $L^2(E)$ 中的标准正交系,若 $\{c_k\}$ 是满足 $\sum_{k=1}^\infty c_k^2 < \infty$ 的任一实数列,则存在 $g \in L^2(E)$,使得 $\langle g, \varphi_k \rangle = c_k, k = 1, 2, \cdots$.

9. 设 $\{\varphi_k\}$ 是 $L^2(E)$ 中的正交系,若 $L^2(E)$ 中不再存在非零元能与一切 φ_k 正交,则称此 $\{\varphi_k\}$ 是 L^2 中的完全正交系.

10. 设 $\{\varphi_k\}$ 是 $L^2(E)$ 中的标准完全正交系，$f \in L^2(E)$，令 $c_k = \langle f, \varphi_k \rangle (k = 1, 2, \cdots)$，则
$$\lim_{k \to \infty} \left\| \sum_{i=1}^{k} c_i \varphi_i - f \right\|_2 = 0$$

11. 设 $\{\varphi_k\}$ 是 $L^2(E)$ 中的标准正交系，若对任意的 $f \in L^2(E)$ 及 $\varepsilon > 0$，存在 $\{\varphi_i\}$ 中的线性组合 $g(x) = \sum_{j=1}^{k} a_j \varphi_{i_j}(x)$，使得 $\|f - g\|_2 < \varepsilon$（此时，也称 $\{\varphi_i\}$ 为封闭系），则 $\{\varphi_i\}$ 是完全正交系.

5.1.3 几个重要的不等式

1. (Hölder 不等式) 设 p 与 p' 为共轭指标，若 $f \in L^p(E), g \in L^{p'}(E)$，则有 $\|fg\|_1 \leqslant \|f\|_p \|g\|_{p'}, 1 \leqslant p \leqslant \infty$，即
$$\int_E |f(x)g(x)| \, dx \leqslant \left(\int_E |f(x)|^p \, dx \right)^{\frac{1}{p}} \left(\int_E |g(x)|^{p'} \, dx \right)^{\frac{1}{p'}}, 1 < p < \infty$$
以及
$$\int_E |f(x)g(x)| \, dx \leqslant \|g\|_\infty \int_E |f(x)| \, dx, p = 1$$
$p = \infty$ 即 $p' = 1$ 时类似.

注　Hölder 不等式在 $\|f\|_p = \infty$ 或 $\|g\|_{p'} = \infty$ 时自然成立.

2. (Minkowski 不等式) 若 $f, g \in L^p(E)(1 \leqslant p \leqslant \infty)$，则 $\|f + g\|_p \leqslant \|f\|_p + \|g\|_p$.

3. (Young 不等式) 设 $f \in L^1(\mathbf{R}^n), g \in L^p(\mathbf{R}^n)(1 < p < \infty)$，则
$$\|f * g\|_p \leqslant \|f\|_1 \cdot \|g\|_p$$

5.2　典型例题和方法

5.2.1 用重要不等式证明的问题

Hölder 不等式是处理 L^p 空间的相关问题的重要工具之一，用 Hölder 不等式证明问题的关键在于找准共轭指标 p, q.

例1　若 $m(E) < \infty$，且 $0 < p < q \leqslant \infty$，则 $L^q(E) \subset L^p(E)$ 且有
$$\|f\|_p \leqslant (m(E))^{\frac{1}{p} - \frac{1}{q}} \|f\|_q$$

证明　不妨设 $q < \infty$. 令 $r = \dfrac{q}{p}$，则 $r > 1$. 记 r' 为 r 的共轭指标，则对 $f \in L^q(E)$，由 Hölder 不等式得
$$\int_E |f(x)|^p \, dx = \int_E (|f(x)|^p \cdot 1) \, dx \leqslant \left(\int_E |f(x)|^{pr} \, dx \right)^{\frac{1}{r}} \cdot \left(\int_E 1^{r'} \, dx \right)^{\frac{1}{r'}}$$

$$= (m(E))^{\frac{1}{r}} \cdot \left(\int_E |f(x)|^q dx\right)^{\frac{1}{r}}$$

从而可知

$$\left(\int_E |f(x)|^p dx\right)^{\frac{1}{p}} \leqslant (m(E))^{\frac{1}{p}-\frac{1}{q}} \left(\int_E |f(x)|^q dx\right)^{\frac{1}{q}}$$

例 2 若 $f \in L^r(E) \cap L^s(E)$,且令 $0 < r < p < s \leqslant \infty, 0 < \lambda < 1, \frac{1}{p} = \frac{\lambda}{r} + \frac{1-\lambda}{s}$,则 $\|f\|_p \leqslant \|f\|_r^\lambda \cdot \|f\|_s^{1-\lambda}$.

证明 当 $r < s < \infty$ 时,有

$$\int_E |f(x)|^p dx = \int_E |f(x)|^{\lambda p} \cdot |f(x)|^{(1-\lambda)p} dx$$

$$\leqslant \left(\int_E |f(x)|^r dx\right)^{\frac{\lambda p}{r}} \cdot \left(\int_E |f(x)|^s dx\right)^{\frac{(1-\lambda)p}{s}}$$

当 $r < s = \infty$ 时,因为 $p = \frac{r}{\lambda}$,所以有

$$\int_E |f(x)|^p dx \leqslant \|f^{p-r}\|_\infty \int_E |f(x)|^r dx = \|f\|_r^{p\lambda} \cdot \|f\|_\infty^{p(1-\lambda)}$$

例 3 设 p, q, r 为满足 $\frac{1}{p} + \frac{1}{q} + \frac{1}{r} = 1$ 的三个正数,证明:对任何可测函数 $f(x), g(x), h(x)$ 有

$$\int_E |fgh| dx \leqslant \|f\|_p \cdot \|g\|_q \cdot \|h\|_r$$

证明 若 $\|f\|_p, \|g\|_q, \|h\|_r$ 中至少有一个为 ∞,则不等式显然成立.

若 $f \in L^p, g \in L^q, h \in L^r$,由于

$$\frac{1}{\frac{(p-1)q}{p}} + \frac{1}{\frac{(p-1)r}{p}} = 1$$

根据 Hölder 不等式,得

$$\int_E |gh|^{\frac{p}{p-1}} dx \leqslant \|g^{\frac{p}{p-1}}\|_{\frac{(p-1)q}{p}} \cdot \|h^{\frac{p}{p-1}}\|_{\frac{(p-1)r}{p}}$$

$$= \left(\int_E |g(x)|^q dx\right)^{\frac{p}{(p-1)q}} \cdot \left(\int_E |h(x)|^r dx\right)^{\frac{p}{(p-1)r}}$$

又由 $f \in L^p$ 及 $\frac{1}{p} + \frac{1}{\frac{p}{p-1}} = 1$,再次用 Hölder 不等式得

$$\int_E |fgh| dx \leqslant \|f\|_p \cdot \|gh\|_{\frac{p}{p-1}} \leqslant \|f\|_p \left(\int_E |g(x)|^q dx\right)^{\frac{1}{q}} \left(\int_E |h(x)|^r dx\right)^{\frac{1}{r}}$$

$$\leqslant \|f\|_p \cdot \|g\|_q \cdot \|h\|_r$$

例 4 设 $f(x)$ 是 $[a,b]$ 上的正值可测函数,则 $(\int_a^b f(x)\mathrm{d}x)(\int_a^b \frac{1}{f(x)}\mathrm{d}x) \geqslant (b-a)^2$.

证明 注意到 $(b-a)^2 = (\int_a^b 1\mathrm{d}x)^2$,故由 Hölder 不等式得

$$(b-a)^2 = \Big(\int_a^b \sqrt{\frac{f(x)}{f(x)}}\mathrm{d}x\Big)^2 \leqslant \int_a^b f(x)\mathrm{d}x \cdot \int_a^b \frac{1}{f(x)}\mathrm{d}x$$

例 5 设 $1 \leqslant p \leqslant \infty$,若 $f_k \in L^p(E)(k=1,2,\cdots)$,且级数 $\sum_{i=1}^\infty f_k(x)$ 在 E 上几乎处处收敛,则 $\|\sum_{i=1}^\infty f_k\|_p \leqslant \sum_{i=1}^\infty \|f_k\|_p$.

证明 注意不等式

$$\|\sum_{k=1}^\infty f_k\|_p = \Big(\int_E \Big|\sum_{i=1}^\infty f_k(x)\Big|^p \mathrm{d}x\Big)^{\frac{1}{p}} = \Big(\int_E \lim_{N\to\infty}\Big|\sum_{k=1}^N f_k(x)\Big|^p \mathrm{d}x\Big)^{\frac{1}{p}}$$

$$\leqslant \lim_{N\to\infty}\Big(\int_E \Big|\sum_{k=1}^N f_k(x)\Big|^p \mathrm{d}x\Big)^{\frac{1}{p}}$$

$$\leqslant \lim_{N\to\infty}\sum_{k=1}^N \|f_k\|_p = \sum_{k=1}^\infty \|f_k\|_p$$

5.2.2 与收敛性有关的问题

称 L^p 空间中的收敛为依 L^p 意义收敛或依 L^p 范数收敛,它与数学分析中的点点收敛不同,处理问题的方法也不同.其中集合的分解是常用的一种方法.

例 6 设 $1 \leqslant p < \infty, f \in L^p(E), f_k \in L^p(E)(k=1,2,\cdots)$,且有

$$\lim_{k\to\infty} f_k(x) = f(x), \text{a.e.} \ x \in E, \lim_{k\to\infty} \|f_k\|_p = \|f\|_p$$

则

$$\lim_{k\to\infty}\|f_k - f\|_p = 0$$

证明 应用不等式 $|a-b|^p \leqslant 2^{p-1}(|a|^p + |b|^p)$,可得

$$2^{p-1}(|f_k(x)|^p + |f(x)|^p) - |f_k(x) - f(x)|^p \geqslant 0, x \in E$$

因为有

$$2^p \int_E |f(x)|^p \mathrm{d}x = \int_E \lim_{k\to\infty}(2^{p-1}(|f_k(x)|^p + |f(x)|^p) - |f_k(x)-f(x)|^p)\mathrm{d}x$$

$$\leqslant 2^{p-1}\int_E |f(x)|^p\mathrm{d}x + 2^{p-1}\lim_{k\to\infty}\int_E |f_k(x)|^p\mathrm{d}x +$$

$$\varliminf_{k\to\infty}\int_E -|f_k(x)-f(x)|^p\mathrm{d}x$$

$$= 2^p\int_E |f(x)|^p\mathrm{d}x - \varlimsup_{k\to\infty}\int_E |f_k(x)-f(x)|^p\mathrm{d}x$$

所以
$$\varlimsup_{k\to\infty}\int_E |f_k(x)-f(x)|^p dx = 0$$

例7 设 $f_k \in L^1(E) \cap L^\infty(E)(k=1,2,\cdots), f \in L^1(E)$. 若 $M = \sup\limits_{k\geqslant 1}\{\|f_k\|_\infty\} < \infty$, 且 $\|f_k - f\|_1 \to 0 (k\to\infty)$, 则 $\|f_k - f\|_p \to 0 (k\to\infty, p>1)$.

证明 由题设知存在 $\{f_{k_i}(x)\}: \lim\limits_{i\to\infty} f_{k_i}(x) = f(x), \text{a.e.} x \in E$. 故根据
$$|f_{k_i}(x)| \leqslant \|f_{k_i}\|_\infty \leqslant M, i \in \mathbf{N}. \text{a.e.} x \in E$$
可知 $|f(x)| \leqslant M, \text{a.e.} x \in E$. 由此即得 $\|f\|_\infty \leqslant M$. 从而有
$$\int_E |f_k(x)-f(x)|^p dx = \int_E |f_k(x)-f(x)| \cdot |f_k(x)-f(x)|^{p-1} dx$$
$$\leqslant \int_E |f_k(x)-f(x)| \cdot (\|f_k\|_\infty + \|f\|_\infty)^{p-1} dx$$
$$\leqslant (2M)^{p-1} \int_E |f_k(x)-f(x)| dx$$

结论得证.

例8 设 $f_k \in L^1(E)(k \in \mathbf{N}), m(E) < +\infty$ 且 $M = \sup\limits_{k\geqslant 1}\{\|f_k\|_1\} < +\infty$. 若 $f_k(x)$ 在 E 上依测度收敛于 0, 则对 $g \in L^1(E)$, 有 $\lim\limits_{k\to\infty}\int_E \sqrt{|f_k(x)g(x)|} dx = 0$.

证明 对任给 $\varepsilon < 0$, 由题设易知, 存在 $\delta > 0$, 当 $e \subset E$ 且 $m(e) < \delta$ 时, 有 $\int_e |g(x)| dx < \varepsilon$. 令 $E_k(\varepsilon) = \{x \in E: |f_k(x)| > \varepsilon\}$, 则由题设又知, 存在 N, 当 $k > N$ 时, $m(E_k(\varepsilon)) < \delta$. 从而对 $k > N$, 有
$$\int_E \sqrt{|f_k(x)g(x)|} dx = \left\{\int_{E_k(\varepsilon)} + \int_{E\setminus E_k(\varepsilon)}\right\} \sqrt{|f_k(x)g(x)|} dx$$
$$\leqslant \left(\int_{E_k(\varepsilon)} |f_k(x)| dx\right)^{\frac{1}{2}} \left(\int_{E_k(\varepsilon)} |g(x)| dx\right)^{\frac{1}{2}} +$$
$$\left(\int_{E\setminus E_k(\varepsilon)} |f_k(x)| dx\right)^{\frac{1}{2}} \left(\int_{E\setminus E_k(\varepsilon)} |g(x)| dx\right)^{\frac{1}{2}}$$
$$< \|f_k\|_1^{\frac{1}{2}} \sqrt{\varepsilon} + \sqrt{\varepsilon} \cdot m(E)^{\frac{1}{2}} \cdot \|g\|_1^{\frac{1}{2}}$$

由此即可得证.

例9 设 $1 < p < \infty, f_k \in L^p(E)(k=1,2,\cdots)$, 且有 $\lim\limits_{k\to\infty} f_k(x) = f(x), \sup\limits_{1<k<\infty}\|f_k\|_p \leqslant M$. 则对任意的 $g \in L^{p'}(E)(p'$ 为 p 的共轭指标), 有 (弱收敛)
$$\lim_{k\to\infty}\int_E f_k(x)g(x) dx = \int_E f(x)g(x) dx$$

证明 由题设知 $\|f\|_p \leqslant M$. 对任给 $\varepsilon < 0$ 以及 N, 使得当 $e \subset E$ 且 $m(e) < \delta$ 时, 有

$\int_e |g(x)|^{p'} dx < \varepsilon$,且有

$$\int_{E_N} |g(x)|^{p'} dx < \varepsilon, E_N = \{x \in E: |x| > N\}$$

根据 Егоров 定理可知,存在 $A \subset E\backslash E_N : m((E\backslash E_N)\backslash A) < \delta$,使得 $f_k(x)$ 在 A 上一致收敛于 $f(x)$. 从而知存在 N_1,使得

$$|f_k(x) - f(x)| < \frac{\varepsilon}{m(A)}, k \geqslant N_1, x \in A$$

由此又得

$$\int_A |f_k(x) - f(x)|^p dx < \frac{\varepsilon^p}{m(A)} \cdot m(A) = \varepsilon^p$$

于是对 $k \geqslant \max\{N, N_1\}$,就有

$$|\int_E f_k(x)g(x)dx - \int_E f(x)g(x)dx| \leqslant \int_E |f_k(x) - f(x)| \cdot |g(x)| dx$$
$$= (\int_{E_N} + \int_{(E\backslash E_N)\backslash A} + \int_A) |f_k(x) - f(x)| \cdot |g(x)| dx$$
$$\leqslant \|f_k - f\|_p (\int_{E_N} |g(x)|^{p'} dx)^{\frac{1}{p'}} + \|f_k - f\|_p (\int_{(E\backslash E_N)\backslash A} |g(x)|^{p'} dx)^{\frac{1}{p'}} +$$
$$(\int_A |f_k(x) - f(x)|^p dx)^{\frac{1}{p}} \|g\|_{p'}$$
$$< 2M \cdot \varepsilon^{\frac{1}{p'}} + 2M\varepsilon^{\frac{1}{p'}} + \varepsilon \|g\|_{p'}$$

这说明命题成立.

5.2.3 与稠密性有关的问题

在证明这类问题时,最常用的结论是:具有紧支集的连续函数全体和具有紧支集的阶梯函数全体在 L^p 中是稠密的. 因此,对函数作分解是最常用的方法.

例 10 若 $f \in L^p(\mathbf{R}^n)(1 \leqslant p < \infty)$,则有 $\lim_{|t| \to \infty} \int_{\mathbf{R}^n} |f(x-t) + f(x)|^p dx = 2\int_{\mathbf{R}^n} |f(x)|^p dx$.

证明 对任给的 $\varepsilon < 0$,作分解:$f(x) = g(x) + h(x)$,其中 $g(x)$ 是 $\mathbf{R}^n$ 上具有紧致集的连续函数,而 $|t| \geqslant M$ 时,$g(x)$ 与 $g(x-t)$ 的支集不相交,从而有

$$\int_{\mathbf{R}^n} |g(x) + g(x-t)|^p dx = \int_{\mathbf{R}^n} |g(x)|^p dx + \int_{\mathbf{R}^n} |g(x-t)|^p dx = 2\int_{\mathbf{R}^n} |g(x)|^p dx$$

由分解可知

$$|\|f\|_p - \|g\|_p| \leqslant \|h\|_p < \frac{\varepsilon}{4}$$

又由
$$f(x-t)+f(x)=g(x)+g(x-t)+h(x)+h(x-t)$$
以及令 $f_t(x)=f(x-t)$,可得
$$|\ \|f+f_t\|_p - \|g+g_t\|_p\ | \leqslant \|h+h_t\|_p \leqslant 2\|h\|_p < \frac{\varepsilon}{2}$$
从而当 $|t|\geqslant M$ 时,有
$$|\ \|f+f_t\|_p - 2^{\frac{1}{p}}\|g\|_p\ | < \frac{\varepsilon}{2}$$
最后得到
$$|\ \|f+f_t\|_p - 2^{\frac{1}{p}}\|f\|_p\ | \leqslant |\ \|f+f_t\|_p - 2^{\frac{1}{p}}\|g\|_p\ | + |\ 2^{\frac{1}{p}}\|g\|_p - 2^{\frac{1}{p}}\|f\|_p\ |$$
$$< \frac{\varepsilon}{2}+\frac{\varepsilon}{2}=\varepsilon$$

例 11 设 $1\leqslant p<\infty$,$B([a,b])$ 是 $[a,b]$ 上的有界可测函数全体,证明:$B([a,b])$ 在 $L^p[a,b]$ 上稠密.

证明 对 $f\in L^p[a,b]$,作函数列 $f_n(x)=\begin{cases}f(x),\ |f(x)|<n\\ 0,\ |f(x)|>n\end{cases}$,则 f_n 是有界可测函数,且
$$\int_a^b |f_n(x)-f(x)|^p\mathrm{d}x = \int_{\{x\in[a,b]:|f(x)|>n\}} |f(x)|^p\mathrm{d}x$$

因为 $|f|^p\in L^p[a,b]$,由积分的全连续性,对 $\forall \varepsilon>0$,$\exists \delta>0$,使得 $e\subset[a,b]$,$m(e)<\delta$ 时,有 $\int_e |f(x)|^p\mathrm{d}x<\varepsilon^p$. 因为
$$n^p\cdot m(\{x\in[a,b]:|f(x)|>n\}) \leqslant \int_{\{x\in[a,b]:|f(x)|>n\}}|f(x)|^p\mathrm{d}x \leqslant \int_a^b |f(x)|^p\mathrm{d}x$$
所以,存在 $N>0$,使得当 $n>N$ 时,$m(\{x\in[a,b]:|f(x)|>n\})<\delta$,从而
$$\|f_n-f\|_p = \left(\int_{\{x\in[a,b]:|f(x)|>n\}}|f(x)|^p\mathrm{d}x\right)^{\frac{1}{p}} < \varepsilon$$
故 $f_n\to f$. 由等价性知,$B[a,b]$ 在 $L^p[a,b]$ 上稠密.

当需要考察点集 A 的某些性质时,可以首先对其中的稠密子集 B 加以考察,然后利用极限过渡到 A 上去.

例 12 设 $f\in L^p(\mathbf{R}^n)(1\leqslant p\leqslant \infty)$,则 $\lim_{h\to 0}\|f+f_h\|_p = 2\|f\|_p$ $(f_h(x)=f(x-h))$

证明 (1) 设 $g\in L^p(\mathbf{R}^1)\cap C_c(\mathbf{R}^1)$,有
$$\|g-g_h\|_p \leqslant \|g-g_h\|_\infty \cdot m(\mathrm{supp}\ g)^{\frac{1}{p}} \to 0,\ h\to 0$$

(2) 易知对任给 $\varepsilon>0$,存在 $g\in C_c(\mathbf{R}^1)$,使得 $\|f-g\|_p<\varepsilon$,由 (1) 知存在 $\delta>0$,当 $|h|<\delta$ 时,有 $\|g-g_h\|_p<\varepsilon$,从而可得

$$\|f-f_h\|_p \leqslant \|f-g\|_p + \|g_h-g\|_p + \|g_h-f_h\|_p$$
$$\leqslant 2\|f-g\|_p + \|g_h-g\|_p < 3\varepsilon$$

这说明 $\qquad\qquad\qquad\|f-f_h\|_p \to 0(|h|\to 0)$

最后 $\qquad\qquad |\|f+f_h\|_p - 2\|f\|_p| \leqslant \|f-f_h\|_p \to 0(|h|\to 0)$

5.3 L^2 空间

1. 在处理与内积有关的问题时,Schwartz不等式 $|\langle f,g\rangle| \leqslant \|f\|_2 \cdot \|g\|_2$ 是比较常用的,它是 Hölder 不等式当 $p=2$ 时的特例.

例1 设 $f(x)$ 是 $[0,\infty]$ 上非负可测函数,则
$$\left(\int_0^{+\infty} f(x)\mathrm{d}x\right)^4 \leqslant \pi^2 \int_0^{+\infty} f^2(x)\mathrm{d}x \cdot \int_0^{+\infty} x^2 f^2(x)\mathrm{d}x$$

证明 不妨设 $u = \int_0^{+\infty} f^2(x)\mathrm{d}x < +\infty, v = \int_0^{+\infty} x^2 f^2(x)\mathrm{d}x < +\infty$, 令 $\alpha > 0, \beta > 0$, 有
$$\left(\int_0^{+\infty} f(x)\mathrm{d}x\right)^2 = \left(\int_0^{+\infty} \frac{1}{\sqrt{\alpha+\beta x^2}} \cdot \sqrt{\alpha+\beta x^2}\, f(x)\mathrm{d}x\right)^2$$
$$\leqslant \int_0^{+\infty} \frac{\mathrm{d}x}{\alpha+\beta x^2} \cdot \left\{\alpha\int_0^{+\infty} f^2(x)\mathrm{d}x + \beta\int_0^{+\infty} x^2 f^2(x)\mathrm{d}x\right\}$$
$$= \frac{\pi}{2} \frac{1}{\sqrt{\alpha\beta}}(\alpha u + \beta v) = \frac{\pi}{2}\left(\sqrt{\frac{\alpha}{\beta}}u + \sqrt{\frac{\beta}{\alpha}}v\right)$$

现在取值 $\alpha = v, \beta = u$, 则上式右端为 $\pi\sqrt{uv}$.

例2 设 $f \in L^2(\mathbf{R}^1)$. 若 $xf(x)$ 在 $\mathbf{R}^1$ 上平方可积,则 $f \in L^1(\mathbf{R}^1)$.

证明 注意不等式 $(0 < r < +\infty)$
$$\int_{\mathbf{R}^1} |f(x)|\mathrm{d}x = \int_{|x|<r} |f(x)|\mathrm{d}x + \int_{|x|>r} |f(x)|\mathrm{d}x$$
$$\leqslant \left(\int_{\mathbf{R}^1} |f(x)|^2\mathrm{d}x\right)^{\frac{1}{2}} (2r)^{\frac{1}{2}} + \left(\int_{\mathbf{R}^1} |f(x)\cdot x|^2\mathrm{d}x\right)^{\frac{1}{2}} \int_{|x|>r} \frac{\mathrm{d}x}{x^2}$$
$$= (2r)^{\frac{1}{2}}\|f\|_2 + \sqrt{\frac{2}{r}}\|f\|_2 < \infty$$

例3 证明 Schwartz 不等式 $|\langle f,g\rangle| \leqslant \|f\|_2 \cdot \|g\|_2$ 成立的充要条件是 f 与 g 线性相关.

证明 充分性. 设 f 与 g 线性相关,即 $f = kg$, 于是
$$|\langle f,g\rangle| = \left|\int_a^b kg(x) \cdot g(x)\mathrm{d}x\right| = |k|\int_a^b |g|^2 \mathrm{d}x = |k| \cdot \|g\|_2^2$$
$$= \|kg\|_2 \cdot \|g\|_2 = \|f\|_2 \cdot \|g\|_2$$

必要性. 设 $|\langle f,g\rangle|=\|f\|_2\cdot\|g\|_2$. 当 $g=0$ 时，f 与 g 线性相关是显然的. 若 $g\neq 0$，则对任意的 k，有

$$0\leqslant\|f-kg\|_2=\langle f-kg,f-kg\rangle=\langle f,f\rangle-2k\langle f,g\rangle+k^2\langle g,g\rangle$$

取 $k=\dfrac{\langle f,g\rangle}{\langle g,g\rangle}$，则上式变为

$$0\leqslant\|f-kg\|_2^2=\langle f,f\rangle-\dfrac{|\langle f,g\rangle|^2}{\langle g,g\rangle}=\|f\|_2^2-\dfrac{|\langle f,g\rangle|^2}{\langle g,g\rangle} \tag{1}$$

依题设 $|\langle f,g\rangle|=\|f\|_2\cdot\|g\|_2$，将等式两端平方，得

$$|\langle f,g\rangle|^2=\|f\|_2^2\cdot\|g\|_2^2\Rightarrow\dfrac{|\langle f,g\rangle|^2}{\|g\|_2^2}=\|f\|_2^2$$

可见式(1)右边为零，于是 $\|f-kg\|_2=0$，即 $f=kg$.

2. 正交系与 Fourier 级数.

例 4 有限函数系在 L^2 中不可能是完全的.

证明 设 $F=\{f_1,f_2,\cdots,f_N\}$ 为 L^2 中有限函数系，不妨设为线性无关系.

用施密特正交化方法可作出与 F 等价的标准正交系 $\Omega=\{\omega_1,\omega_2,\cdots,\omega_N\}$，$\Omega$ 与 F 可互相表示，且同为完全或不完全的. 若 Ω 为 L^2 中的完全系，则亦为封闭系，故对 L^2 中的每个 f，均可表示为 Ω 的线性组合，即 $f=\sum\limits_{k=1}^{N}c_k\omega_k(c_k=\langle f,\omega_k\rangle)$.

下面证明 L^2 中最大线性无关组所含函数个数不超过 N，从而得出矛盾.

设 $\varphi_1,\varphi_2,\cdots,\varphi_m(m\geqslant N)$ 为 L^2 中任意一组线性无关系，它们都可用 Ω 线性表示，设有

$$\varphi_1=a_{11}\omega_1+a_{12}\omega_2+\cdots+a_{1N}\omega_N$$
$$\varphi_2=a_{21}\omega_1+a_{22}\omega_2+\cdots+a_{2N}\omega_N$$
$$\vdots$$
$$\varphi_m=a_{m1}\omega_1+a_{m2}\omega_2+\cdots+a_{mN}\omega_N$$

由于矩阵 $\begin{bmatrix}a_{11}&a_{12}&\cdots&a_{1N}\\a_{21}&a_{22}&\cdots&a_{2N}\\\vdots&\vdots&&\vdots\\a_{m1}&a_{m2}&\cdots&a_{mN}\end{bmatrix}$ 的最大秩为 N，即其 m 个行向量中至多有 N 个线性无关，其他的行向量可以用这 N 个线性无关的行向量线性表示. 从而知函数系 $\varphi_1,\varphi_2,\cdots,\varphi_m$ 中至多有 N 个是线性无关，即 L^2 中任一函数至多有 N 个是线性无关的，这与 L^2 中存在含有无数个线性无关函数的函数系的结果矛盾. 于是得出有限函数系 F 在 L^2 中不可能是完全的.

例 5 设 $\{\varphi_n\}$ 是 $L^2([a,b])$ 中的完全标准正交系，若 $\{\phi_n\}$ 是 $L^2([a,b])$ 中满足

$$\sum_{n=1}^{\infty}\int_a^b(\varphi_n(x)-\phi_n(x))^2\mathrm{d}x<1$$

的正交系，则 $\{\phi_n\}$ 是 $L^2([a,b])$ 中的完全正交系.

证明 设 $f \in L^2([a,b])$ 满足 $|\langle f, \phi_n \rangle| = 0 (n \in \mathbf{N})$,则由
$$\langle f, \varphi_n \rangle = \langle f, \varphi_n - \phi_n \rangle + \langle f, \phi_n \rangle = \langle f, \varphi_n - \phi_n \rangle$$
可知 $|\langle f, \varphi_n \rangle|^2 \leqslant \|f\|_2^2 \cdot \|\varphi_n(x) - \phi_n(x)\|_2^2$,从而得出
$$\|f\|_2^2 = \sum_{n=1}^{\infty} |\langle f, \varphi_n(x) \rangle|^2 \leqslant \|f\|_2^2 \cdot \sum_{n=1}^{\infty} \|\varphi_n - \phi_n\|_2^2 < \|f\|_2^2$$
这说明只能有 $f(x) = 0, \text{a.e. } x \in [a,b]$.

例 6 $\{\varphi_n\} \subset L^2([a,b])$ 是标准正交系,且有 $|\varphi_n(x)| \leqslant M (n \in \mathbf{N})$. 若 $f \in L^1([a,b])$,则
$$\lim_{n \to \infty} \int_a^b f(x) \varphi_n(x) \mathrm{d}x = 0$$

证明 易知对任给 $\varepsilon > 0$,存在 $g \in L^2([a,b])$,使得 $\|f - g\|_1 < \varepsilon$,而又存在 N,使得 $|\langle g, \varphi_n \rangle| < \varepsilon (n \geqslant N)$,从而有
$$\left| \int_a^b f(x) \varphi_n(x) \mathrm{d}x \right| \leqslant \int_a^b |f(x) - g(x)| |\varphi_n(x)| \mathrm{d}x + \left| \int_a^b g(x) \varphi_n(x) \mathrm{d}x \right|$$
$$\leqslant M \|f - g\|_1 + \varepsilon < M\varepsilon + \varepsilon, n \geqslant N$$
由此即可得证.

例 7 设 $\{\varphi_k\} \subset L^2(E)$ 是完全标准正交系,则对 $f, g \in L^2(E), \langle f, g \rangle = \sum_{k=1}^{\infty} \langle f, \varphi_k \rangle \langle g, \varphi_k \rangle$.

证明 注意到广义 Fourier 级数 $\sum_{k=1}^{\infty} \langle f, \varphi_k \rangle \varphi_k(x)$ 在 E 上依 L^2 意义收敛于 $f(x)$,从而可得
$$\langle f, g \rangle = \left\langle \sum_{k=1}^{\infty} \langle f, \varphi_k \rangle \varphi_k, g \right\rangle = \sum_{k=1}^{\infty} \langle f, \varphi_k \rangle \langle \varphi_k, g \rangle$$
特别取 $\varphi = f$ 时,有 $\|f\|_2^2 = \sum_{k=1}^{\infty} |\langle f, \varphi_k \rangle|^2$.

例 8 设 $\{\varphi_k(x)\}$ 是 $L^2([a,b])$ 的完全系,则 $\sum_{k=1}^{\infty} \varphi_k^2(x) = +\infty, \text{a.e. } x \in [a,b]$.

证明 反证法. 假定存在 $E \subset [a,b]; m(E) > 0$,以及 M,使得
$$\sum_{k=1}^{\infty} \varphi_k(x) < M, x \in E$$
有
$$\int_E \sum_{k=1}^{\infty} \varphi_k^2(x) \mathrm{d}x = \sum_{k=1}^{\infty} \int_E \varphi_k^2(x) \mathrm{d}x < +\infty$$
但是 $\{\varphi_k(x)\}$ 是 $L^2([a,b])$ 的完全系,因此对 $[a,b]$ 中任一正测集 e,由 Schnartz 不等式以及例 7 的结论可得

$$\sum_{k=1}^{\infty}\int_{e}\varphi_k^2(x)\mathrm{d}x \geqslant \sum_{k=1}^{\infty}\frac{(\int_{e}\varphi_k(x)\mathrm{d}x)^2}{(m^2(e))^2}=1$$

这显然与 $\sum_{k=1}^{\infty}\int_{E}\varphi_k^2(x)\mathrm{d}x<+\infty$ 矛盾(实际上,取 N,使得 $\sum_{k=N+1}^{\infty}\int_{E}\varphi_k^2(x)\mathrm{d}x<\frac{1}{k}$,然后再取 $\tilde{e}\subset E$,使得 $\sum_{k=1}^{N}\int_{\tilde{e}}\varphi_k^2(x)\mathrm{d}x<\frac{1}{k}$,从而可得 $\sum_{k=1}^{\infty}\int_{\tilde{e}}\varphi_k^2(x)\mathrm{d}x<1$).

例 9 设 $f\in L^1([0,2\pi])$,若其 Fourier 级数在正测集 $E\subset[0,2\pi]$ 上(点)收敛,则其 Fourier 系数必收敛于零.

证明 记 $a_0,a_n,b_n(n\in\mathbf{N})$ 是 $f(x)$ 在 $[0,2\pi]$ 上的 Fourier 系数,令

$$\mathbf{R}_n^2=a_n^2+b_n^2, a_n\cos nx+b_n\sin nx=r_n\cdot\cos(nx+\theta_n)$$

采用反证法:假定 $\lim_{n\to\infty}r_n\neq 0$,则存在 $\sigma>0$ 以及 $\{n_k\}:r_{n_k}>\sigma(k\in\mathbf{N})$.由此即知

$$\lim_{k\to\infty}\cos(n_k x+\theta_{n_k})=0, x\in E$$

注意到 $|\cos^2(n_k x+\theta_{n_k})|\leqslant 1$,就有

$$\lim_{k\to\infty}\int_E\cos^2(n_k x+\theta_{n_k})\mathrm{d}x=\int_E\lim_{k\to\infty}\cos^2(n_k x+\theta_{n_k})\mathrm{d}x=0$$

另一方面,又有

$$\int_E\cos^2(nx+\theta_n)\mathrm{d}x=\frac{1}{2}m(E)+\cos 2\theta_n\int_E\cos 2nx\,\mathrm{d}x-\sin 2\theta_n\int_E\sin 2nx\,\mathrm{d}x$$

$$\to\frac{1}{2}m(E)(n\to\infty)$$

这导致矛盾,证毕!

练习题 5

1. 设 $f\in L^2([0,1])$ 且 $f(x)\neq 0(0\leqslant x\leqslant 1)$,令 $F(x)=\int_0^x f(t)\mathrm{d}t(0\leqslant x\leqslant 1)$,则 $\|F\|_2<\|f\|_2$.

2. 设 $f\in L^2([0,1])$,则存在 $[0,1]$ 上的递增函数 $F(x)$,使得对任意的 $[a,b]\subset[0,1]$,均有 $\left|\int_a^b f(x)\mathrm{d}x\right|^2\leqslant(F(b)-F(a))(b-a)$.

3. 设 $\int_0^1 f(x)\mathrm{d}x=a, 0\leqslant f(x)\leqslant a^{\frac{2}{3}}$,则 $\int_0^1\sqrt{f(x)}\mathrm{d}x\geqslant a^{\frac{2}{3}}$.

4. 设 $1<p\leqslant r\leqslant q<\infty, f\in L^q(E)$.若 $\frac{1}{r}=\frac{t}{p}+\frac{1-t}{q}, 0<t<1$,则

$$\|f\|_r\leqslant\varepsilon\|f\|_p^{rt}+\varepsilon^{-\frac{r(1-t)}{p}}\|f\|_q^{r(1-t)}$$

5. 设 $\omega(x)$ 是 $\mathbf{R}^n$ 上的非负可积函数，记 $\mathrm{d}\mu(x)=\omega(x)\mathrm{d}x$.

(1) $L^q(\mathbf{R}^n,\mathrm{d}\mu)\subset L^p(\mathbf{R}^n,\mathrm{d}\mu)(1\leqslant p\leqslant q)$.

(2) 设 $\omega\in L^1(\mathbf{R}^n)\cap L^\infty(\mathbf{R}^n)$，则 $L^q(\mathbf{R}^n)\subset L^p(\mathbf{R}^n,\mathrm{d}\mu)(0<p\leqslant q)$.

6. 设 $m(E)>0$，若存在 $M>0$，使得对任意的 $p>1$，均有 $\|f\|_p\leqslant M$，则 $f\in L^\infty(E)$.

7. 设 $\lambda\in\mathbf{R}^1$，则 $4\sin^2\lambda-\lambda\cdot\sin 2\lambda\leqslant 2\lambda^2$.

8. 设 $f\in L^2([0,1])$，令 $g(x)=\int_0^1\dfrac{f(t)}{|x-t|^{\frac{1}{2}}}\mathrm{d}t(0<x<1)$，则

$$\left(\int_0^1 g^2(x)\mathrm{d}x\right)^{\frac{1}{2}}\leqslant 2\sqrt{2}\left(\int_0^1 f^2(x)\mathrm{d}x\right)^{\frac{1}{2}}$$

9. 设 $g(x)$ 是 $E\subset\mathbf{R}^n$ 上的可测函数，若对任意的 $f\in L^2(E)$，有 $\|g\cdot f\|_2\leqslant M\|f\|_2$，则 $|g(x)|\leqslant M,\mathrm{a.e.}\,x\in E$.

10. $f\in L^p(E)$ 的充分必要条件是：任给 $\varepsilon>0$，存在 $g\in L^p(E)$ 且 $g(x)\geqslant 0(x\in E)$，使得 $\int_{\{x\in E:|f(x)|>g(x)\}}|f(x)|^p\mathrm{d}x<\varepsilon$.

11. 设 $f(x)$ 是 $\mathbf{R}^n$ 上的可测函数，$f_*(x)$ 是其分布函数，若 $\sup\{\lambda f_*(\lambda)\}<+\infty$，则称 $f\in L_*(\mathbf{R}^n)$.

(1) 若 $f\in L_*(\mathbf{R}^n)$，且 $m(\{x\in\mathbf{R}^n:f(x)\neq 0\})<+\infty$，则 $f\in L^p(\mathbf{R}^n)(0<p<1)$.

(2) 若 $f\in L_*(\mathbf{R}^n)\cap L^\infty(\mathbf{R}^n)$，则 $f\in L^p(\mathbf{R}^n)(1<p<+\infty)$.

12. 设 $f\in L([0,1])$，则 $\lim\limits_{p\to 0^+}\int_{[0,1]}|f(x)|^p\mathrm{d}x=1$.

13. 设 $f\in L^1(E)\cap L^2(E)$，则 $\lim\limits_{p\to 1^+}\int_E|f(x)|^p\mathrm{d}x=\int_E|f(x)|\mathrm{d}x$.

14. 设 $0<q<p\leqslant\infty,m(E)<+\infty$，则 $\lim\limits_{q\to p^-}\left(\int_E|f(x)|^q\mathrm{d}x\right)^{\frac{1}{q}}=\left(\int_E|f(x)|^p\mathrm{d}x\right)^{\frac{1}{p}}$.

15. 设 $\varepsilon>0,K_\varepsilon(x)=C_\varepsilon e^{-\frac{x^2}{\varepsilon}}(x\in\mathbf{R}^1):\|K_\varepsilon\|_1=1$，则 $\lim\limits_{\varepsilon\to 0^+}\|K_\varepsilon*f-f\|_1=0(f\in L^1(\mathbf{R}^1))$.

16. 设 $m(E)=1,f(x)$ 与 $g(x)$ 是 E 上正值可测函数，若 $f(x)g(x)\geqslant 1,x\in E$，则

$$\left(\int_E f(x)\mathrm{d}x\right)\left(\int_E g(x)\mathrm{d}x\right)\geqslant 1$$

17. 设 $f(x)$ 与 $g(x)$ 是 E 上的可测函数，且 $\dfrac{1}{p}+\dfrac{1}{q}=\dfrac{1}{r}(1\leqslant p<\infty)$，则

$$\|fg\|_r\leqslant\|f\|_p\cdot\|g\|_q$$

18. 设 $f(x)$ 与 $g(x)$ 是 E 上正值可测函数，$\int_E g(x)\mathrm{d}x=1$，则

$$\left(\int_E f(x)g(x)\mathrm{d}x\right)^p\leqslant\int_E f^p(x)g(x)\mathrm{d}x,p>1$$

19. 设 $f(x)$ 是 $E \subset (0,\infty)$ 上正值可测函数,$m(E) > 0, 0 < r < +\infty$,则
$$\left(\frac{1}{m(E)}\int_E f(x)\mathrm{d}x\right)^{-1} \leqslant \left(\frac{1}{m(E)}\int_E \frac{\mathrm{d}x}{f^r(x)}\right)^{\frac{1}{r}}$$

20. 设 $f(x), g(x)$ 是 E 上正值可测函数,$0 < p < 1, q = \dfrac{p}{p-1}$,则
$$\int_E f(x)g(x)\mathrm{d}x \geqslant \left(\int_E f^p(x)\mathrm{d}x\right)^{\frac{1}{p}} \left(\int_E g^q(x)\mathrm{d}x\right)^{\frac{1}{q}}$$

21. 设 $f_1(y,z), f_2(x,z), f_3(x,y)$ 是 $\mathbf{R}^2$ 上的非负可测函数,且记
$$I_1 = \int_{\mathbf{R}^2} f_1^2(y,z)\mathrm{d}y\mathrm{d}z, \quad I_2 = \int_{\mathbf{R}^2} f_2^2(x,z)\mathrm{d}x\mathrm{d}z, \quad I_3 = \int_{\mathbf{R}^2} f_3^2(x,y)\mathrm{d}x\mathrm{d}y$$
令 $F(x,y,z) = f_1(y,z)f_2(x,z)f_3(x,y)$,则
$$I = \int_{\mathbf{R}^3} F(x,y,z)\mathrm{d}x\mathrm{d}y\mathrm{d}z \leqslant (I_1 I_2 I_3)^{\frac{1}{2}}$$

22. 设 $f \in L^p(E), e \subset E$ 是可测子集,则 ($p \geqslant 1$)
$$\left(\int_E |f(x)|^p \mathrm{d}x\right)^{\frac{1}{p}} \leqslant \left(\int_e |f(x)|^p \mathrm{d}x\right)^{\frac{1}{p}} + \left(\int_{E \setminus e} |f(x)|^p \mathrm{d}x\right)^{\frac{1}{p}}$$

23. 设 $\|f_k - f\|_p \to 0, \|g_k - g\|_q \to 0, p > 1$ 且 $\dfrac{1}{p} + \dfrac{1}{q} = 1$,则
$$\lim_{k \to \infty} \int_E |f_k(x)g_k(x) - f(x)g(x)|\mathrm{d}x = 0$$

24. 设在 $E \subset \mathbf{R}^n$ 上有 $\|f_k - f\|_1 \to 0, \|g_k - g\|_1 \to 0 (k \to \infty)$,若 $f_k \in L^\infty(E)$,$\|f_k\|_\infty \leqslant M(k=1,2,\cdots)$,则 $\|f_k g_k - fg\|_1 \to 0 (k \to \infty)$.

25. 设 $\|f_n - f\|_r \to 0, \|g_n - g\|_r \to 0 (n \to \infty, r \geqslant 0)$,则 $\|f_n g_n - fg\|_{\frac{r}{2}} \to 0 (n \to \infty)$.

26. 设 $f_k \in L^p(E) (k \in \mathbf{N}, 1 \leqslant p < +\infty), \lim_{k \to \infty} f_k(x) = f(x)$, a.e. $x \in E$,则下列命题等价:
(1) $f \in L^p(E)$ 且 $\lim_{k \to \infty} \|f_k - f\|_p = 0$.
(2) 对任给 $\varepsilon > 0$,存在 $e_1 \subset E: m(e_1) < +\infty$,以及 $\delta > 0$,使得
$$\int_{E \setminus e_1} |f_k(x)|^p \mathrm{d}x < \varepsilon, k \in \mathbf{N}$$
$$\int_{e_2} |f_k(x)|^p \mathrm{d}x < \varepsilon, k \in \mathbf{N}, e_2 \subset E: m(e_2) < \delta$$

27. 试证明下列命题:
(1) $f, g \in L^2(E)$,则 $\|f+g\|_2^2 + \|f-g\|_2^2 = 2(\|f\|_2^2 + \|g\|_2^2)$ (平行四边形公式).
(2) 设 $\|f_n - f\|_2 \to 0, \|g_n - g\|_2 \to 0 (n \to \infty)$,则 $|\langle f_n, g_n \rangle - \langle f, g \rangle| \to 0 (n \to \infty)$.
(3) 设 $\|f\|_2 = \|g\|_2$,则 $\langle f+g, f-g \rangle = 0$.
(4) 设 $\|f_n\|_2 \to \|f\|_2, \langle f_n, f \rangle \to \|f\|_2^2 (n \to \infty)$,则 $\|f_n - f\|_2 \to 0$.

28. 设 $f \in L^2(\mathbf{R}^1), g \in L^2(\mathbf{R}^1)$,令 $f_h(x) = \dfrac{f(x+h) - f(x)}{h} (h \neq 0)$,若有

$$\lim_{h\to 0}\int_{\mathbf{R}^1} | f_h(x) - g(x) |^2 \mathrm{d}x = 0$$

则存在常数 C, 使得 $f(x) = \int_0^x g(t)\mathrm{d}t + C, \mathrm{a.e.}\, x \in \mathbf{R}^1$.

29. $\{\sin nx\}$ 是 $L^2([0,\pi])$ 中的完全正交系.

30. 设 $f \in L^1([-\pi,\pi]), \{\varphi_n(x)\}$ 是 $(-\pi,\pi]$ 上的三角函数系. 若有
$$\int_{-\pi}^{\pi} f(x)\varphi_n(x)\mathrm{d}x = 0, n = 1,2,\cdots$$
则 $f(x) = 0, \mathrm{a.e.}\, x \in [-\pi,\pi]$.

31. 设 $\{\varphi_k\} \subset L^2([a,b])$ 是标准正交系, 若存在极限 $\lim_{k\to\infty}\varphi_k(x) = \varphi(x), \mathrm{a.e.}\, x \in [a,b]$, 则 $\varphi(x) = 0, \mathrm{a.e.}\, x \in [a,b]$.

32. 设 $\{f_n\} \in L^2([0,1])$ 是标准正交系, 则 $\sum_{n=1}^{\infty} | \int_0^x f_n(t)\mathrm{d}t |^2 \leqslant x, x \in [0,1]$.

33. 设 $\{\varphi_k\} \subset L^2([a,b])$ 是完全标准正交系, $f \in L^2([a,b]), f(x) \sim \sum_{k=1}^{\infty} c_k\varphi_k(x)$, 其中 $c_k = \langle f, \varphi_k \rangle$, 则对 $[a,b]$ 中的任一可测集 E, 有 $\int_E f(x)\mathrm{d}x = \sum_{k=1}^{\infty} c_k \int_E \varphi_k(x)\mathrm{d}x$.

练习题答案

练习题 1 答案

1. 试证 $(0,1) = \bigcup\limits_{n=1}^{+\infty} \left[\dfrac{1}{n}, 1-\dfrac{1}{n}\right]$.

证明 首先，$\forall x \in \bigcup\limits_{n=1}^{+\infty} \left[\dfrac{1}{n}, 1-\dfrac{1}{n}\right]$，$\exists n$，使 $x \in \left[\dfrac{1}{n}, 1-\dfrac{1}{n}\right] \subset (0,1)$，故一定有

$$\bigcup\limits_{n=1}^{+\infty} \left[\dfrac{1}{n}, 1-\dfrac{1}{n}\right] \subset (0,1)$$

另一方面，$\forall x \in (0,1)$，$0 < x < 1$，取 n，使 $\dfrac{1}{n} \leqslant \min\{x, 1-x\}$，则有 $x \in \left[\dfrac{1}{n}, 1-\dfrac{1}{n}\right]$，这说明 $x \in \bigcup\limits_{n=1}^{+\infty} \left[\dfrac{1}{n}, 1-\dfrac{1}{n}\right]$，又有 $(0,1) \subset \bigcup\limits_{n=1}^{+\infty} \left[\dfrac{1}{n}, 1-\dfrac{1}{n}\right]$.

综上，一定有 $(0,1) = \bigcup\limits_{n=1}^{+\infty} \left[\dfrac{1}{n}, 1-\dfrac{1}{n}\right]$.

2. 设 $E \subset \mathbf{R}^2$. 记 $B_k = \{(x,y) \in \mathbf{R}^2 : \sqrt{x^2+y^2} \leqslant k\}$，$k = 1, 2, \cdots$，以及 $E_k = E \cap B_k$. 试证：$\mathbf{R}^2 = \bigcup\limits_{k=1}^{+\infty} B_k$ 以及 $E = \bigcup\limits_{k=1}^{+\infty} E_k$.

证明 先证 $\mathbf{R}^2 = \bigcup\limits_{k=1}^{+\infty} B_k$.

首先容易知道 $\bigcup\limits_{k=1}^{+\infty} B_k \subset \mathbf{R}^2$. 另一方面，$\forall (x,y) \in \mathbf{R}^2$，一定存在 k，使 $\sqrt{x^2+y^2} \leqslant k$，这说明 $(x,y) \in B_k$，从而 $(x,y) \in \bigcup\limits_{k=1}^{+\infty} B_k$，所以又有 $\mathbf{R}^2 \subset \bigcup\limits_{k=1}^{+\infty} B_k$，结论成立.

下证 $E = \bigcup\limits_{k=1}^{+\infty} E_k$.

事实上，$E = E \cap \mathbf{R}^2 = E \cap \left(\bigcup\limits_{k=1}^{+\infty} B_k\right) = \bigcup\limits_{k=1}^{+\infty} (E \cap B_k) = \bigcup\limits_{k=1}^{+\infty} E_k$.

3. 记 $T_1 = B(0,1)$，$T_k = B(0,k) \setminus B(0,k-1)$，$k = 2, 3, \cdots$. 对任意集合 $E \subset \mathbf{R}^n$，若 $E_k = E \cap T_k$，试证明 $E = \bigcup\limits_{k=1}^{\infty} E_k$，且 $E_k \cap E_{k'} = \varnothing$ $(k \neq k')$.

证明 由于 $\mathbf{R}^n = \bigcup_{k=1}^{\infty} T_k$,故 $E = E \cap \mathbf{R}^n = E \cap (\bigcup_{k=1}^{\infty} T_k) = \bigcup_{k=1}^{\infty} (E \cap T_k) = \bigcup_{k=1}^{\infty} E_k$,同时 $E_k \cap E_{k'} \subset T_k \cap T_{k'} = \varnothing$.

4. 记 $T_{\frac{1}{k}} = (\frac{1}{k}, +\infty)$. 对任意集合 $E \subset (0, +\infty)$,若 $E_k = E \cap T_{\frac{1}{k}}$,试证 $E = \bigcup_{k=1}^{\infty} E_k$.

证明 由于 $(0, +\infty) = \bigcup_{k=1}^{\infty} T_{\frac{1}{k}}$,故

$$E = E \cap (0, +\infty) = E \cap (\bigcup_{k=1}^{\infty} T_{\frac{1}{k}}) = \bigcup_{k=1}^{\infty} (E \cap T_{\frac{1}{k}}) = \bigcup_{k=1}^{\infty} E_k$$

5. 求证:

(1) $(A \backslash B) \backslash C = A \backslash (B \cup C)$.

(2) $(A \cup B) \backslash C = (A \backslash C) \cup (B \backslash C)$.

证明

(1) $(A \backslash B) \backslash C = (A \cap B^c) \cap C^c = A \cap (B^c \cap C^c) = A \cap (B \cup C)^c = A \backslash (B \cup C)$.

(2) $(A \cup B) \backslash C = (A \cup B) \cap C^c = (A \cap C^c) \cup (B \cap C^c) = (A \backslash C) \cup (B \backslash C)$.

6. 请回答 $(A \backslash B) \cup C = A \backslash (B \backslash C)$ 成立的充要条件是什么.

答:$C \subset A$.

事实上,若 $C \subset A$,则

$$(A \backslash B) \cup C = (A \cap B^c) \cup C = (A \cup C) \cap (B^c \cup C)$$
$$= A \cap (B \cap C^c)^c = A \backslash (B \backslash C)$$

反之,若 $C \not\subset A$,则 $\exists x \in C, x \notin A$,从而 $x \in (A \backslash B) \cup C$,但 $x \notin A \backslash (B \backslash C)$,矛盾!

7. 设 $f(x)$ 是 $[a, b]$ 上的实值函数,则对任意的实数 β,有

$$\{x : f(x) = \beta\} = \bigcap_{n=1}^{\infty} \{x : \beta \leqslant f(x) < \beta + \frac{1}{n}\}$$

证明

$$x_0 \in \{x : f(x) = \beta\} \Leftrightarrow f(x_0) = \beta \Leftrightarrow \forall n \in \mathbf{N}, \beta \leqslant f(x_0) < \beta + \frac{1}{n}$$

$$\Leftrightarrow \forall n \in \mathbf{N}, x_0 \in \{x : \beta \leqslant f(x) < \beta + \frac{1}{n}\}$$

$$\Leftrightarrow x_0 \in \bigcap_{n=1}^{\infty} \{x : \beta \leqslant f(x) < \beta + \frac{1}{n}\}$$

8. 判断下列集合等式正确与否,并证明:设 $f(x)$ 是 $[a, b]$ 上的实值函数,则 $\forall \beta \in \mathbf{R}^1$.

(1) $\{x : f(x) > \beta\} = \bigcup_{n=1}^{\infty} \{x : f(x) > \beta + \frac{1}{n}\}$.

(2) $\{x : f(x) > \beta\} = \bigcap_{n=1}^{\infty} \{x : f(x) > \beta - \frac{1}{n}\}$.

(3) $\{x : f(x) \geqslant \beta\} = \bigcup_{n=1}^{\infty} \{x : f(x) \geqslant \beta + \frac{1}{n}\}$.

(4) $\{x: f(x) \geqslant \beta\} = \bigcap_{n=1}^{\infty} \{x: f(x) \geqslant \beta - \frac{1}{n}\}$.

解 (1)(4) 正确,(2)(3) 错误.

(1) 的证明:由于 $\forall n, \{x: f(x) > \beta + \frac{1}{n}\} \subset \{x: f(x) > \beta\}$,所以首先有

$$\bigcup_{n=1}^{\infty} \{x: f(x) > \beta + \frac{1}{n}\} \subset \{x: f(x) > \beta\}$$

其次,$\forall y \in \{x: f(x) > \beta\}$,若 $\forall n$,均有 $y \notin \{x: f(x) > \beta + \frac{1}{n}\}$,即 $\forall n, f(y) \leqslant \beta + \frac{1}{n}$,则必有 $f(y) \leqslant \beta$,此与 $y \in \{x: f(x) > \beta\}$ 矛盾!所以必存在 n,使 $y \in \{x: f(x) > \beta + \frac{1}{n}\}$,从而又有 $y \in \bigcup_{n=1}^{\infty} \{x: f(x) > \beta + \frac{1}{n}\}$.

(4) 的证明:由于 $\forall n, \{x: f(x) \geqslant \beta\} \subset \{x: f(x) \geqslant \beta - \frac{1}{n}\}$,所以首先有

$$\{x: f(x) \geqslant \beta\} \subset \bigcap_{n=1}^{\infty} \{x: f(x) \geqslant \beta - \frac{1}{n}\}$$

其次,$\forall y \in \bigcap_{n=1}^{\infty} \{x: f(x) \geqslant \beta - \frac{1}{n}\}$,由于 $\forall n$ 有 $f(y) \geqslant \beta - \frac{1}{n}$,从而必有 $f(y) \geqslant \beta$,所以又有 $y \in \{x: f(x) \geqslant \beta\}$,进而 $\bigcap_{n=1}^{\infty} \{x: f(x) \geqslant \beta - \frac{1}{n}\} \subset \{x: f(x) \geqslant \beta\}$.

最后,任取 $x_0 \in [a, b]$,令 $\beta = f(x_0)$,则在(2) 中

$$x_0 \notin \{x: f(x) > \beta\}$$

但

$$x_0 \in \bigcap_{n=1}^{\infty} \{x: f(x) > \beta - \frac{1}{n}\}$$

在(3) 中

$$x_0 \in \{x: f(x) \geqslant \beta\}$$

但

$$x_0 \notin \bigcup_{n=1}^{\infty} \{x: f(x) \geqslant \beta + \frac{1}{n}\}$$

所以(2) 和(3) 左右不等.

9. $\forall M, N \subset X$,规定运算 $\Delta: M \Delta N = (M \backslash N) \cup (N \backslash M)$,并称之为对称差运算. 设 $A, B, C \subset X$,证明"Δ"满足如下规律:

(1) $A \Delta \emptyset = A, A \Delta A = \emptyset, A \Delta A^c = X, A \Delta X = A^c$.

(2) 交换律:$A \Delta B = B \Delta A$.

(3) 结合律:$(A \Delta B) \Delta C = A \Delta (B \Delta C)$.

(4) 交与对称差满足分配律:$A \cap (B \Delta C) = (A \cap B) \Delta (A \cap C)$.

(5) $A^c \Delta B^c = A \Delta B$.

(6) 对任意的集合 A 与 B，存在唯一的集合 E，使 $E\triangle A=B$.

证明 只证(3),(4)和(6). 先证(3)

$$(A\triangle B)\triangle C=((A\triangle B)^c\cap C)\cup((A\triangle B)\cap C^c)$$
$$=(((A\cap B^c)\cup(A^c\cap B))^c\cap C)\cup(((A\cap B^c)\cup(A^c\cap B))\cap C^c)$$
$$=(((A^c\cup B)\cap(A\cup B^c))\cap C)\cup((A\cap B^c\cap C^c)\cup(A^c\cap B\cap C^c))$$
$$=(((A\cap B)\cup(A^c\cap B^c))\cap C)\cup((A\cap B^c\cap C^c)\cup(A^c\cap B\cap C^c))$$
$$=(A\cap B\cap C)\cup(A^c\cap B^c\cap C)\cup(A\cap B^c\cap C^c)\cup(A^c\cap B\cap C^c)$$

由 A,B,C 的对称性，立知结论成立. 下面证明(4)

$$(A\cap B)\triangle(A\cap C)=((A\cap B)\cap(A\cap C)^c)\cup((A\cap B)^c\cap(A\cap C))$$
$$=((A\cap B)\cap(A^c\cup C^c))\cup((A^c\cup B^c)\cap(A\cap C))$$
$$=(A\cap B\cap C^c)\cup(A\cap C\cap B^c)$$
$$=A\cap((B\cap C^c)\cup(C\cap B^c))=A\cap(B\triangle C)$$

下面证明(6)：首先注意到

$$(A\triangle B)\triangle A=A\triangle(A\triangle B)=(A\triangle A)\triangle B=\varnothing\triangle B=B$$

其次，若 $E\triangle A=B$，则 $(E\triangle A)\triangle A=B\triangle A$，但 $(E\triangle A)\triangle A=E\triangle(A\triangle A)=E\triangle\varnothing=E$，所以一定有 $E=B\triangle A$，即 E 又是唯一的.

10. 设 A,B,E 是全集 X 中的子集，则 $B=(E\cap A)^c\cap(E^c\cup A)\Leftrightarrow B^c=E$.

证明

$$B=(E\cap A)^c\cap(E^c\cup A)\Leftrightarrow B^c=(E\cap A)\cup(E^c\cup A)^c$$
$$\Leftrightarrow B^c=(E\cap A)\cup(E\cap A^c)\Leftrightarrow B^c=E\cap(A\cup A^c)=E$$

11. 设 $A_1\subset A_2\subset\cdots\subset A_n\subset\cdots,B_1\subset B_2\subset\cdots\subset B_n\subset\cdots$，则

$$\left(\bigcup_{n=1}^{\infty}A_n\right)\cap\left(\bigcup_{n=1}^{\infty}B_n\right)=\bigcup_{n=1}^{\infty}(A_n\cap B_n)$$

并举例说明集列 $\{A_n\}$ 或 $\{B_n\}$ 不是单调集列时，上面的等式不成立.

证明 由于 $\forall n, A_n\cap B_n\subset A_n, A_n\cap B_n\subset B_n$，因此

$$\bigcup_{n=1}^{\infty}(A_n\cap B_n)\subset\bigcup_{n=1}^{\infty}A_n,\quad\bigcup_{n=1}^{\infty}(A_n\cap B_n)\subset\bigcup_{n=1}^{\infty}B_n$$

故

$$\bigcup_{n=1}^{\infty}(A_n\cap B_n)\subset\left(\bigcup_{n=1}^{\infty}A_n\right)\cap\left(\bigcup_{n=1}^{\infty}B_n\right)$$

另一方面，$\forall x\in\left(\bigcup_{n=1}^{\infty}A_n\right)\cap\left(\bigcup_{n=1}^{\infty}B_n\right)$，$x\in\bigcup_{n=1}^{\infty}A_n$ 及 $x\in\bigcup_{n=1}^{\infty}B_n$，从而存在 n_1，使 $x\in A_{n_1}$，存在 n_2，使 $x\in B_{n_2}$，不妨设 $n_2\geqslant n_1$. 由于 $A_{n_1}\subset A_{n_2}$ 知 $x\in A_{n_2}$，从而

$$x\in A_{n_2}\cap B_{n_2}\subset\bigcup_{n=1}^{\infty}(A_n\cap B_n)$$

所以又有 $\left(\bigcup_{n=1}^{\infty}A_n\right)\cap\left(\bigcup_{n=1}^{\infty}B_n\right)\subset\bigcup_{n=1}^{\infty}(A_n\cap B_n)$.

没有单调条件等式不一定成立.

例:设 $A_n=\{n\}, B_n=\{n+1\}$,则 $\bigcup_{n=1}^{\infty}A_n=N, \bigcup_{n=1}^{\infty}B_n=\{2,3,\cdots\}$,从而

$$(\bigcup_{n=1}^{\infty}A_n)\cap(\bigcup_{n=1}^{\infty}B_n)=\{2,3\cdots\}$$

但 $\forall n, A_n\cap B_n=\varnothing$,故

$$\bigcup_{n=1}^{\infty}(A_n\cap B_n)=\varnothing$$

所以 $\quad (\bigcup_{n=1}^{\infty}A_n)\cap(\bigcup_{n=1}^{\infty}B_n)\neq\bigcup_{n=1}^{\infty}(A_n\cap B_n)$

一般情况下,下面等式成立

$$(\bigcup_{n=1}^{\infty}A_n)\cap(\bigcup_{k=1}^{\infty}B_k)=\bigcup_{k=1}^{\infty}((\bigcup_{n=1}^{\infty}A_n)\cap B_k)=\bigcup_{n,k=1}^{\infty}(A_n\cap B_k)$$

注 当 $\{A_n\}$ 及 $\{B_n\}$ 为单调增加集列时,一定有

$$\lim_{n\to\infty}(A_n\cap B_n)=\lim_{n\to\infty}A_n\cap\lim_{n\to\infty}B_n$$

类似地,利用上面的结论,由 Demorgan 公式,当 $\{A_n\}$ 及 $\{B_n\}$ 为单调递降集列时,一定有

$$\lim_{n\to\infty}(A_n\cup B_n)=\lim_{n\to\infty}A_n\cup\lim_{n\to\infty}B_n.$$

12. 求下列集合列 E_n 的上、下限集:

(1) $E_n=\begin{cases} A & n=3k-2 \\ B & n=3k-1. \\ C & n=3k \end{cases}$

(2) $E_{3n-2}=(0,\frac{1}{n}), E_{3n-1}=(0,1+\frac{1}{n}), E_{3n}=(1,n).$

解 (1) $\overline{\lim_{n\to\infty}}E_n=A\cup B\cup C, \underline{\lim_{n\to\infty}}E_n=A\cap B\cap C.$

(2) 注意到 $\lim_{n\to\infty}E_{3n-2}=\varnothing, \lim_{n\to\infty}E_{3n-1}=(0,1]$ 及 $\lim_{n\to\infty}E_{3n}=(1,+\infty)$,所以一定有

$$\overline{\lim_{n\to\infty}}E_n=\varnothing\cup(0,1]\cup(1,+\infty)=(0,+\infty)$$

和 $$\underline{\lim_{n\to\infty}}E_n=\varnothing\cap(0,1]\cap(1,+\infty)=\varnothing$$

13. 设 $A_n=\left\{\frac{m}{n}:m\in\mathbf{Z}\right\}$,试证 $\overline{\lim_{n\to\infty}}A_n=\mathbf{Q}$ 及 $\underline{\lim_{n\to\infty}}A_n=\mathbf{Z}.$

证明 先证 $\overline{\lim_{n\to\infty}}A_n=\mathbf{Q}.$

首先易知 $\overline{\lim_{n\to\infty}}A_n\subset\mathbf{Q}$,下面证明 $\mathbf{Q}\subset\overline{\lim_{n\to\infty}}A_n. \forall x\in\mathbf{Q}$,存在互素的整数 $p,q(>0)$,使 $x=\frac{p}{q}. \forall N$,取 $n=qN$,则 $n\geqslant N, m=pN\in\mathbf{Z}$,同时有

$$x=\frac{p}{q}=\frac{pN}{qN}=\frac{m}{n}\in A_n=\left\{\frac{m}{n}:m\in\mathbf{Z}\right\}$$

所以 $x \in \overline{\lim_{n \to \infty}} A_n$.

下面证明 $\underline{\lim}_{n \to \infty} A_n = \mathbf{Z}$.

首先 $\forall n$, 一定有 $\mathbf{Z} \subset A_n$, 故 $\mathbf{Z} \subset \underline{\lim}_{n \to \infty} A_n$, 下面只需证 $\underline{\lim}_{n \to \infty} A_n \subset \mathbf{Z}$.

$\forall x \in \underline{\lim}_{n \to \infty} A_n$, 一定存在 N, 当 $n \geqslant N$ 时, $x \in A_n$. 取 $n_1, n_2 \geqslant N$, $(n_1, n_2) = 1$. 由于 $x \in A_{n_1}$, $x \in A_{n_2}$, 则存在 $m_1, m_2 \in \mathbf{Z}$, 使 $x = \dfrac{m_1}{n_1} = \dfrac{m_2}{n_2}$, 从而 $m_1 n_2 = m_2 n_1$. 由 $(n_1, n_2) = 1$ 知 n_2 整除 m_2, 所以 $x = \dfrac{m_2}{n_2}$ 为整数, $x \in \mathbf{Z}$.

14. 设 $B_n = \left(\dfrac{1}{n}, 1 + \dfrac{1}{n}\right)(n = 1, 2, \cdots)$, 试证明 $\lim_{n \to \infty} B_n = (0, 1]$.

证明 只需证 $\overline{\lim}_{n \to \infty} B_n \subset (0, 1] \subset \underline{\lim}_{n \to \infty} B_n$. $\forall x \in \overline{\lim}_{n \to \infty} B_n$, 一定有 $x > 0$. 若 $x > 1$, 一定存在 n_0, 使 $x > 1 + \dfrac{1}{n_0} \geqslant 1 + \dfrac{1}{n}(n \geqslant n_0)$, 从而 $x \notin \left(\dfrac{1}{n}, 1 + \dfrac{1}{n}\right)(n \geqslant n_0)$, 这与 $x \in \overline{\lim}_{n \to \infty} B_n$ 矛盾!

所以一定有 $x \in (0, 1]$. 其次, $\forall x \in (0, 1]$, 一定存在 n_0 使 $\dfrac{1}{n_0} < x \leqslant 1$, 从而 $1 + \dfrac{1}{n} > x > \dfrac{1}{n_0} \geqslant \dfrac{1}{n}(n \geqslant n_0)$, 所以当 $n \geqslant n_0$ 时, $x \in B_n = \left(\dfrac{1}{n}, 1 + \dfrac{1}{n}\right)$, 进而 $x \in \underline{\lim}_{n \to \infty} B_n$.

15. 设有集列 $\{E_n\}$, 作集列 $\{D_n\}$ 如下
$$D_1 = E_1, D_2 = D_1 \triangle E_2, \cdots, D_{n+1} = D_n \triangle E_{n+1}, \cdots$$
求证 $\lim_{n \to \infty} D_n$ 存在的充要条件是 $\overline{\lim}_{n \to \infty} E_n = \varnothing$.

证明 充分性. 设 $\overline{\lim}_{n \to \infty} E_n = \varnothing$, 则有 $\lim_{n \to \infty} E_n = \varnothing$. 下证 $\overline{\lim}_{n \to \infty} D_n \subset \underline{\lim}_{n \to \infty} D_n$.

事实上, 对任意的 $x \in \overline{\lim}_{n \to \infty} D_n$, 由于 $\overline{\lim}_{n \to \infty} E_n = \varnothing$, 存在 $n_0 \in \mathbf{N}$, 使当 $n \geqslant n_0$ 时, $x \notin E_n$, 再取 $n_1 > n_0$, 且 $x \in D_{n_1}$, 根据 $\{D_n\}$ 的定义, $\forall n \geqslant n_1$ 一定有 $x \in D_n$, 从而 $x \in \underline{\lim}_{n \to \infty} D_n$, 所以 $\overline{\lim}_{n \to \infty} D_n \subset \underline{\lim}_{n \to \infty} D_n$. 故 $\lim_{n \to \infty} D_n$ 存在.

必要性. 设 $\lim_{n \to \infty} D_n$ 存在, 要证 $\overline{\lim}_{n \to \infty} E_n = \varnothing$, 即证任何 x 只属于有限多个 E_n. 用反证法. 设某个 x 属于无限多个 E_n, 则有两种情形:

(1) x 只属于有限多个 D_n. 此时取 n_0, 使当 $n \geqslant n_0$ 时, $x \notin D_n$. 取 $n_1 > n_0$, 使 $x \in E_{n_1}$, 则 $x \in E_{n_1} \setminus D_{n_1 - 1}$, 进而 $x \in D_{n_1} = D_{n_1 - 1} \triangle E_{n_1}$, 由于 $n_1 > n_0$, 此与 $n \geqslant n_0$ 时, $x \notin D_n$ 矛盾!

(2) x 属于无限多个 D_n, 即 $x \in \overline{\lim}_{n \to \infty} D_n = \underline{\lim}_{n \to \infty} D_n$, 于是存在 n_0, 使当 $n \geqslant n_0$ 时, $x \in D_n$.

由 D_n 的定义推知 $x \notin D_n \cap E_{n+1}(n > n_0)$, 因而又必有 $x \notin E_{n+1}(n > n_0)$, 此与 x 属于无限多个 E_n 矛盾!

综上,必有 $\overline{\lim\limits_{n\to\infty}} E_n = \varnothing$.

16. 设 X 是固定集,$A \subset X$,$\chi_A(x)$ 是集 A 的特征函数,证明 $\chi_{\bigcup\limits_{\alpha \in \mathbf{N}} A_\alpha}(x) = \max\limits_{\alpha \in \mathbf{N}} \chi_{A_\alpha}(x)$ 以及 $\chi_{\bigcap\limits_{\alpha \in \mathbf{N}} A_\alpha}(x) = \min\limits_{\alpha \in \mathbf{N}} \chi_{A_\alpha}(x)$.

证明 先证 $\chi_{\bigcup\limits_{\alpha \in \mathbf{N}} A_\alpha}(x) = \max\limits_{\alpha \in \mathbf{N}} \chi_{A_\alpha}(x)$.

对 $\forall x_0 \in X$,若 $\chi_{\bigcup\limits_{\alpha \in \mathbf{N}} A_\alpha}(x_0) = 1$,则 $x_0 \in \bigcup\limits_{\alpha \in \mathbf{N}} A_\alpha$,从而存在 $\alpha_0 \in \mathbf{N}$,使得 $x_0 \in A_{\alpha_0}$,于是 $\chi_{A_{\alpha_0}}(x_0) = 1$,所以 $\max\limits_{\alpha \in \mathbf{N}} \chi_{A_\alpha}(x) = 1$,即 $\chi_{\bigcup\limits_{\alpha \in \mathbf{N}} A_\alpha}(x) = \max\limits_{\alpha \in \mathbf{N}} \chi_{A_\alpha}(x)$;若 $\chi_{\bigcup\limits_{\alpha \in \mathbf{N}} A_\alpha}(x_0) = 0$,则 $x_0 \notin \bigcup\limits_{\alpha \in \mathbf{N}} A_\alpha$,从而对任意的 $\alpha \in \mathbf{N}$,都有 $x_0 \notin A_\alpha$,因此对任意的 $\alpha \in \mathbf{N}$,$\chi_{A_\alpha}(x_0) = 0$,所以 $\max\limits_{\alpha \in \mathbf{N}} \chi_{A_\alpha}(x_0) = 0$.

综上知 $\chi_{\bigcup\limits_{\alpha \in \mathbf{N}} A_\alpha}(x) = \max\limits_{\alpha \in \mathbf{N}} \chi_{A_\alpha}(x)$,同理可证 $\chi_{\bigcap\limits_{\alpha \in \mathbf{N}} A_\alpha}(x) = \min\limits_{\alpha \in \mathbf{N}} \chi_{A_\alpha}(x)$ 成立.

17. 设 $E_k \subset \mathbf{R}^n (k = 1, 2, \cdots)$,则:

(1) $\overline{\lim\limits_{k \to \infty}} \chi_{E_k}(x) = \chi_{\overline{\lim\limits_{k \to \infty}} E_k}(x)$.

(2) $\underline{\lim\limits_{k \to \infty}} \chi_{E_k}(x) = \chi_{\underline{\lim\limits_{k \to \infty}} E_k}(x)$.

证明 (1) $\forall x \in \mathbf{R}^n$,若 $x \in \overline{\lim\limits_{k \to \infty}} E_k$,则有无穷个 E_k,使 $x \in E_k$,即数列 $\{\chi_{E_k}(x)\}$ 中有无穷个数为 1,所以 $\overline{\lim\limits_{k \to \infty}} \chi_{E_k}(x) = 1 = \chi_{\overline{\lim\limits_{k \to \infty}} E_k}(x)$;若 $x \notin \overline{\lim\limits_{k \to \infty}} E_k$,则一定存在 k_0,$k > k_0$ 时 $x \notin E_k$,即数列 $\{\chi_{E_k}(x)\}$ 当 $k > k_0$ 时恒为 0,从而 $\overline{\lim\limits_{k \to \infty}} \chi_{E_k}(x) = 0 = \chi_{\overline{\lim\limits_{k \to \infty}} E_k}(x)$.

同理可证(2).

18. 设 $\{f_n(x)\}$ 以及 $f(x)$ 都是定义在 $\mathbf{R}^1$ 上的实值函数,且有 $\lim\limits_{n \to \infty} f_n(x) = f(x)$,$x \in \mathbf{R}^1$,则对 $t \in \mathbf{R}^1$,有 $\{x \in \mathbf{R}^1 : f(x) \leqslant t\} = \bigcap\limits_{k=1}^\infty \bigcup\limits_{m=1}^\infty \bigcap\limits_{n=m}^\infty \left\{ x \in \mathbf{R}^1 : f_n(x) < t + \frac{1}{k} \right\}$.

证明 设 $x \in \{x \in \mathbf{R}^1 : f(x) \leqslant t\}$,有 $f(x) \leqslant t$,从而 $\forall k, f(x) < t + \frac{1}{k}$. 由于 $f_n(x) \to f(x)$,一定存在 N,$n \geqslant N$ 时,$f_n(x) < t + \frac{1}{k}$,即 $x \in \left\{ x \in \mathbf{R}^1 : f_n(x) < t + \frac{1}{k} \right\}$,所以 $x \in \underline{\lim\limits_{n \to \infty}} \left\{ x \in \mathbf{R}^1 : f_n(x) < t + \frac{1}{k} \right\}$. 由 k 任意性

$$x \in \bigcap_{k=1}^\infty \bigcup_{m=1}^\infty \bigcap_{n=m}^\infty \left\{ x \in \mathbf{R}^1 : f_n(x) < t + \frac{1}{k} \right\}$$

若 $x \in \bigcap\limits_{k=1}^\infty \underline{\lim\limits_{n \to \infty}} \left\{ x \in \mathbf{R}^1 : f_n(x) < t + \frac{1}{k} \right\}$,则 $\forall k, \exists N, n \geqslant N$ 时,$f_n(x) < t + \frac{1}{k}$,从而 $\forall k, f(x) \leqslant t + \frac{1}{k}$,即 $f(x) \leqslant t$,这说明 $x \in \{x \in \mathbf{R}^1 : f(x) \leqslant t\}$.

19. 设 f 是 $\mathbf{R}^1$ 上的实值函数,记 C 为 f 在 $\mathbf{R}^1$ 上的连续点集,则 $C=\bigcap\limits_{n=1}^{\infty}E_n$,其中

$$E_n=\left\{x\in\mathbf{R}^1:\exists\,\delta>0,\forall\,x_1,x_2\in(x-\delta,x+\delta),\mid f(x_1)-f(x_2)\mid<\frac{1}{n}\right\}$$

证明 首先,设 $x\in\mathbf{R}^1$,而 f 在 x 连续,则 $\forall\,\dfrac{1}{n}$,存在 $\delta>0$,使 $\mid y-x\mid<\delta$ 时便有 $\mid f(y)-f(x)\mid<\dfrac{1}{2n}$,从而 $\forall\,x_1,x_2\in(x-\delta,x+\delta)$,有 $\mid f(x_1)-f(x)\mid<\dfrac{1}{2n}$ 以及 $\mid f(x_2)-f(x)\mid<\dfrac{1}{2n}$,进而 $\mid f(x_1)-f(x_2)\mid<\dfrac{1}{n}$. 这说明 $x\in C$;其次 $\forall\,x\in C,x\in E_n,\forall\,n>0$. 这说明,$\forall\,\dfrac{1}{n}$,存在 $\delta>0,\forall\,x_1,x_2\in(x-\delta,x+\delta)$,有 $\mid f(x_1)-f(x_2)\mid<\dfrac{1}{n}$,由 Cauchy 准则,$f$ 在 x 连续.

20. 设 $a_n\to a(n\to\infty)$,则 $\bigcap\limits_{k=1}^{\infty}\bigcup\limits_{N=1}^{\infty}\bigcap\limits_{n=N}^{\infty}\left(a_n-\dfrac{1}{k},a_n+\dfrac{1}{k}\right)=\{a\}$.

证明 $x\in\bigcap\limits_{k=1}^{\infty}\varliminf\limits_{n\to\infty}\left(a_n-\dfrac{1}{k},a_n+\dfrac{1}{k}\right)\Leftrightarrow\forall\,k,\exists\,N,n\geqslant N$ 时,$x\in\left(a_n-\dfrac{1}{k},a_n+\dfrac{1}{k}\right)\Leftrightarrow\forall\,k$, $\exists\,N,n\geqslant N$ 时,$\mid a_n-x\mid<\dfrac{1}{k}\Leftrightarrow a_n\to x\Leftrightarrow x=a$.

21. 建立区间 $[a,b)$ 到 $[a,b]$ 的一一映射以及平面上开球 $B(0,l)=\{x\in\mathbf{R}^2:\mid x\mid<l\}$ 到闭球 $\overline{B}(0,l)=\{x\in\mathbf{R}^2:\mid x\mid\leqslant l\}$ 的一个一一映射.

解 先建立 $[a,b)$ 到 $[a,b]$ 的一一映射. 任取可列集 $\{x_n\}\subset[a,b)$,作映射如下

$$f(x)=\begin{cases}x, & x\in[a,b)\setminus\{x_n\}\\ b, & x=x_1\\ x_{n+1}, & x_n(n>1)\end{cases}$$

易知 f 为一一映射.

下面建立 $B(0,l)$ 到 $\overline{B}(0,l)$ 的一一映射. 采用极坐标表示,则

$$B(0,l)=\{(\rho,\theta):0\leqslant\rho<l,0\leqslant\theta<2\pi\}$$

以及

$$\overline{B}(0,l)=\{(\rho,\theta):0\leqslant\rho\leqslant l,0\leqslant\theta<2\pi\}$$

与上面建立的映射类似,任取可列集 $\{\rho_n\}\subset[0,l)$,作一一映射如下

$$f(\rho,\theta)=\begin{cases}(\rho,\theta), & (\rho,\theta)\in B(0,l)\setminus\{(\rho_n,\theta)\}\\ (l,\theta), & (\rho,\theta)=(\rho_1,\theta)\\ (\rho_{n+1},\theta), & (\rho,\theta)=(\rho_n,\theta)(n>1)\end{cases}$$

易知 f 为一一映射.

注 事实上,上面的第二个映射亦给出了矩体 $[0,a)\times[0,b)$ 到矩体 $[0,a]\times[0,b)$ 的一一

映射.

22. 建立闭正方形$[0,1]\times[0,1]$到$[0,1]$的一个一一映射.

解 与上题类似,容易建立$[0,1]\times[0,1]$到$(0,1]\times(0,1]$的一一映射f_1以及$(0,1]$到$[0,1]$的一一映射f_3,下面只需建立$(0,1]\times(0,1]$到$(0,1]$的一个一一映射f_2.采用无限十进制小数表示.

$\forall a,b \in (0,1]$,其中$a=0.a_1a_2\cdots a_n\cdots, b=0.b_1b_2\cdots b_n\cdots$,令
$$f_2(a,b)=0.c_1c_2\cdots c_n\cdots$$
满足$(c_1,c_2,\cdots,c_i)=(a_1,a_2,\cdots,a_i)$,其中$a_1,a_2\cdots,a_{i-1}$皆为零而$a_i\neq 0$,随后$(c_{i+1},c_2,\cdots,c_j)=(b_1,b_2,\cdots,b_j)$其中$b_1,b_2,\cdots,b_{j-1}$皆为零而$b_j\neq 0$,再有$(c_{j+1},c_{j+2},\cdots,c_s)=(a_{i+1},a_{i+2},\cdots,a_s)$,其中$a_{i+1},a_{i+2},\cdots,a_{s-1}$皆为零而$a_s\neq 0$,接着$(c_{s+1},c_{s+2},\cdots,c_t)=(b_{j+1},b_{j+2},\cdots,b_t)$其中$b_{j+1},b_{j+2},\cdots,b_{t-1}$皆为零而$b_t\neq 0$,以此类推.从上面的作法可以看出$f_2(a,b)=0.c_1c_2\cdots c_n\cdots$一定是$(0,1]$中的一个无限小数.

f_2显然是单射,且对任意$y\in(0,1]$,可将y表示成无限十进制小数,从而按照f_2的对应法则可以得到两个无限十进制小数a,b,使$f_2(a,b)=y$,即f_2又是满射,所以f_2是双射.

综上,复合映射$f_3\circ f_2\circ f_1$便是所求.

注 在构造映射f_2时,不可以令$f_2(a,b)=0.c_1c_2\cdots c_n\cdots$,其中$c_{2s-1}=a_s,c_{2s}=b_s,s=1,2,\cdots$,否则$f_2$便不能是满射了.例如$0.11010101\cdots$(后面以01为循环节)便没有原像,事实上按规定其原像应是$a=0.100\cdots$和$b=0.111\cdots$,但a是有限表示,矛盾!

23. 试作由$0,1$两个数组成的数列之全体E与自然数的幂集$P(\mathbf{N})$的一一映射.

解 作映射$f:P(\mathbf{N})\to E$,$\forall A\in P(\mathbf{N})$,$f(A)=(x_1,x_2,\cdots x_n,\cdots)$,其中
$$x_n=\begin{cases}1, & n\in A \\ 0, & n\notin A\end{cases}$$

对任意二元数组$(x_1,x_2,\cdots x_n,\cdots)$,将其为0的元去掉,得一数组$(x_{i_1},x_{i_2},\cdots,x_{i_n},\cdots)$.令$A=\{i_1,i_2,\cdots i_n,\cdots\cdots\}$,则有$f(A)=(x_{i_1},x_{i_2},\cdots,x_{i_n},\cdots)$,故$f$为满射.其次若$f(A_1)=f(A_2)$,则$f(A_1)$与$f(A_2)$中为1的元素位置均相同,故有$A_1=A_2$,从而$f$又为单射,所以是一一映射.

24. 若$A\subset B$,且$A\sim(A\cup C)$,试证明$B\sim(B\cup C)$.

证明 注意到$[B\setminus(A\cup C)]\cap A=\varnothing$以及$[B\setminus(A\cup C)]\cup(A\cup C)=B\cup C$,又有$A\sim A\cup C$,知
$$[B\setminus(A\cup C)]\cup A\sim[B\setminus(A\cup C)]\cup(A\cup C)=B\cup C$$
由于$[B\setminus(A\cup C)]\cup A\subset B\subset B\cup C$,利用Cantor-Bernstain定理$B\sim(B\cup C)$.

25. 试证可数集E的所有有限子集生成的集合为可数集.

证明 记E的所有有限子集生成的集合为A,而由E的n个元素的所有子集所构成的集

合为 A_n,则一定有 $A=\bigcup\limits_{n=1}^{\infty}A_n$. 由于 A_n 与 $\overbrace{E\times E\times\cdots\times E}^{n\uparrow}$ 的子集对等,而后者为可数集,所以 A_n 为可数集,进而 $A=\bigcup\limits_{n=1}^{\infty}A_n$ 为可数集.

26. 试证:将 $[0,1)$ 中的数用 $p(p>1)$ 进制表示时,有限 $p(p>1)$ 进制小数的全体 A 一定是可数集.

证明 记 $E=\{0,1,2,\cdots,p-1\}$ 及从第 n 位开始为零的有限 $p(p>1)$ 进制小数的全体为 A_n,则一定有 $A=\bigcup\limits_{n=1}^{\infty}A_n$. 由于 A_n 与 $\overbrace{E\times E\times\cdots\times E}^{n\uparrow}$ 的子集对等,而后者为可数集,所以 A_n 为可数集,进而 $A=\bigcup\limits_{n=1}^{\infty}A_n$ 为可数集.

27. 试证整系数方程 $a_nx^n+a_{n-1}x^{n-1}+\cdots+a_1x+a_0=0$ 的全体 A 是可数集,并由此推知超越数(即不是整系数方程的根 —— 代数数)所构成的集合的基数是 c.

证明 记阶为 n 的整系数方程的全体为 A_n,则 $A=\bigcup\limits_{n=1}^{\infty}A_n$. 由于任一整系数方程

$$a_nx^n+a_{n-1}x^{n-1}+\cdots+a_1x+a_0=0$$

与由有限个整数构成的数组 $(a_n,a_{n-1},\cdots,a_1,a_0)(a_n\neq 0)$ 一一对应,所以 A_n 与集合

$$E_n=\{(a_n,a_{n-1},\cdots,a_1,a_0),a_i\in\mathbf{N},0\leqslant i\leqslant n\}=\mathbf{N}^n$$

的子集对等,因而一定是可列集,从而 $A=\bigcup\limits_{n=1}^{\infty}A_n$ 为可列集,即所有整系数方程有可列个. 又由于每个整系数方程至多有有限个解,故所有代数数(整系数方程的根)至多可列. 而全体实数基数为 c,去掉可列集所有代数数后,基数不变,所以全体超越数的基数为 c.

超越数比如 π,e 等.

28. 对于平面上的直线 $3y-2x=5$ 来说,它具有下述性质:若 $x\in\mathbf{Q}$,则 $y\in\mathbf{Q}$. 试问具有这种性质的直线在平面上有多少?

解 平面上的直线是由两不同点唯一确定的,取两个有理数 $x_1,x_2,x_1\neq x_2$ 使点 $(x_1,y_1),(x_2,y_2)$ 在这样的一条直线上,则 y_1,y_2 一定是有理数,且这条直线由 $(x_1,y_1),(x_2,y_2)$ 唯一确定,所以平面上具有这种性质的直线与有理数为坐标点对的子集对等,而后者与 $\mathbf{Q}\times\mathbf{Q}\times\mathbf{Q}\times\mathbf{Q}$ 的子集对等,为可数集.

29. 设 $E\subset\mathbf{R}^1$ 是不可数集,则 $E'\neq\varnothing$.

证明 反证. 假设 $E'=\varnothing$,即 E 没有极限点,则 E 一定是可数集. 事实上,$\forall k,[-k,k]\cap E$ 一定是有限集,否则若 E 在 $[-k,k]$ 中有无限个点,由 Bolzano-Weierstrass 定理,这无限个点必有聚点,与 $E'=\varnothing$ 矛盾! 由于 $E=E\cap\mathbf{R}^1=\bigcup\limits_{k=1}^{\infty}(E\cap[-k,k])$,每个 $E\cap[-k,k]$ 为有限集,所以 E 一定为可数集.

另证:假设 $E'=\varnothing$,则 E 中每一点均为孤立点,从而 $\forall x\in E,\exists\delta>0$,使 $(x-\delta,x+\delta)\cap E=\{x\}$. 进而在 $(x-\delta,x+\delta)$ 中存在以有理数 a_x 为心,有理数 r_x 为半径的区间

(a_x-r_x, a_x+r_x),使 $x\in(a_x-r_x, a_x+r_x)\subset B(x-\delta, x+\delta)$,从而 $(a_x-r_x, a_x+r_x)\cap E=\{x\}$. 作映射 $f: x\to(a_x-r_x, a_x+r_x)$,则 f 为单射. 由于 a_x, r_x 均为有理数,故 (a_x-r_x, a_x+r_x) 全体一定可数,所以 E 可数.

30. 设 $E\subset \mathbf{R}^n$. 若 E' 是可数集,则 E 是可数集.

证明 $E=(E\setminus E')\cup(E\cap E')$,由上题第二种证法可知 $E\setminus E'$ 为可数集,$E\cap E'$ 为可数 (E' 可数),故 E 是可数集.

31. 设 $E\subset(0,1)$ 是无限集,若从 E 中任意选取不同的数所组成的无穷正项级数总是收敛的,试证明 E 是可数集.

证明 记 $E_n=\left\{x\in E, x\geqslant\dfrac{1}{n}\right\}$,则 E_n 一定为有限集(若 E_n 为无限集,则可选取一可数子集 $\{x_1, x_2, \cdots, x_k, \cdots\}\subset E_k\subset E$,使 $\sum\limits_{k=1}^{m} x_k\geqslant\dfrac{m}{n}\to+\infty(m\to\infty)$ 与已知矛盾),而 $E=\bigcup\limits_{n=1}^{\infty}E_n$,故 E 为可数集.

32. 设 A 是 $\mathbf{R}^1$ 上的非空集,试证明点集 $B=\{x\in A: \exists\delta_x>0, (x, x+\delta_x)\cap A=\varnothing\}$ 是可数集.

证明 $\forall x_1, x_2\in B, x_1>x_2$,且 $(x_1, x_1+\delta_{x_1})\cap A=\varnothing, (x_2, x_2+\delta_{x_2})\cap A=\varnothing$,则一定有 $(x_1, x_1+\delta_{x_1})\cap(x_2, x_2+\delta_{x_2})=\varnothing$,否则便有 $x_1\in(x_2, x_2+\delta_{x_2})$,从而 $x_1\notin A$ 与 $x_1\in A$ 矛盾!这样 $\forall x\in B$,令 $(x, x+\delta_x)$ 与之对应,则集合 B 便与一个互不相交的开区间族对等,从而一定可数.

33. 若 $E\subset\mathbf{R}^2$ 中任意两点间的距离均大于 1,则 E 是可数集.

证明 由于 E 的任两点间距离均大于 1,故 E 中没有收敛点列,从而 $E'=\varnothing$,$\forall k, E\cap B(\theta, k)$ 一定为有限集(否则与 $E'=\varnothing$ 矛盾),$E=\bigcup\limits_{k=1}^{\infty}E\cap B(\theta, k)$,故 E 一定是可数集.

34. 记正方形 $\{(x,y): 0\leqslant x\leqslant 1, 0\leqslant y\leqslant 1\}$ 上定义的一切二元连续函数 $f(x,y)$ 之全体为 X,试证明 $\overline{\overline{X}}=c$.

证明 首先,常值函数均为连续函数,因而 $\mathbf{R}^1$ 与 X 的子集对等,故 $\overline{\overline{X}}\geqslant c$;其次,正方形上定义的一切二元连续函数,由其在正方形中所有有理点(坐标均为有理数)上的值决定,这些有理点是可数的,不妨记之为 $\{p_1, p_2, \cdots, p_n, \cdots\}$. $\forall\varphi\in X$,令
$$\varphi\mapsto\{\varphi(p_1), \varphi(p_2), \cdots, \varphi(p_n), \cdots\}$$
则 X 与所有数列所构成之子集对等,后者基数为 c,故又有 $\overline{\overline{X}}\leqslant c$,由 Cantor-Bernstein 定理知 $\overline{\overline{X}}=c$.

35. 试问直线上所有开区间的全体形成的集合 G 的基数是什么?

解 $\overline{\overline{G}}=c$. 下面用 $]a,b[$ 来表示以 a,b 为端点的开区间,而用 (a,b) 来表示有序数对 a,b. 记

$$M_1 = \{]a,b[:a,b \in \mathbf{R}^1, b > a\}$$
$$M_2 = \{]a,+\infty[:a \in \mathbf{R}^1\}$$
以及
$$M_3 = \{]-\infty,b[:b \in \mathbf{R}^1\}$$
则
$$G = M_1 \bigcup M_2 \bigcup M_3 \bigcup \{(-\infty,+\infty)\}$$

注意到 $M_2 = \{]a,+\infty[:a \in \mathbf{R}^1\}$ 与 $\mathbf{R}^1$ 对等,因而 $\overline{\overline{M_2}} = c$,同理可证 $\overline{\overline{M_3}} = c$. 其次,对任意的 $]a,b[\in M_1$,令有序数对 (a,b) 与之对应,集合 $K = \{(a,b):a,b \in \mathbf{R}^1, b > a\}$ 的基数亦为 c,所以 $\overline{\overline{G}} = c$.

注 首先,集合 $K \subset \mathbf{R}^2$,因而 $\overline{\overline{K}} \leqslant c$,另一方面,集合 $\{a\} \times (a,+\infty) \subset K$,$\{a\} \times (a,+\infty)$ 与 $(a,+\infty)$ 对等,后者基数为 c,故又有 $\overline{\overline{K}} \geqslant c$,由 Cantor-Bernstein 定理 $\overline{\overline{K}} = c$.

36. 设 $\bigcup\limits_{n=1}^{\infty} E_n$ 的基数为连续基数 c,试证一定存在一个 E_n 具有连续基数.

证明 反证.设每个 E_n 的基数都小于 c. 记
$$T = [a_1,b_1] \times [a_2,b_2] \times \cdots \times [a_n,b_n] \times \cdots$$

则 $\overline{\overline{T}} = c$,从而存在双射 $F:T \to \bigcup\limits_{n=1}^{\infty} E_n$. 注意到 $[a_1,b_1]$ 的基数为 c,而 $\overline{\overline{E_1}} < c$,所以一定存在 $t_1 \in [a_1,b_1]$,使 $\forall p_1 \in P_1 = \{t_1\} \times [a_2,b_2] \times \cdots \times [a_n,b_n] \times \cdots$,都有 $F(p_1) \notin E_1$. 同理,对任意的 n,存在 $t_n \in [a_n,b_n]$,使 $\forall p_n \in P_n = [a_1,b_1] \times \cdots \times [a_{n-1},b_{n-1}] \times \{t_n\} \times [a_{n+1},b_{n+1}] \times \cdots$,都有 $F(p_n) \notin E_n$. 注意到 $p = (t_1, t_2, \cdots, t_n, \cdots) \in T$,然而 $\{p\} = \bigcap\limits_{n=1}^{\infty} P_n$,故 $\forall n, F(p) \notin E_n$,即 $F(p) \notin \bigcup\limits_{n=1}^{\infty} E_n$,此与 F 之定义矛盾! 所以一定存在一个 E_n 具有连续基数.

37. 设 $E \subset \mathbf{R}^2$ 是不可数集,试证明存在 $x_0 \in E$,使得对于任一内含 x_0 的圆邻域 $B(x_0)$,点集 $E \cap B(x_0)$ 为不可数集.

证明 反证.若这样的 x_0 不存在,则 $\forall x \in E$,存在 $B(x)$,使 $E \cap B(x)$ 为可数集,由于在 $B(x)$ 中一定存在一个以有理点 x_r 为心,有理数 q 为半径的圆邻域 $B(x_r,q)$ 使 $x \in B(x_r,q) \subset B(x)$,从而亦有 $E \cap B(x_r,q)$ 为可数集,显然 $E \subset \bigcup\limits_{x \in E} B(x_r,q)$,注意到 x_r 与 q 均为有理数,故所有的 $B(x_r,q)$ 为可数集,但
$$E = E \cap (\bigcup\limits_{x \in E} B(x_r,q)) = \bigcup\limits_{x \in E} (E \cap B(x_r,q))$$

而 $E \cap B(x_r,q)$ 可数,便得出 E 为可数集,矛盾! 所以这样的 x_0 一定存在.

38. 设 $E \subset \mathbf{R}^1$ 且 $\overline{\overline{E}} < c$,试证明存在实数 a,使得 $E + \{a\} = \{x+a:x \in E\} \subset \mathbf{R}^1 \setminus \mathbf{Q}(a \notin \mathbf{Q} - E := \{x-y:x \in \mathbf{Q}, y \in E\})$.

证明 反证.假设这样的实数 a 不存在,即 $\forall a \in \mathbf{R}^1, y \in E$ 都有 $y+a \in \mathbf{Q}$,从而便存在有理数 r,使 $y+a = r$ 或 $a = r-y$,这说明 $\mathbf{R}^1 \subset \mathbf{Q} - E$. 所以集合 $\mathbf{Q} - E = \mathbf{R}^1$ 的基数为 c. 记

$\mathbf{Q}=\{r_1,r_2,\cdots\}$,则 $\mathbf{Q}-E=\bigcup_{i=1}^{\infty}E_i=\bigcup_{i=1}^{\infty}(E-r_i)$,由于 $\mathbf{Q}-E$ 的基数为 c,必存在 i,使 E_i 的基数为 c,但 E_i 与 E 对等,又有 $\overline{\overline{E}}=c$,此与 $\overline{\overline{E}}<c$ 矛盾!所以这样的实数 a 一定存在.

39. 试问是否存在集合 E,使得 $P(E)=2^E$ 是可列集.

解 不存在.若 E 为有限集,则 $P(E)$ 亦为有限集,若 E 为可列集 $\overline{\overline{P(E)}}=c>\aleph_0$,进而 E 为任一无穷集均有 $\overline{\overline{P(E)}}>\aleph_0$.

40. 试将自然数集 $\mathbf{N}$ 分成 c 个子集,使得任意两个子集均有严格的包含关系.(视 n 为有理数的下标)

解 作映射 f,为自然数集 $\mathbf{N}$ 到有理数集 $\mathbf{Q}=\{r_n:n\in\mathbf{N}\}$ 的一一对应.$\forall x\in\mathbf{R}^1$,作集合 $A_x=\{f^{-1}(r_n):r_n<x\}$.由于 $\forall x_1\neq x_2$,一定存在有理数 r'_n,使 $x_1<r'_n<x_2$(不妨设 $x_1<x_2$),则有 $f^{-1}(r'_n)\in A_{x_2}$,但 $f^{-1}(r'_n)\notin A_{x_1}$,故 $A_{x_1}\neq A_{x_2}$,这说明集合 $\{A_x:x\in\mathbf{R}^1\}$ 基数为 c,且当 $x_1<x_2$ 时必有 $A_{x_1}\neq A_{x_2}$,至于 $A_{x_1}\subset A_{x_2}$ 及 $\mathbf{N}=\bigcup_{x\in\mathbf{R}^1}A_x$ 是显然的.

41. 设 $E\subset\mathbf{R}^1$ 是非空点集.若 E 中任一子集均为闭集,试问 E 是有限集吗?

解 不一定是有限集.例如 $E=\{0,1,2,\cdots,n,\cdots\}$ 其任一子集皆无聚点,一定是闭集.

42. 设 f 在 (a,b) 上可微,且除可数集外,有 $f'(x)=0$,试证明 $f(x)=c$(常数)

证明 只需证在 (a,b) 中 $f'(x)\equiv 0$,若 $\exists x_0\in(a,b)$ 使 $f'(x_0)=a\neq 0$,不妨设 $a>0$,取 $x_1\in(a,x_0),f'(x_1)=0$,则 $f(x)$ 在 $[x_1,x_0]$ 可微(不妨设 $x_1<x_0$),由介值定理 $\forall s\in(0,a]$ 在 $[x_1,x_0]$ 中一定存在 x,使 $f'(x)=s$,$(0,a]$ 不可数,此与题设矛盾!所以 $f'(x)\equiv 0$,而在 (a,b) 上 $f(x)=c$.

43. 不存在 $\mathbf{R}^1$ 上的连续函数 f,它在无理数集是单射,而在有理数集 $\mathbf{Q}$ 上不是单射.

证明 反证.假设存在两个有理数 $r_1<r_2$,使 $f(r_1)=f(r_2)=p$,由于 f 在无理数集上为单射,故 f 在 $[r_1,r_2]$ 上的最大值 M 大于最小值 m,不妨设 $M>p$($p>m$ 可同理去证),则一定存在 $x_0\in(r_1,r_2)$,使 $f(x_0)=M$.

分别记 f 在 $[r_1,x_0]$ 和 $[x_0,r_2]$ 上的最小值为 m_1,m_2 且设 $m_1\geqslant m_2$($m_1<m_2$ 同理).设 $[r_1,x_0]$ 中的无理数集为 T,则由 f 在 T 上单射知 $\overline{\overline{f(T)}}=\overline{\overline{T}}=c$,且 $f(T)\subset[M,m_1]\subset[M,m_2]$.由介值定理知 $\forall s\in f(T)$,一定存在 $t\in[x_0,r_2]$,使 $f(t)=s\in f(T)$.由于 $\overline{\overline{f(T)}}=c$,当 s 取遍 $f(T)$ 时,t 不能恒取有理数,否则 $f(T)$ 便与一有理数集对等造成矛盾!故一定存在 $t\in[x_0,r_2]$,t 为无理数使 $f(t)=s\in f(T)$.注意到 $T\subset[r_1,x_0]$ 与 f 在 T 上单射矛盾!

44. 设 $A,B\subset\mathbf{R}^2$,试问:

(1) $(A\cup B)^0=A^0\cup B^0$ 是否恒成立?

(2) $(A\cap B)'=A'\cap B'$ 是否恒成立?

(3) 若 $A^0\subset B^0$,是否必有 $A'\subset B'$?

解 (1) 不恒成立.

设 $A=\{(0,0)\}\subset \mathbf{R}^2, B=\mathbf{R}^2\backslash A\subset \mathbf{R}^2$,从而 $(A\bigcup B)^0=\mathbf{R}^2$,但 $A^0\bigcup B^0=B$.

(2) 不恒成立. 设
$$A=\{(x,y)\mid x^2+y^2<1\}\subset \mathbf{R}^2, B=\mathbf{R}^2\backslash A\subset \mathbf{R}^2$$
则 $(A\bigcap B)'=\varnothing$,但
$$A'\bigcap B'=\{(x,y)\mid x^2+y^2\leqslant 1\}\bigcap\{(x,y)\mid x^2+y^2\geqslant 1\}=\{(x,y)\mid x^2+y^2=1\}$$

(3) 未必. 设
$$A=\{(x,y)\mid x,y\in \mathbf{Q}\}\subset \mathbf{R}^2, B=\{(x,y)\mid x^2+y^2<1\}\subset \mathbf{R}^2$$
则 $A^0\subset B^0$,但 $A'=\mathbf{R}^2, B'=\{(x,y)\mid x^2+y^2\leqslant 1\}$.

45. 设 $E=\{(x,y)\mid x=y\}\subset \mathbf{R}^2$,则 E 为闭集.

证明 若 $P_n=(x_n,y_n)\in E, P_n\to P_0=(x_0,y_0)\in \mathbf{R}^2$,则有 $x_n\to x_0, y_n\to y_0, x_n=y_n$,从而一定有 $x_0=y_0$,所以 $P_0=(x_0,y_0)\in E$,这说明 E 为闭集.

46. 求证:任何点集的导集是闭集.

证明 设点集 E 的导集为 E'. 设 x_0 是 E' 的极限点,则对任何 $\delta>0$,必有某个 $y\in N^\circ(x_0,\delta)\bigcap E'$. 命 $\varepsilon=\delta-\rho(x_0,y)$,则 $\varepsilon>0$,且 $N(y,\varepsilon)\subset N(x_0,\delta)$. 而 $y\in E'$,故 $N(y,\varepsilon)\bigcap E$ 至少含有两个点,知 $N(x_0,\delta)\bigcap E$ 亦至少含有两个点,所以
$$N^\circ(x_0,\delta)\bigcap E\neq\varnothing$$
故 $x_0\in E'$. 这便证明了 E' 是闭集.

47. 试证:

(1) $x_0\in \bar{E}\Leftrightarrow \forall \delta>0, N(x_0,\delta)\bigcap E\neq\varnothing$.

(2) $x_0\in \bar{E}\Leftrightarrow \exists \{x_n\}\subset E, x_n\to x_0(n\to\infty)$.

证明 (1) 必要性. $x_0\in \bar{E}$,则 $x_0\in E$ 或 $x_0\in E'$. 若 $x_0\in E$,对 $\forall \delta>0$,由于 $x_0\in N(x_0,\delta)\bigcap E$,从而 $N(x_0,\delta)\bigcap E\neq\varnothing$;若 $x_0\in E'$,对 $\forall \delta>0$,由于 $N(x_0,\delta)\bigcap(E\backslash\{x_0\})\neq\varnothing$,一定有 $N(x_0,\delta)\bigcap E\neq\varnothing$.

充分性. 对 $\forall \delta>0$,有 $N(x_0,\delta)\bigcap E\neq\varnothing$,若 $x_0\in E$,则 $x_0\in \bar{E}$;若 $x_0\notin E$,则有 $N(x_0,\delta)\bigcap(E\backslash\{x_0\})=N(x_0,\delta)\bigcap E\neq\varnothing$,从而 $x_0\in E'$,因此必有 $x_0\in \bar{E}$.

(2) 必要性. $x_0\in \bar{E}$,则 $x_0\in E$ 或 $x_0\in E'$. 若 $x_0\in E$,取 $x_n=x_0(n=1,2,\cdots)$,即为所求. 若 $x_0\in E'$,存在点列 $\{x_n\}\subset E$,使得 $x_n\to x_0, n\to\infty$.

充分性. 设点列 $\{x_n\}\subset E$,满足 $x_n\to x_0, n\to\infty$. 若 $x_0\in E$,则 $x_0\in \bar{E}$;若 $x_0\notin E$,则 $x_n\neq x_0(n=1,2,\cdots)$,所以 $x_0\in E'$,从而 $x_0\in \bar{E}$.

48. 设 A 为 $\mathbf{R}^n$ 中的开集,则对任意集合 $B\subset \mathbf{R}^n$,均有 $A\bigcap \bar{B}\subset \overline{A\bigcap B}$.

证明 不妨设 $A\bigcap \bar{B}\neq\varnothing$. 对 $\forall x\in A\bigcap \bar{B}, x\in A$ 且 $x\in \bar{B}$. 由于 A 为开集,存在 $\varepsilon>0$,使 $N(x,\varepsilon)\subset A$,从而对任意的 $\varepsilon>\delta>0$,一方面 $N(x,\delta)\subset N(x,\varepsilon)\subset A$,另一方面 $x\in \bar{B}$,又有 $\varnothing\neq N(x,\delta)\bigcap B\subset(A\bigcap B)\bigcap N(x,\delta)$,所以 $x\in \overline{A\bigcap B}$. 结论成立!

49. 证明 $\mathbf{R}^n$ 中一个集合 E 为紧集当且仅当 E 为有界闭集.

证明 略.

50. 记
$$\Gamma = \left\{ B\left(x, \frac{1}{k}\right) : x \text{ 是 } \mathbf{R}^n \text{ 中的有理点}, k \text{ 是自然数} \right\}$$
则 $\mathbf{R}^n$ 中任一开集 G 均可表为 Γ 中某些开集的并集.

证明 设 G 为 $\mathbf{R}^n$ 中任一开集. $\forall x \in G$, 存在 $\delta > 0$, 使 $B(x, \delta) \subset G$. 取 $k > \frac{\delta}{2}$, 及 $x_q \in B\left(x, \frac{1}{k}\right)$ 为任一有理点, 则易证 $x \in B\left(x_q, \frac{1}{k}\right) \subset B(x, \delta)$, 故 $G = \bigcup_{x \in G} B\left(x_q, \frac{1}{k}\right)$.

51. 若集合 M 和 A 满足 $M' \cap A \subseteq M$, 则称 M 闭于 A (M 相对于 A 为闭集). 求证 M 包含于 A 且闭于 A 的充要条件是存在闭集 F, 使得 $M = A \cap F$.

证明 必要性. 设 $M \subseteq A$ 且 $M' \cap A \subseteq M$, 取 $F = \overline{M} = M \cup M'$, 则 F 是闭集, 且
$$A \cap F = A \cap (M \cup M') = (A \cap M) \cup (A \cap M') = M$$
即 $M = A \cap F$.

充分性. 设存在闭集 F, 使得 $M = A \cap F$, 则显然有 $M \subseteq A$. 而 $M' \subseteq A' \cap F' = A' \cap F \subseteq F$, 所以 $M' \cap A \subseteq A \cap F \subseteq M$.

52. 试证集合 $E \subset \mathbf{R}^n$ 的任意开覆盖一定有可数的子覆盖.

证明 设 $\{G_i : i \in \Delta\}$ 为集合 E 的任一个开覆盖. 由 51 题结论存在 $B\left(x_i, \frac{1}{k_i}\right) \in \Gamma$, 使得 $G_i = \bigcup_{x_i \in G_i} B\left(x_i, \frac{1}{k_i}\right)$, 其中 $B\left(x_i, \frac{1}{k_i}\right) \subset G_i$, x_i 为有理点. 所以
$$E \subset \bigcup_{i \in \Delta} G_i = \bigcup_{i \in \Delta, B(x_i, \frac{1}{k_i}) \subset G_i} B\left(x_i, \frac{1}{k_i}\right)$$

注意到 Γ 为可数集, 上试右端至多有可数个集合的并, 不妨记之为 $B\left(x_j, \frac{1}{k_j}\right) (j = 1, 2, \cdots)$.

由于一定存在 $G_j \in \{G_i : i \in \Delta\}$, 使 $B\left(x_j, \frac{1}{k_j}\right) \subset G_j$, 故
$$E \subset \bigcup_{i \in \Delta} G_i = \bigcup_{i \in \Delta, B(x_i, \frac{1}{k_i}) \subset G_i} B\left(x_i, \frac{1}{k_i}\right) = \bigcup_{j=1}^{\infty} B\left(x_j, \frac{1}{k_j}\right) \subset \bigcup_{j=1}^{\infty} G_j$$

这说明 E 的覆盖 $\{G_i : i \in \Delta\}$ 中一定有可数的子覆盖 $\{G_j : j = 1, 2, \cdots\}$.

53. 证明下面结论.

(1) 设 E 是 $\mathbf{R}^n$ 中紧集, $f \in C(E)$, 则 $\exists x_0 \in E, y_0 \in E$, 使
$$f(x_0) = \inf f(E), f(y_0) = \sup f(E)$$

(2) 函数列 $\{f_k(x)\}$ 一致收敛于 $f(x)$, 则 $f(x)$ 在 E 上一致连续.

(3) 若 $E \subset \mathbf{R}^n$ 上的连续函数列 $\{f_k(x)\}$ 一致收敛于 $f(x)$, 则 $f(x)$ 是 E 上的连续函数.

证明 (1) 首先, $f(x)$ 在 E 上有上界. 事实上, 若 $f(x)$ 在 E 上无上界, 则存在 $\{x_n\} \subset E$,

使 $f(x_n) \to +\infty (n \to \infty)$. 由于 E 为紧集,存在 $\{x_{n_i}\} \subset \{x_n\}$,使 $x_{n_i} \to x_0 \in E$. 由于 $f \in C(E)$, 便有 $f(x_0) = \lim_{n_i \to \infty} f(x_{n_i}) = +\infty$,矛盾! 其次,设 $M = \sup\{f(x) : x \in E\}$,则存在 $\{x_n\} \subset E$,使 $\lim_{n \to \infty} f(x_n) = M$. 由于 E 为紧集,存在 $\{x_{n_i}\} \subset \{x_n\}$,使 $x_{n_i} \to x_0 \in E$,从而 $f(x_0) = \lim_{x_{n_i} \to x_0} f(x_{n_i}) = \lim_{n \to \infty} f(x_n) = M$. 下确界同理.

(2) 任给 $\varepsilon > 0$,由于 $f \in C(E), \forall x \in E$,存在 $\delta_x > 0$,当 $y_1, y_2 \in (x - 2\delta_x, x + 2\delta_x)$ 时,有 $|f(y_1) - f(y_2)| < \varepsilon$. 开集族 $\{(x - \delta_x, x + \delta_x) : x \in E\}$ 构成了 E 的一个开覆盖,从而存在有限的子覆盖 $\{(x_i - \delta_{x_i}, x_i + \delta_{x_i}) : i = 1, 2, \cdots, k\}$. 取 $\delta = \min\{\delta_{x_i} : i = 1, 2, \cdots, k\}$,则 $\forall y_1, y_2 \in E$,当 $|y_1 - y_2| < \delta$ 时,有 $x_j \in \{x_i : i = 1, 2, \cdots, k\}$,使 $y_1, y_2 \in (x_j - 2\delta_j, x_j + 2\delta_j)$,一定有 $|f(y_1) - f(y_2)| < \varepsilon$,所以 f 在 E 上一致连续.

(3) 函数列 $\{f_k(x)\}$ 一致收敛于 $f(x)$,任给 $\varepsilon > 0, \exists N$,当 $n \geqslant N$ 时,有 $|f(x) - f_n(x)| < \dfrac{\varepsilon}{4}$ 与 $|f_n(x_0) - f(x_0)| < \dfrac{\varepsilon}{4}$ 同时成立. 由于 $f_N \in C(E)$,因而 $\exists \delta > 0$,当 $y \in B(x, \delta) \cap E$ 时,有 $|f_N(y) - f_N(x)| < \dfrac{\varepsilon}{2}$,从而

$$|f(x) - f(x_0)| \leqslant |f(x) - f_N(x)| + |f_N(x) - f_N(x_0)| + |f_N(x_0) - f(x_0)|$$
$$< \dfrac{\varepsilon}{4} + \dfrac{\varepsilon}{4} + \dfrac{\varepsilon}{2} = \varepsilon$$

所以 $f \in C(E)$.

54. 设 $f \in C(\mathbf{R}^n)$,且 f 具紧支集,证明 f 在 $\mathbf{R}^n$ 上一致连续.

证明 记 S 为 f 的支集及 $B = \{x \in \mathbf{R}^n : d(x, S) \leqslant 1\}$. 由于 S 为有界集,易证 B 为有界闭集. 任给 $\varepsilon > 0$,由于 f 在 B 上一致连续,存在 $\delta_B > 0$,当 $y_1, y_2 \in B$ 且 $|y_1 - y_2| < \delta_B$ 时,一定有 $|f(y_1) - f(y_2)| < \varepsilon$. 取 $\delta = \min\{\delta_B, 1\}$,则 $\forall y_1, y_2 \in \mathbf{R}^n$,当 $|y_1 - y_2| < \delta$ 时,若 $y_1, y_2 \in B$ 或 $y_1, y_2 \in B^c$,显然有 $|f(y_1) - f(y_2)| < \varepsilon$;若 $y_1 \in B, y_2 \in B^c$,由于 $d(y_2, S) > 1 \geqslant \delta$ 而 $|y_1 - y_2| < \delta$,故 $y_1 \notin S$,同样有 $|f(y_1) - f(y_2)| = 0 < \varepsilon$. 综上 f 在 $\mathbf{R}^n$ 上一致连续.

55. 设 $f \in C(B_l)$,其中 $B_l = \{y : |y| < l\}$. 取 $y_1, y_2 \in B_l$,不妨设 $f(y_1) \geqslant f(y_2)$,则对任意的 $s, f(a) \leqslant s \leqslant f(b)$,一定存在 $\xi \in B_l$,使 $f(\xi) = s$.

证明 $\forall t \in [0, 1], y(t) = (1 - t)y_1 + ty_2 \in B_l$,从而复合函数 $F(t) = f(y(t))$ 为 $[0, 1]$ 上的连续函数且 $F(0) = f(y(0)) = f(y_1), F(1) = f(y(1)) = f(y_2)$. 由闭区间上的连续函数的性质知,必存在 $t_0 \in [0, 1]$,使 $F(t_0) = f(y(t_0)) = s$,取 $\xi = y(t_0)$ 即可.

56. 下列问题正确的给出证明,不正确的给出反例.

(1) 如果定义在集合 E 上的实函数 f 关于闭集 $F(F \subset E)$ 连续且 $m(E - F) = 0$. 试问是否 f 关于 E 是几乎处处连续的?

(2) 如果 f 关于 E 几乎处处连续,试问:是否存在关于 E 连续的函数 g,使得
$$f(x) = g(x), \quad \text{a.e. } x \in E$$

解 (1) 不正确. 例如, 记区间 $[0,1]$ 中测度为 $\frac{1}{2}$ 的类 Cantor 集为 F, 集合 $[0,1]\backslash F$ 中的所有有理数所构成的集合为 Q 以及 $E=Q\bigcup F$. 定义函数
$$f=\begin{cases}0, & x\in F \\ 1, & x\in Q\end{cases}$$
则 f 一定是 F 上的连续函数, F 为闭集且 $m(E\backslash F)=m(Q)=0$. 另一方面, 由 F 的构造可知 $\forall x\in F, x$ 的任意邻域都既含有 F 中的点也含有 Q 中的点, 因此作为 E 上的函数, f 在 F 上点点不连续, 故 f 关于 E 不是几乎处处连续的.

(2) 亦不正确. 例如函数 $f(x)=\begin{cases}\dfrac{1}{x}, & x\in[-1,0)\bigcup(0,1] \\ 1, & x=0\end{cases}$ 为区间 $[-1,1]$ 上几乎处处连续的函数 (只在 $x=0$ 点不连续), 但不存在 $[-1,1]$ 上的连续函数 $g(x)$, 使 $f(x)$ 与 $g(x)$ 几乎处处相等. 事实上, 若 $g(x)$ 与 $f(x)$ 几乎处处相等, 则 $\forall \delta>0$, 一定存在 $x\in(0,\delta)$ 使 $g(x)=f(x)=\dfrac{1}{x}$, 因而当 $x\to 0$ 时, $g(x)$ 的极限不存在 (有限), 此与 $g(x)$ 在 $[-1,1]$ 上连续矛盾!

57. 设 $G_1, G_2, \cdots, G_n$ 是直线上的一列开集, 每个 G_n 都是直线中的稠密子集, 试证明 $\bigcap_{n=1}^{\infty} G_n$ 亦在直线上稠密.

证明 只需证 $\forall x\in \mathbf{R}^n$ 及邻域 $B(x,r)$, 均有 $B(x,r)\bigcap \bigcap_{n=1}^{\infty} G_n \neq \varnothing$. 事实上, 由于 G_1 在 $\mathbf{R}^n$ 中稠密, 一定有 $B(x,r)\bigcap G_1 \neq \varnothing$. 注意到 $B(x,r)\bigcap G$ 为开集, 存在 $x_1\in B(x,r)\bigcap G_1$ 及 $r_1(0<r_1\leqslant\dfrac{r}{2})$ 使得 $\overline{B(x_1,r_1)}\subset B(x,r)\bigcap G_1$; 同理存在 $x_2\in B(x_1,r_1)\bigcap G_2$ 及 $r_2(0<r_2\leqslant\dfrac{r_1}{2})$ 使得 $\overline{B(x_2,r_2)}\subset B(x_1,r_1)\bigcap G_2$, 以此类推. 这样, 便得到一闭集列 $\{\overline{B(x_n,r_n)}\}$, 满足 $\overline{B(x_1,r_1)}\supset \overline{B(x_2,r_2)}\supset \cdots \supset \overline{B(x_n,r_n)}\supset \cdots, \overline{B(x_n,r_n)}\subset G_n$ 及 $r_n\to 0$. 由闭集套定理存在 $y\in \mathbf{R}^n, \forall n, y\in \overline{B(x_n,r_n)}$. 故 $y\in B(x,r)\bigcap \bigcap_{n=1}^{\infty} G_n, \bigcap_{n=1}^{\infty} G_n$ 在直线上稠密.

58. 举例说明可列个开集的交不一定是开集, 可列个闭集的并不一定是闭集.

例如: 记 $G_n=(0, 1+\dfrac{1}{n})$, 则 $\{G_n\}$ 为开集列, $\bigcap_{n=1}^{\infty} G_n=(0,1]$ 不是开集;

记 $F_n=[\dfrac{1}{n}, 3-\dfrac{1}{n}]$, 则 $\{F_n\}$ 为闭集列 $\bigcup_{n=1}^{\infty} F_n=(0,3)$ 不是闭集.

注 可列个开集的交和可列个闭集的并可以是多种多样的, 因此称之为 G_δ 和 F_σ 集.

59. 试证 $\mathbf{R}^1$ 中的有理数集不是 G_δ 集.

证明 假设有理数集 $\mathbf{Q}=\bigcap_{n=1}^{\infty} G_n$, 其中 $G_n(n=1,2,\cdots)$ 为 $\mathbf{R}^1$ 中的开集. 由于 $\mathbf{Q}\subset G_n$, 故 G_n

在 $\mathbf{R}^1$ 稠密. 记 $\mathbf{Q}=\{r_n\}_{n=1}^{\infty}$ 及 $G'_n=G_n\setminus\{r_n\}$, 则 G'_n 仍为开集且在 $\mathbf{R}^1$ 稠密. 利用上一题结论 $\bigcap_{n=1}^{\infty} G'_n=(\bigcap_{n=1}^{\infty} G_n)\setminus\mathbf{Q}$ 在 $\mathbf{R}^1$ 稠密, 这与 $(\bigcap_{n=1}^{\infty} G_n)\setminus\mathbf{Q}=\varnothing$ 矛盾!

60. 设 E 是 Cantor 集 C 补集的构成区间(即可数个互不相交的区间)中点的全体, 试证 $E'=C$.

证明 Cantor 集 $C=\bigcap_{n=1}^{\infty} F_n$, 其中 $F_n=\bigcup_{i=1}^{2^n} F_{n,i}$ 以及 $|F_{n,i}|<\frac{1}{3^n}$. 注意到 $\forall x\in C$ 以及任意 $\delta>0, x\in F_n, n=1,2,\cdots$, 且当 n 充分大时 $\frac{1}{3^n}<\delta$. 故当 n 充分大时, 存在 j, 使 $F_{n,j}\subset B(x,\delta)$. 而 $F_{n,i}$ 的中心一定在 E 中, 可知 $x\in E'$, 所以 $C\subset E'$; 又 $\forall y\in [0,1]\setminus C, y$ 一定在某一构成区间 I 中, 从而存在 $\delta>0$, 使 $B(y,\delta)\subset I$, 所以 $B(y,\delta)$ 与 E 至多有一个交点, $y\notin E'$. 再注意到 $E'\subset [0,1]$, 故又有 $E'\subset C$. 综上 $E'=C$.

61. 设 $E\subset \mathbf{R}^n$ 为任一非空集, 证明 $\forall x,y\in \mathbf{R}^n$, 总有 $|d(x,E)-d(y,E)|\leqslant |x-y|$ 成立. 并据此完成如下问题:

(1) 证明距离函数 $f(x)=d(x,E)$ 为 $\mathbf{R}^n$ 上的一致连续函数.

(2) 设 F_1, F_2 为任意两个不交的非空闭集, 则存在 $\mathbf{R}^n$ 上的连续函数 H, 使
$$0\leqslant H(x)\leqslant 1$$
以及 $\qquad F_1=\{x\in \mathbf{R}^n: H(x)=1\}, F_2=\{x\in \mathbf{R}^n: H(x)=0\}$

进而 $\forall a,b\in \mathbf{R}^n, a>b$ 存在 $\mathbf{R}^n$ 上的连续函数 H_1, 使
$$b\leqslant H_1(x)\leqslant a$$
以及 $\qquad F_1=\{x\in \mathbf{R}^n: H(x)=a\}, F_2=\{x\in \mathbf{R}^n: H(x)=b\}$

(3) 设 F_1, F_2 为任意两个不交的非空闭集, 则一定存在两个不交开集 G_1, G_2, 满足 $F_1\subset G_1$ 和 $F_2\subset G_2$.

(4) 设 F_1, F_2 为任意两个不交的非空闭集, 且其中一个有界, 则一定存在 $x\in F_1$ 及 $y\in F_2$, 使 $d(x,y)=d(F_1,F_2)$.

证明 $\forall z\in E, |x-z|\leqslant |x-y|+|y-z|$, 故有 $d(x,E)\leqslant |x-y|+|y-z|$. 由 z 的任意性, 立知 $d(x,E)\leqslant |x-y|+d(y,E)$, 从而 $d(x,E)-d(y,E)\leqslant |x-y|$. 由 x,y 的对称性, 又有 $d(y,E)-d(x,E)\leqslant |x-y|$, 所以 $|d(x,E)-d(y,E)|\leqslant |x-y|$ 成立.

(1) 由上面的结论, 立知 $\forall x,y\in \mathbf{R}^n, |f(x)-f(y)|\leqslant |x-y|$, 所以 $f(x)=d(x,E)$ 为 $\mathbf{R}^n$ 上的一致连续函数.

(2) 函数 $H(x)=\dfrac{d(x,F_2)}{d(x,F_1)+d(x,F_2)}$ 以及 $H_1(x)=b+(a-b)H(x)$ 即为所求.

(3) 设 $H(x)$ 与(2)中相同, 令 $G_1=H^{-1}((\frac{1}{2},+\infty))$ 及 $G_2=H^{-1}((-\infty,\frac{1}{2}))$, 则 G_1, G_2 即为所求.

(4) 不妨设 F_1 为有界闭集. 注意 $f(z)=d(z,F_2)$ 为 $\mathbf{R}^n$ 上的一致连续函数,因而在 F_1 上一定连续,从而存在最小值 $x\in F_1$,使 $f(x)=d(x,F_2)=\min\limits_{z\in F_1}\{d(z,F_2)\}=d(F_1,F_2)$. 由于 F_2 为闭集,一定存在 $y\in F_2$,使 $d(x,y)=d(x,F_2)$,故 $d(x,y)=d(F_1,F_2)$.

62. 设 A 为非空点集,$a>0$,$B=\{x\mid d(x,A)<a\}$,则 $A\subset B$,且 B 为开集.

证明 首先 $A\subset B$. 事实上,对 $\forall x\in A$,有 $d(x,A)=0<a$,从而 $x\in B$,故 $A\subset B$. 下证 B 为开集,只需证明 $B^c=\{x\mid d(x,A)\geqslant a\}$ 为闭集.

若 $x_n\in B^c(n=1,2,\cdots)$,而 $x_n\to x_0\in\mathbf{R}^n$,由于 $\forall n$,$d(x_n,A)\geqslant a$,函数 $f(x)=d(x,A)$ 为关于 x 的连续函数,一定有 $f(x_0)=d(x_0,A)\geqslant a$,从而 $x_0\in B^c$,所以 B^c 为闭集.

63. 证明:实直线 $\mathbf{R}^1$ 中的闭区间 $[a,b]$ 不能表为两个互不相交的非空闭集的并.

证明 用反证法. 设存在两个非空集合 F_1 和 F_2,有 $F_1\cap F_2=\varnothing$,$F_1\cup F_2=[a,b]$. 于是 $\rho(F_1,F_2)=d>0$,且存在 $x_1\in F_1$ 和 $x_2\in F_2$,使

$$\rho(x_1,x_2)=\rho(F_1,F_2)=d>0$$

取 $x_0=\dfrac{1}{2}(x_1+x_2)$,则 $x_0\in[a,b]=F_1\cup F_2$,故 $x_0\in F_1$ 或 $x_0\in F_2$.

不妨设 $x_0\in F_1$,则

$$d=\rho(F_1,F_2)\leqslant\rho(x_0,F_2)\leqslant\rho(x_0,x_2)=\dfrac{d}{2}$$

这是不可能的. 同理,$x_0\in F_2$ 也是不可能的,故假设不成立.

64. 试回答在"连续延拓定理中"闭集 F 能否简化成为任意非空集? $f(x)$ 在无界情形下是否也能连续延拓到整个 $\mathbf{R}^n$?

答:闭集 F 不能简化成为任意非空集. 例如,$f(x)=\dfrac{1}{x}$ 在 $(-\infty,0)\cup(0,+\infty)$ 上连续,但不能连续延拓到 $\mathbf{R}^1$ 上. 若 $f(x)$ 在 F 上无界,考虑 $h(x)=\arctan f(x)$,则 $h(x)$ 是 F 上的有界函数,设其在 $\mathbf{R}^n$ 上的连续延拓为 $H(x)$,则 $\tan H(x)$ 为 $f(x)$ 在 $\mathbf{R}^n$ 上的连续延拓($\forall x\in F$,$\tan H(x)=\tan h(x)=\tan(\arctan f(x))=f(x)$).

65. 证明 f 是 $\mathbf{R}^n$ 上的连续函数当且仅当对任意开集 $G\subset\mathbf{R}^1$,集合

$$f^{-1}(G)=\{x\in\mathbf{R}^n:f(x)\in G\}$$

为 $\mathbf{R}^n$ 中的开集;f 是非空集 $E\subset\mathbf{R}^n$ 上的连续函数当且仅当对任意开集 $G\subset\mathbf{R}^1$,存在开集 $O\subset\mathbf{R}^n$,使

$$O\cap E=f^{-1}(G)=\{x\in E:f(x)\in G\}$$

证明 (1) 必要性. $\forall y\in f^{-1}(G)$,$f(y)\in G$. 注意到 G 是开集,一定存在 $\varepsilon>0$,使 $B(f(y),\varepsilon)\subset G$. 由于 f 在 y 点连续,存在 $\delta>0$,当 $|x-y|<\delta$ 时,$|f(x)-f(y)|<\varepsilon$,即 $B(y,\delta)\subset f^{-1}(B(f(y),\varepsilon))$. 而 $B(f(y),\varepsilon)\subset G$,所以一定有 $B(y,\delta)\subset f^{-1}(G)$,这说明 $f^{-1}(G)$ 是开集.

充分性. $\forall x \in \mathbf{R}^n$ 及 $\varepsilon > 0, B(f(x),\varepsilon)$ 为开集，所以 $f^{-1}(B(f(x),\varepsilon))$ 一定为开集. $x \in f^{-1}(B(f(x),\varepsilon))$，一定存在 $\delta > 0$ 使 $B(x,\delta) \subset f^{-1}(B(f(x),\varepsilon))$，即对任意 $y \in \mathbf{R}^n, |y-x| < \delta$ 时，便有 $|f(y)-f(x)| < \varepsilon$，所以 f 在 x 点连续. 由 x 的任意性，f 是 $\mathbf{R}^n$ 上的连续函数.

(2) 必要性. $\forall y \in f^{-1}(G) = \{x \in E : f(x) \in G\}, f(y) \in G$. 注意到 G 是开集，一定存在 $\varepsilon > 0$，使 $B(f(y),\varepsilon) \subset G$. 由于 f 在 y 点连续，存在 $\delta > 0$，当 $x \in E$ 且 $|x-y| < \delta$ 时，有 $|f(x)-f(y)| < \varepsilon$，即 $B(y,\delta) \cap E \subset f^{-1}(B(f(y),\varepsilon)) \subset f^{-1}(G)$. 作 $O = \bigcup_{y \in f^{-1}(G)} B(y,\delta)$，则 $O \cap E = \bigcup_{y \in f^{-1}(G)} (B(y,\delta) \cap E) \subset f^{-1}(G)$，由于显然

$$f^{-1}(G) \subset \left(\bigcup_{y \in f^{-1}(G)} B(y,\delta)\right) \cap E$$

所以一定有 $O \cap E = f^{-1}(G)$.

充分性. $\forall x \in E$ 及 $\varepsilon > 0, B(f(x),\varepsilon)$ 为开集，所以一定存在开集 O 使

$$O \cap E = f^{-1}(B(f(x),\varepsilon))$$

$x \in f^{-1}(B(f(x),\varepsilon)) = O \cap E$，一定存在 $\delta > 0$ 使 $B(x,\delta) \subset O$，从而

$$B(x,\delta) \cap E \subset O \cap E = f^{-1}(B(f(x),\varepsilon))$$

这说明，对任意 $y \in E, |y-x| < \delta$ 时，便有 $|f(y)-f(x)| < \varepsilon$，所以 f 在 x 点连续. 由 x 的任意性，f 是 E 上的连续函数.

66. 设 $x \in \mathbf{R}^n, A \subseteq \mathbf{R}^n$，则 $x \in \overline{A} \Leftrightarrow \rho(x,A) = 0$.

证明 必要性. 设 $x \in \overline{A} = A \cup A'$. 若 $x \in A$，则显然有 $\rho(x,A) = 0$. 若 $x \notin A$，则必有 $x \in A'$，于是存在点列 $\{x_n\} \subseteq A$，使 $x_n \to x, n \to \infty$. 但对任意的 $n \in \mathbf{N}$，有

$$0 \leqslant \rho(x,A) = \inf\{\rho(x,y) \mid y \in A\} \leqslant \rho(x,x_n)$$

而 $\rho(x,x_n) \to 0, n \to \infty$，故 $\rho(x,A) = 0$.

充分性. 若 $\rho(x,A) = 0$，则对任意的 $\varepsilon > 0$，有

$$\rho(x,A) = \inf\{\rho(x,y) \mid y \in A\} = 0 < \varepsilon$$

由下确界的定义可知，存在 $y_0 \in A$，使得 $\rho(x,y_0) < \varepsilon$，从而 $y_0 \in N(x,\varepsilon)$. 这说明，对任意的 $\varepsilon > 0, A \cap N(x,\varepsilon) \neq \varnothing$. 于是 $x \in \overline{A}$.

67. 证明：对于集合 $A, B \subseteq \mathbf{R}^n$，有 $\rho(A,B) = \rho(\overline{A}, \overline{B})$.

证明 由于

$$\{\rho(x,y) \mid x \in A, y \in B\} \subseteq \{\rho(x,y) \mid x \in \overline{A}, y \in \overline{B}\}$$

故

$$\rho(A,B) = \inf\{\rho(x,y) \mid x \in A, y \in B\} \geqslant \inf\{\rho(x,y) \mid x \in \overline{A}, y \in \overline{B}\} = \rho(\overline{A}, \overline{B})$$

另一方面，$\rho(\overline{A}, \overline{B}) = \inf\{\rho(x,y) \mid x \in \overline{A}, y \in \overline{B}\}$，由下确界的定义知，对任意的 $\varepsilon > 0$，存在 $x_0 \in \overline{A}, y_0 \in \overline{B}$，使得

$$\rho(x_0, y_0) < \rho(\overline{A}, \overline{B}) + \frac{\varepsilon}{3}$$

由 $x_0 \in \overline{A}$ 知,存在 $x_1 \in A$,使得 $\rho(x_1, x_0) < \frac{\varepsilon}{3}$;

由 $y_0 \in \overline{B}$ 知,存在 $y_1 \in B$,使得 $\rho(y_1, y_0) < \frac{\varepsilon}{3}$.

所以
$$\rho(A,B) = \inf\{\rho(x,y) \mid x \in A, y \in B\} \leqslant \rho(x_1, y_1)$$
$$\leqslant \rho(x_1, x_0) + \rho(x_0, y_0) + \rho(y_1, y_0) < \rho(\overline{A}, \overline{B}) + \varepsilon$$

由 ε 的任意性知,$\rho(A,B) \leqslant \rho(\overline{A}, \overline{B})$.

68. 设集合 $E \subset \mathbf{R}^n$, H 为可测集且 $E \subset H$, $m^*(E) < \infty$. 证明 H 为 E 的等测包当且仅当对任意可测集 $A \subset H \backslash E$, 一定有 $m(A) = 0$.

证明 必要性. 对任意可测集 $A \subset H \backslash E$, $H = (H \backslash A) \cup A$. 由于 $H \supset (H \backslash A) \supset E$ 以及 $m(H) = m^*(E)$, 所以 $m(H) = m(H \backslash A)$, 故 $m(A) = m(H) - m(H \backslash A) = 0$.

充分性. 假设对任意可测集 $A \subset H \backslash E$, 都有 $m(A) = 0$. 记 G 为 E 的等测包, 由于 $E \subset H$, $G \cap H$ 仍为 E 的等测包, 因此不妨设 $G \subset H$. 因为 $H \backslash G \subset H \backslash E$, 由假设有 $m(H \backslash G) = 0$, 从而 $m(H) = m(H \backslash G) + m(G) = m(G) = m(E)$, 所以 H 为 E 的等测包.

69. 设 $E \subset \mathbf{R}^n$ 且 $m^*(E) < +\infty$, 若有
$$m^*(E) = \sup\{m(F) : F \subset E \text{ 是有界闭集}\}$$

试证明 E 是可测集.

证明 首先存在 E 的等测包 G, $E \subset G$, 且 $m(G) = m^*(E)$. 据题意 $\forall \varepsilon > 0$, 存在 $F_\varepsilon \subset E$, F 为闭集, 使 $m^*(E) < m(F_\varepsilon) + \varepsilon$, 从而便有
$$m^*(E \backslash F) \leqslant m^*(G \backslash F_\varepsilon) = m^*(G) - m^*(F_\varepsilon) = m^*(E) - m(F_\varepsilon) < \varepsilon$$

特别取 $\varepsilon = \frac{1}{k}$, 便有 $m^*(E \backslash F_k) < \frac{1}{k} (k=1,2,\cdots)$. 记 $A = \bigcup_{k=1}^{\infty} F_k$, 则有
$$m^*(E \backslash A) = m^*\left(E \backslash \bigcup_{k=1}^{\infty} F_k\right) \leqslant m^*(E \backslash F_k) < \frac{1}{k} \to 0, k \to \infty$$

这说明 $m^*(E \backslash A) = 0$, 所以 $E = (E \backslash A) \cup A$ 为可测集.

70. 设有点集 E_1, E_2, 其中 E_1 是可测集. 若 $m(E_1 \Delta E_2) = 0$, 试证明 E_2 是可测集, 且 $m(E_1) = m(E_2)$.

证明 由于 $m(E_1 \Delta E_2) = 0$, 知 $m(E_1 \backslash E_2) = 0$ 以及 $m(E_2 \backslash E_1) = 0$, 从而 $E_1 \cap E_2 = E_1 \backslash (E_1 \backslash E_2)$ 为可测集. 又 $E_2 = (E_1 \cap E_2) \cup (E_2 \backslash E_1)$, 故 E_2 可测且 $m(E_2) = m(E_1 \cap E_2) = m(E_1)$.

71. 设点集 B 满足: 对任给 $\varepsilon > 0$, 都存在可测集 A, 使得 $m^*(A \Delta B) < \varepsilon$, 试证明 B 是可测集.

证明 $\forall \varepsilon > 0$ 及整数 k,一定存在 A_k,使 $m^*(B\setminus A_k) < \frac{\varepsilon}{2^k}$ 及 $m^*(A_k\setminus B) < \frac{\varepsilon}{2^k}$. 令 $C = \bigcup_{k=1}^{\infty} A_k$,则有 $m^*(B\setminus C) \leqslant m^*(B\setminus A_k) < \frac{\varepsilon}{2^k}, k=1,2,\cdots$,从而 $m^*(B\setminus C)=0$,同时又有 $m^*(C\setminus B) \leqslant \sum_{k=1}^{\infty} m^*(A_k\setminus B) < \varepsilon$,即 B 满足如下条件:存在可测集 C 使 $m^*(B\setminus C)=0$,同时 $m^*(C\setminus B) < \varepsilon (\forall \varepsilon > 0)$. 利用该结论,$\forall \frac{1}{k}$,存在可测集 C_k,使 $m^*(B\setminus C_k)=0$ 且 $m^*(C_k\setminus B) < \frac{1}{k}$. 取 $D = \bigcap_{k=1}^{\infty} C_k$,则有 $m^*(D\setminus B) < \frac{1}{k} (k=1,2,\cdots)$,从而 $m^*(D\setminus B) = 0$,同时 $m^*(B\setminus D) = m^*(\bigcup_{k=1}^{\infty}(B\setminus C_k)) \leqslant \sum_{k=1}^{\infty} m^*(B\setminus C_k) = 0$. 由于 D 为可测集,B 一定可测.

72. 设 $E_1, E_2 \subset \mathbf{R}^n, E_1 \bigcup E_2$ 是可测集且 $m(E_1 \bigcup E_2) < \infty$,若有
$$m(E_1 \bigcup E_2) = m^*(E_1) + m^*(E_2)$$
则 E_1, E_2 皆为可测集.

证明 分别设 E_1, E_2 的可测包为 G_1, G_2,则 $E_1 \bigcup E_2 \subset G_1 \bigcup G_2$,且由于
$$m(G_1) + m(G_2) \geqslant m(G_1 \bigcup G_2) \geqslant m(E_1 \bigcup E_2)$$
$$= m^*(E_1) + m^*(E_2) = m^*(G_1) + m^*(G_2)$$
可知
$$m(G_1) + m(G_2) = m(G_1 \bigcup G_2) = m(E_1 \bigcup E_2)$$
而
$$m(G_1 \bigcup G_2) = m(G_1 \bigcup (G_2\setminus(G_1 \bigcap G_2))) = m(G_1) + m(G_2\setminus(G_1 \bigcap G_2))$$
$$= m(G_1) + m(G_2) - m(G_1 \bigcap G_2)$$
由此推知 $m(G_1 \bigcap G_2) = 0$,进而 $G_1 \bigcap G_2 = \varnothing$(若 $G_1 \bigcap G_2 \neq \varnothing$ 则必含内点,从而测度大于零). 这样便有 $(G_1\setminus E_1) \bigcup (G_2\setminus E_2) = (G_1 \bigcup G_2)\setminus(E_1 \bigcup E_2)$,所以
$$m(G_1\setminus E_1) \leqslant m((G_1 \bigcup G_2)\setminus(E_1 \bigcup E_2)) = m(G_1 \bigcup G_2) - m(E_1 \bigcup E_2) = 0$$
故 $E_1 = G_1\setminus(G_1\setminus E_1)$ 是可测集. 同理可证 E_2 亦是可测集.

73. 设 $E_k \subset [0,1] (k=1,2,\cdots,n)$ 是可测集. 若有 $\sum_{k=1}^{n} m(E_k) > n-1$,证明 $m(\bigcap_{k=1}^{n} E_k) > 0$.

证明
$$m(\bigcap_{k=1}^{n} E_k) = 1 - m(\bigcup_{k=1}^{n} [0,1]\setminus E_k) \geqslant 1 - \sum_{k=1}^{n}(1 - mE_k) = 1 - n + \sum_{k=1}^{n} mE_k > 0$$

74. 设 $\{E_n\}$ 是 $[0,1]$ 中的可测集列,且满足 $\overline{\lim_{n\to\infty}} m(E_n) = 1$. 试证明对任意的 $\alpha: 0 < \alpha < 1$,必存在 $\{E_{n_i}\}$,使得 $m(\bigcap_{i=1}^{\infty} E_{n_i}) > \alpha$.

证明 注意到对任意 $E_{n_i} \subset \{E_n\}$，恒有
$$1 = m(\bigcup_{i=1}^{\infty} [0,1]\setminus E_{n_i}) + m(\bigcap_{i=1}^{\infty} E_{n_i})$$

往证 $m(\bigcap_{i=1}^{\infty} E_{n_i}) = 1 - m(\bigcup_{i=1}^{\infty}[0,1]\setminus E_{n_i}) \geqslant 1 - \sum_{i=1}^{\infty} m([0,1]\setminus E_{n_i}) > \alpha$，只需取 E_{n_i} 满足
$$\sum_{i=1}^{\infty} m([0,1]\setminus E_{n_i}) = \sum_{i=1}^{\infty} (1 - m(E_{n_i})) < 1-\alpha$$

而 $\varlimsup_{n\to\infty} m(E_n) = 1$，$\forall i$，一定存在 n_i 使 $m(E_{n_i}) > 1 - \dfrac{1-\alpha}{2^i}$，即 $1 - m(E_{n_i}) < \dfrac{1-\alpha}{2^i}$.

此子列 $\{E_{n_i}\}$ 即为所求.

75. 设可测集 $A_n \subseteq [0,1]$ $(n=1,2,\cdots)$，且 1 是 $\{m(A_n)\}_{n=1}^{+\infty}$ 的极限点（或称为聚点），试证有子序列 $\{n_k\}_{k=1}^{+\infty}$ 使得 $m(\bigcap_{k=1}^{+\infty} A_{n_k}) > 0$.

证明 $\{m(A_n)\}_{n=1}^{+\infty}$ 有极限点 1，因而有 $\{n_k\}_{k=1}^{+\infty}$，使 $\{m(A_{n_k})\}_{k=1}^{+\infty}$ 收敛于 1，进而存在子列（不妨仍记为 $\{m(A_{n_k})\}_{k=1}^{+\infty}$）满足
$$1 \geqslant m(A_{n_k}) > 1 - \frac{1}{2^{k+1}}$$

注意到
$$1 = m(\bigcap_{k=1}^{\infty} A_{n_k}) + m([0,1]\setminus \bigcap_{k=1}^{\infty} A_{n_k}) = m(\bigcap_{k=1}^{\infty} A_{n_k}) + m(\bigcup_{k=1}^{\infty} ([0,1]\setminus A_{n_k}))$$

而
$$\sum_{k=1}^{\infty} m([0,1]\setminus A_{n_k}) \leqslant \sum_{k=1}^{\infty} (1 - m(A_{n_k})) \leqslant \sum_{k=1}^{\infty} \frac{1}{2^{k+1}} = \frac{1}{2}$$

所以一定有
$$m(\bigcap_{k=1}^{\infty} A_{n_k}) = 1 - m(\bigcup_{k=1}^{\infty} [0,1]\setminus A_{n_k}) \geqslant 1 - \frac{1}{2} = \frac{1}{2}$$

76. 设 $A, B \subset \mathbf{R}^n$，$A$ 为可测集，试证明
$$m^*(A \cup B) + m^*(A \cap B) = m(A) + m^*(B)$$

证明 首先，若 A, B 之一外测度为 ∞，则等式成立，下设 $m(A) < +\infty$，$m^*(B) < +\infty$. 由于 A 可测有
$$m^*(A \cup B) = m^*((A \cup B) \cap A) + m^*((A \cup B) \cap A^c)$$
$$= m^*(A) + m^*(B \cap A^c)$$

同理
$$m^*(B) = m^*(B \cap A) + m^*(B \cap A^c)$$

故
$$m^*(A \cup B) + m^*(A \cap B) + m^*(B \cap A^c) = m^*(A) + m^*(B) + m^*(B \cap A^c)$$

由于 $m^*(B \cap A^c) \leqslant m^*(B) < +\infty$,所以
$$m^*(A \cup B) + m^*(A \cap B) = m^*(A) + m^*(B)$$

77. 设 $A \subset \mathbf{R}^2, B \subset \mathbf{R}^2$,试证明
$$m^*(A \cup B) + m^*(A \cap B) \leqslant m^*(A) + m^*(B)$$

证明 不妨设 $m^*(A) < +\infty, m^*(B) < +\infty$. 设 A, B 的等测包分别为 G_1, G_2,则有
$$m^*(A \cup B) + m^*(A \cap B) \leqslant m^*(G_1 \cup G_2) + m^*(G_1 \cap G_2)$$
$$= m(G_1 \cup (G_2 \setminus G_1)) + m(G_1 \cap G_2)$$
$$= m(G_1) + m(G_2 \setminus G_1) + m(G_1 \cap G_2)$$
$$= m(G_1) + m(G_2) = m^*(A) + m^*(B)$$

证毕!

78. 设 $A \subset \mathbf{R}^n$ 且 $m^*(A) = 0$,试证明对任意的 $B \subset \mathbf{R}^n$,有
$$m^*(A \cup B) = m^*(B) = m^*(B \setminus A)$$

证明 先证 $m^*(A \cup B) = m^*(B)$:由于 $B \subset A \cup B$,故 $m^*(A \cup B) \geqslant m^*(B)$;其次 $m^*(A \cup B) \leqslant m^*(B) + m^*(A) = m^*(B)$. 所以一定有 $m^*(A \cup B) = m^*(B)$.

对于第二个等式,注意到 $B \cap A \subset A$,故有 $m^*(B \cap A) = 0$,而 $(B \setminus A) \cup (B \cap A) = B$ 由上面证完的结论一定有
$$m^*(B) = m^*((B \setminus A) \cup (B \cap A)) = m^*(B \setminus A)$$

79. 完成下面问题.

(1) 设 $A, B \subset \mathbf{R}^n$,且 $m^*(B), m^*(A) < \infty$,试证明
$$|m^*(A) - m^*(B)| \leqslant m^*(A \triangle B)$$

(2) 设 A, B 与 C 是 $\mathbf{R}^n$ 中的点集,且有
$$m^*(A \triangle B) = 0, m^*(B \triangle C) = 0$$

试证明 $m^*(A \triangle C) = 0$.

证明 (1) 先设 $m^*(B) \leqslant m^*(A)$,由于 $A \subset A \cup B = (A \triangle B) \cup B$,有
$$m^*(A) \leqslant m^*(B) + m^*(A \triangle B)$$

又 $m^*(B) < \infty$,所以
$$|m^*(A) - m^*(B)| = m^*(A) - m^*(B) \leqslant m^*(A \triangle B)$$

若 $m^*(B) > m^*(A)$(此时亦有 $m^*(A) < \infty$),利用 A, B 的对称性,结论同样成立.

(2) 由 $m^*(A \triangle B) = 0$,知 $m^*(A \setminus B) = m^*(B \setminus A) = 0$. 由 $m^*(B \triangle C) = 0$,知 $m^*(C \setminus B) = m^*(B \setminus C) = 0$. 但 $A \setminus C \subset (A \setminus B) \cup (B \setminus C)$,故
$$m^*(A \setminus C) \leqslant m^*(A \setminus B) + m^*(B \setminus C) = 0$$

从而 $m^*(A \setminus C) = 0$. 同理亦有 $m^*(C \setminus A) = 0$. 所以
$$m^*(A \triangle C) \leqslant m^*(A \setminus C) + m^*(C \setminus A) = 0$$

亦即 $m^*(A \triangle C) = 0$.

80. 设 $\{A_n\}$ 是互不相交的可测集列，$B_n \subset A_n (n=1,2,\cdots)$，试证明
$$m^*(\bigcup_{n=1}^{\infty} B_n) = \sum_{n=1}^{\infty} m^*(B_n)$$

证明 方法 1. 由于 $\{A_n\}$ 是互不相交的可测集列，利用卡氏条件，有
$$m^*(\bigcup_{n=1}^{\infty} B_n) = m^*((\bigcup_{n=1}^{\infty} B_n) \cap A_1) + m^*((\bigcup_{n=1}^{\infty} B_n) \cap A_1^c)$$
$$= m^*(B_1) + m^*(\bigcup_{n=2}^{\infty} B_n)$$
$$= m^*(B_1) + m^*((\bigcup_{n=2}^{\infty} B_n) \cap A_2) + m^*((\bigcup_{n=2}^{\infty} B_n) \cap A_2^c)$$
$$= m^*(B_1) + m^*(B_2) + m^*(\bigcup_{n=3}^{\infty} B_n)$$
$$= \sum_{n=1}^{k} m^*(B_n) + m^*(\bigcup_{n=k+1}^{\infty} B_n) \geqslant \sum_{n=1}^{k} m^*(B_n)$$

从而
$$m^*(\bigcup_{n=1}^{\infty} B_n) \geqslant \sum_{n=1}^{\infty} m^*(B_n)$$

但显然 $\sum_{n=1}^{\infty} m^*(B_n) \geqslant m^*(\bigcup_{n=1}^{\infty} B_n)$，所以一定有 $m^*(\bigcup_{n=1}^{\infty} B_n) = \sum_{n=1}^{\infty} m^*(B_n)$。

方法 2. 由于 $\{A_n\}$ 是互不相交的可测集列，注意到等式 $m^*(T) = \sum_{n=1}^{\infty} m^*(T \cap A_n)$ 对任意 $T \subset \mathbf{R}^n$ 都成立. 取 $T = \bigcup_{n=1}^{\infty} E_n$ 即得所证结论.

81. 设 $\{E_k\}$ 是 $\mathbf{R}^n$ 中可测集列，且 $\sum_{k=1}^{\infty} m(E_k) < +\infty$，试证明 $\mathbf{R}^n$ 中几乎所有点至多能属于 $\{E_k\}$ 中的有限个.

证明 设集合 A 为属于无限多个 E_k 的点组成，即 $A = \varlimsup_{n\to\infty} E_k$ 由于 $\sum_{k=1}^{\infty} m(E_k) < +\infty$，故有 $m(A) = m(\varlimsup_{k\to\infty} E_k) = 0$，结论成立.

82. 设有 $\mathbf{R}^1$ 中可测集列 $\{E_k\}$，且当 $k \geqslant k_0$ 时，$E_k \subset [a,b]$. 若存在 $\lim_{k\to\infty} E_k = E$，试证明 $m(E) = \lim_{k\to\infty} m(E_k)$.

证明 注意到 $E_k \subset \bigcup_{i=k}^{\infty} E_i, m(E_k) \leqslant m(\bigcup_{i=k}^{\infty} E_i)$，从而
$$\varlimsup_{k\to\infty} m(E_k) \leqslant \lim_{k\to\infty} m(\bigcup_{i=k}^{\infty} E_i) = m(\varlimsup_{k\to\infty} E_k) = m(E) = m(\varliminf_{k\to\infty} E_k) \leqslant \varliminf_{k\to\infty} m(E_k)$$
所以一定有 $\lim_{k\to\infty} m(E_k) = m(\lim_{k\to\infty} E_k) = m(E)$.

83. 设 $\{E_k\} \subset \mathbf{R}^n, m(\bigcup_{k=1}^{\infty} E_k) < +\infty$，若 $\inf_{k\geqslant 1}\{m(E_k)\} = \alpha > 0$，试证明 $m(\varlimsup_{k\to\infty} E_k) \geqslant \alpha$.

证明 注意 $\forall k, \bigcup_{i=k}^{\infty} E_i \supset E_k$, 故 $m(\bigcup_{i=k}^{\infty} E_i) \geqslant m(E_k) \geqslant \alpha$, 而 $m(\bigcup_{k=1}^{\infty} E_k) < +\infty$, 所以
$$m(\varlimsup_{k\to\infty} E_k) = m(\lim_{k\to\infty} \bigcup_{i=k}^{\infty} E_i) = \lim_{k\to\infty} m(\bigcup_{i=k}^{\infty} E_i) \geqslant \alpha$$

84. 设 $0 < \varepsilon_n < 1 (n=1,2,\cdots)$, 试证明 $\varepsilon_n \to 0 (n\to\infty)$ 的充分必要条件是: 存在 $E_n \subset [0, 1], m(E_n) = \varepsilon_n (n=1,2,\cdots)$, 使得
$$\sum_{n=1}^{\infty} \chi_{E_n}(x) < +\infty, x \in [0,1] \backslash Z, m(Z) = 0$$

证明 必要性. 取 $E_n = [0, \varepsilon_n]$, 则有 $m(E_n) = \varepsilon_n$. $\forall x \in (0, 1]$, 由于 $\varepsilon_n \to 0$, 一定存在 N, 当 $n > N$ 时, 有 $0 < \varepsilon_n < x$, 即 $x \notin E_n$, 从而有 $\sum_{n=1}^{\infty} \chi_{E_n}(x) \leqslant N < +\infty$. 取 $Z = \{0\}$, 显然有 $m(Z) = 0$.

充分性. 若 $m(E_n) = \varepsilon_n$, 且 $\forall x \in [0, 1] \backslash Z, m(Z) = 0$, 有 $\sum_{n=1}^{\infty} \chi_{E_n}(x) < +\infty$, 这说明 $\forall x \in [0, 1] \backslash Z, x$ 仅属于有限个 E_n, 所以 $\varlimsup_{n\to\infty} E_n \subset Z$. 但由于 $m(Z) = 0$, 知 $m(\varlimsup_{n\to\infty} E_n) = 0$, 进而 $\lim_{n\to\infty} m(\bigcup_{i=n}^{\infty} E_i) = 0$. 注意到 $\varlimsup_{n\to\infty} m(E_n) \leqslant \varlimsup_{n\to\infty} m(\bigcup_{i=n}^{\infty} E_i) = 0$, 所以
$$\lim \varepsilon_n = \lim_{n\to\infty} m(E_n) = 0$$

85. 设 $E \subset \mathbf{R}^n$. 若对任意的 $x \in E$, 存在开球 $B(x, \delta_x)$, 使得 $m^*(E \cap B(x, \delta_x)) = 0$, 试证明 $m^*(E) = 0$.

证明 记 $\tau = \{B(x, \delta_x): m^*(E \cap B(x, \delta_x)) = 0, x \in E\}$, 则 τ 为 E 的一个开覆盖, 从而存在可数的子覆盖 $\tau' = \{B(x_k, \delta_{x_k}): k=1,2,\cdots\}$, 注意到
$$E = E \cap \bigcup_{k=1}^{\infty} B(x_k, \delta_{x_k}) = \bigcup_{k=1}^{\infty} (E \cap B(x_k, \delta_{x_k}))$$
有
$$m^*(E) \leqslant \sum_{k=1}^{\infty} m^*(E \cap B(x_k, \delta_{x_k})) = 0$$
所以
$$m^*(E) = 0$$

86. 设 $E \subset [0, 1]$. 若 $m(E) = 1$, 试证明 $\overline{E} = [0, 1]$. 若 $m(E) = 0$, 试证明 $\dot{E} = \varnothing$.

证明 先证 $\overline{E} = [0, 1]$. 若 $\overline{E} \neq [0, 1]$, 则一定存在 $x \in (0, 1)$, 使 $x \notin \overline{E}$, 从而 $\exists \delta > 0$, 使 $E_1 = (x - \delta, x + \delta) \subset (0, 1)$, 且 $E_1 \cap E = \varnothing$. 注意到 $E_1 \cap E \subset [0, 1]$, 故有
$$1 \geqslant m(E_1 \cap E) = m(E_1) + m(E) = 2\delta + 1 > 1$$
矛盾! 所以有 $\overline{E} = [0, 1]$.

下证 $\dot{E} = \varnothing$. 若 $\dot{E} \neq \varnothing$, 则 $\exists x \in \dot{E}$ 以及 $\delta > 0$, 使 $E_1 = (x - \delta, x + \delta) \subset E$, 这样便有
$$m(E) \geqslant m(E_1) = 2\delta > 0$$
从而与 $m(E) = 0$ 矛盾! 故一定有 $\dot{E} = \varnothing$.

87. 设 G 是 $\mathbf{R}^1$ 中的开集, 则公式 $m(\partial G) = 0, m(G) = m(\overline{G})$ 以及 $m(\partial G) < m(G)$ 成立吗?

解 这些式子皆不成立.

例如:设 $\mathbf{R}^1$ 中有理数集 $\mathbf{Q}=\{r_1,r_2,\cdots\}$. $\forall \varepsilon>0$,作 $G_k=\left(r_k-\dfrac{\varepsilon}{2^k},r_k+\dfrac{\varepsilon}{2^k}\right)$,则 $G=\bigcup\limits_{k=1}^{\infty}G_k$ 为开集.据 $\mathbf{Q}$ 在 $\mathbf{R}^1$ 中稠密性,$\mathbf{R}^1\setminus G\subset \partial G$,由于 $m(G)\leqslant \varepsilon$,故 $m(G^c)=+\infty$,必有 $m(\partial G)=+\infty$. 但 $\overline{G}=\mathbf{R}^1$,故 $m(\overline{G})=+\infty$,知 $m(\overline{G})>m(G)$,又有 $m(\partial G)>m(G)$.

又如,在 Cantor 三分集的构造过程中,如果每次去掉不是长度为 $\dfrac{1}{3},\dfrac{1}{3^2},\cdots$ 的开区间,而是去掉长度为 $\dfrac{1}{p},\dfrac{1}{p^2},\cdots(p>3)$ 的同心开区间,并设这些开区间的并集为 G,则 G 为开集,$\overline{G}=[0,1]$,而

$$m(G)=\frac{1}{p}+\frac{2}{p^2}+\frac{2^2}{p^3}+\cdots+\frac{2^{n-1}}{p^n}+\cdots=\frac{\dfrac{1}{p}}{1-\dfrac{2}{p}}=\frac{1}{p-2}<1=m(\overline{G})$$

同时 $m(\partial G)=m([0,1]\setminus G)=1-m(G)>0$.

88. 设 G_1 是 G_2 的真子集,是否一定有 $m(G_1)<m(G_2)$?

答: 否!例如,取 $G_1=(0,1)\cup(1,2)$,$G_2=(0,2)$,则有 $m(G_1)=m(G_2)=2$.

89. 设 $f(x),g(x)$ 是 $[a,b]$ 上严格递减的连续函数,且对任意的 $t\in \mathbf{R}^1$,有
$$m(\{x\in[a,b]:f(x)>t\})=m(\{x\in[a,b]:g(x)>t\})$$
试证明 $f(x)=g(x),x\in(a,b)$.

证明 由已知,$\forall t\in \mathbf{R}^1$,应有
$$m(\{x\in[a,b]:f(x)\leqslant t\})=m(\{x\in[a,b]:g(x)\leqslant t\})$$
由于 f,g 均为严格递减连续函数,$\forall x_0\in(a,b)$,有 $[x_0,b]=\{x\in[a,b]:f(x)\leqslant f(x_0)\}$ 及 $[s,b]=\{x\in[a,b]:g(x)\leqslant f(x_0)\}$,其中 $g(s)=f(x_0)$. 从而
$$b-x_0=m(\{x\in[a,b]:f(x)\leqslant f(x_0)\})=m(\{x\in[a,b]:g(x)\leqslant f(x_0)\})=b-s$$
推知 $s=x_0$,所以 $g(x_0)=f(x_0)$. 由 x_0 在 (a,b) 中的任意性,原命题成立.

90. 设 μ^* 是定义在 $\mathbf{R}^n$ 上的一种外测度. 若任一 Borel 集都是 μ^* 可测集,试证明 μ^* 是距离外测度.

证明 对任意 $E_1,E_2\subset \mathbf{R}^n$,$d(E_1,E_2)>0$,作 $G_1=\{x:d(x,E_1)<\dfrac{1}{2}d(E_1,E_2)\}$ 以及 $G_2=\{x:d(x,E_2)<\dfrac{1}{2}d(E_1,E_2)\}$,则 $E_1\subset G_1,E_2\subset G_2$. 下证 $G_1\cap G_2=\varnothing$ 以及 G_1,G_2 皆为开集.

首先,若存在 $y\in G_1\cap G_2$,则有 $d(y,E_1)<\dfrac{1}{2}d(E_1,E_2)$ 以及 $d(y,E_2)<\dfrac{1}{2}d(E_1,E_2)$,从而便有 $d(E_1,E_2)\leqslant d(y,E_1)+d(y,E_2)<d(E_1,E_2)$,矛盾!故 $G_1\cap G_2=\varnothing$.

其次,若 $x_n \in G_1^c$ 且 $x_n \to x$,由 G_1 的定义,$d(x_n, E_1) \geqslant \frac{1}{2} d(E_1, E_2)$. 从而 $\forall y \in E_1$ 有 $d(x_n, y) \geqslant \frac{1}{2} d(E_1, E_2)$,进而由距离函数的连续性知 $d(x, y) \geqslant \frac{1}{2} d(E_1, E_2)$. 注意该式 $\forall y \in E_1$ 都成立,又有 $d(x, E_1) \geqslant \frac{1}{2} d(E_1, E_2)$,从而据 G_1 的定义 $x \in G_1^c$,所以 G_1 为开集.

同理可证 G_2 为开集.

G_1, G_2 为 Borel 集,是 μ^* 可测的,推知 $\mu^*(E_1 \bigcup E_2) = \mu^*(E_1) + \mu^*(E_2)$,所以 μ^* 一定是距离外测度.

另证:$\forall x \in \mathbf{R}^n$,定义

$$f(x) = \frac{d(x, E_1)}{d(x, E_1) + d(x, E_2)}$$

则 $f \in C(\mathbf{R}^n)$,$f(E_1) = 0$ 以及 $f(E_2) = 1$. 作 $G_1 = f^{-1}((\frac{1}{2}, +\infty))$,$G_2 = f^{-1}((-\infty, \frac{1}{2}))$,则 G_1, G_2 为开集,$G_1 \bigcap G_2 = \varphi$ 且 $E_1 \subset G_1, E_2 \subset G_2$. 由于 G_1, G_2 是 μ^* 可测的,故有 $\mu^*(E_1 \bigcup E_2) = \mu^*(E_1) + \mu^*(E_2)$,所以 μ^* 一定是距离外测度.

91. 设 $E \subset \mathbf{R}^1$ 是可测集,$0 < m(E) < \infty$,则存在 n 个互不相交的可测集 $E_k(k=1,2,\cdots,n)$,使得 $E = \bigcup\limits_{k=1}^{n} E_k$,且 $m(E_k) = \frac{m(E)}{n}$.

证明 $\forall x > 0$,作 $f(x) = m(E \bigcap [-x, x])$ 及 $f(0) = 0$,则 f 是 $[0, +\infty)$ 上的连续函数,这是由于 f 是单调增加的且 $\forall x, y > 0$

$$|f(x) - f(y)| = |m(E \bigcap [-x, x]) - m(E \bigcap [-y, y])| \leqslant 2|x - y|$$

以及

$$f(\frac{1}{n}) = m(E \bigcap [-\frac{1}{n}, \frac{1}{n}]) \leqslant \frac{2}{n} \to 0 (n \to \infty)$$

再注意到

$$\lim_{n \to \infty} f(n) = \lim_{n \to \infty} m(E \bigcap [-n, n]) = m(\lim_{n \to \infty}(E \bigcap [-n, n])) = m(E)$$

所以在 $[0, +\infty)$ 上 $0 \leqslant f(x) \leqslant m(E)$.

由于 $0 < \frac{m(E)}{n} < m(E)$,据连续函数的介值定理,存在 $x > 0$,使

$$f(x) = m(E \bigcap [-x, x]) = \frac{m(E)}{n}$$

令 $E_1 = E \bigcap [-x, x]$,则 $m(E_1) = \frac{m(E)}{n}$. 取 $\bar{E} = E \setminus E_1$,则

$$m(\bar{E}) = m(E) - \frac{m(E)}{n} = \frac{n-1}{n} m(E) > \frac{1}{n} m(E) > 0$$

同理可选取 $E_2 \subset \bar{E}$,使 $m(E_2) = \frac{m(E)}{n}$. 一般的,若选取了 $E_i, m(E_i) = \frac{m(E)}{n} (i=1,2,\cdots,k;$

$k<n)$,令 $\bar{E}=E\setminus(\bigcup_{i=1}^{k}E_i)$,则

$$m(\bar{E})=m(E)-m(\bigcup_{i=1}^{k}E_i)=m(E)-\sum_{i=1}^{k}\frac{m(E_i)}{n}$$
$$=\frac{n-k}{n}m(E)>\frac{1}{n}m(E)>0.$$

可选取 $E_k\subset\bar{E},m(E_{k+1})=\frac{m(E)}{n}$.

最后,若已经选取了 $E_i(i=1,2,\cdots,n-1)$,使 $m(E_i)=\frac{m(E)}{n}$,可令 $E_n=E\setminus\bigcup_{i=1}^{n-1}E_i$,则又有 $m(E_n)=\frac{m(E)}{n}$. 所选取的 $E_i(i=1,2,\cdots,n)$,便为所求.

92. 将 $[0,1]$ 中的数用十进制小数展开,完成下面问题.

(1) 试求在指定两个小数位置上都是已给定的数字的全体 E 的测度.

(2) 试求有 k 个数位不为零的全体 E_k 的测度.

解 (1) 一个小数位置上的数被指定的全体测度为 $\frac{1}{10}$,这是因为将 $[0,1]$ 分成若干小区间后,这些小数充满了每个小区间中十份中的一份,其测度自然为 $\frac{1}{10}$. 再将所得到的每一份分成若干小区间后,将每个小区间分成十份,分别取出其中的一份的全体,就得到了两个小数位置上都是已给定的数字的全体 E. 因此 $m(E)=\frac{1}{10}\times\frac{1}{10}=\frac{1}{100}$.

(2) 一个数位上的数固定为零的全体的测度为 $\frac{1}{10}$,从而一个数位上的数不为零的全体的测度为 $\frac{9}{10}$,进而两个数位上的数不为零的全体的测度为 $\frac{9}{10}\times\frac{9}{10}=(\frac{9}{10})^2$,依次下去可求出 k 个数位不为零的全体 E_k 的测度 $m(E_k)=(\frac{9}{10})^k$.

93. 设 $\{E_n\}$ 是 $[0,1]$ 中互不相同的可测集合列,且存在 $\varepsilon>0,m(E_n)\geq\varepsilon(n=1,2,\cdots)$. 是否一定存在子列 $\{E_{n_i}\}$,使得 $\bigcap_{i=1}^{\infty}E_{n_i}>0$?

解 不一定.

例如,作点列 $\{E_n\}$,其中 $E_n=\{x\in[0,1]:x$ 的十进制表示中第 n 位数字为 $1\}$,则 $\forall n$, $m(E_n)=\frac{1}{10}$,且 $\forall n_i,\bigcap_{i=1}^{k}E_{n_i}$ 表示有 k 个数位为 1 的全体,故

$$m(\bigcap_{i=1}^{k}E_{n_i})=(\frac{1}{10})^k=\frac{1}{10^k}\to 0,k\to\infty$$

94. 试求下列集合的测度(其中 $I=[0,1]\times[0,1]$).

(1) $E = \{(x,y) \in I : x+y \text{ 是有理数}\}$.

(2) $E = \{(x,y) \in I : \sin x < \dfrac{1}{2}, \cos(x+y) \text{ 是无理数}\}$.

解 (1) 记有理数 $\mathbf{Q} = \{r_1, r_2, \cdots, r_n, \cdots\}$，则 $E = \bigcup\limits_{n=1}^{\infty} E_n$，其中 $E_n = \{(x,y) \in I : x+y = r_n\}$. 易知 $m(E_n) = 0$（平面中线段的面积），所以 $m(E) = 0$.

(2) 记 $\mathbf{Q} \cap [0,1] = \{r_1, r_2, \cdots, r_n, \cdots\}$ 及
$$E_n = \{(x,y) \in I : \sin x < \dfrac{1}{2}, x+y = \arccos r_n\}$$

则
$$E = \{(x,y) \in I : \sin x < \dfrac{1}{2}\} \setminus (\bigcup\limits_{n=1}^{\infty} E_n)$$

注意到
$$m(\{(x,y) \in I : \sin x < \dfrac{1}{2}\}) = m(\{(x,y) \in I : x < \dfrac{\pi}{6}\}) = \dfrac{\pi}{6}$$

以及 $E_n \subset \{(x,y) \in I : x+y = \arccos r_n\}$

同时 $m(\{(x,y) \in I : x+y = \arccos r_n\}) = 0$

所以 $m(E_n) = 0$

进而 $m(\bigcup\limits_{n=1}^{\infty} E_n) = 0$

最后 $m(E) = m(\{(x,y) \in I : \sin x < \dfrac{1}{2}\}) - m(\bigcup\limits_{n=1}^{\infty} E_n) = \dfrac{\pi}{6}$

95. 设 E_1 是可测集，E_2 是任意点集，则
$$m^*(E_1 \cup E_2) + m^*(E_1 \cap E_2) = m^*(E_1) + m^*(E_2)$$

证明 若 $m^*(E_1)$ 和 $m^*(E_2)$ 中有一个为 $+\infty$，则结论显然成立. 不妨设 $m^*(E_1), m^*(E_2) < +\infty$，由 E_1 是可测集，则对任意的集合 T，有
$$m^*(T) = m^*(T \cap E_1) + m^*(T \cap E_1^c) \tag{1}$$

令 $T = E_1 \cup E_2$ 代入 (1) 得
$$m^*(E_1 \cup E_2) = m^*((E_1 \cup E_2) \cap E_1) + m^*((E_1 \cup E_2) \cap E_1^c)$$
$$= m^*(E_1) + m^*(E_2 \cap E_1^c) \tag{2}$$

令 $T = E_2$ 代入 (1) 得
$$m^*(E_2 \cap E_1) + m^*(E_2 \cap E_1^c) = m^*(E_2) \tag{3}$$

由 (2)、(3) 相加得
$$m^*(E_1 \cup E_2) + m^*(E_1 \cap E_2) + m^*(E_2 \cap E_1^c)$$
$$= m^*(E_1) + m^*(E_2) + m^*(E_2 \cap E_1^c)$$

从而由 E_1 的可测性，及 $m^*(E_2 \cap E_1^c) \leqslant m^*(E_2) < +\infty$，可知结论成立.

96. 若 $m^*(A)=0$,则 $m^*(A\cup B)=m^*(B)$.

证明 由 $B\subset A\cup B$,知
$$m^*(B)\leqslant m^*(A\cup B)$$
另一方面,又由于
$$m^*(A\cup B)\leqslant m^*(A)+m^*(B)=m^*(B)$$
所以一定有
$$m^*(A\cup B)=m^*(B)$$

97. 若 $m^*(E_1\backslash E_2)=m^*(E_2\backslash E_1)=0$,则
$$m^*(E_1\cup E_2)=m^*(E_1\cap E_2)=m^*(E_1)=m^*(E_2)$$

证明 因为 $m^*(E_1\backslash E_2)=0$ 及 $E_1\subset ((E_1\backslash E_2)\cup E_2)$,故
$$m^*(E_1)\leqslant m^*(E_1\backslash E_2)+m^*(E_2)=m^*(E_2)$$
又 $m^*(E_2\backslash E_1)=0$ 及 $E_2\subset ((E_2\backslash E_1)\cup E_1)$,故
$$m^*(E_2)\leqslant m^*(E_2\backslash E_1)+m^*(E_1)=m^*(E_1)$$
于是,$m^*(E_1)=m^*(E_2)$.

因为
$$E_1\cup E_2=(E_1\backslash E_2)\cup (E_2\backslash E_1)\cup (E_1\cap E_2)$$
所以有
$$m^*(E_1\cup E_2)\leqslant m^*(E_1\cap E_2)$$
又由 $(E_1\cap E_2)\subset (E_1\cup E_2)$,有
$$m^*(E_1\cap E_2)\leqslant m^*(E_1\cup E_2)$$
故
$$m^*(E_1\cap E_2)=m^*(E_1\cup E_2)$$
最后,由于 $(E_1\cap E_2)\subset E_1\subset (E_1\cup E_2)$,结合上式得
$$m^*(E_1)\leqslant m^*(E_1\cup E_2)=m^*(E_1\cap E_2)\leqslant m^*(E_1)$$
再结合 $m^*(E_1)=m^*(E_2)$,结论成立.

练习题 2 答案

1. 若 $E\subset \mathbf{R}^n$ 为可测集,试证明若 $f\in C(E)$,则 f 一定是 E 上的可测函数.

证明 $\forall t\in \mathbf{R}^1$,记 $G=(t,+\infty)$,则 G 为开集,且
$$\{x\in E:f(x)>t\}=\{x\in E:f(x)\in G\}$$
由于 $f\in C(E)$,一定存在开集 $O\subset \mathbf{R}^n$,使
$$O\cap E=f^{-1}(G)=\{x\in E:f(x)\in G\}$$
开集一定可测,所以 $\{x\in E:f(x)>t\}=O\cap E$ 为可测集,从而 f 是 E 上的可测函数.

2. 设 $f(x)$ 在 E 上可测,且 $f(x)=g(x)$,a.e. $x\in E$,则 $g(x)$ 在 E 上也可测.

证明 利用集合分解法.

设 $e=\{x\in E\mid f(x)\neq g(x)\}$,由于 $f(x)=g(x)$, a. e. 于 E,则 $m(e)=0$. 又
$$\{x\in E\mid g(x)>a\}=\{x\in E\backslash e\mid f(x)>a\}\bigcup\{x\in e\mid g(x)>a\}$$
上式右边两个集合均可测,所以,$\{x\in E\mid g(x)>a\}$ 是可测集,从而 $g(x)$ 在 E 上可测.

3. 设 $E_k(k=1,2,\cdots)$ 是 $\mathbf{R}^n$ 中的可测子集,$f(x)$ 是 $E=\bigcup\limits_{k=1}^{\infty}E_k$ 上的函数. 证明 $f(x)$ 在 E 上可测的充要条件是 $f(x)$ 在每个 $E_k(k=1,2,\cdots)$ 上都可测.

证明 注意到 $\forall t\in \mathbf{R}^1$
$$\{x\in E_k:f(x)>t\}=E_k\bigcap\{x\in E:f(x)>t\}$$
以及
$$\{x\in E:f(x)>t\}=\bigcup\limits_{k=1}^{\infty}\{x\in E_k:f(x)>t\}$$
立知结论成立.

4. 设 $f(x)$ 是可测集 E 上的函数,试证:

(1) $f^2(x)$ 在 E 上可测当且仅当 $|f(x)|$ 在 E 上可测.

(2) $f^3(x)$ 在 E 上可测当且仅当 $f(x)$ 在 E 上可测.

(3) $f(x)$ 在 E 上可测,则 $|f(x)|$ 在 E 上可测,反之不成立.

(4) 若集合 $A=\{x\in E:f(x)>0\}$ 为 E 的可测子集,则 $f(x)$ 在 E 上可测当且仅当 $|f(x)|$ 在 E 上可测.

(5) $\forall t\in \mathbf{R}^1, E_t=\{x\in E:f(x)=t\}$ 可测不能保证 $f(x)$ 在 E 上可测.

证明 (1) 只需注意 $\forall t\in \mathbf{R}^1, \{x\in E:f^2(x)>t\}=\begin{cases}E, & t<0 \\ \{x\in E:|f(x)|>\sqrt{t}\}, & t\geqslant 0\end{cases}$ 以

及 $\{x\in E:|f(x)|>t\}=\begin{cases}E, & t<0 \\ \{x\in E:f^2(x)>t^2\}, & t\geqslant 0\end{cases}$.

(2) 只需注意 $\forall t\in \mathbf{R}^1, \{x\in E:f^3(x)>t\}=\{x\in E:f(x)>t^{\frac{1}{3}}\}$.

(3) $f(x)$ 在 E 上可测,则 $f^+(x)$ 及 $f^-(x)$ 在 E 上可测,从而 $|f(x)|=f^+(x)+f^-(x)$
在 E 上可测. 考察函数 $f(x)=\begin{cases}-1, & x\in w \\ 1, & x\in E\backslash w\end{cases}$,其中 $m(E)>0, w\subset E$ 为不可测集. 易知 $|f(x)|$ 在 E 上可测,但 $f(x)$ 在 E 上不可测.

(4) 由(3)只需由 $|f(x)|$ 可测推出 $f(x)$ 可测. 事实上,注意到 $\forall t\in \mathbf{R}^1$
$$\{x\in E:f(x)>t\}=\begin{cases}A\bigcup\{x\in E:|f(x)|<-t\}, & t<0 \\ \{x\in E:|f(x)|>t\}, & t\geqslant 0\end{cases}$$
立知结论成立.

(5) 取 $E=(0,1), w\subset E$ 为不可测集. 设 $f(x)=\begin{cases}x+1, & x\in w \\ x, & x\in E\backslash w\end{cases}$,则 $f(x)$ 为 E 上的

单射,$\forall t \in \mathbf{R}^1, E_t = \{x \in E : f(x) = t\}$ 为单点集显然可测,但 $\{x \in E : f(x) > 1\} = w$ 为不可测集,故 $f(x)$ 在 E 上不是可测函数.

5. 设 $f(x), g(x)$ 为 E 上的可测函数,试证 $\{x \in E \mid f(x) > g(x)\}$ 是可测集.

证明 设 $\{r_n\}$ 是全体有理数所成的序列,则

$$\{x \in E \mid f(x) > g(x)\} = \bigcup_{n=1}^{\infty} (\{x \in E \mid f(x) > r_n\} \cap \{x \in E \mid g(x) < r_n\})$$

事实上,若有 $x_0 \in \{x \in E \mid f(x) > g(x)\}$,则 $f(x_0) > g(x_0)$,必存在有理数 r_k,使得 $f(x_0) > r_k > g(x_0)$,于是

$$x_0 \in \{x \in E \mid f(x) > r_k\} \cap \{x \in E \mid g(x) < r_k\}$$

从而

$$x_0 \in \bigcup_{n=1}^{\infty} (\{x \in E \mid f(x) > r_n\} \cap \{x \in E \mid g(x) < r_n\})$$

所以

$$\{x \in E \mid f(x) > g(x)\} \subset \bigcup_{n=1}^{\infty} (\{x \in E \mid f(x) > r_n\} \cap \{x \in E \mid g(x) < r_n\})$$

反之,若有

$$x_0 \in \bigcup_{n=1}^{\infty} (\{x \in E \mid f(x) > r_n\} \cap \{x \in E \mid g(x) < r_n\})$$

则存在 n_0,使得

$$x_0 \in \{x \in E \mid f(x) > r_{n_0}\} \cap \{x \in E \mid g(x) < r_{n_0}\}$$

于是

$$f(x_0) > r_{n_0} > g(x_0)$$

即

$$f(x_0) > g(x_0)$$

从而

$$x_0 \in \{x \in E \mid f(x) > g(x)\}$$

所以

$$\bigcup_{n=1}^{\infty} (\{x \in E \mid f(x) > r_n\} \cap \{x \in E \mid g(x) < r_n\}) \subset \{x \in E \mid f(x) > g(x)\}$$

又因为 $f(x), g(x)$ 为 E 上的可测函数,对一切 n,$\{x \in E \mid f(x) > r_n\}$ 和 $\{x \in E \mid g(x) < r_n\}$ 都是可测集,因此

$$\bigcup_{n=1}^{\infty} (\{x \in E \mid f(x) > r_n\} \cap \{x \in E \mid g(x) < r_n\})$$

是可测集,故 $\{x \in E \mid f(x) > g(x)\}$ 是可测集.

6. 设 $f(x)$ 是可测集 E 上几乎处处有限的函数,若对任意的 $\varepsilon > 0$,有连续函数 $\varphi(x)$,使得 $m(\{x \in E : f(x) \neq \varphi(x)\}) < \varepsilon$,求证 $f(x)$ 是 E 上的可测函数.

证明 对于 $\varepsilon_n = \dfrac{1}{n} > 0$,有连续函数 $\varphi_n(x)$,使得

$$m(\{x \in E : f(x) \neq \varphi_n(x)\}) = m(\{x \in E : f(x) \neq \varphi(x)\}) < \frac{1}{n}$$

从而 $\forall \delta > 0$,一定有
$$m(\{x \in E : |\varphi_n(x) - f(x)| \geq \delta\}) \leq m(\{x \in E : f(x) \neq \varphi(x)\}) < \frac{1}{n}$$
进而有
$$\lim_{n \to \infty} m(\{x \in E : |\varphi_n(x) - f(x)| \geq \delta\}) = 0$$
这说明函数列 $\{\varphi_n(x)\}$ 依测度收敛于 $f(x)$. 由于 $\varphi_n(x)$ 均为连续函数,因而一定是可测的,所以 $f(x)$ 一定是 E 上的可测函数.

7. 设 $\{f_n(x)\}$ 是 E 上的可测函数列,能否断定 $\sum_{n=1}^{\infty} f_n(x)$ 为 E 上的可测函数?

答:能断定. 事实上,对任意的正整数 n, 由 $f_1(x), f_2(x), \cdots, f_n(x)$ 在 E 上可测知, 函数 $F_n(x) = \sum_{i=1}^{n} f_i(x)$ 在 E 上可测. 又因为 $\sum_{n=1}^{\infty} f_n(x)$ 是函数列 $\{F_n(x)\}$ 的极限函数,从而可测.

8. 设 E 是可测集,则有:

(1) f 在 E 上可测 $\Leftrightarrow$ 任意开集 $G \subseteq \mathbf{R}^1$, $f^{-1}(G) = \{x \in E : f(x) \in G\}$ 可测.

(2) f 在 E 上可测 $\Leftrightarrow$ 任意闭集 $F \subseteq \mathbf{R}^1$, $f^{-1}(F) = \{x \in E : f(x) \in F\}$ 可测.

(3) f 在 E 上可测 $\Leftrightarrow$ 任意 G_δ 型集(或 F_σ 型) $M \subseteq \mathbf{R}^1$, $f^{-1}(M) = \{x \in E : f(x) \in M\}$ 为可测集.

证明 (1) "$\Leftarrow$". 设对任一开集 $G \subseteq \mathbf{R}^1$ 都有 $\{x \in E : f(x) \in G\}$ 可测,则对任意的 $\alpha \in \mathbf{R}^1$, 取开集 $(\alpha, +\infty) = G_\alpha$, 由于 $f(x) \in G_\alpha = (\alpha, +\infty) \Leftrightarrow f(x) > \alpha$, 于是
$$f^{-1}(G) = \{x \in E : f(x) \in (\alpha, +\infty)\} = \{x \in E : f(x) > \alpha\}$$
可测. 故由可测函数的定义知 f 在 E 上可测.

"$\Rightarrow$". 设 f 在 E 上可测,而 G 为 $\mathbf{R}^1$ 中任一开集. 由开集的构造定理知,存在一列互不相交的构成区间: $(a_1, b_1), \cdots, (a_n, b_n), \cdots$ 使 $G = \bigcup_{n=1}^{\infty} (a_n, b_n)$. 而由 f 可测可得
$$f^{-1}((a_n, b_n)) = \{x \in E : a_n < f(x) < b_n\} = \{x \in E : f(x) < b_n\} \setminus \{x \in E : f(x) \leq a_n\}$$
可测. 故 $f^{-1}(G) = f^{-1}(\bigcup_{n=1}^{\infty} (a_n, b_n)) = \bigcup_{n=1}^{\infty} f^{-1}((a_n, b_n))$ 可测.

(2) 注意到对任意闭集 F, $\{x \in E : f(x) \in F\} = E \setminus \{x \in E : f(x) \in F^c\}$, 因而 $\{x \in E : f(x) \in F\}$ 可测当且仅当 $\{x \in E : f(x) \in F^c\}$. 再注意到 F^c 为开集,由(1)立知结论(2)亦成立.

(3) "$\Leftarrow$". 设对任一 G_δ 型集 M, $f^{-1}(M) = \{x \in E : f(x) \in M\}$ 可测,则对任意的 $\alpha \in \mathbf{R}^1$, $(\alpha, +\infty) = (\alpha, +\infty) \cap \mathbf{R}^1 \cap \mathbf{R}^1 \cap \cdots$ 也是 G_δ 型集,于是有
$$\{x \in E : f(x) > \alpha\} = f^{-1}((\alpha, +\infty))$$
可测. 故 f 在 E 上可测.

"$\Rightarrow$". 设 f 在 E 上可测,而 M 是 G_δ 型集,由 G_δ 型集的定义知,存在开集列 $\{G_n\}$, 使 $M =$

$\bigcap_{n=1}^{\infty} G_n$. 但由(1)知,$f^{-1}(G_n)$ 可测,故

$$f^{-1}(M) = f^{-1}(\bigcap_{n=1}^{\infty} G_n) = \bigcap_{n=1}^{\infty} f^{-1}(G_n) = \bigcap_{n=1}^{\infty} \{x \in E: f(x) \in G_n\}$$

可测.

类似方法可以证明 F_σ 型集的情形.

注 事实上还有如下更一般的结论：

f 在 E 上可测 $\Leftrightarrow$ 任意 Borel 集 $T \subset \mathbf{R}^1$, $f^{-1}(T) = \{x \in E: f(x) \in T\}$ 可测.

若想证明这个结论,充分性是显然的,只需要证明必要性.

由于 Borel 集的复杂性,前面的方法不再起作用. 考虑到 Borel 集的定义,可以采用如下方法.

作集族

$$\Delta = \{M \subset \mathbf{R}^n: f^{-1}(M) \text{ 为可测集}\}$$

由结论(1),任意开集 $G \in \Delta$；其次 $\forall M \in \Delta$,由于 $f^{-1}(M^c) = (f^{-1}(M))^c$,因此一定有 $M^c \in \Delta$；最后,若 $M_n \in \Delta$,则由于 $f^{-1}(\bigcup_{n=1}^{\infty} M_n) = \bigcup_{n=1}^{\infty} f^{-1}(M_n)$,因此又有 $\bigcup_{n=1}^{\infty} M_n \in \Delta$. 上面的事实说明集族 Δ 是含有所有开集的 σ 代数,因而一定含有所有的 Borel 集,这就完成了证明.

9. 试证：$m(\{x \in E: f(x) \neq g(x)\}) = 0$ 等价于 $m(\{x \in E: |f(x) - g(x)| > \frac{1}{k}\}) = 0$, $\forall k$ 皆成立.

证明 由于 $\forall k, \{x \in E: |f(x) - g(x)| > \frac{1}{k}\} \subset \{x \in E: f(x) \neq g(x)\}$ 皆成立,必要性立知. 另一方面,注意到

$$\{x \in E: f(x) \neq g(x)\} = \{x \in E: |f(x) - g(x)| > 0\}$$
$$= \bigcup_{k=1}^{\infty} \{x \in E: |f(x) - g(x)| > \frac{1}{k}\}$$

从而

$$m(\{x \in E: f(x) \neq g(x)\}) = m(\bigcup_{k=1}^{\infty} \{x \in E: |f(x) - g(x)| > \frac{1}{k}\})$$
$$= \lim_{k \to \infty} m(\{x \in E: |f(x) - g(x)| > \frac{1}{k}\}) = 0$$

充分性成立.

10. 举例说明,鲁津定理中不能将 $m(E \backslash F) < \delta$ 改为 $m(E \backslash F) = 0$.

解 在 $[0,1]$ 作类 Cantor 集 $C, m(C) = \frac{1}{2}$, C 是疏朗的完备集. 令

$$f(x) = \begin{cases} 1, & x \in C \\ -1, & x \in [0,1] \backslash C \end{cases}$$

则不存在$[0,1]$上的连续函数$g(x)$,使$Z=\{x:g(x)\neq f(x)\}$的测度为0.事实上,若这样的$g(x)$存在,由于$m(C)=\frac{1}{2},m(Z)=0,C\neq Z$,则$([0,1]\backslash Z)\cap C\neq \varnothing$,任取$x\in([0,1]\backslash Z)\cap C$,则有$g(x)=f(x)=1$;但对$\forall \delta>0$,由于$x$不是$C$的内点,必有$(x-\delta,x+\delta)\cap([0,1]\backslash(Z\cup C))\neq \varnothing$,由$g$的连续性,又有$g(x)=-1$,矛盾!

11. 若$f(x)$是定义在$E\subset \mathbf{R}^n$上的广义实值函数.若对任给的$\delta>0$,存在E中的闭集F,$m(E\backslash F)<\delta$,使得$f(x)$是F上的连续函数,则$f(x)$是$E\subset \mathbf{R}^n$上的几乎处处有限的可测函数.(鲁津定理的逆定理)

证明 方法1. $\forall k$,取$\delta=\frac{1}{k}$,则存在E中的闭子集$F_k,m(E\backslash F_k)\leqslant \frac{1}{k}$,使得$f(x)$在$F_k$上连续,因而在$F_k$上可测且每点有有限的函数值.令$K=\bigcup_{k=1}^{\infty}F_k$,则$f(x)$在$K$上可测且每点有有限的函数值.再注意到$m(E\backslash K)\leqslant m(E\backslash F_k)\leqslant \frac{1}{k}\to 0$,所以$m(E\backslash K)=0$,因而$f(x)$是$E=(E\backslash K)\cup K$上的可测函数且几乎处处有限.

方法2. $\forall k$,取$\delta=\frac{1}{k}$,则存在E中的闭子集$F_k,m(E\backslash F_k)\leqslant \frac{1}{k}$,使得$f(x)$在$F_k$上连续,记其在$\mathbf{R}^n$上的连续延拓为$H_k(x)$,则$H_k(x)$是$\mathbf{R}^n$上的可测函数,自然在$E$上也可测.注意到

$$m(\{x\in E: |H_i(x)-H_j(x)|\geqslant \varepsilon\})\leqslant m^*(\{x\in E: |H_i(x)-f(x)|\geqslant \frac{\varepsilon}{2}\})+$$

$$m^*(\{x\in E: |f(x)-H_j(x)|\geqslant \frac{\varepsilon}{2}\})$$

$$\leqslant m(E\backslash F_i)+m(E\backslash F_j)\leqslant \frac{1}{i}+\frac{1}{j}$$

因此$\{H_k(x)\}$是E上的依测度Cauchy列,从而一定存在E上的几乎处处有限的可测函数$h(x)$,使$H_k(x)$依测度收敛于$h(x)$.又由于$\forall \varepsilon>0$

$$m^*(\{x\in E: |h(x)-f(x)|>\varepsilon\})\leqslant m(\{x\in E: |h(x)-H_i(x)|>\frac{\varepsilon}{2}\})+$$

$$m^*(\{x\in E: |H_i(x)-f(x)|>\frac{\varepsilon}{2}\})$$

$$\leqslant m(\{x\in E: |h(x)-H_i(x)|>\frac{\varepsilon}{2}\})+$$

$$m(E\backslash F_i)\to 0$$

所以 $\quad m^*(\{x\in E: |h(x)-f(x)|>\varepsilon\})=0$

从而

$$m^*(\{x\in E: |h(x)-f(x)|>0\})=\lim_{n\to\infty}m^*(\{x\in E: |h(x)-f(x)|>\frac{1}{n}\})=0$$

因此 $h(x)=f(x)$, a.e. $x\in E$, $f(x)$ 是 E 上的几乎处处有限的可测函数.

12. 设 $f:\mathbf{R}^n\to\mathbf{R}^1$, 且对任意的 $\varepsilon>0$, 存在开集 $G\subset\mathbf{R}^n$, $m(G)<\varepsilon$, 使得 $f\in C(\mathbf{R}^n\backslash G)$, 试证明 $f(x)$ 是 $\mathbf{R}^n$ 上的可测函数.

证明 方法 1. $\forall\ \dfrac{1}{k}$, 由已知, 存在开集 $G_k\subset\mathbf{R}^n$, $m(G_k)<\dfrac{1}{k}$, 以及 $f\in C(\mathbf{R}^n\backslash G_k)$.

取 $A=\bigcap_{k=1}^{\infty}G_k$, 则 $m(A)\leqslant m(G_k)<\dfrac{1}{k}$, 所以 $m(A)=0$. 注意到 $\mathbf{R}^n\backslash A=\bigcup_{k=1}^{\infty}(\mathbf{R}^n\backslash G_k)$, 且 $\forall k$, $f(x)\in C(\mathbf{R}^n\backslash G_k)$, 所以 $f(x)$ 在 $\mathbf{R}^n\backslash G_k$ 上可测, 进而 f 在集合 $\mathbf{R}^n\backslash A$ 上可测. 由于 $m(A)=0$, 又知 $f(x)$ 是 $\mathbf{R}^n$ 上的可测函数.

方法 2. $\forall\ \dfrac{1}{k}$, 由已知, 存在开集 $G_k\subset\mathbf{R}^n$, $m(G_k)<\dfrac{1}{k}$, 以及 $f(x)\in C(\mathbf{R}^n\backslash G_k)$.

注意到 $\mathbf{R}^n\backslash G_k$ 为闭集, 记 $f(x)$ 在 $\mathbf{R}^n$ 上的连续延拓为 f_k, 则 f_k 是 $\mathbf{R}^n$ 上的可测函数. 由于 $\forall\varepsilon>0$, $m^*(\{x\in\mathbf{R}^n:|f_k(x)-f(x)|\geqslant\varepsilon\})\leqslant m(G_k)\leqslant\dfrac{1}{k}\to 0$, 从而 f 必在 $\mathbf{R}^n$ 上可测.

13. 设 $f(x,y)$ 是 $\mathbf{R}^2$ 上的实值函数, 当 x 固定时, $f(x,y)$ 是关于 y 的连续函数; 当 y 固定时, $f(x,y)$ 是关于 x 的可测函数. 求证: 函数 $F(x)=\max\limits_{c\leqslant y\leqslant d}f(x,y)$ 为可测函数.

证明 记 (c,d) 中的所有有理数为 $\{r_1,r_2,\cdots,r_n,\cdots\}$, 则 $\forall t\in\mathbf{R}^1$, 由于 $f(x,y)$ 是关于 y 的连续函数, 所以 $\{x\in\mathbf{R}^1:F(x)>t\}=\bigcup_{n=1}^{\infty}\{x\in\mathbf{R}^1:f(x,r_n)>t\}$. 又 $f(x,y)$ 是关于 x 的可测函数, 所以 $\{x\in\mathbf{R}^1:F(x)\geqslant t\}$ 是可测集.

14. 设 $f(x)$ 是可测集 E 上的几乎处处有限的函数, 若 $\forall\varepsilon>0$, 存在 E 上的连续函数 $g(x)$, 使 $m^*(\{x\in E:f(x)\neq g(x)\})<\varepsilon$, 求证 $f(x)$ 是 E 上的可测函数.

证明 $\forall\ \dfrac{1}{k}>0$, 存在 E 上的连续函数 $g_k(x)$, 使得集合 $E_k=\{x\in E:f(x)\neq g(x)\}$ 的外测度 $m^*(E_k)<\dfrac{1}{k}$. 注意到 $\forall\delta>0$

$$m^*(\{x\in E:|g_k(x)-f(x)|\geqslant\delta\})\leqslant m^*(\{x\in E:g_k(x)\neq f(x)\})<\dfrac{1}{k}\to 0$$

以及 E 上的连续函数一定在 E 上可测, 由 2.2 节中例 3 结论知 $f(x)$ 是 E 上的可测函数.

15. 对 $(0,1)$ 中的点 x, 用十进制小数来表示它, x_k 是它的第 k 位小数. 令

$$f(x)=\max\{x_k:k\geqslant 1\}$$

求证 $f(x)$ 在 $(0,1)$ 上可测.

证明 $\forall t\in\mathbf{R}^1$

$$\{x\in(0,1):f(x)>t\}=\bigcup_{k=1}^{\infty}\{x\in(0,1):x_k>t\}=\bigcup_{k=[t]+1}^{\infty}\bigcup_{1\leqslant m\leqslant 9}\{x\in(0,1):x_k=m\}$$

显然集合 $\{x\in(0,1):x_k=m\}$ 是可测的, 所以 $f(x)$ 在 $(0,1)$ 上可测.

16. 设 $f(x)$ 是 $E \subset \mathbf{R}^1$ 上的可测函数，$F(x)$ 是其值域上的单调函数，则 $F(f(x))$ 也为 E 上的可测函数.

证明 不妨设 $F(x)$ 是单增函数. $\forall t \in \mathbf{R}^1$, 令
$$s = \inf\{F(f(x)) : F(f(x)) > t\}, M_t = \inf\{f(x) : F(f(x)) > t, x \in E\}$$
由于 $F(x)$ 是单增函数，一定有 $F(M_t) = s$（注意 M_t 可能是 $-\infty$）. 此时易证
$$\{x \in E : F(f(x)) > t\} = \begin{cases} \{x \in E : f(x) \geqslant M_t\}, & s > t \\ \{x \in E : f(x) > M_t\}, & s = t \end{cases}$$
注意到 $f(x)$ 是 E 上的可测函数，所以 $F(f(x))$ 也是 E 上的可测函数.

17. 设 $f(x)$ 是 (a,b) 上的实值函数，证明
$$\overline{D}f(x) = \lim_{\delta \to 0} \sup_{y \in U^\circ(x,\delta)} \frac{f(y) - f(x)}{y - x}, \underline{D}f(x) = \lim_{\delta \to 0} \inf_{y \in U^\circ(x,\delta)} \frac{f(y) - f(x)}{y - x}$$
是 (a,b) 上的可测函数.

证明 先证第一个结论. $\forall x_0 \in \{x \in (a,b) : \overline{D}(x) \geqslant t\}$, 据 $\overline{D}$ 的定义，$\forall \frac{1}{n}, \frac{1}{m}$, 一定存在 $y \in U^\circ(x_0, \frac{1}{m}) \cap (a,b)$, 使 $\frac{f(y) - f(x_0)}{y - x_0} > t - \frac{1}{n}$. 若这样的 y 不存在，即 $\forall y \in (a,b)$, $0 < |y - x_0| < \frac{1}{m}$, 有 $\frac{f(y) - f(x_0)}{y - x_0} \leqslant t - \frac{1}{n}$, 则一定有
$$\overline{D}(x_0) = \lim_{\frac{1}{m} \to 0} \sup_{0 < |y - x_0| < \frac{1}{m}} \frac{f(y) - f(x_0)}{y - x_0} \leqslant t - \frac{1}{n} < t$$
这与 $\overline{D}(x_0) \geqslant t$ 矛盾！这样，若记
$$E_{m,n} = \{x_0 \in (a,b) : \exists y \in U^\circ(x_0, \frac{1}{m}) \cap (a,b), \frac{f(y) - f(x_0)}{y - x_0} > t - \frac{1}{n}\}$$
则根据上面的事实
$$\{x \in (a,b) : \overline{D}(x) \geqslant t\} \subset \bigcap_{m,n=1}^{\infty} E_{m,n}$$
另一方面，若 $x' \in \bigcap_{m,n=1}^{\infty} E_{m,n}$, 则 $\forall m, n, x' \in E_{m,n}$, 亦即存在 $y \in U^\circ(x', \frac{1}{m}) \cap (a,b)$, 使 $\frac{f(y) - f(x_0)}{y - x_0} > t - \frac{1}{n}$ 成立，这说明
$$\overline{D}(x') = \lim_{\frac{1}{m} \to 0} \sup_{0 < |y - x'| < \frac{1}{m}} \frac{f(y) - f(x')}{y - x'} \geqslant t - \frac{1}{n}$$
再由 n 的任意性，便有 $\overline{D}(x') \geqslant t$, 所以又有 $\bigcap_{m,n=1}^{\infty} E_{m,n} \subset \{x \in (a,b) : \overline{D}(x) \geqslant t\}$. 上面证明了
$$\{x \in (a,b) : \overline{D}(x) \geqslant t\} = \bigcap_{m,n=1}^{\infty} E_{m,n}$$
下面只需说明 $\forall \frac{1}{n}, \frac{1}{m}$, 集合 $E_{m,n}$ 为可测集.

事实上,若记 $A_{m,n} = \{[x,y] \subset (a,b): 0 < |x-y| < \frac{1}{m}, \frac{f(y)-f(x)}{y-x} > t - \frac{1}{n}\} \neq \varnothing$,

则 $E_{m,n} = \bigcup_{[x,y] \in A_{m,n}} [x,y]$. 这是由于,若 $x_0 \in E_{m,n}$,则存在 $y \in U^{\circ}(x_0, \frac{1}{m}) \bigcap (a,b)$,使 $\frac{f(y)-f(x_0)}{y-x_0} > t - \frac{1}{n}$,从而 $x_0 \in [x_0, y] \subset A_{m,n}$(或 $x_0 \in [y, x_0] \subset A_{m,n}$);若 $x' \in A_{m,n}$,则存在 $[x,y] \subset (a,b)$, $x' \in [x,y] \subset A_{m,n}$,满足 $\frac{f(y)-f(x)}{y-x} > t - \frac{1}{n}$ 和 $0 < |x-y| < \frac{1}{m}$.

若 x' 是 x, y 之一,显然有 $x' \in E_{m,n}$;若 $x' \neq x, y$,由于

$$\frac{f(y)-f(x)}{y-x} = \frac{y-x'}{y-x} \cdot \frac{f(y)-f(x')}{y-x'} + \frac{x'-x}{y-x} \cdot \frac{f(x')-f(x)}{x'-x}$$

则必有 $\frac{f(y)-f(x')}{y-x'}$ 或 $\frac{f(x')-f(x)}{x'-x}$ 之一大于 $t - \frac{1}{n}$,而 $0 < |x-y| < \frac{1}{m}$,又有

$$0 < |x'-y| < \frac{1}{m}, 0 < |x-x'| < \frac{1}{m}$$

所以同样有 $x' \in E_{m,n}$. 由于 $E_{m,n} = \bigcup_{[x,y] \in A_{m,n}} [x,y]$ 可以表示为至多可数个互不相交的区间的并,所以一定是可测集.

注意到 $\underline{D}f(x) = -\overline{D}(-f(x))$,故 $\underline{D}f(x)$ 一定是 (a,b) 上的可测函数.

注 下证 $E_{m,n} = \bigcup_{[x,y] \in A_{m,n}} [x,y]$ 可以表示为至多可数个互不相交的区间的并.

记

$$P = \{d \in (a,b): \exists \varepsilon > 0, (d-\varepsilon, d) \subset E_{m,n}, \forall \delta > 0, [d, d+\delta] \bigcap ((a,b)\setminus E_{m,n}) \neq \varnothing\}$$

首先,任取 $[x_0, y_0] \subset E_{m,n}$ 及 $x_0 < x' < y_0$,令 $d' = \sup\{y: (x', y) \subset E_{m,n}\}$,则一定有 $d' \in P$,因此 $P \neq \varnothing$. 其次,$\forall d_1, d_2 \in P, d_1 \neq d_2$,易知 $(d_1-\varepsilon_1, d_1) \bigcap (d_2-\varepsilon_2, d_2) = \varnothing$,这样 P 中的点便与一个互不相交的区间族一一对应,因而是可数的.

若记 $P = \{d_k\}$ 及 $\forall k, c_k = \inf\{x: (x, d_k) \subset E_{m,n}\}$,则 $E_{m,n} = \bigcup_k I_k$,其中 I_k 是端点分别为 c_k 和 d_k 的区间(若端点在 $E_{m,n}$ 中,则 I_k 便含有此端点,否则便不含有). 事实上,由 d_k 及 c_k 的定义立知 $I_k \subset E_{m,n}$,从而 $\bigcup_k I_k \subset E_{m,n}$;另一方面,$\forall x' \in E_{m,n}$,则存在 $[x,y] \subset E_{m,n}$,使 $x' \in [x, y]$. 若 $x' \in P$,则 x' 为某一 I_k 端点,由约定 $x' \in I_k \subset \bigcup_k I_k$,若 $x' \notin P$,则一定存在 δ,使 $[x', x'+\delta) \subset E_{m,n}$. 令 $d' = \sup\{y: (x', y) \subset E_{m,n}\}$,则 $d' \in P, x' \in I' \subset \bigcup_k I_k$. 这样就证明了 $E_{m,n} = \bigcup_k I_k$.

18. 设 $f(x)$ 是 (a,b) 上的实值函数,$D \subset (a,b)$ 是 $f(x)$ 的可微点集,试证 $f'(x)$ 在 D 上是可测函数.

证明 注意到 $D = \{x \in (a,b): \overline{D}f(x) = \underline{D}f(x) = 有限值\}$,利用上题结论,$\overline{D}f(x)$ 及 $\underline{D}f(x)$ 都是 (a,b) 上的可测函数,因此 D 是 (a,b) 的可测子集,自然 $\overline{D}f(x)$ 在 D 上可测. 而

$f'(x) = \overline{D}f(x), x \in D$,故 $f'(x)$ 在 D 上是可测函数.

19. 设 $f(x)$ 在 $[a,b]$ 上可测,试证明存在多项式列 $\{P_n(x)\}$,使得 $\lim\limits_{n\to\infty} P_n(x) = f(x)$, a.e. $x \in [a,b]$.

证明 由于存在 $[a,b]$ 上的连续函数列 $\{f_n(x)\}$,使得 $f_n(x) \to f(x)$, a.e. $x \in [a,b]$,再由魏尔斯特拉斯定理,存在 $[a,b]$ 上的多项式列 $\{P_n(x)\}$,使 $\max |P_n(x) - f_n(x)| < \frac{1}{n}$,则该多项式列 $\{P_n(x)\}$ 一定满足 $\lim\limits_{n\to\infty} P_n(x) \to f(x)$, a.e. $x \in [a,b]$.

20. 设 $z = f(x,y)$ 是 $\mathbf{R}^2$ 上的连续函数,$g_1(x), g_2(x)$ 是 $[a,b] \subset \mathbf{R}^1$ 上的实值可测函数,试证明 $F(x) = f(g_1(x), g_2(x))$ 是 $[a,b]$ 上的可测函数.

证明 由于 $g_1(x)$ 与 $g_2(x)$ 都是 $[a,b]$ 上的实值可测函数,一定存在 $[a,b]$ 上的简单函数列 $\{\varphi_n(x)\}$ 与 $\{\varphi'_n(x)\}$,使 $\varphi_n(x) \to g_1(x), \varphi'_n(x) \to g_2(x)$. 注意到,$\forall E_i, F_j \subset [a,b]$ 以及 $c_i, d_j \in \mathbf{R}^1 (i = 1, 2, \cdots, p; j = 1, 2, \cdots, q)$,$\bigcup\limits_{i=1}^{p} E_i = \bigcup\limits_{j=1}^{q} F_j = [a,b], E_m \cap E_n = \varnothing (m \neq n), F_m \cap F_n = \varnothing (m \neq n)$,有

$$f\left(\sum_{i=1}^{p} c_i \chi_{E_i}(x), \sum_{j=1}^{q} d_j \chi_{F_j}(x)\right) = \sum_{i=1}^{p} \sum_{j=1}^{q} f(c_i, d_j) \chi_{E_i}(x) \chi_{F_j}(x)$$
$$= \sum_{i=1}^{p} \sum_{j=1}^{q} f(c_i, d_j) \chi_{E_i \cap F_j}(x)$$

所以 $\forall n, f(\varphi_n(x), \varphi'_n(x))$ 一定是简单可测函数,自然在 $[a,b]$ 上可测. 由于 $f(x,y)$ 是连续函数,所以 $\forall x \in [a,b], f(\varphi_n(x), \varphi'_n(x)) \to F(x) = f(g_1(x), g_2(x))$,立知 $F(x)$ 是 $[a,b]$ 上的可测函数.

21. 设 $f_1(x)$ 是 $E_1 \subset \mathbf{R}^p$ 上的可测函数,$f_2(y)$ 是 $E_2 \subset \mathbf{R}^q$ 上的可测函数,证明 $f_1(x) f_2(y)$ 是 $E_1 \times E_2 \subset \mathbf{R}^{p+q}$ 上的可测函数.

证明 首先设 $\varphi(x) = \sum\limits_{i=1}^{k} c_i \chi_{E_{1i}}(x)$ 与 $\varphi'(y) = \sum\limits_{j=1}^{l} d_j \chi_{E_{2j}}(y)$ 分别为 E_1 和 E_2 上的简单可测函数,则 $\forall x, y \in E_1 \times E_2$,一定有 $\varphi(x) \varphi'(y) = \sum\limits_{j=1}^{l} \sum\limits_{i=1}^{k} c_i d_j \chi_{E_{1i} \times E_{2j}}(x, y)$,所以 $\varphi(x) \varphi'(y)$ 一定是 $E_1 \times E_2$ 上的简单可测函数.

若 $f_1(x), f_2(y)$ 分别是 E_1, E_2 上的可测函数,则分别存在 E_1, E_2 上的简单可测函数列 $\{\varphi_n(x)\}, \{\varphi'_n(y)\}$,使 $\varphi_n(x) \xrightarrow[E_1]{\text{a.e.}} f_1(x)$ 以及 $\varphi'_n(y) \xrightarrow[E_2]{\text{a.e.}} f_2(y)$. 显然有

$$\varphi_n(x) \varphi'_n(y) \xrightarrow[E_1 \times E_2]{\text{a.e.}} f_1(x) f_2(y)$$

由已证结论 $\{\varphi_n(x) \varphi'_n(y)\}$ 是 $E_1 \times E_2$ 上的简单可测函数列,所以 $f_1(x) f_2(y)$ 一定是 $E_1 \times E_2$ 上的可测函数.

22. 设 $f(x)$ 在 $[a,b]$ 上存在右导数,试证明右导数 $f'_+(x)$ 是 $[a,b]$ 上的可测函数.

证明 $f(x)$ 右导数存在, $f(x)$ 一定是右连续的,其不连续点集为可数集,从而一定是可测函数(单侧极限存在且有限的间断点集是可数集). 又

$$\chi_{[a,b-\frac{1}{k}]}(x)f'_+(x) \to f'_+(x), k \to \infty$$

故我们只需证 $\forall k, \chi_{[a,b-\frac{1}{k}]}(x)f'_+(x)$ 为可测函数即可.

事实上,令 $n>k$,则 $\forall x \in [a,b-\frac{1}{k}], x+\frac{1}{n} \in [a,b)$,所以 $f(x+\frac{1}{n}), f(x)$ 都是 $[a, b-\frac{1}{k}]$ 上的可测函数,从而 $f_n(x)=(f(x+\frac{1}{n})-f(x))n$ 亦为 $[a,b-\frac{1}{k}]$ 上的可测函数. 注意到 $\lim_{n\to\infty} f_n(x) = \lim_{n\to\infty} \dfrac{f(x+\frac{1}{n})-f(x)}{\frac{1}{n}} = f'_+(x)$,所以 $f'_+(x)$ 为 $[a,b-\frac{1}{k}]$ 上的可测函数,

进而 $\chi_{[a,b-\frac{1}{k}]}(x)f'_+(x)$ 为 $[a,b]$ 上的可测函数.

23. 设 $f(x)$ 是 $E \subset \mathbf{R}^n$ 上几乎处处有限的可测函数,$m(E)<\infty$. 试证明对任意的 $\varepsilon>0$,存在 E 上的有界可测函数 $g(x)$,使得 $m(\{x \in E: |f(x)-g(x)|>0\})<\varepsilon$.

证明 由于 $f(x)$ 在 E 上是几乎处处有限的,集合 $E_\infty = \{x \in E: |f(x)|=\infty\}$ 测度是 0,故不妨设 $f(x)$ 为 E 上的有限函数. 令 $E_k = \{x \in E: |f(x)| \leqslant k\}, k=1,2,\cdots$,则一定有 $E_1 \subset E_2 \subset \cdots \subset E_k \subset E_{k+1} \subset \cdots$,且 $\bigcup_{k=1}^{\infty} E_k = E$,从而 $\lim_{k\to\infty} m(E_k) = m(E)$. 由于 $m(E)<\infty$,$\forall \varepsilon>0$,一定存在 k,使 $m(E)-m(E_k)<\varepsilon$,亦即 $m(E\setminus E_k)<\varepsilon$. 定义

$$g(x) = \begin{cases} f(x), & x \in E_k \\ 1, & x \in E\setminus E_k \end{cases}$$

则 $\forall x \in E, |g(x)| \leqslant k, g$ 在 E 上有界,且

$$m(\{x \in E: |f(x)-g(x)|>0\}) \leqslant m(E\setminus E_k) < \varepsilon$$

24. 设 $f(x)$ 在 $E \subset \mathbf{R}^1$ 上可测,作函数

$$\varphi(t) = m(\{x \in E: f(x)<t\}), \psi(t) = m(\{x \in E: f(x)>t\})$$

则 $\varphi(t)$ 是 $\mathbf{R}^1$ 上递增左连续函数,$\psi(t)$ 是 $\mathbf{R}^1$ 上递减右连续函数.

证明 易知 $\varphi(t)$ 是 $\mathbf{R}^1$ 上递增函数,下证其左连续性.

设 $t_n \uparrow t$,记 $E_{t_n} = \{x \in E: f(x)<t_n\}, E_t = \{x \in E: f(x)<t\}$,则有

$$E_{t_1} \subset E_{t_2} \subset \cdots \subset E_{t_n} \subset \cdots, E_t = \bigcup_{n=1}^{\infty} E_{t_n} = \lim_{n\to\infty} E_{t_n}$$

从而

$$\lim_{t_n \to t} \varphi(t_n) = \lim_{n\to\infty} m(E_{t_n}) = m(\lim_{n\to\infty} E_{t_n}) = m(E_t) = \varphi(t)$$

由 t 的任意性知 φ 是左连续的,所以 φ 是递增左连续函数.

同理可证 $\psi(t)$ 是递减右连续函数.

25. 设 $f(x)$ 为 $(0,1)$ 上的可测函数,作
$$f_n(x) = f(x) \chi_{(0,\frac{1}{n})}(x), n = 1, 2, \cdots$$
试证在 $(0,1)$ 上有 $f_n(x)$ 依测度收敛于 $0, n \to \infty$.

证明 因为
$$f_n(x) = \begin{cases} f(x), & x \in E_n = (0, \frac{1}{n}) \\ 0, & x \notin E_n \end{cases}$$

而对任意的 $\sigma > 0$
$$\{x \in (0,1): |f_n(x)| \geq \sigma\} = \{x \in (0,1): |f(x) \chi_{(0,\frac{1}{n})}(x)| \geq \sigma\}$$
$$= \{x \in E_n: |f(x)| \geq \sigma\}$$

又
$$m(\{x \in E_n: |f(x)| \geq \sigma\}) \leq m(E_n) = \frac{1}{n} \to 0, n \to \infty$$

所以 $f_n(x)$ 依测度收敛于 $0, n \to \infty$.

26. 试证:若 $f_k(x) \xrightarrow[E]{m} f(x), f_k(x) \xrightarrow[E]{m} g(x)$,则 $f(x) = g(x)$, a.e. $x \in E$;若 $f_k(x) \xrightarrow[E]{m} f(x), g_k(x) \xrightarrow[E]{m} g(x)$,则 $f_k(x) + g_k(x) \xrightarrow[E]{m} f(x) + g(x)$.

证明 先证第一个结论.注意到
$$\{x \in E: |f(x) - g(x)| > \frac{1}{n}\} \subset \{x \in E: |f(x) - f_k(x)| > \frac{1}{2n}\}$$
$$\cup \{x \in E: |g(x) - f_k(x)| > \frac{1}{2n}\}$$

从而有
$$m(\{x \in E: |f(x) - g(x)| > \frac{1}{n}\}) \leq m(\{x \in E: |f(x) - f_k(x)| > \frac{1}{2n}\}) +$$
$$m(\{x \in E: |g(x) - f_k(x)| > \frac{1}{2n}\}) \to 0$$

所以 $\forall n, m(\{x \in E: |f(x) - g(x)| > \frac{1}{n}\}) = 0$

进而 $m(\{x \in E: f(x) \neq g(x)\}) = 0$

下面证明第二个结论. $\forall \varepsilon > 0$,由于
$$\{x \in E: |f(x) + g(x) - (f_k(x) + g_k(x))| > \varepsilon\} \subset \{x \in E: |f(x) - f_k(x)| > \frac{\varepsilon}{2}\}$$
$$\cup \{x \in E: |g(x) - g_k(x)| > \frac{\varepsilon}{2}\}$$

所以
$$\lim_{k\to\infty} m(\{x\in E: |f(x)+g(x)-(f_k(x)+g_k(x))|>\varepsilon\})$$
$$\leqslant \lim_{k\to\infty} m(\{x\in E: |f(x)-f_k(x)|>\frac{\varepsilon}{2}\})+$$
$$\lim_{k\to\infty} m(\{x\in E: |g(x)-g_k(x)|>\frac{\varepsilon}{2}\})=0$$

得知
$$\lim_{k\to\infty} m(\{x\in E: |f(x)+g(x)-(f_k(x)+g_k(x))|>\varepsilon\})=0$$

结论得证.

27. 设 $\{f_k(x)\}$ 为 E 上的几乎处处有限的可测函数列,则 $\{f_k(x)\}$ 在 E 上依测度收敛于 E 上的某一几乎处处有限的可测函数 $f(x)$ 的充分必要条件是 $\{f_k(x)\}$ 为 E 上的依测度 Cauchy 列.

证明 必要性. 若 $\{f_k(x)\}$ 在 E 上依测度收敛于 $f(x)$,则对任意 k,j,由于
$$m(\{x\in E: |f_k(x)-f_j(x)|>\varepsilon\})$$
$$\leqslant m(\{x\in E: |f_k(x)-f(x)|>\frac{\varepsilon}{2}\})+m(\{x\in E: |f_j(x)-f(x)|>\frac{\varepsilon}{2}\})$$
$$\to 0 (k,j\to\infty)$$

所以,$\{f_k(x)\}$ 为 E 上的依测度 Cauchy 列.

充分性. 由于 $\{f_k(x)\}$ 为 E 上的依测度 Cauchy 列, $\forall i$,存在 k_i,使 $j,l\geqslant k_i$ 时, $m(\{x\in E: |f_l(x)-f_j(x)|\geqslant \frac{1}{2^i}\})<\frac{1}{2^i}$,并且不妨设 $k_i<k_{i+1}$.记
$$E_i=\{x\in E: |f_{k_i}(x)-f_{k_{i+1}}(x)|\geqslant \frac{1}{2^i}\}$$
及
$$S=\bigcap_{j=1}^{\infty}\bigcup_{i=j}^{\infty} E_i$$
由于 $\forall j$
$$m(S)\leqslant m(\bigcup_{i=j}^{\infty} E_i)\leqslant \sum_{i=j}^{\infty} m(E_i)<\frac{1}{2^{j+1}}$$

所以,$m(S)=0$.

由于 $\forall x\in E\setminus S$,存在 j,使 $x\notin \bigcup_{i\geqslant j} E_i$,所以 $i\geqslant j$ 时,有 $|f_{k_i}(x)-f_{k_{i+1}}(x)|\leqslant \frac{1}{2^i}$,从而
$$\sum_{i=j}^{\infty} |f_{k_i}(x)-f_{k_{i+1}}(x)|\leqslant \frac{1}{2^{j+1}}$$

这说明函数项级数 $\sum_{i=1}^{\infty}(f_{k_i}(x)-f_{k_{i+1}}(x))$ 绝对收敛,因而是收敛的. 设

$$f(x) = \sum_{i=1}^{\infty}(f_{k_i}(x) - f_{k_{i+1}}(x))$$

则 $f_{k_i}(x) \to f(x)$, a. e. $(x \in E)$, 显然 $f(x)$ 在 E 上是几乎处处有限的.

由于 $\forall x \in E \setminus (\bigcup_{i \geqslant j} E_i)$, $|f_{k_i}(x) - f_{k_{i+1}}(x)| \leqslant \frac{1}{2^i}(i \geqslant j)$, 所以 $\{f_{k_i}(x)\}$ 在 $E \setminus (\bigcup_{i \geqslant j} E_i)$ 上一致收敛到 $f(x)$. 从而 $\forall \varepsilon, \delta > 0$, 一方面存在 j, 使 $\frac{1}{2^{j+1}} < \delta$; 另一方面 $\{f_{k_i}(x)\}$ 在 $E \setminus (\bigcup_{i \geqslant j} E_i)$ 一致收敛到 $f(x)$, 存在 J, 当 $i > J$ 时, $|f_{k_i}(x) - f(x)| < \varepsilon$, $\forall x \in E \setminus (\bigcup_{i \geqslant j} E_i)$ 都成立, 即当 $i > J$ 时, $\{x \in E: |f_{k_i}(x) - f(x)| \geqslant \varepsilon\} \subset \bigcup_{i \geqslant j} E_i$, 从而

$$m(\{x \in E: |f_{k_i}(x) - f(x)| \geqslant \varepsilon\}) \leqslant m(\bigcup_{i \geqslant j} E_i) < \frac{1}{2^{j+1}} < \delta$$

这说明 $\{f_{k_i}(x)\}$ 依测度收敛到 $f(x)$.

最后,注意到 $\{f_k(x)\}$ 为 E 上的依测度 Cauchy 列以及

$m(\{x \in E: |f_k(x) - f(x)| \geqslant \varepsilon\})$
$\leqslant m(\{x \in E: |f_k(x) - f_{k_i}(x)| \geqslant \varepsilon\}) + m(\{x \in E: |f_{k_i}(x) - f(x)| \geqslant \varepsilon\})$
$\to 0 (k_i > k, k \to \infty)$

所以 $\{f_k(x)\}$ 在 E 上依测度收敛于 $f(x)$.

28. 设 $f(x), f_k(x)(k=1,2,\cdots)$ 是 $E \subset \mathbf{R}^n$ 上的可积函数列. 若 $\lim_{k \to \infty} \int_E |f_k - f| \mathrm{d}x = 0$, 则 $f_k(x) \xrightarrow[E]{m} f(x)$; 若 $m(E) < \infty$, 以及 $f_k(x) \xrightarrow[E]{m} f(x)$, 则 $\lim_{k \to \infty} \int_E \frac{|f_k - f|}{1 + |f_k - f|} \mathrm{d}x = 0$.

证明 注意到 $\forall \sigma > 0$, 若记 $E_k(\sigma) = \{x \in E: |f_k - f| \geqslant \sigma\}$, 则有

$$\delta m(E_k(\sigma)) \leqslant \int_{E_k(\sigma)} |f_k - f| \mathrm{d}x \leqslant \int_E |f_k - f| \mathrm{d}x$$

所以一定有 $m(E_k(\sigma)) \to 0 (k \to \infty)$, 从而 $f_k(x) \xrightarrow[E]{m} f(x)$.

其次, $\forall \varepsilon > 0$, 取 $\sigma = \frac{\varepsilon}{2m(E)}$, 若记 $E_k(\sigma) = \{x \in E: |f_k - f| \geqslant \sigma\}$, 由于 $f_k(x) \xrightarrow[E]{m} f(x)$, 因此存在 K, $k > K$ 时, $m(E_k(\sigma)) < \frac{\varepsilon}{2}$

$$\int_E \frac{|f_k - f|}{1 + |f_k - f|} \mathrm{d}x = \int_{E \setminus E_k(\sigma)} \frac{|f_k - f|}{1 + |f_k - f|} \mathrm{d}x + \int_{E_k(\sigma)} \frac{|f_k - f|}{1 + |f_k - f|} \mathrm{d}x$$
$$\leqslant \frac{\sigma}{(1 + \sigma)m(E \setminus E_k(\sigma))} + m(E_k(\sigma)) < \frac{\varepsilon}{2} + \frac{\varepsilon}{2} = \varepsilon$$

所以 $\lim_{k \to \infty} \int_E \frac{|f_k - f|}{1 + |f_k - f|} \mathrm{d}x = 0$

29. 回答下面的问题:

(1) 叶果洛夫定理中的条件"$m(E)<\infty$"能否去掉？

(2) 能否将叶果洛夫定理结论中的"存在 E 中可测子集 $E_\delta, m(E_\delta) \leqslant \delta$，使得 $\{f_k(x)\}$ 在 $E \backslash E_\delta$ 上一致收敛于 $f(x)$"改为"存在 E 中可测子集 $e, m(e)=0$，使得 $\{f_k(x)\}$ 在 $E \backslash e$ 上一致收敛于 $f(x)$"？

解 (1) 不能去掉. 例如，取 $E=(0,+\infty), f_k(x)=\chi_{[k,+\infty)}(x)(k=1,2,\cdots)$. 易知 $\{f_k(x)\}$ 点点收敛于 $f(x) \equiv 0$. 但 $\{x \in E: |f_k(x)-f(x)|=1\}=[k,+\infty)$，从而在 $(0,+\infty)$ 中去掉任一个测度有限的集合 $E_\delta, \forall k, [k,+\infty) \backslash E_\delta \neq \varnothing$，所以 $\sup_{x \in E \backslash E_\delta} |f_k(x)-f(x)|=1$. 这说明 $\{f_k(x)\}$ 不一致收敛于 $f(x)$.

(2) 不能更改. 例如，取 $E=(0,1), f_k(x)=\begin{cases} 0, & \frac{1}{k} \leqslant x < 1 \\ 1, & 0 < x < \frac{1}{k} \end{cases}$ $(k=1,2,\cdots)$. 易知 $\{f_k(x)\}$ 点点收敛于 $f(x) \equiv 0$，但当 $0 < x < \frac{1}{k}$ 时，$|f_k(x)-f(x)|=1$. 对任一子集 $e \subset (0,1)$，$m(e)=0$，一定有 $\forall k, (0, \frac{1}{k}) \backslash e \neq \varnothing$，从而 $\forall k, \sup_{x \in (0,1) \backslash e} |f_k(x)-f(x)|=1$，这说明 $\{f_k(x)\}$ 在 $(0,1) \backslash e$ 上不一致收敛于 $f(x)$.

30. 设 $f(x), f_1(x), f_2(x), \cdots, f_k(x), \cdots$ 是 $E \subset \mathbf{R}^n$ 上几乎处处有限的可测函数，若 $\forall \delta > 0$，存在 E 中可测子集 $E_\delta, m(E_\delta) \leqslant \delta$，使得 $\{f_k(x)\}$ 在 $E \backslash E_\delta$ 上一致收敛于 $f(x)$，求证 $\{f_k(x)\} \to f(x), \text{a.e. } x \in E$. (叶果洛夫定理逆定理)

证明 $\forall k$，取 $\delta=\frac{1}{k}$，则存在 E 中可测子集 $E_k, m(E_k) \leqslant \frac{1}{k}$，使得 $\{f_k(x)\}$ 在 $E \backslash E_k$ 上一致收敛于 $f(x)$. 令 $K=\bigcup_{k=1}^\infty (E \backslash E_k)=E \backslash (\bigcap_{k=1}^\infty E_k)$，则 $K \subset E$，且
$$m(E \backslash K)=m(\bigcap_{k=1}^\infty E_k) \leqslant m(E_k) \leqslant \frac{1}{k} \to 0$$
所以 $m(E \backslash K)=0$. 最后 $\forall x \in K$，存在 k，使 $x \in E \backslash E_k$. 由于 $\{f_k(x)\}$ 在 $E \backslash E_k$ 上一致收敛于 $f(x)$，必有 $\{f_k(x)\}$ 收敛于 $f(x)$，而 $m(E \backslash K)=0$，所以 $f_k(x) \to f(x), \text{a.e. } x \in E$.

注 本题条件中不需要 $m(E)<\infty$.

31. 完成下面问题：

(1) 证明在 Lebesgue 定理中，条件 $m(E) < \infty$ 不能去掉.

(2) 举例说明 $\{f_k(x)\}$ 在 E 上依测度收敛于 $f(x)$ 不能推出 $f_k(x) \to f(x), \text{a.e. } x \in E$.

解 (1) 取 $E=(0,+\infty), f_k(x)=\chi_{[k,+\infty)}(x)(k=1,2,\cdots)$. 易知 $f_k(x)$ 点点收敛于 $\{f(x)\} \equiv 0$. 但 $\{x \in E: |f_k(x)-f(x)|=1\}=[k,+\infty)$，从而 $\forall \varepsilon, 0<\varepsilon<1$，一定有
$$m(\{x \in E: |f_k(x)-f(x)| \geqslant \varepsilon\}) \geqslant m(\{x \in E: |f_k(x)-f(x)|=1\})=\infty$$

这说明$\{f_k(x)\}$不依测度收敛于$f(x)$.

(2) 取$E=[0,1]$,作函数列$f_n(x)=\chi_{[\frac{i}{2^k},\frac{i+1}{2^k}]}(x)(n=1,2,\cdots),x\in[0,1]$以及$n=2^k+i(0\leqslant i<2^k)$.注意到$\{x\in[0,1]:|f_n(x)|>0\}=[\frac{i}{2^k},\frac{i+1}{2^k}]$,从而$\forall\delta>0$

$$m(\{x\in[0,1]:|f_n(x)|\geqslant\delta\})\leqslant m(\{x\in[0,1]:|f_n(x)|>0\})=\frac{1}{2^k}\to 0,n\to\infty$$

所以$\{f_n(x)\}$依测度收敛于$f(x)\equiv 0$.但由于对任意$x\in[0,1]$,$\{f_n(x)\}$中出现无限多个1和0,$\{f_n(x)\}$不收敛,因此$\{f_n(x)\}$不几乎处处收敛.

32. 设$m(E)<\infty$,$f(x),f_1(x),f_2(x),\cdots,f_k(x),\cdots$是$E\subset\mathbf{R}^n$上几乎处处有限的可测函数. 若$f_1(x),f_2(x),\cdots,f_k(x),\cdots$的任意子列$\{f_{k_i}(x)\}$中都有子列$\{f_{k_{i_j}}(x)\}$收敛于$f(x)$,则$f_k(x)\xrightarrow[E]{m}f(x)$.

证明 若$\{f_k(x)\}$不依测度收敛于f,则$\exists\varepsilon_0>0$,使$m(\{x\in E:|f_k(x)-f(x)|\geqslant\varepsilon_0\})$不收敛于0.从而存在$\delta_0>0$,以及子列$\{f_{k_i}(x)\}$,使$m(\{x\in E:|f_{k_i}(x)-f(x)|\geqslant\varepsilon_0\})\geqslant\delta_0$对任意$k_i$都成立,所以$\{f_{k_i}(x)\}$的任意子列不依测度收敛于$f$.但由已知$\{f_{k_i}(x)\}$存在子列几乎处处收敛于$f$,根据Lebesgue定理$(m(E)<\infty)$,该子列一定依测度收敛,矛盾!这说明$f_k(x)\xrightarrow[E]{m}f(x)$.

注 本题结论可看作在一定条件$(m(E)<\infty)$下的Riesz定理之逆定理.

33. 设$\{f_k(x)\}$在E上依测度收敛于零,$g(x)$是E上实值可测函数,若$m(E)=+\infty$.试说明$\{g(x)f_k(x)\}$在E上不一定依测度收敛于零.

证明 取$g(x)=x$以及$f_k(x)=\frac{1}{k}$.由于$\forall\delta>0$,一定存在$k_0,k>k_0$时$\frac{1}{k}<\delta$,所以$k>k_0$时,$\{x\in E:|\frac{1}{k}-0|\geqslant\delta\}=\emptyset$,从而$m(\{x\in E:|\frac{1}{k}-0|\geqslant\delta\})=0$,所以$f_k(x)$依测度收敛于零.

下证$g(x)f_k(x)=\frac{x}{k}$不依测度收敛于零. $\forall\delta>0$及k,集合$\{x\in E:|\frac{x}{k}-0|<\delta\}=\{x\in E:|x|<k\delta\}$始终为有界集,从而测度有限. 而$m(E)=+\infty$,所以$\forall\delta>0$,及$k$,有$(\{x\in E:|\frac{x}{k}-0|\geqslant\delta\})=+\infty$,命题得证.

34. 设$\{f_k(x)\}$与$\{g_k(x)\}$在E上都依测度收敛于零,试证明$\{f_k(x)\cdot g_k(x)\}$在E上依测度收敛于零.

证明 由于易证$\{f_k(x)\}$依测度收敛于0当且仅当$\{f_k^2(x)\}$依测度收敛于0,而

$$f_k(x)g_k(x)=\frac{1}{4}((f_k(x)+g_k(x))^2-(f_k(x)-g_k(x))^2)$$

所以结论成立.

也可以如下证明，$\forall \varepsilon > 0$
$$m(\{x \in E: |f_k(x)g_k(x)| \geq \varepsilon\}) \leq m(\{x \in E: |f_k(x)| \geq \sqrt{\varepsilon}\}) +$$
$$m(\{x \in E: |g_k(x)| \geq \sqrt{\varepsilon}\}) \to 0, k \to \infty$$

35. 设 $m(E) < \infty$, $\{f_k(x)\}$ 在 E 上依测度收敛于 $f(x)$, $\{g_k(x)\}$ 在 E 上依测度收敛于 $g(x)$, 试证明 $\{f_k(x) \cdot g_k(x)\}$ 在 E 上测度收敛于 $f(x) \cdot g(x)$.

证明 任选 $\{f_k(x) \cdot g_k(x)\}$ 的子列，不妨仍记之为 $\{f_k(x) \cdot g_k(x)\}$. 由 Riesz 定理 $\{f_k(x)\}$ 存在子列 $\{f_{k_j}(x)\}$, 使 $f_{k_j}(x) \to f(x)$, a.e. $x \in E$. $\{g_{k_j}(x)\}$ 存在子列 $\{g_{k_{i_j}}(x)\}$, 使 $g_{k_{i_j}}(x) \to g(x)$, a.e. $x \in E$, 这样便有 $f_{k_{i_j}}(x) \cdot g_{k_{i_j}}(x) \to f(x)g(x)$, a.e. $x \in E$, 所以 $\{f_k(x) \cdot g_k(x)\}$ 在 E 上测度收敛于 $f(x) \cdot g(x)$.

36. 设在可测集 $E \subset \mathbf{R}^1$ 上，$f_n(x)(n=1,2,\cdots)$ 几乎处处收敛于 $f(x)$ 且依测度收敛于 $g(x)$, 试问是否有关系式 $g(x) = f(x)$, a.e. $x \in E$.

解 是. 由 Riesz 定理 $\{f_n(x)\}$ 存在子列 $\{f_{n_k}(x)\}$, 使 $f_{n_k}(x) \to g(x)$, a.e. $x \in E$. 但 $f_n(x) \to f(x)$, a.e. $x \in E$, 又有 $f_{n_k}(x) \to f(x)$, a.e. $x \in E$. 从而 $g(x) = f(x)$, a.e. $x \in E$.

37. 设 $f(x), f_1(x), \cdots, f_k(x), \cdots$ 是 E 上几乎处处有限的可测函数，而 $\{\varepsilon_k\}$ 是任一单调降收敛于 0 的正数列. 若 $\forall k$, 函数列满足
$$m(\{x \in E: |f_k(x) - f(x)| > \varepsilon_k\}) < \varepsilon_k$$
试证 $\{f_k(x)\}$ 在 E 上依测度收敛于 $f(x)$.

证明 $\forall \sigma, \varepsilon > 0$, 由于 $\{\varepsilon_k\}$ 收敛于 0, 一定存在正整数 K, 使 $\varepsilon_K \leq \min\{\sigma, \varepsilon\}$, 又 $\{\varepsilon_k\}$ 是单调降的，当 $k > K$ 时，一定又有 $\varepsilon_k \leq \varepsilon_K \leq \min\{\sigma, \varepsilon\}$, 所以
$$m(\{x \in E: |f_k(x) - f(x)| > \sigma\}) \leq m(\{x \in E: |f_k(x) - f(x)| > \varepsilon_k\}) < \varepsilon_k \leq \varepsilon$$
这说明 $\{f_k(x)\}$ 在 E 上依测度收敛于 $f(x)$.

38. 试用定义证明：若 $m(E) < +\infty$, $\{f_k(x)\}$ 在 E 上依测度收敛于 $f(x)$, $g(x)$ 是 E 上几乎处处有限的可测函数，则 $\{g(x)f_k(x)\}$ 依测度收敛于 $g(x)f(x)$.

证明 $\forall \varepsilon, \delta > 0$, 由于 $g(x)$ 是 E 上几乎处处有限的可测函数，$m(E) < +\infty$, 所以
$$\lim_{n \to \infty} m(\{x \in E: |g(x)| > n\}) = m(\{x \in E: |g(x)| = \infty\}) = 0$$

从而存在 $n_0 > 0$, 使 $m(\{x \in E: |g(x)| > n_0\}) < \dfrac{\sigma}{2}$, 若记 $E_0 = \{x \in E: |g(x)| > n_0\}$, 则 $\forall x \in E_0, |g(x)| \leq n_0$; 另一方面，由于 $\{f_k(x)\}$ 在 E 上依测度收敛于 $f(x)$, 存在 K, 当 $k > K$ 时，$m(\{x \in E: |f_k(x) - f(x)| \geq \dfrac{\varepsilon}{n_0}\}) < \dfrac{\sigma}{2}$, 从而当 $k > K$ 时
$$m(\{x \in E: |g(x)f_k(x) - g(x)f(x)| \geq \varepsilon\})$$
$$= m(\{x \in E: |g(x)||f_k(x) - f(x)| \geq \varepsilon\})$$
$$\leq m(E_0) + m(\{x \in E \setminus E_0: |g(x)||f_k(x) - f(x)| \geq \varepsilon\})$$

$$\leqslant m(E_0) + m(\{x \in E\setminus E_0 : |f_k(x) - f(x)| \geqslant \frac{\varepsilon}{n_0}\})$$

$$\leqslant m(E_0) + m(\{x \in E : |f_k(x) - f(x)| \geqslant \frac{\varepsilon}{n_0}\})$$

$$< \frac{\sigma}{2} + \frac{\sigma}{2} = \sigma$$

所以 $\{g(x)f_k(x)\}$ 依测度收敛于 $g(x)f(x)$.

39. 设 $m(E) < +\infty$, $\{f_n(x)\}$ 是 E 上实值可测函数列. 若

$$\lim_{n\to\infty} \frac{|f_n(x) - f(x)|}{1 + |f_n(x) - f(x)|} = 0, \text{a. e. } x \in E$$

求证 $\{f_n(x)\}$ 在 E 上依测度收敛于 $f(x)$. 举例说明其逆命题不成立.

证明 由于 $m(E) < +\infty$, 因此 $\frac{|f_n(x) - f(x)|}{1 + |f_n(x) - f(x)|}$ 依测度收敛于 0. 注意到函数 $y = \frac{x}{1+x}$ 当 $x \geqslant 0$ 时单调增加, 因此 $\forall \varepsilon > 0$, 若 $|f_n(x) - f(x)| \geqslant \varepsilon$, 一定有

$$\frac{|f_n(x) - f(x)|}{1 + |f_n(x) - f(x)|} \geqslant \frac{\varepsilon}{1+\varepsilon}$$

从而

$$m(\{x \in E : |f_n(x) - f(x)| \geqslant \varepsilon\}) \leqslant$$

$$m(\{x \in E : \frac{|f_n(x) - f(x)|}{1 + |f_n(x) - f(x)|} \geqslant \frac{\varepsilon}{1+\varepsilon}\}) \to 0, n \to \infty$$

所以 $\{f_n(x)\}$ 在 E 上依测度收敛于 $f(x)$.

反之, 取 $E = [0,1]$, 作函数列 $f_n(x) = \chi_{[\frac{i}{2^k}, \frac{i+1}{2^k}]}(x)$ $(n = 1, 2, \cdots), x \in [0,1]$ 以及 $n = 2^k + i (0 \leqslant i < 2^k)$. 注意到 $\{x \in [0,1] : |f_n(x)| > 0\} = [\frac{i}{2^k}, \frac{i+1}{2^k}]$, 从而 $\forall \delta > 0$

$$m(\{x \in [0,1] : |f_n(x)| \geqslant \delta\}) \leqslant m(\{x \in [0,1] : |f_n(x)| > 0\}) = \frac{1}{2^k} \to 0, n \to \infty$$

所以 $\{f_n(x)\}$ 依测度收敛于 $f(x) \equiv 0$. 但由于对任意 $x \in [0,1]$, $\{f_n(x)\}$ 中出现无限多个 1 和 0, $\left\{\frac{|f_n(x) - f(x)|}{1 + |f_n(x) - f(x)|}\right\}$ 中出现无限多个 $\frac{1}{2}$ 和 0, 不收敛, 因此 $\left\{\frac{|f_n(x) - f(x)|}{1 + |f_n(x) - f(x)|}\right\}$ 不几乎处处收敛.

40. 设 $\{f_k(x)\}$ 在 E 上依测度收敛于 $f(x)$, $m(E) < +\infty$, $g(x)$ 是 $\mathbf{R}^1$ 上的连续函数, 试证明 $\{g(f_k(x))\}$ 在 E 上依测度收敛于 $\{g(f(x))\}$. 若将 $m(E) < +\infty$ 改为 $m(E) = +\infty$, 结论还成立吗?

证明 由于 $m(E) < +\infty$, $\{f_k(x)\}$ 在 E 上依测度收敛于 $f(x)$, 因此 $\{f_k(x)\}$ 的任一子列中一定有子列几乎处处收敛于 $f(x)$, 又 $g(x)$ 是 $\mathbf{R}^1$ 上的连续函数, 从而 $\{g(f_k(x))\}$ 的任一子

列中一定有子列几乎处处收敛于$\{g(f(x))\}$，这说明$\{g(f_k(x))\}$在E上依测度收敛于$\{g(f(x))\}$.

若将$m(E)<+\infty$改为$m(E)=+\infty$，结论不再成立.例如，设$E=(0,+\infty)$，$f_k(x)=x+\frac{1}{k}$，$g(x)=x^2$，则$g(x)$是$\mathbf{R}^1$上的连续函数，$f_k(x)$依测度收敛于$f(x)=x$，但$g(f_k(x))=x^2+\frac{x}{2k}+\frac{1}{k}^2$在$E$上不依测度收敛于$g(f(x))=x^2$.

41. 设$\{f_k(x)\}$在E上依测度收敛于$f(x)$，$m(E)<+\infty$.试证明$\{|f_k(x)|^p\}$在E上依测度收敛于$|f(x)|^p(0<p<+\infty)$.

证明 设$g(x)=|x|^p(0<p<+\infty)$，则$g(x)$是连续函数，由于$m(E)<+\infty$，以及$f_k(x)$在E上依测度收敛于$f(x)$，所以$g(f_k(x))=|f_k(x)|^p$在E上依测度收敛于$g(f(x))=|f(x)|^p$.

42. 设$E\subset\mathbf{R}^n$，$m(E)<\infty$.若$\{f_k(x)\}$在E上依测度收敛于$f(x)$，且$f_k(x)\neq0$，$f(x)\neq0$，a.e. $x\in E(k\in\mathbf{N})$，则$\left\{\frac{1}{f_k(x)}\right\}$在$E$上依测度收敛于$\frac{1}{f(x)}$.

证明 不妨设$f_k(x)\neq0$，$f(x)\neq0$.由于$m(E)<\infty$，以及$\{f_k(x)\}$在E上依测度收敛于$f(x)$，因此$\{f_k(x)\}$的任一子列皆有收敛于$f(x)$的子列，从而$\left\{\frac{1}{f_k(x)}\right\}$的任一子列皆有收敛于$\frac{1}{f(x)}$的子列，所以$\left\{\frac{1}{f_k(x)}\right\}$在$E$上依测度收敛于$\frac{1}{f(x)}$.

43. 设$m(E)<\infty$，$f(x)$，$f_1(x)$，$\cdots$，$f_k(x)$，$\cdots$是E上几乎处处有限的可测函数，试证明$\{f_k(x)\}$在E上依测度收敛于$f(x)$的充分必要条件是
$$\lim_{k\to\infty}\inf_{\alpha>0}\{\alpha+m(\{x\in E:|f_k(x)-f(x)|>\alpha\})\}=0$$

证明 必要性. $\forall t>0$，有
$$\inf_{\alpha>0}\{\alpha+m(\{x\in E:|f_k(x)-f(x)|>\alpha\})\}$$
$$\leqslant t+m(\{x\in E:|f_u(x)-f(x)|<t\})$$

从而
$$\overline{\lim_{k\to\infty}}\inf_{\alpha>0}\{\alpha+m(\{x\in E:|f_k(x)-f(x)|>\alpha\})\}$$
$$\leqslant t+\lim_{k\to\infty}m(\{x\in E:|f_k(x)-f(x)|>t\})=t$$

由t的任意性立知
$$\lim_{k\to\infty}\inf\{\alpha+m(\{x\in E:|f_k(x)-f(x)|>\alpha\})\}=0$$

充分性. 假设$\{f_k(x)\}$不依测度收敛于$f(x)$，则存在ε_0，δ_0及$\{f_{n_k}(x)\}$使
$$m(\{x\in E:|f_{n_k}(x)-f(x)|>\varepsilon_0\})\geqslant\delta_0$$

但是由于

$$\lim_{n_k \to \infty} \inf_{\alpha > 0} \{\alpha + m(\{x \in E: |f_{n_k}(x) - f(x)| > \alpha\})\} = 0$$

令 $p_0 = \min\{\varepsilon_0, \delta_0\}$，则有 n_{k_0} 使

$$\inf_{\alpha > 0}\{\alpha + m(\{x \in E: |f_{n_{k_0}}(x) - f(x)| > \alpha\})\} = A_{n_{k_0}} < \frac{p_0}{2}$$

从而一定存在 $\alpha_0 > 0$，使

$$\alpha_0 + m(\{x \in E: |f_{n_{k_0}}(x) - f(x)| > \alpha_0\}) < A_{n_{k_0}} + \frac{p_0}{2} < p_0$$

知 $\alpha_0 < p_0$ 和

$$m(\{x \in E: |f_{n_{k_0}}(x) - f(x)| > \alpha_0\}) < p_0$$

但 $p_0 = \min\{\varepsilon_0, \delta_0\}$，从而又有

$$m(\{x \in E: |f_{n_{k_0}}(x) - f(x)| > \alpha_0\}) \geqslant m(\{x \in E: |f_{n_{k_0}}(x) - f(x)| > \varepsilon_0\}) \geqslant \delta_0 \geqslant p_0$$

矛盾！所以 $f_k(x)$ 依测收敛于 $f(x)$。

44. 设 $\{f_k(x)\}$ 和 $\{g_k(x)\}$ 是 $E \subset \mathbf{R}^n$ 上实值可测函数列，$f_k(x)$ 依测度收敛于 $f(x)$，$g_k(x)$ 依测度收敛于 $g(x)$。若 $\forall k, f_k(x) \leqslant g_k(x)$ (a.e.)，试证明 $f(x) \leqslant g(x)$ (a.e.)。

证明 由 Riesz 定理，$\{f_k(x)\}$ 中存在子列 $\{f_{k_i}(x)\}$，使 $f_{k_i}(x)$ 几乎处处收敛于 $f(x)$。另一方面，$\{g_{k_i}(x)\}$ 依测度收敛于 $g(x)$，因而存在子列 $\{g_{k_{i_j}}(x)\}$ 几乎处处收敛于 $g(x)$，自然 $\{f_{k_{i_j}}(x)\}$ 几乎处处收敛于 $f(x)$。由于 $\forall k_{i_j}$，都有 $f_{k_{i_j}}(x) \leqslant g_{k_{i_j}}(x)$ (a.e.)，若记

$$E_{k_{i_j}} = \{x \in E: f_{k_{i_j}}(x) > g_{k_{i_j}}(x)\}$$

则一定有 $m(E_{k_{i_j}}) = 0$，从而 $m(E_0) = m(\bigcup_{k_{i_j}} E_{k_{i_j}}) = 0$，注意到在 $E \backslash E_0$ 上，$f_{k_{i_j}}(x) \leqslant g_{k_{i_j}}(x)$，故在 $E \backslash E_0$ 上一定有 $f(x) \leqslant g(x)$，所以 $f(x) \leqslant g(x)$ (a.e.)。

45. 设 $m(E) < \infty$，函数列 $\{f_{m,n}(x)\}$ 在 E 上几乎处处收敛于 $f_n(x)$ $(m \to \infty)$，$n = 1, 2, \cdots$，以及 $f_n(x)$ 在 E 上几乎处处收敛于 $f(x)$，则 $\{f_{m,n}(x)\}$ 中一定存在子列几乎处处收敛于 $f(x)$。

证明 由于 $m(E) < \infty$，函数列 $\{f_{m,n}(x)\}$ 在 E 上几乎处处收敛于 $f_n(x)$ $(m \to \infty)$，$n = 1, 2, \cdots$，以及 $f_n(x)$ 在 E 上几乎处处收敛于 $f(x)$，可知函数列 $\{f_{m,n}(x)\}$ 在 E 上依测度收敛于 $f_n(x)$ $(m \to \infty)$，$n = 1, 2, \cdots$，和 $f_n(x)$ 在 E 上依测度收敛于 $f(x)$，从而 $\{f_{m,n}(x)\}$ 中存在子列 $\{f_{n_k, m_k}(x)\}$ 依测度收敛于 $f(x)$，由 Riesz 定理 $\{f_{n_k, m_k}(x)\}$ 中存在子列几乎处处收敛于 $f(x)$，亦即 $\{f_{m,n}(x)\}$ 中存在子列几乎处处收敛于 $f(x)$。

46. 设 $\{f_k(x)\}$ 是 $E \subset \mathbf{R}^n$ 上实值可测函数列，$m(E) < \infty$。试证明 $\lim_{k \to \infty} f_k(x) = 0$, a.e. $x \in E$ 的充分必要条件是：对任意的 $\varepsilon > 0$，$\lim_{j \to \infty} m(\{x \in E: \sup_{k \geqslant j}\{|f_k(x)|\} \geqslant \varepsilon\}) = 0$。

证明 若 $\lim_{k \to \infty} f_k(x) = 0$, a.e. $x \in E$，一定有

$$\lim_{j \to \infty} \sup_{k \geqslant j}\{|f_k(x)|\} = 0, \text{a.e. } x \in E$$

由于 $m(E)<\infty$,利用 Lebesgue 定理,函数列 $\{\sup\limits_{k\geqslant j}\{|f_k(x)|\}\}$ 在 E 上依测度收敛于 0,所以有 $\lim\limits_{j\to\infty}m(\{x\in E:\sup\limits_{k\geqslant j}\{|f_k(x)|\}\geqslant\varepsilon\})=0$.

另一方面,若 $\{\sup\limits_{k\geqslant j}\{|f_k(x)|\}\}$ 依测度收敛于 0,由 Reisz 定理,一定存在子列几乎处处收敛于 0,而 $\{\sup\limits_{k\geqslant j}\{|f_k(x)|\}\}$ 是单调降的,必有 $\lim\limits_{j\to\infty}\sup\limits_{k\geqslant j}\{|f_k(x)|\}=0, \text{a.e.} x\in E$,进而 $\lim\limits_{k\to\infty}|f_k(x)|=0$,所以一定有 $\lim\limits_{k\to\infty}f(x)=0$.

47. 设 $f_n(x)(n=1,2,\cdots)$ 是 $[0,1]$ 上的递增函数,且 $f_n(x)$ 在 $[0,1]$ 上依测度收敛于 $f(x)$,试证明在 $f(x)$ 的连续点 x_0 上,$f_n(x_0)\to f(x_0)(n\to\infty)$.

证明 设 $f(x)$ 在 x_0 连续,而 $f_n(x_0)$ 不收敛于 $f(x_0)$,下面来推出矛盾!此时 $\{f_n(x_0)\}$ 一定存在子列 $\{f_{n_k}(x_0)\}$,$f_{n_k}(x_0)\to l$(l 可能为 ∞),而 $l\neq f(x_0)$.

先考虑 $l\neq\infty$ 情形.

若 $f(x_0)<l$,一定存在两个实数 γ_1,γ_2,使 $f(x_0)<\gamma_1<\gamma_2<l$,由于 $f_{n_k}(x_0)\to l$,所以存在 n_0,使 $n_k>n_0$ 时有 $f(x_0)<\gamma_1<\gamma_2<f_{n_k}(x_0)$. 由于 $f(x)$ 在 x_0 连续,存在 $\alpha>0$,使当 $x\in(x_0-\alpha,x_0+\alpha)$ 时有 $f(x)<\gamma_1$. 下面考虑区间 $[x_0,x_0+\alpha]$,利用 $f_{n_k}(n_k>n_0)$ 的单调性,$\forall x\in[x_0,x_0+\alpha],f(x)<\gamma_1<\gamma_2<f_{n_k}(x_0)\leqslant f_{n_k}(x)$,有

$$|f_{n_k}(x)-f(x)|=f_{n_k}(x)-f(x)>\gamma_2-\gamma_1$$

推知必有 $[x_0,x_0+\alpha]\subset\{x\in[a,b]:|f_{n_k}(x)-f(x)|>\gamma_2-\gamma_1\}$,进而当 $n_k>n_0$ 时总有

$$m(\{x\in[a,b]:|f_{n_k}(x)-f(x)|>\gamma_2-\gamma_1\})\geqslant m([x_0,x_0+\alpha])=\alpha$$

此与 $f_{n_k}(x)$ 依测度收敛于 $f(x)$ 矛盾!

可类似证明 $l<f(x_0)$ 情形.

当 $l=\infty$ 时,若 $l=+\infty$,一定存在 n_0,$n_k>n_0$ 时,有 $f(x_0)<\gamma_1<\gamma_2<f_{n_k}(x_0)$;若 $l=-\infty$,一定存在 n'_0,当 $n_k>n'_0$ 时,有 $f_{n_k}(x_0)<\gamma_1<\gamma_2<f(x_0)$,类似上面同样方法可推出矛盾.

48. 设 $\{f_n(x)\}$ 是 $E\subset\mathbf{R}^1$ 上依测度收敛列,且有 $|f_n(x')-f_n(x'')|\leqslant M|x'-x''|$,$x',x''\in E$,则 $\{f_n(x)\}$ 是 E 上几乎处处收敛列.

证明 先证:若 $x_0\in E$,满足 $\forall\frac{1}{k}$,都有 $m(E\bigcap(x_0-\frac{1}{k},x_0+\frac{1}{k}))>0$,则 $\{f_n(x)\}$ 在 x_0 一定收敛.

事实上,$\forall\varepsilon>0$,命 δ 满足 $m(E\bigcap(x_0-\frac{\varepsilon}{3M},x_0+\frac{\varepsilon}{3M}))>\delta>0$,由于 $\{f_n(x)\}$ 是 E 上依测度收敛列,存在 N,当 $n,m>N$ 时,有

$$m(\{x\in E:|f_n(x)-f_m(x)|\geqslant\frac{\varepsilon}{3}\})<\frac{\delta}{2}$$

从而存在 $y\in E\bigcap(x_0-\frac{\varepsilon}{3M},x_0+\frac{\varepsilon}{3M})$,而 $y\notin\{x\in E:|f_n(x)-f_m(x)|\geqslant\frac{\varepsilon}{3}\}$. 亦即当 n,

$m > N$ 时,一定有 $|f_n(y) - f_m(y)| < \frac{\varepsilon}{3}$,进而便有

$$|f_n(x_0) - f_m(x_0)| \leqslant |f_n(x_0) - f_n(y)| + |f_n(y) - f_m(y)| + |f_m(y) - f_m(x_0)|$$
$$< M|x_0 - y| + \frac{\varepsilon}{3} + M|y - x_0| < \varepsilon$$

所以 $\{f_n(x_0)\}$ 是 Cauchy 列,故 $\{f_n(x)\}$ 在 x_0 收敛.

设 $e = \{x \in E: \exists k_x > 0, m(E \cap (x - \frac{1}{k_x}, x + \frac{1}{k_x})) = 0\}$,由于已经证明 $\{f_n(x)\}$ 在 $E \setminus e$ 上收敛,下面只需证 $m(e) = 0$,从而便知 $\{f_n(x)\}$ 是 E 上几乎处处收敛列.

事实上,若记一个 $I_{x,k} = (x - \frac{1}{k_x}, x + \frac{1}{k_x})$,满足 $m(E \cap I_{x,k}) = 0$,则 $\{I_{x,k_x}\}$ 构成 e 的一个开覆盖,从而必有可数子覆盖 $\{I_{x_i,k_{x_i}}\} \subset \{I_{x,k_x}\}$,所以一定有

$$m(e) = m(e \cap (\bigcup_{i=1}^{\infty} I_{x_i,k_{x_i}})) = m(\bigcup_{i=1}^{\infty} (e \cap I_{x_i,k_{x_i}})) \leqslant \sum_i m(e \cap I_{x_i,k_{x_i}}) = 0$$

49. 设 $f(x), f_k(x) (k = 1, 2, \cdots)$ 是 $E \subset \mathbf{R}^1$ 上实值可测函数. 若对任意 $\varepsilon > 0$,必有

$$\lim_{n \to \infty} m(\bigcup_{k=j}^{\infty} \{x: |f_k(x) - f(x)| > \varepsilon\}) = 0$$

试证明对任给 $\delta > 0$,存在 $e \subset E$ 且 $m(e) < \delta$,使得 $f_k(x)$ 在 $E \setminus e$ 上一致收敛于 $f(x)$.

证明 取 $\varepsilon_n = \frac{1}{n}$,由于 $\lim_{n \to \infty} m(\bigcup_{k=j}^{\infty} \{x: |f_k(x) - f(x)| > \varepsilon_n\}) = 0$,因而存在 J_n,使当 $k > J_n$ 时

$$m(\bigcup_{k=J_n}^{\infty} \{x: |f_k(x) - f(x)| > \varepsilon_n\}) < \frac{\delta}{2^n}$$

令 $e = \bigcup_{n=1}^{\infty} \bigcup_{k=J_n}^{\infty} \{x: |f_k(x) - f(x)| > \varepsilon_n\}$,则有

$$m(e) \leqslant \sum_{n=1}^{\infty} m(\bigcup_{k=J_n}^{\infty} \{x: |f_k(x) - f(x)| > \varepsilon_n\}) \leqslant \delta$$

同时,$f_k(x)$ 在 $E \setminus e = \bigcap_{n=1}^{\infty} \bigcap_{k=J_n}^{\infty} \{x: |f_k(x) - f(x)| \leqslant \varepsilon_n\}$ 上一致收敛于 $f(x)$.

练习题 3 答案

1. 若 $f \in L(\mathbf{R}^n), g \in L(\mathbf{R}^n)$,则函数 $m(x) = \min_{x \in \mathbf{R}^n} \{f(x), g(x)\}, M(x) = \max_{x \in \mathbf{R}^n} \{f(x), g(x)\}$ 在 $\mathbf{R}^n$ 上可积.

证明

$$m(x) = \frac{1}{2}(f(x) + g(x) - |f(x) - g(x)|)$$

$$M(x) = \frac{1}{2}(|f(x)+g(x)|+f(x)+g(x))$$

由于 $f,g \in L(\mathbf{R}^n)$,立知 $m(x), M(x) \in L(\mathbf{R}^n)$.

2. 设 $f_1(x),\cdots,f_m(x)$ 是 E 上非负可积函数,则:

(1) $F(x) = \left(\sum_{k=1}^{m}(f_k(x))^2\right)^{\frac{1}{2}}$ 在 E 上可积.

(2) $G(x) = \sum_{1 \leqslant i,k \leqslant m}(f_i(x)f_k(x))^{\frac{1}{2}}$ 在 E 上可积.

证明 (1) 这是由于 $\forall x \in E, F(x) \leqslant \sum_{k=1}^{m} f_k(x)$,而后者是可积函数,故 $F(x)$ 是可积的.

(2) $G(x) \leqslant \sum_{1 \leqslant i,k \leqslant m} \frac{f_i(x)+f_k(x)}{2}$,后者可积.

3. 设 $0 < \alpha < 1$,求证 $x^{-\alpha} \in L([0,1])$,并求其积分.

证明 设 $h_n(x) = x^{-\alpha}\chi_{[\frac{1}{n},1]}(x)$,则 $\{h_n(x)\}$ 为渐增的非负函数列,且 $\lim\limits_{n\to\infty} h_n(x) = x^{-\alpha}$. 由 Levi 定理

$$\int_{(0,1]} x^{-\alpha} dx = \int_{[0,1]} \lim_{n\to\infty} h_n(x) dx = \lim_{n\to\infty}\int_{[0,1]} h_n(x) dx = \lim_{n\to\infty}\int_{[\frac{1}{n},1]} x^{-\alpha} dx$$

$$= \lim_{n\to\infty} \frac{1}{1-\alpha}\left(1-\frac{1}{n^{1-\alpha}}\right) = \frac{1}{1-\alpha}$$

4. 试证明 $\lim\limits_{n\to\infty}\int_{[0,n]}\left(1+\frac{x}{n}\right)^n e^{-2x} dx = \int_{[0,\infty)} e^{-x} dx$.

证明 由于 $\{f_n(x)\chi_{[0,n]}(x)\}$ 是一个渐升的函数列,且易求得

$$\lim_{n\to\infty} f_n(x)\chi_{[0,n]}(x) = e^{-x}$$

由 Levi 渐升列定理

$$\lim_{n\to\infty}\int_{[0,n]}\left(1+\frac{x}{n}\right)^n e^{-2x} dx = \int_{[0,\infty)} \lim_{n\to\infty} f_n(x)\chi_{[0,n]}(x) dx = \int_{[0,\infty)} e^{-x} dx$$

5. 设函数

$$f(x) = \begin{cases} x^2, & \text{如果 } x \text{ 为}[0,1]\text{ 的有理点} \\ x^3, & \text{如果 } x \text{ 为}[0,1]\text{ 的无理点} \end{cases}$$

说明 $f \in L([0,1])$,并计算 $\int_{[0,1]} f(t) dt$,其中 $L(E)$ 表示集合 E 上 Lebesgue 可积函数全体组成的集合.

解 由于 $f(x)$ 与函数 $g(x) = x^3$ 在 $[0,1]$ 上几乎处处相等,所以

$$\int_{[0,1]} f(x) dx = \int_{[0,1]} x^3 dx = \frac{1}{4}$$

这说明 $f \in L([0,1])$ 且 $\int_{[0,1]} f(t) dt = \frac{1}{4}$.

6. 设 $\{f_k(x)\}$ 是 E 上非负可积函数列. 若 $\lim\limits_{k\to\infty}\int_E f_k(x)\mathrm{d}x=0$, 则
$$\lim_{k\to\infty}\int_E[1-\mathrm{e}^{-f_k(x)}]\mathrm{d}x=0$$

证明 由于容易验证 $\forall t\in[0,\infty)$, 有 $1-\mathrm{e}^{-t}\leqslant t$, 所以 $\forall x\in E$, 有 $1-\mathrm{e}^{-t}\leqslant t$, 因而有
$$0\leqslant\int_E(1-\mathrm{e}^{-f_k(x)})\mathrm{d}x\leqslant\int_E f_k(x)\mathrm{d}x<\infty$$

由 $\lim\limits_{k\to\infty}\int_E f_k(x)\mathrm{d}x=0$, 立知 $\lim\limits_{k\to\infty}\int_E(1-\mathrm{e}^{-f_k(x)})\mathrm{d}x=0$.

7. 设 $f(x)$ 是 E 上非负可测函数. 试证如下结论:

(1) 若 $f(x)$ 在 E 上几乎处处等于零, 则 $\int_E f(x)\mathrm{d}x=0$.

(2) 若 $\int_E f(x)\mathrm{d}x=0$, 则 $f(x)$ 在 E 上几乎处处等于零.

(3) 若 $\int_E f(x)\mathrm{d}x=0$ 且 $\forall x\in E, f(x)>0$ (或 <0), 则 $m(E)=0$.

(4) 若 $f(x)$ 还是 E 上的可积函数, 则 $f(x)$ 在 E 上是几乎处处有限的.

(5) 若 $f(x), g(x)$ 是 E 上的可积函数, $m(E)>0$ 且 $f(x)<g(x), \mathrm{a.e.}\, x\in E$, 则一定有
$$\int_E f(x)\mathrm{d}x<\int_E g(x)\mathrm{d}x$$

证明 (1) 设 $h(x)$ 为 $\mathbf{R}^n$ 上的任一个满足 $0\leqslant h(x)\leqslant f(x)(x\in E)$ 的简单可测函数, 则
$$h(x)=\sum_{i=1}^p c_i\chi_{A_i}(x)$$

且由于 $f(x)$ 在 E 上几乎处处等于零, $h(x)$ 在 E 上亦几乎处处等于零, 这说明若 $c_i\neq 0$, 一定有 $m(E\bigcap A_i)=0$, 所以 $\int_E h(x)\mathrm{d}x=\sum_{i=1}^p c_i m(E\bigcap A_i)=0$. 据非负函数积分的定义, 一定有 $\int_E f(x)\mathrm{d}x=0$.

(2) 记 $E_n=\{x\in E: f(x)\geqslant\frac{1}{n}\}$ 以及 $E=\{x\in E: f(x)>0\}$, 由于
$$\frac{1}{n}m(E_n)\leqslant\int_{E_n}f(x)\mathrm{d}x\leqslant\int_E f(x)\mathrm{d}x=0$$

知 $m(E_n)=0$, 进而 $m(E)=m(\bigcup_{n=1}^{\infty}E_n)=\lim\limits_{n\to\infty}m(E_n)=0$, 所以 $f(x)$ 在 E 上几乎处处等于零.

(3) 记 $E_n=\{x\in E: f(x)>\frac{1}{n}\}$, 则 $E=\bigcup_{n=1}^{\infty}E_n$. 由于 $\forall n$
$$\frac{1}{n}m(E_n)\leqslant\int_{E_n}f(x)\mathrm{d}x\leqslant\int_E f(x)\mathrm{d}x=0$$

所以 $m(E_n) = 0$,进而 $m(E) = \lim\limits_{n \to \infty} E_n = 0$.

(4) 记 $E_n = \{x \in E : f(x) > n\}$ 以及 $E_\infty = \{x \in E : f(x) = \infty\}$,由于
$$nm(E_n) \leqslant \int_{E_n} f(x) \mathrm{d}x \leqslant \int_E f(x) \mathrm{d}x < \infty$$

因而
$$m(E_n) \leqslant \frac{1}{n} \int_E f(x) \mathrm{d}x \to 0, n \to \infty$$

所以
$$m(E_\infty) = m(\bigcap_{n=1}^\infty E_n) = m(\lim_{n \to \infty} E_n) = \lim_{n \to \infty} m(E_n) = 0$$

这说明 $f(x)$ 在 E 上几乎处处有限.

(5) 首先容易知道 $\int_E f(x) \mathrm{d}x \leqslant \int_E g(x) \mathrm{d}x$. 若 $\int_E f(x) \mathrm{d}x = \int_E g(x) \mathrm{d}x$,则一定有 $\int_E (g(x) - f(x)) \mathrm{d}x = 0$,从而 $g(x) - f(x)$ 在 E 上几乎处处为零,即 $f(x)$ 和 $g(x)$ 在 E 上几乎处处相等,这与已知矛盾!所以一定有 $\int_E f(x) \mathrm{d}x < \int_E g(x) \mathrm{d}x$.

8. 设 $f(x), g(x)$ 是 $[a,b]$ 上的实值可积函数. 若有 $\int_a^b f(x) \mathrm{d}x = \int_a^b g(x) \mathrm{d}x$,则或有 $f(x) = g(x), \mathrm{a.e.}\, x \in [a,b]$,或存在 $E \subset [a,b]$,使得 $\int_E f(x) \mathrm{d}x > \int_E g(x) \mathrm{d}x$.

证明 假设在 $[a,b]$ 上 $f(x)$ 与 $g(x)$ 不对等,则集合 $E = \{x \in [a,b] : f(x) > g(x)\}$ 的测度 $m(E) > 0$. 若不然, $m(E) = 0$,则 $f(x) \leqslant g(x), \mathrm{a.e.}\, x \in [a,b]$,由 $\int_a^b f(x) \mathrm{d}x = \int_a^b g(x) \mathrm{d}x$ 立知 $\int_a^b (g(x) - f(x)) \mathrm{d}x = 0$,从而便有 $g(x) - f(x) = 0, \mathrm{a.e.}\, x \in [a,b]$ 与假设矛盾!这样,一定有 $\int_E (f(x) - g(x)) \mathrm{d}x > 0$,即 $\int_E f(x) \mathrm{d}x > \int_E g(x) \mathrm{d}x$.

9. 设 $f \in L([a,b])$,而且对任何非负整数 k 有 $\int_a^b x^k f(x) \mathrm{d}x = 0$. 求证 $f(x) = 0, \mathrm{a.e.}$(若 $k_0 \geqslant 1$,而且对任何 $k \geqslant k_0$,有 $\int_a^b x^k f(x) \mathrm{d}x = 0$,结论是否成立?)

证明 由条件,对任何非负整数 k 有 $\int_a^b x^k f(x) \mathrm{d}x = 0$,可知对任意的多项式 $p(x)$,一定有 $\int_a^b p(x) f(x) \mathrm{d}x = 0$. 由维尔斯特拉斯定理,对于闭区间 $[a,b]$ 上的一个连续函数 g,一定存在一列多项式 $\{p_k(x)\}$,使 $p_k(x)$ 一致收敛于 g,亦即对任意的 $\varepsilon > 0$,存在 K,使
$$|p_K(x) - g(x)| < \varepsilon$$

从而

$$|\int_a^b g(x)f(x)\mathrm{d}x| = |\int_a^b g(x)f(x)\mathrm{d}x - \int_a^b p(x)f(x)\mathrm{d}x|$$

$$\leqslant \int_a^b |(g(x)-p(x))||f(x)|\mathrm{d}x \leqslant \varepsilon \int_a^b |f(x)|\mathrm{d}x$$

由 ε 的任意性,必有 $\int_a^b g(x)f(x)\mathrm{d}x = 0$.

这说明,对任一个具紧支集的连续函数据函数 g, $f(x)$ 在 $[a,b]$ 上满足

$$\int_a^b g(x)f(x)\mathrm{d}x = 0$$

所以一定有 $f(x) = 0$, a.e. $x \in [a,b]$.

若 $k_0 \geqslant 1$,而且对任何 $k \geqslant k_0$,有 $\int_a^b x^k f(x)\mathrm{d}x = 0$,则有 $x^{k_0} f(x) = 0$, a.e. $x \in [a,b]$,仍有 $f(x) = 0$, a.e. 结论同样成立.

10. 设实函数 $f \in L(\mathbf{R}^1)$,且对所有的正整数 n,有 $\int_{\mathbf{R}^1} |x|^n |f(x)|\mathrm{d}x \leqslant 1$. 证明或否定: $f(x) = 0$, a.e. $x \in \{x \in \mathbf{R}^1 : |x| \geqslant 1\}$.

解 一定有 $f(x) = 0$, a.e. $x \in \{x \in \mathbf{R}^1 : |x| \geqslant 1\}$. 下面证明这个结论.

只需证明

$$m(\{x \in \mathbf{R}^1 : |x| \geqslant 1, |f(x)| > 0\}) = 0$$

事实上,对任意的 k

$$\{x \in \mathbf{R}^1 : |x| > 1, |f(x)| > \frac{1}{k}\} = \bigcup_{i=1}^{\infty} \{x \in \mathbf{R}^1 : |x| > 1 + \frac{1}{i}, |f(x)| > \frac{1}{k}\}$$

注意到 $(1 + \frac{1}{i})^n \to \infty$, $n \to \infty$ ($\forall i \geqslant 1$),由于

$$(1+\frac{1}{i})^n \frac{1}{k} m(\{x \in \mathbf{R}^1 : |x| > 1 + \frac{1}{i}, |f(x)| > \frac{1}{k}\})$$

$$\leqslant \int_{\{x \in \mathbf{R}^1 : |x| > 1 + \frac{1}{i}, |f(x)| > \frac{1}{k}\}} |x|^n |f(x)|\mathrm{d}x \leqslant \int_{\mathbf{R}^1} |x|^n |f(x)|\mathrm{d}x \leqslant 1$$

必有

$$m(\{x \in \mathbf{R}^1 : |x| > 1 + \frac{1}{i}, |f(x)| > \frac{1}{k}\}) = 0$$

进而又有

$$m(\{x \in \mathbf{R}^1 : |x| > 1, |f(x)| > \frac{1}{k}\}) = 0$$

从而

$$m(\{x \in \mathbf{R}^1 : |x| \geqslant 1, |f(x)| > 0\})$$

$$\leqslant m(\{x : |x| = 1\}) + m(\{x \in \mathbf{R}^1 : |x| > 1, |f(x)| > 0\})$$

$$= 0 + \lim_{k \to \infty} m(\{x \in \mathbf{R}^1 : |x| > 1, |f(x)| > \frac{1}{k}\}) = 0$$

11. 设 $f(x)$ 是 E 上的非负可积函数,则对任意的 $\varepsilon > 0$,存在 $N > 0$,使得
$$\int_E f(x) \chi_{\{x \in E: f(x) > N\}}(x) \mathrm{d}x < \varepsilon.$$

证明 记 $E_N = \{x \in E : f(x) \geqslant N\}$,则 $f(x) \chi_{E_N}(x)$ 为递降的非负可积函数列,由于
$$m(E_\infty) = m(\{x \in E : f(x) = \infty\}) = 0$$

所以
$$\lim_{N \to \infty} \int_E f(x) \chi_{E_N}(x) \mathrm{d}x = \int_E \lim_{N \to \infty} f(x) \chi_{E_N}(x) \mathrm{d}x = \int_E f(x) \chi_{E_\infty}(x) \mathrm{d}x = 0$$

从而, $\forall \varepsilon > 0, \exists N$,使 $\int_E f(x) \chi_{E_N} \mathrm{d}x < \varepsilon$.

12. 设非负可测函数 $f(x)$ 在 E 上有界: $0 \leqslant f(x) \leqslant M$, a.e. $x \in E$,且 $m(E) < \infty$. 在 $[0, M]$ 上作如下分划 T
$$0 = y_0 < y_1 < \cdots < y_{i-1} < y_i < \cdots < y_n = M$$

若记 $\delta_T = \max_{1 \leqslant i \leqslant n}\{y_i - y_{i-1}\}$, $E_i = \{x \in E : y_{i-1} \leqslant f(x) < y_i\}$ ($1 \leqslant i \leqslant n$),以及对任意的 $y_{i-1} \leqslant \xi_i \leqslant y_i$,试证
$$\lim_{\delta_T \to 0} \sum_{i=1}^n \xi_i m(E_i) = \int_E f(x) \mathrm{d}x.$$

证明 首先由于 $f(x)$ 是 E 上的非负有界可测函数,因此 $f(x)$ 在 E 上可积. 注意到对任意 i
$$\sum_{i=1}^n y_{i-1} m(E_i) \leqslant \sum_{i=1}^n \xi_i m(E_i) \leqslant \sum_{i=1}^n y_i m(E_i) \leqslant M \sum_{i=1}^n m(E_i) = M m(E) < \infty$$

以及
$$\sum_{i=1}^n y_{i-1} m(E_i) \leqslant \sum_{i=1}^n \int_{E_i} f(x) \mathrm{d}x \leqslant \sum_{i=1}^n y_i m(E_i)$$

进而有
$$\left| \sum_{i=1}^n \xi_i m(E_i) - \int_E f(x) \mathrm{d}x \right| = \left| \sum_{i=1}^n \xi_i m(E_i) - \sum_{i=1}^n \int_{E_i} f(x) \mathrm{d}x \right|$$
$$\leqslant \sum_{i=1}^n y_i m(E_i) - \sum_{i=1}^n y_{i-1} m(E_i)$$
$$= \sum_{i=1}^n (y_i - y_{i-1}) m(E_i) \leqslant \delta_T m(E)$$

这说明 $\lim_{\delta_T \to 0} \sum_{i=1}^n \xi_i m(E_i)$ 存在,且 $\lim_{\delta_T \to 0} \sum_{i=1}^n \xi_i m(E_i) = \int_E f(x) \mathrm{d}x$.

13. 设 $f(x)$ 是 E 上的非负可测函数,定义
$$f_n(x) = \begin{cases} n, & f(x) > n \\ f(x), & f(x) \leqslant n \end{cases}$$

并称之为 $f(x)$ 在 E 上的截断函数. 试证明
$$\lim_{n\to\infty}\int_E f_n(x)\mathrm{d}x = \int_E f(x)\mathrm{d}x$$

证明 易知函数列 $\{f_n(x)\}$ 是非负单调增加的,且 $\lim_{n\to\infty}f_n(x)=f(x), x\in E$. 由 Levi 定理立知结论成立.

14. 试说明:在 Levi 非负渐升列的积分定理中,若去掉函数列的非负性假设,则结论不再成立.

解 取 $E=\mathbf{R}^1$,定义 $f_n(x)=-\dfrac{1}{n}$,则函数列 $\{f_n(x)\}$ 单调增加,且 $f_n(x)\to f(x)\equiv 0$,显然 $\int_{\mathbf{R}^1}f_n(x)\mathrm{d}x=-\infty$,从而 $\int_{\mathbf{R}^1}f_n(x)\mathrm{d}x\to -\infty\neq 0=\int_{\mathbf{R}^1}f(x)\mathrm{d}x$.

注 Levi 定理有如下等价形式:
若存在 E 上的可积函数 $g(x)$ 在 E 上满足 $g\leqslant f_1\leqslant f_2\leqslant\cdots\leqslant f_n\leqslant\cdots$,则有
$$\lim_{n\to\infty}\int_E f_n(x)\mathrm{d}x=\int_E \lim_{n\to\infty}f_n(x)\mathrm{d}x$$

15. 设 $\{f_n\}$ 是 E 上的可积函数的单调增加列,且 $\int_E f_n(x)\mathrm{d}x\leqslant M(n=1,2,\cdots)$,则 $\{f_n\}$ 收敛于一个可积函数 $f(x)$,且有
$$\lim_{n\to\infty}\int_E f_n(x)\mathrm{d}x=\int_E f(x)\mathrm{d}x$$

证明 因为 $\{f_n\}$ 是 E 上的单调增加列,其极限函数一定存在,记为 $f(x)$,而 f_n 又都是可积函数,因此 $\{f_n(x)-f_1(x)\}$ 是非负的可积函数列,由 Levi 非负渐升列的积分定理知
$$\lim_{n\to\infty}\int_E (f_n(x)-f_1(x))\mathrm{d}x=\int_E \lim_{n\to\infty}(f_n(x)-f_1(x))\mathrm{d}x$$
从而
$$\lim_{n\to\infty}\left(\int_E f_n(x)\mathrm{d}x-\int_E f_1(x)\mathrm{d}x\right)=\int_E (f(x)-f_1(x))\mathrm{d}x$$
有
$$\lim_{n\to\infty}\int_E f_n(x)\mathrm{d}x-\int_E f_1(x)\mathrm{d}x=\int_E f(x)\mathrm{d}x-\int_E f_1(x)\mathrm{d}x$$
所以
$$\lim_{n\to\infty}\int_E f_n(x)\mathrm{d}x=\int_E f(x)\mathrm{d}x$$
又由于
$$\int_E f_n(x)\mathrm{d}x\leqslant M, n=1,2,\cdots$$
所以

$$\int_E f(x)\mathrm{d}x \leqslant M$$

这又说明 $f(x)$ 是 E 上的可积函数.

注 也可根据上题的注直接证明,取 $g(x) = f_1(x)$ 即可.

16. 设 $\{E_k(x)\}$ 是 $\mathbf{R}^n$ 中递增可测集列,且 $E_k \to E(k \to \infty)$. 若 $f(x)$ 是 E 上非负可测函数,则
$$\int_E f(x)\mathrm{d}x = \lim_{k\to\infty}\int_{E_k} f(x)\mathrm{d}x$$

证明 注意到 $f(x)\chi_{E_k}(x)$ 为递增非负可测函数,由 $E_k \to E(k \to \infty)$ 知
$$\lim_{k\to\infty}\chi_{E_k}(x) = \chi_{\lim_{k\to\infty}E_k}(x) = \chi_E(x)$$

所以由 Levi 定理有
$$\lim_{k\to\infty}\int_{E_k}f(x)\mathrm{d}x = \lim_{k\to\infty}\int_E f(x)\chi_{E_k}(x)\mathrm{d}x = \int_E \lim_{k\to\infty}f(x)\chi_{E_k}(x)\mathrm{d}x = \int_E f(x)\mathrm{d}x$$

17. 设 $\{f_n\}_{n=1}^{+\infty}$ 及 f 均为有限区间 $[a,b]$ 上几乎处处有限的 Lebesgue 可测函数,且当 $n \to +\infty$ 时,$\int_a^b |f_n(x) - f(x)|\mathrm{d}x \to 0$. 试证必存在 $[a,b]$ 上的 Lebesgue 可测子集列 $\{E_n\}_{n=1}^{+\infty}$ 及 $\{f_n\}_{n=1}^{+\infty}$ 的子列 $\{f_{n_k}\}_{k=1}^{+\infty}$,使得

(1) $m([a,b]\setminus \bigcup_{n=1}^{+\infty} E_n) = 0$.

(2) 在每一个 E_n 上,$\{f_{n_k}(x)\}$ 一致收敛于 f.

证明 由于当 $n \to +\infty$ 时,$\int_a^b |f_n(x) - f(x)|\mathrm{d}x \to 0$,容易知道 $\{f_n\}_{n=1}^{+\infty}$ 依测度收敛于 f,由 Riesize 定理,$\{f_n\}_{n=1}^{+\infty}$ 存在子列 $\{f_{n_k}\}_{k=1}^{+\infty}$ 几乎处处收敛于 f. 由于 $[a,b]$ 为有限测度,由叶果洛夫定理 $\forall \frac{1}{n}$,存在 $E_n \subset [a,b]$,使 $\{f_{n_k}\}_{k=1}^{+\infty}$ 在 E_n 上一致收敛于 f,且 $m([a,b]\setminus E_n) < \frac{1}{n}$.

注意到 $\forall \frac{1}{n}, m([a,b]\setminus \bigcup_{n=1}^{+\infty} E_n) \leqslant m([a,b]\setminus E_n) < \frac{1}{n}$,所以一定还有 $m([a,b]\setminus \bigcup_{n=1}^{+\infty} E_n) = 0$.

18. 设 $\{f_k(x)\}$ 是 E 上的可测函数列,且 $\lim_{k\to\infty} f_k(x) = f(x)$, a.e. $x \in E$. 若有 E 上非负可积函数 $g(x)$,使 $|f_k(x)| \leqslant g(x)(k=1,2,\cdots)$,则对任给的 $\varepsilon > 0$,有
$$\lim_{j\to\infty} m(\bigcup_{k=j}^{\infty}\{x \in E: |f_k(x) - f(x)| > \varepsilon\}) = 0$$

证明 由 $\lim_{k\to\infty} f_k(x) = f(x)$, a.e. $x \in E$ 及 $|f_k(x)| \leqslant g(x)(k=1,2,\cdots)$,知 $|f(x)| \leqslant g(x)$, a.e. $x \in E$,从而有
$$\sup_{k\geqslant 1}\{|f_k(x) - f(x)|\} \leqslant 2g(x), \text{a.e.} \ x \in E$$

进而对任意 $\varepsilon > 0$,记 $E_k = \{x \in E: |f_k(x) - f(x)| > \varepsilon\}$,则有
$$\varepsilon \cdot m(\bigcup_{k=1}^{\infty} E_k) \leqslant \int_{\bigcup_{k=1}^{\infty} E_k}\sup_{k\geqslant 1}\{|f_k(x) - f(x)|\}\mathrm{d}x \leqslant \int_E 2g(x)\mathrm{d}x < +\infty$$

所以 $m(\bigcup\limits_{k=1}^{\infty} E_k) < +\infty$. 注意到 $\bigcap\limits_{j=1}^{\infty}\bigcup\limits_{k=j}^{\infty} E_k$ 为 E 中使 $f_k(x)$ 不收敛于 $f(x)$ 点集的子集, 一定有 $m(\bigcap\limits_{j=1}^{\infty}\bigcup\limits_{k=j}^{\infty} E_k) = 0$, 故

$$\lim_{j\to\infty} m(\bigcup_{k=j}^{\infty}\{x\in E : |f_k(x)-f(x)|>\varepsilon\}) = m(\bigcap_{j=1}^{\infty}\bigcup_{k=j}^{\infty} E_k) = 0$$

19. 设 $\{f_n\}$ 是 E 上的可积函数列, 若有 E 上的可积函数 h, 使得

$$f_n(x) \geqslant h(x)(\text{a.e. } x \in E), n=1,2,\cdots$$

以及

$$\varlimsup_{n\to\infty}\int_E f_n(x)\mathrm{d}x < \infty$$

则 $\varliminf\limits_{n\to\infty} f_n(x)$ 在 E 上一定可积, 且有

$$\int_E \varliminf_{n\to\infty} f_n(x)\mathrm{d}x \leqslant \varliminf_{n\to\infty}\int_E f_n(x)\mathrm{d}x$$

证明 由于 $\{f_n - h\}$ 为 E 上的几乎处处非负可积函数列, 由 Fatou 引理, 有

$$\int_E \varliminf_{n\to\infty}(f_n(x)-h(x))\mathrm{d}x \leqslant \varliminf_{n\to\infty}\int_E (f_n(x)-h(x))\mathrm{d}x = \varliminf_{n\to\infty}\int_E f_n(x)\mathrm{d}x - \int_E h(x)\mathrm{d}x < \infty$$

知 $\varliminf\limits_{n\to\infty} f_n(x) - h(x)$ 在 E 上是可积函数, 进而 $\varliminf\limits_{n\to\infty} f_n(x)$ 在 E 上一定可积, 且由

$$\int_E \varliminf_{n\to\infty} f_n(x)\mathrm{d}x - \int_E h(x)\mathrm{d}x \leqslant \varliminf_{n\to\infty}\int_E f_n(x)\mathrm{d}x - \int_E h(x)\mathrm{d}x$$

知

$$\int_E \varliminf_{n\to\infty} f_n(x)\mathrm{d}x \leqslant \varliminf_{n\to\infty}\int_E f_n(x)\mathrm{d}x < \infty$$

一定成立, 同时又知 $\varliminf\limits_{n\to\infty} f_n(x)$ 为 E 上的可积函数.

20. 设 $f_n(x)(n=1,2,\cdots)$ 和 $f(x)$ 都是可测集 E 上的可测函数, 且在 E 上 $f_n(x) \Rightarrow f(x)$, 若存在 E 上的非负可积函数 $F(x)$, 使

$$|f_n(x)| \leqslant F(x), x\in E, n=1,2,\cdots$$

证明: $\lim\limits_{n\to\infty}\int_E f_n(x)\mathrm{d}x = \int_E f(x)\mathrm{d}x$.

证明 反证. 假设 $\lim\limits_{n\to\infty}\int_E f_n(x)\mathrm{d}x \neq \int_E f(x)\mathrm{d}x$, 则存在 $\varepsilon > 0$, 及 $\{n_k\}_{k=1}^{\infty}$ 使

$$\left|\int_E f_{n_k}(x)\mathrm{d}x - \int_E f(x)\mathrm{d}x\right| \geqslant \varepsilon$$

注意到 $\{f_{n_k}\}$ 仍依测度收敛于 f, 由 Riesz 定理 $\{f_{n_k}\}$ 中存在子列 $\{f_{n_{k_j}}\}$ 几乎处处收敛于 f, 而又有 $|f_{n_{k_j}}(x)| \leqslant F(x), x\in E, j=1,2,\cdots$, 所以应有 $\lim\limits_{j\to\infty}\int_E f_{n_{k_j}}(x)\mathrm{d}x = \int_E f(x)\mathrm{d}x$, 此与 $\left|\int_E f_{n_{k_j}}(x)\mathrm{d}x - \int_E f(x)\mathrm{d}x\right| \geqslant \varepsilon$ 矛盾!

注 本题中的反证法是用来证明关于依测度收敛命题的典型方法,应该掌握.

21. 设 E 为可测集,$f(x)$ 在 E 上可积,$E_n(n=1,2,\cdots)$ 为 E 的可测子集,且 $\lim\limits_{n\to\infty}m(E\setminus E_n)=0$,证明 $\lim\limits_{n\to\infty}\int_{E_n}f(x)\mathrm{d}x=\int_E f(x)\mathrm{d}x$.

证明 由于 $f(x)$ 在 E 上可积且
$$\int_E f(x)\mathrm{d}x-\int_{E_n}f(x)\mathrm{d}x=\int_{E\setminus E_n}f(x)\mathrm{d}x$$

由积分的绝对连续性,$\forall \varepsilon>0$,存在 $\delta>0$,当 $m(E\setminus E_n)<\delta$ 时,就有
$$\left|\int_E f(x)\mathrm{d}x-\int_{E_n}f(x)\mathrm{d}x\right|=\left|\int_{E\setminus E_n}f(x)\mathrm{d}x\right|<\varepsilon$$

而 $\lim\limits_{n\to\infty}m(E\setminus E_n)=0$,故 $\exists N$,当 $n>N$ 时,有 $|m(E\setminus E_n)|<\delta$,进而有
$$\left|\int_E f(x)\mathrm{d}x-\int_{E_n}f(x)\mathrm{d}x\right|=\left|\int_{E\setminus E_n}f(x)\mathrm{d}x\right|<\varepsilon$$

22. 设 $f(x)$ 在 $\mathbf{R}^n$ 上可测,$\varphi:(0,+\infty)\to(0,+\infty)$ 为递增函数,则 $\forall \lambda>0$,有
$$m(\{x\in\mathbf{R}^n:|f(x)|>\lambda\})\leqslant \frac{1}{\varphi(\lambda)}\int_{\mathbf{R}^n}\varphi(|f(x)|)\mathrm{d}x$$

证明 这是由于 $\forall \lambda>0$
$$m(\{x\in\mathbf{R}^n:|f(x)|>\lambda\})=\int_{\{x\in\mathbf{R}^n:|f(x)|>\lambda\}}\mathrm{d}x=\frac{1}{\varphi(\lambda)}\int_{\{x\in\mathbf{R}^n:|f(x)|>\lambda\}}\varphi(\lambda)\mathrm{d}x$$
$$\leqslant \frac{1}{\varphi(\lambda)}\int_{\{x\in\mathbf{R}^n:|f(x)|>\lambda\}}\varphi(|f(x)|)\mathrm{d}x$$
$$\leqslant \frac{1}{\varphi(\lambda)}\int_{\mathbf{R}^n}\varphi(|f(x)|)\mathrm{d}x$$

注 特别当 $\varphi(x)=x^p(p>0)$ 时,有
$$\lambda^p m(\{x\in\mathbf{R}^n:|f(x)|>\lambda\})\leqslant \int_{\mathbf{R}^n}|f(x)|^p\mathrm{d}x$$

23. 设 $f(x)$ 在可测集 E 上有界可测,且存在 $M>0$ 及 $a<1$,使得 $\forall \lambda>0$ 有
$$m(\{x\in E:|f(x)|>\lambda\})<\frac{M}{\lambda^a}$$

证明 $f(x)$ 在 E 上可积.

证明 设 $|f(x)|\leqslant A$,由于 $m(\{x\in E:|f(x)|>1\})<M$,故
$$\int_{\{x\in E:|f(x)|>1\}}|f(x)|\mathrm{d}x\leqslant Am(\{x\in E:|f(x)|>1\})<AM$$

其次,注意到
$$\{x\in E:1\geqslant|f(x)|>0\}=\bigcup_{n=1}^{\infty}\{x\in E:2^{-n+1}\geqslant|f(x)|>2^{-n}\}$$

从而

$$\int_{\{x\in E:1\geqslant|f(x)|>0\}} |f(x)|\,dx = \int_{\bigcup_{n=1}^{\infty}\{x\in E:2^{-n+1}\geqslant|f(x)|>2^{-n}\}} |f(x)|\,dx$$

$$= \sum_{n=1}^{\infty}\int_{\{x\in E:2^{-n+1}\geqslant|f(x)|>2^{-n}\}} |f(x)|\,dx$$

$$\leqslant \sum_{n=1}^{\infty} m(\{x\in E:2^{-n+1}\geqslant|f(x)|>2^{-n}\})\times 2^{-n+1}$$

$$\leqslant \sum_{n=1}^{\infty} m(\{x\in E:|f(x)|>2^{-n}\})\times 2^{-n+1} \leqslant \sum_{n=1}^{\infty} M 2^{na} 2^{-n+1}$$

$$= 2M\sum_{n=1}^{\infty} 2^{-n(1-a)} < \infty$$

最后

$$\int_E |f(x)|\,dx = \int_{\{x\in E:|f(x)|>1\}} |f(x)|\,dx + \int_{\{x\in E:1\geqslant|f(x)|>0\}} |f(x)|\,dx < \infty$$

24. 设函数 f 在 $\mathbf{R}^1$ 上 Lebesgue 可积，$f(0)=0$，又 $f'(0)$ 存在且有限. 证明：函数 $F(x) = |x|^{-\frac{3}{2}} f(x)$ 在实直线 $\mathbf{R}^1$ 上是 Lebesgue 可积的.

证明 首先由于 $f'(0)$ 存在且有限，因而存在 $\delta > 0$，当 $|x| < \delta$ 时，有

$$\left|\frac{F(x)}{x}\right| = \left||x|^{-\frac{3}{2}}\frac{(f(x)-f(0))}{x-0}\right| = ||x|^{-\frac{3}{2}}|\left|\frac{(f(x)-f(0))}{x-0}\right|$$

$$< ||x|^{-\frac{3}{2}}|(|f'(0)|+1)$$

所以当 $|x| < \delta$ 时，一定有

$$|F(x)| < |x|^{-\frac{1}{2}}(|f'(0)|+1))$$

其次，注意到 $|x| \geqslant \delta$ 时，$|F(x)| = ||x|^{-\frac{3}{2}} f(x)| \leqslant \delta^{-\frac{3}{2}}|f(x)|$，所以

$$\int_{\mathbf{R}^1} |F(x)|\,dx = \int_{|x|<\delta} |F(x)|\,dx + \int_{|x|\geqslant\delta} |F(x)|\,dx$$

$$\leqslant (|f'(0)|+1)\int_{|x|<\delta} |x|^{-\frac{1}{2}}\,dx + \delta^{-\frac{3}{2}}\int_{|x|\geqslant\delta} |f(x)|\,dx$$

$$\leqslant 4\delta^{\frac{1}{2}}(|f'(0)|+1) + \delta^{-\frac{3}{2}}\int_{\mathbf{R}^1} |f(x)|\,dx < \infty$$

25. 设 $f(x)$ 是 $[0,1]$ 上的正值可测函数，$\{E_n\} \subset [0,1]$ 是可测点集列. 若有

$$\lim_{n\to\infty}\int_{E_n} f(x)\,dx = 0$$

则 $m(\varlimsup_{n\to\infty} E_n) = 0$.

证明 由于

$$\varlimsup_{n\to\infty}\chi_{E_n}(x) = \chi_{\varlimsup_{n\to\infty} E_n}(x)$$

所以

$$\varlimsup_{n\to\infty} f(x)\chi_{E_n}(x) = f(x)\chi_{\varlimsup_{n\to\infty} E_n}(x)$$

由 Fatou 引理

$$\int_{[0,1]} f(x) \chi_{\varliminf_{n\to\infty} E_n}(x) \mathrm{d}x \leqslant \varliminf_{n\to\infty} \int_{[0,1]} f(x) \chi_{E_n}(x) \mathrm{d}x = \varliminf_{n\to\infty} \int_{E_n} f(x) \mathrm{d}x = 0$$

故 $\int_{\varliminf_{n\to\infty} E_n} f(x) \mathrm{d}x = 0$. 而 $f(x)$ 是正值的,所以一定有 $m(\varliminf_{n\to\infty} E_n) = 0$.

26. 回答下列问题：

(1) 若 $f(x)$ 在可测集 E 上可积,E_0 为 E 的任一个可测子集,试问 $f(x)$ 是否一定在 E_0 上可积?

(2) 设 $\{f_n\}$ 是 E 上的非负可积函数列,且 $f_n(x) \to 0 (n \to \infty)$, a.e. $x \in E$. 试问是否一定有 $\lim_{n\to\infty} \int_E f_n(x) \mathrm{d}x = 0$?

解 (1) $f(x)$ 在 E_0 上一定可积. 这是因为 $f(x)$ 在可测集 E 上可积一定绝对可积,从而 $\int_{E_0} |f(x)| \mathrm{d}x \leqslant \int_E |f(x)| \mathrm{d}x < \infty$,故 $f(x)$ 在 E_0 上可积.

(2) 该结论不成立. 例如,取 $E = (0,1)$,$f_n(x) = n \chi_{(0, \frac{1}{n})}(x)$,则 $f_n(x) \to 0 (n \to \infty)$,但 $\int_E f_n(x) \mathrm{d}x = 1 (n \geqslant 1)$,因而 $\lim_{n\to\infty} \int_E f_n(x) \mathrm{d}x = 1 \neq 0$.

27. 设函数 f 在 E 上可积,$\{E_n\}$ 为单调增加的可测集列,满足 $\bigcup_{n=1}^{\infty} E_n = E$,试证明

$$\int_E f(x) \mathrm{d}x = \lim_{n\to\infty} \int_{E_n} f(x) \mathrm{d}x$$

证明

$$\int_E f(x) \mathrm{d}x = \int_{\bigcup_{n=1}^{\infty} E_n} f(x) \mathrm{d}x = \int_{\lim_{n\to\infty} E_n} f(x) \mathrm{d}x = \int_E f(x) \chi_{\lim_{n\to\infty} E_n}(x) \mathrm{d}x = \int_E \lim_{n\to\infty} f(x) \chi_{E_n}(x) \mathrm{d}x$$

注意到 $|f(x) \chi_{E_n}(x)| \leqslant |f(x)|$,$f$ 在 E 上可积,由 Lebesgue 控制收敛定理,有

$$\int_E f(x) \mathrm{d}x = \lim_{n\to\infty} \int_E f(x) \chi_{E_n}(x) \mathrm{d}x = \lim_{n\to\infty} \int_{E_n} f(x) \mathrm{d}x$$

28. 设 $\{E_k\}$ 是递增可测集合列,其并集是 E,$f \in L(E_k)(k=1,2,\cdots)$. 若极限 $\lim_{k\to\infty} \int_{E_k} |f(x)| \mathrm{d}x$ 存在且有限,则 $f \in L(E)$ 且有

$$\int_E f(x) \mathrm{d}x = \lim_{n\to\infty} \int_{E_n} f(x) \mathrm{d}x$$

证明 易知 $\{|f(x)| \chi_{E_k}(x)\}$ 是非负渐升列,并且 $\lim_{k\to\infty} |f(x)| \chi_{E_k}(x) = |f(x)|$,$\forall x \in E$,由渐升列的 Levi 定理知

$$\int_E |f(x)| \mathrm{d}x = \lim_{k\to\infty} \int_E |f(x)| \chi_{E_k}(x) \mathrm{d}x = \lim_{k\to\infty} \int_{E_k} f(x) \mathrm{d}x < \infty$$

所以 $f \in L(E)$,又由于 $\lim_{k\to\infty} f(x) \chi_{E_k}(x) = f(x)$,$|f(x) \chi_{E_k}(x)| \leqslant |f(x)|$ $(k=1,2,\cdots)$,

据 Lebesgue 控制收敛定理可知
$$\int_E f(x)\mathrm{d}x = \lim_{n\to\infty}\int_{E_n} f(x)\mathrm{d}x$$

29. 设 $m(E) < \infty, 0 < p_2 < p_1 < \infty$. 若 $|f|^{p_1} \in L(E)$, 求证 $|f|^{p_2} \in L(E)$.

证明 记 $E_1 = \{x \in E: |f(x)| < 1\}, E_2 = \{x \in E: |f(x)| \geq 1\}$, 则 $E = E_1 \cup E_2$. 注意到

$$\int_E |f(x)|^{p_2}\mathrm{d}x = \int_{E_1\cup E_2} |f(x)|^{p_2}\mathrm{d}x = \int_{E_1} |f(x)|^{p_2}\mathrm{d}x + \int_{E_2} |f(x)|^{p_2}\mathrm{d}x$$
$$\leq \int_{E_1} \mathrm{d}x + \int_{E_2} |f(x)|^{p_2}\mathrm{d}x \leq m(E_1) + \int_{E_2} |f(x)|^{p_1}\mathrm{d}x$$
$$\leq m(E) + \int_E |f(x)|^{p_1}\mathrm{d}x < \infty$$

所以 $|f|^{p_2} \in L(E)$.

30. 设在可测集 E 上非负可测函数列 $f_k \Rightarrow f$, 求证 $\int_E f(x)\mathrm{d}x \leq \varliminf_{k\to\infty}\int_E f_k(x)\mathrm{d}x$.

证明 由下极限定义, 存在 $\{f_{k_i}\}$, 使 $\lim_{k_i\to\infty}\int_E f_{k_i}(x)\mathrm{d}x = \varliminf_{k\to\infty}\int_E f_k(x)\mathrm{d}x$. 由于 $f_k \Rightarrow f$, 亦有 $f_{k_i} \Rightarrow f$. 由 Riesz 定理 $\{f_{k_i}\}$ 中存在子列 $\{f_{k_{i_j}}\}$, 使 $f_{k_{i_j}} \to f(\text{a.e. } x \in E)$, 从而由 Fatou 引理

$$\int_E f(x)\mathrm{d}x = \int_E \lim_{k_{i_j}\to\infty} f_{k_{i_j}}(x)\mathrm{d}x \leq \varliminf_{k_{i_j}\to\infty}\int_E f_{k_{i_j}}(x)\mathrm{d}x = \varliminf_{k\to\infty}\int_E f_k(x)\mathrm{d}x$$

31. 设 $f \in L([a,b])$. 求证: 当 $k \to \infty$ 时
$$\int_a^b f(x)\cos kx\,\mathrm{d}x \to 0, \int_a^b f(x)\sin kx\,\mathrm{d}x \to 0$$

证明 先考虑阶梯函数情形, 即 $f(x) = \sum_{i=1}^k \alpha_i \chi_{I_i}(x)$, 其中 $I_i = (a_i, b_i)$. 此时

$$\int_a^b f(x)\cos kx\,\mathrm{d}x = \int_a^b \sum_{i=1}^p \alpha_i \chi_{I_i}(x)\cos kx\,\mathrm{d}x = \sum_{i=1}^p \alpha_i \int_{a_i}^{b_i} \cos kx\,\mathrm{d}x (I_i = (a_i, b_i))$$
$$= \sum_{i=1}^p \alpha_i \frac{\sin kb_i - \sin ka_i}{k} \to 0, k\to\infty$$

下面考虑一般情形. $\forall \varepsilon > 0$, 一定存在一个 $[a,b]$ 上的阶梯函数 $S(x) = \sum_{i=1}^k \alpha_i \chi_{I_i}(x)$, 使
$$\int_a^b |f(x) - S(x)|\mathrm{d}x < \frac{\varepsilon}{2}$$

由已证结果, 有 $\int_a^b S(x)\cos kx\,\mathrm{d}x \to 0 (k\to\infty)$, 因而一定存在 K, 当 $k > K$ 时
$$\left|\int_a^b S(x)\cos kx\,\mathrm{d}x\right| < \frac{\varepsilon}{2}$$

所以，当 $k > K$ 时，一定有

$$|\int_a^b f(x)\cos kx\,dx| = |\int_a^b (f(x)-S(x))\cos kx\,dx + \int_a^b S(x)\cos kx\,dx|$$
$$\leqslant \int_a^b |f(x)-S(x)|\,dx + |\int_a^b S(x)\cos kx\,dx| < \frac{\varepsilon}{2} + \frac{\varepsilon}{2} = \varepsilon$$

这说明

$$\int_a^b f(x)\cos kx\,dx \to 0, k \to \infty$$

同理可证

$$\int_a^b f(x)\sin kx\,dx \to 0, k \to \infty$$

32. 设 $f \in L([a,b])$，求证 $\lim\limits_{\varepsilon \to 0}\int_a^{b-\varepsilon} f(x)dx = \int_a^b f(x)dx$.

证明 由可积函数的积分绝对连续性，由于 $m([b-\varepsilon,b]) = \varepsilon \to 0$ 时

$$\left|\int_a^b f(x)dx - \int_a^{b-\varepsilon} f(x)dx\right| = \left|\int_{b-\varepsilon}^b f(x)dx\right| \to 0$$

结论成立.

33. 设 $f \in L(\mathbf{R}^n)$，求证 $\lim\limits_{N \to \infty}\int_{\{x:|f(x)|\geqslant N\}} f(x)dx = 0$.

证明 注意到 $\forall N > 0$

$$Nm(\{x: |f(x)|\geqslant N\}) \leqslant \int_{\{x:|f(x)|\geqslant N\}} |f(x)|\,dx \leqslant \int_{\mathbf{R}^n} |f(x)|\,dx < \infty$$

所以一定有 $m(\{x: |f(x)|\geqslant N\}) \to 0 (N \to \infty)$，由积分的绝对连续性

$$\lim_{N\to\infty}\int_{\{x:|f(x)|\geqslant N\}} f(x)dx = \lim_{m(\{x:|f(x)|\geqslant N\})\to 0}\int_{\{x:|f(x)|\geqslant N\}} f(x)dx = 0$$

34. 设 $f \in L([a,b])$，$I_k \subset [a,b] (k \in \mathbf{N})$ 是区间列. 若存在 $\lambda > 0$，使得

$$\int_{I_k} |f(x)|\,dx \leqslant \lambda |I_k|, k \in \mathbf{N}$$

则

$$\int_{\bigcup\limits_{k=1}^{\infty} I_k} |f(x)|\,dx \leqslant 2\lambda m(\bigcup_{k=1}^{\infty} I_k)$$

(提示：可设 $\forall x \in [a,b]$，x 至多属于 $I_k (k \in \mathbf{N})$ 中的两个而保持 $\bigcup\limits_{k=1}^{\infty} I_k$ 不变. 事实上，若

$$x \in (a_1,b_1) \cap (a_2,b_2) \cap (a_3,b_3)$$

设 $a_i = \min\{a_1,a_2,a_3\}, b_j = \max\{b_1,b_2,b_3\}$，则一定有

$$(a_1,b_1) \cup (a_2,b_2) \cup (a_3,b_3) = (a_i,b_i) \cup (a_j,b_j)$$

进而 $m(\bigcup\limits_{k=1}^{\infty} I_k) = \int_{[a,b]} \chi_{\bigcup\limits_{k=1}^{\infty} I_k}(x)dx \geqslant \int_{[a,b]} \frac{1}{2}\sum\limits_{k=1}^{\infty} \chi_{I_k}(x)dx = \frac{1}{2}\sum\limits_{k=1}^{\infty} |I_k|.)$

证明 $\forall \varepsilon > 0$,存在 $\delta > 0$,使 $\forall e \subset [a,b]$,当 $m(e) < \delta$ 时,便有 $\int_e |f(x)| \mathrm{d}x < \varepsilon$. 取 n,使 $m(\bigcup_{k=1}^n I_k) \geqslant m(\bigcup_{k=1}^\infty I_k) - \delta$,且 $\{I_k : 1 \leqslant k \leqslant n\}$ 满足 $\forall x \in [a,b]$, x 至多属于 I_k 中的两个. 注意到

$$\int_{\bigcup_{k=1}^\infty I_k} |f(x)| \mathrm{d}x = \int_{\bigcup_{k=1}^\infty I_k \setminus \bigcup_{k=1}^n I_k} |f(x)| \mathrm{d}x + \int_{\bigcup_{k=1}^n I_k} |f(x)| \mathrm{d}x$$

$$\leqslant \varepsilon + \sum_{k=1}^n \int_{I_k} |f(x)| \mathrm{d}x \leqslant \varepsilon + \lambda \sum_{k=1}^n |I_k|$$

$$\leqslant \varepsilon + 2\lambda m(\bigcup_{k=1}^n I_k) \leqslant \varepsilon + 2\lambda m(\bigcup_{k=1}^\infty I_k)$$

由 ε 的任意性,立知结论成立.

35. 设 $f \in L((0,\infty))$,且正数列 $\{a_n\}$ 中不会有多于 5 个数落入长度为 1 的区间中,则

$$\lim_{n \to \infty} f(x + a_n) = 0, \text{a.e.} \ x \in (0,\infty)$$

证明 首先,由 $\{a_n\}$ 中不会有多于 5 个数落入长度为 1 的区间中的条件,$\forall x \in (0,\infty)$ 有

$$\sum_{n=1}^\infty \chi_{(a_n, 1+a_n]}(x) \leqslant 5$$

否则,若存在 $x \in (0,\infty)$,使 $\sum_{n=1}^\infty \chi_{(a_n,1+a_n]}(x) = s > 5$,则 $x \in \bigcap_{t=1}^s (a_{n_t}, 1+a_{n_t}]$,从而对任意的 $1 \leqslant t \leqslant s$,有 $x - 1 \leqslant a_{n_t} < x$,与已知矛盾!

注意到

$$\int_{(0,1]} \sum_{n=1}^\infty |f(x+a_n)| \mathrm{d}x = \sum_{n=1}^\infty \int_{(0,1]} |f(x+a_n)| \mathrm{d}x = \sum_{n=1}^\infty \int_{(a_n,1+a_n]} |f(x)| \mathrm{d}x$$

$$= \sum_{n=1}^\infty \int_{(0,\infty)} |f(x)| \chi_{(a_n,1+a_n]}(x) \mathrm{d}x$$

$$= \int_{(0,\infty)} |f(x)| \sum_{n=1}^\infty \chi_{(a_n,1+a_n]}(x) \mathrm{d}x$$

$$\leqslant 5 \int_{(0,\infty)} |f(x)| \mathrm{d}x < \infty$$

所以

$$\sum_{n=1}^\infty |f(x+a_n)| < \infty, \text{a.e.} \ x \in (0,1]$$

当 $x \in (p, p+1]$(p 为非负整数)时,$f(x+a_n) = f(x-p+a_n+p)$, $x-p \in (0,1]$,而 $\{a_n + p\}$ 中亦同样不会有多于 5 个数落入长度为 1 的区间中,因而由上面的结论亦有

$$\sum_{n=1}^\infty |f(x+a_n)| < \infty, \text{a.e.} \ x \in (p, p+1]$$

进而

$$\sum_{n=1}^{\infty} |f(x+a_n)| < \infty, \text{a.e.} \, x \in (0, +\infty)$$

并由此结论立知

$$\lim_{n\to\infty} f(x+a_n) = 0, \text{a.e.} \, x \in (0, \infty)$$

36. 设 $f \in L(\mathbf{R}^1)$, $\Phi(x)$ 满足 $\Phi(0)=0$, $|\Phi(x)-\Phi(y)| \leqslant |x-y|$, $x,y \in \mathbf{R}^1$, 则 $\Phi(f(x))$ 在 $\mathbf{R}^1$ 上可积.

证明 由于存在具有紧支集的函数列 $\{g_k(x)\}$, 使 $\lim\limits_{k\to\infty}\int_{\mathbf{R}^1} |f(x)-g_k(x)| \, dx = 0$, 以及 $\lim\limits_{k\to\infty} g_k(x) = f(x)$, a.e. $x \in \mathbf{R}^1$. 可以选取 $\{g_k(x)\}$ 的子列 $\{g_{k_i}(x)\}$, 使

$$\int_{\mathbf{R}^1} |f(x)-g_{k_i}(x)| \, dx \leqslant \frac{1}{2^{i+1}}$$

从而有

$$\int_{\mathbf{R}^1} |g_{k_{i+1}}(x)-g_{k_i}(x)| \, dx < \frac{1}{2^i}$$

进而

$$\sum_{i=1}^{\infty} \int_E |g_{k_{i+1}}(x)-g_{k_i}(x)| \, dx \leqslant \sum_{i=1}^{\infty} \frac{1}{2^i} = 1$$

注意到

$$\Phi(f(x)) - \Phi(g_{k_1}(x)) = \sum_{i=1}^{\infty} (\Phi(g_{k_{i+1}}(x)) - \Phi(g_{k_i}(x))), \text{a.e.} \, x \in \mathbf{R}^1$$

由于 $|\Phi(g_{k_{i+1}}(x)) - \Phi(g_{k_i}(x))| \leqslant |g_{k_{i+1}}(x) - g_{k_i}(x)|$, a.e. $x \in \mathbf{R}^1$, 所以

$$\sum_{i=1}^{\infty} \int_E |\Phi(g_{k_{i+1}}(x)) - \Phi(g_{k_i}(x))| \, dx \leqslant \sum_{i=1}^{\infty} \int_E |g_{k_{i+1}}(x) - g_{k_i}(x)| \, dx < \infty$$

再注意到 $\Phi(g_{k_1}(x))$ 为具有紧支集的函数, 是可积函数, 所以 $\Phi(f(x))$ 在 $\mathbf{R}^1$ 上可积.

37. 设 $f(x)$ 是 $[a,b]$ 上递增函数, 则对 $[a,b]$ 中的可测集 E, $m(E)=q$, 一定有

$$\int_{[a,a+q]} f(x) \, dx \leqslant \int_E f(x) \, dx$$

分析 可完全模仿 $E=[t,t+q]$ 的过程.

证明 首先, 由于

$$m(E \setminus [a,a+q]) + m([a,a+q] \cap E) = m(E)$$
$$m([a,a+q] \cap E) + m([a,a+q] \setminus E) = m([a,a+q])$$

以及

$$m(E) = q = m([a,a+q])$$

所以一定有

$$m(E \setminus [a,a+q]) = m([a,a+q] \setminus E)$$

再注意到 $f(x)$ 在 $[a,b]$ 上是递增函数, 从而

$$\int_{[a,a+q]} f(x)\mathrm{d}x = \int_{[a,a+q]\setminus E} f(x)\mathrm{d}x + \int_{[a,a+q]\cap E} f(x)\mathrm{d}x$$

$$\leqslant f(a+q)m([a,a+q]\setminus E) + \int_{[a,a+q]\cap E} f(x)\mathrm{d}x$$

$$= f(a+q)m(E\setminus[a,a+q)) + \int_{[a,a+q]\cap E} f(x)\mathrm{d}x$$

$$= \int_{E\setminus[a,a+q)} f(a+q)\mathrm{d}x + \int_{[a,a+q]\cap E} f(x)\mathrm{d}x$$

$$\leqslant \int_{E\setminus[a,a+q)} f(x)\mathrm{d}x + \int_{[a,a+q]\cap E} f(x)\mathrm{d}x$$

$$= \int_E f(x)\mathrm{d}x$$

38. 设 $f(x)$ 是 $[a,b]$ 上正值可积函数，令 $0 < q \leqslant b-a$，记 $\Gamma = \{E \subset [a,b]: m(E) \geqslant q\}$，则 $\inf\limits_{E \in \Gamma}\{\int_E f(x)\mathrm{d}x\} > 0$.

证明 用反证法. 假设 $\inf\limits_{E \in \Gamma}\{\int_E f(x)\mathrm{d}x\} = 0$, 则对任意的 $\frac{1}{2^n}$, 存在 $E_n \subset \Gamma$, 使

$$\int_{E_n} f(x)\mathrm{d}x < \frac{1}{2^n}$$

作 $T = \bigcap\limits_{k=1}^{\infty}\bigcup\limits_{n=k}^{\infty} E_n \in \Gamma$, 则 $\forall k$, 有

$$\int_T f(x)\mathrm{d}x \leqslant \int_{\bigcup\limits_{n=k}^{\infty} E_n} f(x)\mathrm{d}x \leqslant \sum_{n=k}^{\infty} \int_{E_n} f(x)\mathrm{d}x \leqslant \sum_{n=k}^{\infty} \frac{1}{2^n} = \frac{1}{2^{k-1}}$$

所以一定有 $\int_T f(x)\mathrm{d}x = 0$, 这说明 $f(x)$ 在 $T = \bigcap\limits_{k=1}^{\infty}\bigcup\limits_{n=k}^{\infty} E_n \in \Gamma$ 上几乎处处为零，与 $f(x)$ 是 $[a,b]$ 上正值函数矛盾！

39. 试求下列积分之值.

(1) $I = \int_0^1 \frac{\ln(1-x)}{x}\mathrm{d}x$.

(2) $I = \int_0^1 \left(\frac{\ln x}{1-x}\right)^2 \mathrm{d}x$.

(3) $I = \int_0^1 \frac{x^{m-1}}{1+x^n}\mathrm{d}x$.

解 (1) 注意到 $\ln(1-x) = -(x + \frac{x^2}{2} + \cdots + \frac{x^n}{n} + \cdots)(0 \leqslant x < 1)$, 因而

$$\frac{\ln(1-x)}{x} = -(1 + \frac{x}{2} + \frac{x^2}{3} + \cdots + \frac{x^{n-1}}{n} + \cdots), 0 \leqslant x < 1$$

故

$$I = -\int_0^1 -\frac{\ln(1-x)}{x}dx = -\int_0^1 \sum_{n=1}^{\infty}\frac{x^{n-1}}{n}dx = -\sum_{n=1}^{\infty}\frac{1}{n}\int_0^1 x^{n-1}dx = -\sum_{n=1}^{\infty}\frac{1}{n^2} = -\frac{\pi^2}{6}$$

(2) 注意到 $\frac{1}{(1-x)^2} = \sum_{n=1}^{\infty} nx^{n-1}(0<x<1)$，因而

$$\left(\frac{\ln x}{1-x}\right)^2 = \frac{(\ln x)^2}{(1-x)^2} = \sum_{n=1}^{\infty} nx^{n-1}(\ln x)^2, 0<x<1$$

又 $\int_0^1 x^{n-1}(\ln x)^2 dx = \frac{2}{n^3}(n \geq 0)$，所以

$$I = \int_0^1 \left(\frac{\ln x}{1-x}\right)^2 dx = \sum_{n=1}^{\infty} n \cdot \frac{2}{n^3} = \sum_{n=1}^{\infty}\frac{2}{n^2} = 2\sum_{n=1}^{\infty}\frac{1}{n^2} = 2 \cdot \frac{\pi^2}{6} = \frac{\pi^2}{3}$$

(3) 注意到当 $0<x<1$ 时

$$\frac{x^{m-1}}{1+x^n} = x^{m-1}(1-x^n+x^{2n}-x^{3n}+\cdots) = x^{m-1} - x^{n+m-1} + x^{2n+m-1} - x^{3n+m-1} + \cdots$$

而 $x^{2kn+m-1} - x^{(2k+1)n+m-1} \geq 0$ 以及

$$\int_0^1 (x^{2kn+m-1} - x^{(2k+1)n+m-1})dx = \frac{1}{2kn+m} - \frac{1}{(2k+1)n+m}$$

所以一定有

$$I = \int_0^1 \frac{x^{m-1}}{1+x^n}dx = \int_0^1(x^{m-1}-x^{n+m-1})dx + \int_0^1(x^{2n+m-1}-x^{3n+m-1})dx + \cdots +$$
$$\int_0^1(x^{2kn+m-1} - x^{(2k+1)n+m-1})dx + \cdots$$
$$= \frac{1}{m} - \frac{1}{n+m} + \frac{1}{2n+m} - \frac{1}{3n+m} + \cdots + \frac{1}{2kn+m} - \frac{1}{(2k+1)n+m} + \cdots$$

40. 试证明 $I(t) = \int_0^{\infty} e^{-x} \cdot \frac{\sin(xt)}{x}dx = \arctan t$.

证明 显然当 $t=0$ 等式成立. 下面设 $t \neq 0$.

注意到 $|e^{-x} \cdot \frac{\sin(xt)}{x}| \leq |t| e^{-x}$ 以及 $\left|\frac{\partial}{\partial t}\left(e^{-x} \cdot \frac{\sin(tx)}{x}\right)\right| = |e^{-x}\cos(tx)| \leq e^{-x}$，而 $e^{-x} \in L((0,+\infty))$，所以一定有

$$I'(t) = \int_0^{\infty}\frac{\partial}{\partial t}\left[e^{-x} \cdot \frac{\sin(xt)}{x}\right]dx = \int_0^{\infty}e^{-x}\cos(xt)dx = \frac{1}{1+t^2}$$

进而 $I(t) = \arctan t + C$，且由 $I(0) = 0$ 推知 $C = 0$.

41. 设 $f \in L((0,\infty))$，令 $f_n(x) = f(x)\chi_{(0,n)}(x)(n=1,2,\cdots)$，则 $f_n(x)$ 在 $(0,\infty)$ 上依测度收敛于 $f(x)$.

证明 由于 $f \in L((0,\infty))$，故

$$\lim_{n\to\infty}\int_{(0,\infty)}|f_n(x)-f(x)|dx = \lim_{n\to\infty}\int_{(n,+\infty)}|f(x)|dx = 0$$

从而在 $[0,+\infty)$ 上便有 $f_n(x)$ 依测度收敛于 $f(x)$. 事实上对 $\forall \delta > 0, E = (0,\infty)$

$$\delta m(\{x \in E: |f_n(x) - f(x)| \geq \delta\}) \leq \int_{\{x \in E: |f_n(x)-f(x)| \geq \delta\}} |f_n(x) - f(x)| dx$$

$$\leq \int_{(0,+\infty)} |f_n(x) - f(x)| dx \to 0, n \to \infty$$

故

$$\lim_{n \to \infty} m(\{x \in E: |f_n(x) - f(x)| \geq \delta\}) = 0$$

所以 $f_n(x)$ 依测度收敛于 $f(x)$.

42. 设 $m(E) < \infty$, $\{f_k\}$ 是 E 上几乎处处有限的可测函数列. 求证：为使 $f_k \Rightarrow 0$ (f_k 依测度收敛于 0)，充要条件是 $\int_E \dfrac{|f_k(x)|}{1+|f_k(x)|} dx \to 0 (k \to \infty)$.

证明 充分性. 注意到函数 $h(x) = \dfrac{x}{1+x}$ 当 $x > 0$ 时是单调增加的，所以对于任意的 $\varepsilon > 0$，不等式

$$\int_{\{x \in E: |f_k(x)| > \varepsilon\}} \frac{|f_k(x)|}{1+|f_k(x)|} dx \geq \int_{\{x \in E: |f_k(x)| > \varepsilon\}} \frac{\varepsilon}{1+\varepsilon} dx$$

$$= \frac{\varepsilon}{1+\varepsilon} m(\{x \in E: |f_k(x)| > \varepsilon\})$$

对任意的正整数 k 都成立，进而有

$$m(\{x \in E: |f_k(x)| > \varepsilon\}) \leq \frac{1+\varepsilon}{\varepsilon} \int_{\{x \in E: |f_k(x)| > \varepsilon\}} \frac{|f_k(x)|}{1+|f_k(x)|} dx$$

$$\leq \int_E \frac{|f_k(x)|}{1+|f_k(x)|} dx \to 0, k \to \infty$$

所以 $f_k \Rightarrow 0$.

必要性. 注意到，对任意的 $\varepsilon > 0$

$$\int_E \frac{|f_k(x)|}{1+|f_k(x)|} dx = \int_{\{x \in E: |f_k(x)| \geq \varepsilon\} \cup \{x \in E: |f_k(x)| < \varepsilon\}} \frac{|f_k(x)|}{1+|f_k(x)|} dx$$

$$= \int_{\{x \in E: |f_k(x)| \geq \varepsilon\}} \frac{|f_k(x)|}{1+|f_k(x)|} dx + \int_{\{x \in E: |f_k(x)| < \varepsilon\}} \frac{|f_k(x)|}{1+|f_k(x)|} dx$$

$$\leq m(\{x \in E: |f_k(x)| \geq \varepsilon\}) + m(\{x \in E: |f_k(x)| \geq \varepsilon\}) \frac{\varepsilon}{1+\varepsilon}$$

$$\leq m(\{x \in E: |f_k(x)| \geq \varepsilon\}) + m(E)\varepsilon$$

而 $f_k \Rightarrow 0$，所以存在 K，当 $k > K$ 时，就有 $m(\{x \in E: |f_k(x)| \geq \varepsilon\}) < m(E)\varepsilon$，即对任意的 $\varepsilon > 0$，当 $k > K$ 时一定有

$$\int_E \frac{|f_k(x)|}{1+|f_k(x)|} dx < 2m(E)\varepsilon$$

这说明 $\int_E \dfrac{|f_k(x)|}{1+|f_k(x)|} \mathrm{d}x \to 0 (k\to\infty)$.

43. 设 $f(x)$ 在 $[a,b]$ 上非负可测,则 $f^3(x)$ 在 $[a,b]$ 上可积当且仅当

$$\sum_{n=1}^{\infty} n^2 \cdot m(\{x \in [a,b]: f(x) \geqslant n\}) < +\infty$$

证明 若记 $E_1 = \{x \in [a,b]: f(x) \geqslant 1\}, E_2 = \{x \in [a,b]: f(x) < 1\}$,则有

$$\int_{[a,b]} f(x)\mathrm{d}x = \int_{E_1} f(x)\mathrm{d}x + \int_{E_2} f(x)\mathrm{d}x \leqslant \int_{E_1} f^3(x)\mathrm{d}x + (b-a)$$

$$\int_{[a,b]} f^2(x)\mathrm{d}x = \int_{E_1} f^2(x)\mathrm{d}x + \int_{E_2} f^2(x)\mathrm{d}x \leqslant \int_{E_1} f^3(x)\mathrm{d}x + (b-a)$$

即若 f^3 在 $[a,b]$ 上可积,必有 f 及 f^2 在 $[a,b]$ 上可积.

记 $E_n = \{x \in [a,b]: n \leqslant f(x) < n+1\}, n \in \mathbf{N}$,则 $\bigcup_{n=0}^{\infty} E_n = b-a$,同时有

$$\sum_{n=0}^{\infty} n \cdot m(E_n) \leqslant \sum_{n=0}^{\infty} \int_{E_n} f(x)\mathrm{d}x = \int_{[a,b]} f(x)\mathrm{d}x \leqslant \sum_{n=0}^{\infty} (n+1) \cdot m(E_n)$$

$$= \sum_{n=0}^{\infty} n \cdot m(E_n) + (b-a)$$

$$\sum_{n=0}^{\infty} n^2 \cdot m(E_n) \leqslant \sum_{n=0}^{\infty} \int_{E_n} f^2(x)\mathrm{d}x = \int_{[a,b]} f^2(x)\mathrm{d}x \leqslant \sum_{n=0}^{\infty} (n+1)^2 \cdot m(E_n)$$

$$= \sum_{n=0}^{\infty} n^2 \cdot m(E_n) + 2\sum_{n=0}^{\infty} n \cdot m(E_n) + (b-a)$$

$$\sum_{n=0}^{\infty} n^3 \cdot m(E_n) \leqslant \sum_{n=0}^{\infty} \int_{E_n} f^3(x)\mathrm{d}x = \int_{[a,b]} f^3(x)\mathrm{d}x \leqslant \sum_{n=0}^{\infty} (n+1)^3 \cdot m(E_n)$$

$$= \sum_{n=0}^{\infty} n^3 \cdot m(E_n) + 3\sum_{n=0}^{\infty} n^2 \cdot m(E_n) + 3\sum_{n=0}^{\infty} n \cdot m(E_n) + (b-a)$$

可知 f^3 在 $[a,b]$ 上可积,当且仅当

$$\sum_{n=0}^{\infty} n^3 \cdot m(E_n) < \infty, \sum_{n=0}^{\infty} n^2 \cdot m(E_n) < \infty, \sum_{n=0}^{\infty} n \cdot m(E_n) < \infty$$

注意到

$$\frac{1}{3}\sum_{n=1}^{\infty} n^3 \cdot m(E_n) + \frac{1}{6}\sum_{n=1}^{\infty} n^2 \cdot m(E_n) + \frac{1}{3}\sum_{n=1}^{\infty} n \cdot m(E_n) + \frac{1}{6}\sum_{n=1}^{\infty} m(E_n)$$

$$= \sum_{n=1}^{\infty} \frac{n(n+1)(2n+1)}{6} \cdot m(E_n) = \sum_{n=1}^{\infty} \sum_{k=1}^{n} k^2 m(E_n) = \sum_{k=1}^{\infty} k^2 \sum_{n=k}^{\infty} m(E_n)$$

$$= \sum_{k=1}^{\infty} k^2 m(\{x \in [a,b]: f(x) \geqslant 1\})$$

所以 f^3 在 $[a,b]$ 上可积,当且仅当 $\sum_{k=1}^{\infty} k^2 m(\{x \in [a,b]: f(x) \geqslant 1\}) < +\infty$.

44. 设 $\{f_k(x)\}$ 是 E 上非负可测函数列. 若有
$$\lim_{k\to\infty} f_k(x) = f(x), f_k(x) \leqslant f(x), x \in E, k = 1,2,\cdots$$
则对 E 中任一可测子集 e,有
$$\lim_{k\to\infty}\int_e f_k(x)\mathrm{d}x = \int_e f(x)\mathrm{d}x$$

证明 对任一可测集 $e \subset E$,由于
$$f_k(x) \leqslant f(x), x \in e, k = 1,2,\cdots$$
故有
$$\int_e f_k(x)\mathrm{d}x \leqslant \int_e f(x)\mathrm{d}x, k = 1,2,\cdots$$
从而
$$\varlimsup_{k\to\infty}\int_e f_k(x)\mathrm{d}x \leqslant \int_e f(x)\mathrm{d}x$$
另一方面,由 Fatou 定理又有
$$\int_e f(x)\mathrm{d}x = \int_e \lim_{k\to\infty} f_k(x)\mathrm{d}x \leqslant \varliminf_{k\to\infty}\int_e f_k(x)\mathrm{d}x$$
故而有
$$\varlimsup_{k\to\infty}\int_e f_k(x)\mathrm{d}x \leqslant \int_e f(x)\mathrm{d}x \leqslant \varliminf_{k\to\infty}\int_e f_k(x)\mathrm{d}x$$
这说明 $\lim_{k\to\infty}\int_e f_k(x)\mathrm{d}x = \int_e f(x)\mathrm{d}x$.

45. 设 $\{E_n\} \subset [0,1]$ 是可测集列. 若 $m(\varlimsup_{n\to\infty} E_n) = 0$,则对任给的 $\varepsilon > 0$,存在 $[0,1]$ 中可测子集 A,使得 $m([0,1]\setminus A) < \varepsilon$,且有
$$\sum_{n=1}^\infty m(A \cap E_n) < +\infty, \sum_{n=1}^\infty \chi_{E_n}(x) < +\infty, \text{a.e.} \, x \in [0,1]$$

证明 方法 1. 由于 $m(\varlimsup_{n\to\infty} E_n) = 0$,故
$$m(\varliminf_{n\to\infty}([0,1]\setminus E_n)) = m([0,1]\setminus \varlimsup_{n\to\infty} E_n) = 1$$
知
$$\lim_{k\to\infty} m(\bigcap_{n=k}^\infty ([0,1]\setminus E_n)) = m(\lim_{k\to\infty}\bigcap_{n=k}^\infty ([0,1]\setminus E_n)) = m(\varliminf_{n\to\infty}([0,1]\setminus E_n)) = 1$$
从而,$\forall \varepsilon > 0, \exists k_0$,使 $A = \bigcap_{n=k_0}^\infty ([0,1]\setminus E_n)$,满足 $m(A) = m(\bigcap_{n=k_0}^\infty ([0,1]\setminus E_n)) > 1-\varepsilon$,集 A 即为所求.

事实上,A 为 $[0,1]$ 的可测子集,且 $m([0,1]\setminus A) = 1 - m(A) < \varepsilon$,同时注意到 $\forall n \geqslant k_0$,$A \subset [0,1]\setminus E_n$,故 $A \cap E_n = \varnothing$,又有
$$\sum_{n=1}^\infty m(A \cap E_n) = \sum_{n=1}^{k_0-1} m(A \cap E_n) + \sum_{n=k_0}^\infty m(A \cap E_n) = \sum_{n=1}^{k_0-1} m(A \cap E_n) \leqslant k_0 - 1 < +\infty$$

再注意到 $m(\overline{\lim_{n\to\infty}}E_n)=0$,因此 $\sum_{n=1}^{\infty}\chi_{E_n}(x)<+\infty$, a.e. $x\in[0,1]$. 结论成立.

方法 2. 记 $f(x)=\sum_{n=1}^{\infty}\chi_{E_n}(x)$,由于 $\{x:f(x)=\infty\}\subset\overline{\lim_{n\to\infty}}E_n$,而 $m(\overline{\lim_{n\to\infty}}E_n)=0$,所以

$$f(x)=\sum_{n=1}^{\infty}\chi_{E_n}(x)<+\infty, \text{a.e.} x\in[0,1]$$

记 $A_k=\{x\in[0,1]:|f(x)|>k\}$,则 $\{A_k\}$ 为单调降的集列,且 $\lim_{k\to\infty}A_k=\bigcap_{k=1}^{\infty}A_k=\{x:f(x)=\infty\}$,故 $\lim_{k\to\infty}m(A_k)=m(\lim_{k\to\infty}A_k)=0$. $\forall\varepsilon>0$,存在 $\exists k_0$,使 $m(A_{k_0})<\varepsilon$,令 $A=[0,1]\setminus A_{k_0}$,则 $m([0,1]\setminus A)=m(A_{k_0})<\varepsilon$,且 $\forall x\in A$,$|f(x)|\leqslant k_0$,从而又有

$$\sum_{n=1}^{\infty}m(A\cap E_n)=\sum_{n=1}^{\infty}\int_{A}\chi_{E_n}(x)dx=\int_{A}\sum_{n=1}^{\infty}\chi_{E_n}(x)dx=\int_{A}f(x)dx\leqslant k_0 m(A)<+\infty$$

46. 设 $\{A_n\}$ 是一列可测集,$\sum_{n=1}^{\infty}m(A_n)<+\infty$. 令 $\{G_k\}$ 表示所有属于 $\{A_n\}$ 中 k 个集合的元所构成的集合,求证:G_k 可测且 $\sum_{k=1}^{\infty}km(G_k)=\sum_{n=1}^{\infty}m(A_n)$.

证明 记 $f(x)=\sum_{n=1}^{\infty}\chi_{A_n}(x)$,由于

$$\int_{\mathbf{R}^n}f(x)dx=\int_{\mathbf{R}^n}\sum_{n=1}^{\infty}\chi_{A_n}(x)dx=\sum_{n=1}^{\infty}\int_{\mathbf{R}^n}\chi_{A_n}(x)dx=\sum_{n=1}^{\infty}m(A_n)<+\infty$$

所以 $f(x)$ 为几乎处处有限的可测函数.

由于 $G_k=\{x:f(x)=k\}$,所以 G_k 可测且

$$\sum_{k=1}^{\infty}km(G_k)=\sum_{k=1}^{\infty}\int_{G_k}kdx=\sum_{k=1}^{\infty}\int_{\{x:f(x)=k\}}f(x)dx=\int_{\bigcup_{k=0}^{\infty}\{x:f(x)=k\}}f(x)dx$$

$$=\int_{\mathbf{R}^n}f(x)dx=\sum_{n=1}^{\infty}\int_{\mathbf{R}^n}\chi_{A_n}(x)dx=\sum_{n=1}^{\infty}m(A_n)$$

47. 设 $f(x)$ 在 $\mathbf{R}^1$ 上可测且有周期 1. 此外有 $M>0$ 使对任何 $x\in\mathbf{R}^1$ 有

$$\int_0^1|f(x+t)-f(t)|dt\leqslant M$$

求证:$f\in L([0,1])$.

证明 由于 $\int_0^1|f(x+t)-f(t)|dt\leqslant M$,$f(x)$ 在 $[0,1]$ 上是几乎处处有限的,从而可取 $[0,1]$ 中的正测度集 E,使 $\int_E|f(x)|dx<\infty$. 由于对任何 $x\in\mathbf{R}^1$ 有

$$\int_E|f(x+t)-f(t)|dt\leqslant\int_0^1|f(x+t)-f(t)|dt\leqslant M$$

因而对任何 $x\in\mathbf{R}^1$ 有

$$\int_E |f(x+t)| \, dt \leqslant M + \int_E |f(t)| \, dt$$

由 Tonelli 定理

$$\int_E dt \int_0^1 |f(x+t)| \, dx = \int_0^1 dx \int_E |f(x+t)| \, dt < \infty$$

由于 $m(E) > 0$,故 $g(t) = \int_0^1 |f(x+t)| \, dx$ 在 E 上是几乎处处有限的,从而至少有一个 t 使 $\int_0^1 |f(x+t)| \, dx < \infty$. 再由 f 的周期性

$$\int_0^1 |f(x)| \, dx = \int_t^{1+t} |f(x)| \, dx = \int_0^1 |f(x+t)| \, dx < \infty$$

48. 设 $f(x)$ 在 $\mathbf{R}^1$ 上可导. 若 $f'(x)$ 在 $[a,b]$ 上有界,则 $f' \in L([a,b])$,且有

$$\int_{[a,b]} f'(x) \, dx = f(b) - f(a)$$

证明 作函数

$$F(x) = \begin{cases} f(x), x \in [a,b] \\ f(b), x \in (b, +\infty) \end{cases}$$

由 $f'(x)$ 有界,因此 $F'(x), (x \neq b)$ 也有界,注意到

$$\lim_{n \to \infty} F_n(x) = n\left(F\left(x + \frac{1}{n}\right) - F(x)\right) = F'(x)$$

故

$$\int_{[a,b]} f'(x) \, dx = \int_{[a,b]} F'(x) \, dx = \lim_{n \to \infty} \int_a^b n\left(F\left(x + \frac{1}{n}\right) - F(x)\right) dx$$

$$= \lim_{n \to \infty} n\left(\int_{a+\frac{1}{n}}^{b+\frac{1}{n}} F(x) \, dx - \int_a^b F(x) \, dx\right) = \lim_{n \to \infty} n\left(\int_b^{b+\frac{1}{n}} F(x) \, dx - \int_a^{a+\frac{1}{n}} F(x) \, dx\right)$$

$$= \lim_{n \to \infty}\left(n \cdot F(b) \cdot \frac{1}{n} - n \cdot F(\xi) \cdot \frac{1}{n}\right) \left(a + \frac{1}{n} \leqslant \xi \leqslant a\right)$$

$$= \lim_{n \to \infty}(F(b) - F(\xi)) = F(b) - F(a)$$

$$= f(b) - f(a)$$

49. 设 $F \subset [0,1]$ 是闭集,且 $m(F) = 0$,则 $\chi_F \in L([0,1])$.

证明 $\forall x_0 \notin F$ 及 $x_n \to x_0$,由于 F 为闭集,$x_0 \notin F$,故 $\exists \delta > 0$,使

$$(x_0 - \delta, x_0 + \delta) \cap F = \emptyset$$

由于 $x_n \to x_0, \exists N$,当 $n > N$ 时 $x_n \in (x_0 - \delta, x_0 + \delta)$,恒有 $\chi_F(x_n) = 0$,从而便有 $\lim_{n \to \infty} \chi_F(x_n) = 0 = \chi_F(x_0)$,所以 x_0 是 χ_F 在 $[0,1]$ 上的连续点. 这说明 $\chi_F(x)$ 在 $[0,1]$ 上的不连续点只能在 F 中产生,其测度不能大于 $m(F) = 0$,这说明 $\chi_F(x)$ 在 $[0,1]$ 上几乎处处连续,因而 $\chi_F \in L[0,1]$.

50. 设 $f:[0,1] \to [a,b]$ 是 Riemann 可积函数,$g \in C([a,b])$,则 $g(f(x))$ 在 $[0,1]$ 上 Riemann 可积.

证明 由于 $g \in C([a,b])$,则 $f(x)$ 的连续点也是 $g(f(x))$ 的连续点,f 在 $[0,1]$ 上 Riemann 可积,其不连续点测度为 0,从而 $g(f(x))$ 在 $[0,1]$ 上的不连续点测度也为 0,因而 Riemann 可积.

51. 设 $f(x) \in L(\mathbf{R}^p)$,$g(y) \in L(\mathbf{R}^q)$,试问 $f(x)g(y)$ 在 $\mathbf{R}^p \times \mathbf{R}^q$ 是否一定可积?

解 一定有 $f(x)g(y) \in L(\mathbf{R}^p \times \mathbf{R}^q)$. 事实上考察 $|f(x)g(y)|$,由 Tonelli 定理

$$\int_{\mathbf{R}^p \times \mathbf{R}^q} |f(x)g(y)| \, dxdy = \int_{\mathbf{R}^p} dx \int_{\mathbf{R}^q} |f(x)g(y)| \, dy$$
$$= \int_{\mathbf{R}^p} |f(x)| \left(\int_{\mathbf{R}^q} |g(y)| \, dy \right) dx$$
$$= \int_{\mathbf{R}^q} |g(y)| \, dy \int_{\mathbf{R}^p} |f(x)| \, dx < \infty$$

所以一定有 $f(x)g(y) \in L(\mathbf{R}^p \times \mathbf{R}^q)$.

52. 设 $f,g \in L(\mathbf{R}^n)$,回答下列问题:

(1) 是否一定有 $fg \in L(\mathbf{R}^n)$?

(2) 若定义 $(f*g)(x) = \int_{\mathbf{R}^n} f(x-t)g(t)dt$,是否一定有 $f*g \in L(\mathbf{R}^n)$?

解 (1) 不一定有 $fg \in L(\mathbf{R}^n)$. 事实上,取 $f(x) = g(x) = x^{-\frac{1}{2}} \chi_{(0,1)}(x)$,则一定有 $f,g \in L(\mathbf{R}^1)$,但 $f(x)g(x) = x^{-1} \chi_{(0,1)}(x) \notin L(\mathbf{R}^n)$.

(2) 一定有 $f*g \in L(\mathbf{R}^n)$. 这是由于

$$\int_{\mathbf{R}^n} |(f*g)(x)| \, dx = \int_{\mathbf{R}^n} \left| \int_{\mathbf{R}^n} f(x-t)g(t)dt \right| dx \leq \int_{\mathbf{R}^n} \int_{\mathbf{R}^n} |f(x-t)||g(t)| \, dtdx$$
$$= \int_{\mathbf{R}^n} \int_{\mathbf{R}^n} |f(x-t)||g(t)| \, dxdt = \int_{\mathbf{R}^n} |g(t)| \left(\int_{\mathbf{R}^n} |f(x-t)| \, dx \right) dt$$
$$= \int_{\mathbf{R}^n} |g(t)| \left(\int_{\mathbf{R}^n} |f(x)| \, dx \right) dt = \int_{\mathbf{R}^n} |g(t)| \, dt \int_{\mathbf{R}^n} |f(x)| \, dx < \infty$$

其中,交换积分次序是根据 Tonelli 定理,而倒数第二个等号是利用了积分的平移不变性. 由于一个函数 Lebesgue 可积与其绝对可积是等价的,所以 $f*g \in L(\mathbf{R}^n)$.

53. 设 $f \in L(\mathbf{R}^n)$,$g(x)$ 为 $\mathbf{R}^n$ 上具有紧支集的连续函数. 记

$$F(x) = (f*g)(x) = \int_{\mathbf{R}^n} f(x-t)g(t)dt$$

求证 $F(x)$ 为 $\mathbf{R}^n$ 上的连续函数.

证明 首先,由于 g 为 $\mathbf{R}^n$ 上具有紧支集的连续函数,因此存在 $M > 0$,使 $|g(x)| \leq M$,$\forall x \in \mathbf{R}^n$ 及 $h \in \mathbf{R}^n$.

$$|F(x+h)-F(x)| = |(f*g)(x+h)-(f*g)(x)|$$
$$= |\int_{\mathbf{R}^n} f(x+h-t)g(t)\mathrm{d}t - \int_{\mathbf{R}^n} f(x-t)g(t)\mathrm{d}t|$$
$$\leqslant \int_{\mathbf{R}^n} |f(x+h-t)-f(x-t)| |g(t)| \mathrm{d}t$$
$$\leqslant M\int_{\mathbf{R}^n} |f(t+h)-f(t)| \mathrm{d}t$$

由于 $f \in L(\mathbf{R}^n)$,由平均连续性,当 $|h| \to 0$ 时,$\int_{\mathbf{R}^n} |f(t+h)-f(t)| \mathrm{d}t \to 0$,所以 $F(x)$ 为 $\mathbf{R}^n$ 上的连续函数.

54. 设 $f(x), g(x)$ 均为 $\mathbf{R}^n$ 中的可测集 E 上的非负实值可测函数,且 $f(x)g(x)$ 在 E 上可积. 对 $t > 0$,记 $E_t = \{x \in E : g(x) \geqslant t\}$. 证明:

(1) 函数 $\lambda_f(t) = \int_{E_t} f(x)\mathrm{d}x$ 对一切 $t > 0$ 有定义.

(2) $\lambda_f(t)$ 在 $(0, +\infty)$ 上可积,且
$$\int_0^{+\infty} \lambda_f(t)\mathrm{d}t = \int_E f(x)g(x)\mathrm{d}x$$

证明 (1) $\lambda_f(t) = \int_{E_t} f(x)\mathrm{d}x = \frac{1}{t}\int_{E_t} tf(x)\mathrm{d}x \leqslant \frac{1}{t}\int_E g(x)f(x)\mathrm{d}x < \infty$

(2) $\int_0^{+\infty} \lambda_f(t)\mathrm{d}t = \int_0^{+\infty}\int_{E_t} f(x)\mathrm{d}x\mathrm{d}t = \int_{\mathbf{R}^1}\int_{\mathbf{R}^n} f(x) \chi_{E_t}(x) \chi_{(0,+\infty)}(t)\mathrm{d}x\mathrm{d}t$

$$= \int_{\mathbf{R}^n}\int_{\mathbf{R}^1} f(x) \chi_{E_t}(x) \chi_{(0,+\infty)}(t)\mathrm{d}t\mathrm{d}x$$

$$= \int_{\mathbf{R}^n}\int_{\mathbf{R}^1} f(x) \chi_E(x) \chi_{\{t:t\leqslant g(x)\}}(t) \chi_{(0,+\infty)}(t)\mathrm{d}t\mathrm{d}x$$

$$= \int_{\mathbf{R}^n} f(x) \chi_E(x) \int_{0<t\leqslant g(x)} \mathrm{d}t\mathrm{d}x = \int_E f(x)g(x)\mathrm{d}x$$

55. 设可测函数 $f(x)$ 在集合 $E_\varepsilon = \{x : |x-a| \geqslant \varepsilon\}$ ($\forall \varepsilon > 0$) 上都可积,若极限
$$\lim_{\varepsilon \to 0}\int_{|x-a|\geqslant \varepsilon} f(x)\mathrm{d}x$$
存在,则称之为 $f(x)$ 在 $\mathbf{R}^n$ 上(关于 a 的)在主值意义上的积分,并记之为
$$\mathrm{p.v.}\int_{\mathbf{R}^n} f(x)\mathrm{d}x = \lim_{\varepsilon \to 0}\int_{|x-a|\geqslant \varepsilon} f(x)\mathrm{d}x$$

试证明:

(1) 若 $f \in L(\mathbf{R}^n)$,则 $\mathrm{p.v.}\int_{\mathbf{R}^n} f(x)\mathrm{d}x$ 一定存在且等于 $\int_{\mathbf{R}^n} f(x)\mathrm{d}x$.

(2) 设 $f(x) = \frac{1}{x} \chi_{[-1,1]}(x)$,则 $\mathrm{p.v.}\int_{\mathbf{R}^1} f(x)\mathrm{d}x$ 存在,但 $f \notin L(\mathbf{R}^1)$.

证明 (1) 由于 $\forall \varepsilon > 0$,$|f(x) \chi_{|x-a|\geqslant \varepsilon}(x)| \leqslant |f(x)|$,由 Lebesgue 控制收敛定理有

$$\text{p.v.}\int_{\mathbf{R}^n}f(x)\mathrm{d}x=\lim_{\varepsilon\to 0}\int_{|x-a|\geqslant\varepsilon}f(x)\mathrm{d}x=\lim_{\varepsilon\to 0}\int_{\mathbf{R}^n}f(x)\chi_{|x-a|\geqslant\varepsilon}(x)\mathrm{d}x$$
$$=\int_{\mathbf{R}^n}\lim_{\varepsilon\to 0}f(x)\chi_{|x-a|\geqslant\varepsilon}(x)\mathrm{d}x=\int_{\mathbf{R}^n}f(x)\mathrm{d}x$$

(2) 由于 $\forall \varepsilon>0$

$$\lim_{\varepsilon\to 0}\int_{|x|\geqslant\varepsilon}f(x)\mathrm{d}x=\lim_{\varepsilon\to 0}\Big(\int_{[\varepsilon,1]}\frac{1}{x}\mathrm{d}x+\int_{[-1,-\varepsilon]}\frac{1}{x}\mathrm{d}x\Big)=0$$

所以 $\text{p.v.}\int_{\mathbf{R}^1}f(x)\mathrm{d}x$ 存在.

但由于 $\int_{[0,1]}\frac{1}{x}\mathrm{d}x=\infty$ (或 $\int_{[-1,0]}\frac{1}{x}\mathrm{d}x=-\infty$),所以 $f\notin L(\mathbf{R}^1)$.

练习题 4 答案

1. 考察符号函数

$$f(x)=\operatorname{sgn} x=\begin{cases}1,x>0\\ 0,x=0\\ -1,x<0\end{cases}$$

在 $x=0$ 处的 Dini 导数.

解
$$\varlimsup_{x\to 0^+}\frac{f(x)-f(0)}{x-0}=\varlimsup_{x\to 0^+}\frac{1}{x}=+\infty$$
$$\varliminf_{x\to 0^+}\frac{f(x)-f(0)}{x-0}=\varliminf_{x\to 0^+}\frac{1}{x}=+\infty$$
$$\varlimsup_{x\to 0^-}\frac{f(x)-f(0)}{x-0}=\varlimsup_{x\to 0^-}-\frac{1}{x}=+\infty$$
$$\varliminf_{x\to 0^-}\frac{f(x)-f(0)}{x-0}=\varliminf_{x\to 0^-}-\frac{1}{x}=+\infty$$

故 $D^+f(0)=D_+f(0)=D^-f(0)=D_-f(0)=+\infty$,即 $f'(0)=+\infty$.

2. 设 $a<b,a'<b'$,有函数

$$f(x)=\begin{cases}ax\sin^2\dfrac{1}{x}+bx\cos^2\dfrac{1}{x},x>0\\ 0,x=0\\ a'x\sin^2\dfrac{1}{x}+b'x\cos^2\dfrac{1}{x},x<0\end{cases}$$

求 $f(x)$ 在 $x=0$ 的四个 Dini 导数.

解 由于在区间 $\dfrac{1}{(2n+2)\pi}<x<\dfrac{1}{2n\pi}$ 中, $\cos\dfrac{1}{x}$ 和 $\sin\dfrac{1}{x}$ 可取 -1 与 1 之间的一切值,

所以
$$D^+ f(0) = \sup_{\theta}(a\sin^2\theta + b\cos^2\theta) = b$$
类似可求得 $D_+ f(0) = a, D^- f(0) = a', D_- f(0) = b'$.

3. 求函数 $f(x) = \begin{cases} 0, x \in \mathbf{Q} \\ 1, x \notin \mathbf{Q} \end{cases}$ 的 Dini 导数.

解 对 $x \in \mathbf{Q}, D_+ f(x) = 0, D^+ f(x) = +\infty, D_- f(x) = -\infty, D^- f(x) = 0$；对 $x \notin \mathbf{Q}$, $D^+ f(x) = D_- f(x) = 0, D_+ f(x) = -\infty, D^- f(x) = +\infty$.

4. 证明：$\overset{b}{\underset{a}{V}}(f) = 0$ 当且仅当 $f(x) = C$(常数).

证明 充分性显然.

必要性. 因为对任意的 $x \in [a,b]$，均有 $|f(x) - f(a)| \leqslant \overset{b}{\underset{a}{V}}(f) = 0$，所以得到 $f(x) = f(a)(a \leqslant x \leqslant b)$.

5. 设 $f \in BV([a,b]), g \in BV([a,b])$，则 $M(x) = \max\{f(x), g(x)\}$ 是 $[a,b]$ 上的有界变差函数.

证明 注意 $\max\{a,b\} = \dfrac{a+b+|a-b|}{2}$.

6. 设 $f \in BV([a,b])$，则 $|f| \in BV([a,b])$，但反之不然.

证明 注意到 $||f(x)| - |f(y)|| \leqslant |f(x) - f(y)|$，故若 $f \in BV([a,b])$，则有 $|f| \in BV([a,b])$. 反之，例如 Dirichlet 函数 $D(x)$，它不是有界变差函数，但 $|D(x)| = 1$ 则是有界变差函数.

7. 若 $f \in \text{Lip}1([a,b])$，则 $f \in BV([a,b])$.

证明 依题设知存在 $M > 0$，使得 $|f(x) - f(y)| \leqslant M|x-y| \ (a \leqslant x, y \leqslant b)$.

由此知对 $[a,b]$ 的任一分划 $\Delta: a = x_0 < x_1 < \cdots < x_n = b$，均有
$$v_\Delta = \sum_{i=1}^n |f(x_i) - f(x_{i-1})| \leqslant M \sum_{i=1}^n |x_i - x_{i-1}| = M(b-a)$$

这说明 $\overset{b}{\underset{a}{V}}(f) \leqslant M(b-a)$.

8. 设 $f \in BV([a,b]), \varphi(x)$ 在 $(-\infty, +\infty)$ 上属于 Lip1，则 $\varphi(f) \in BV([a,b])$.

证明 由题设知存在 $M > 0$，使得
$$|f(x) - f(y)| \leqslant M|x-y|, (-\infty < x, y < +\infty)$$
从而对 $[a,b]$ 的任一分划 $\Delta: a = x_0 < x_1 < \cdots < x_n = b$，有
$$v_\Delta = \sum_{i=1}^n |\varphi(f(x_i)) - \varphi(f(x_{i-1}))| \leqslant \sum_{i=1}^n M|f(x_i) - f(x_{i-1})|$$
$$= M \sum_{i=1}^n |f(x_i) - f(x_{i-1})| \leqslant M \overset{b}{\underset{a}{V}}(f)$$

9. 求下列函数的全变差.

(1) $f(x) = \begin{cases} x^2, 0 \leqslant x < 1 \\ 5, x = 1 \\ x+3, 1 < x \leqslant 2 \end{cases}$.

(2) $f(x) = \begin{cases} 0, x = 0 \\ 1-x, 0 < x < 1 \\ 5, x = 1 \end{cases}$.

解 (1) 因为 $f(x)$ 在 $[0,1]$ 上单调增加,故
$$\bigvee_0^1(f) = f(1) - f(0) = 5$$
又由有界变差的定义得, $\bigvee_1^2(f) = 2$, 故
$$\bigvee_0^2(f) = \bigvee_0^1(f) + \bigvee_1^2(f) = 2 + 5 = 7$$

(2) 对 $[0,1]$ 作分割 Δ
$$0 = x_0 < x_1 < \cdots < x_n = 1$$
则
$$\begin{aligned} v_\Delta &= \sum_{i=1}^n |f(x_i) - f(x_{i-1})| \\ &= |f(x_1) - f(x_0)| + (|f(x_2) - f(x_1)| + \cdots + \\ &\quad |f(x_{n-1}) - f(x_{n-2})|) + |f(x_n) - f(x_{n-1})| \\ &= (1-x_1) + (x_{n-1} - x_1) + (5 - (1-x_{n-1})) \\ &= 5 + 2(x_{n-1} - x_1) < 7 \end{aligned}$$

由于 $\sum_{i=1}^n |f(x_i) - f(x_{i-1})|$ 可以任意趋近于 7, 即
$$\sup \sum_{i=1}^n |f(x_i) - f(x_{i-1})| = 7$$

故 $\bigvee_0^1(f) = 7$.

10. 试求:

(1) $\bigvee_0^{4\pi}(\cos x)$ 的值.

(2) $\bigvee_{-1}^1(x - x^3)$ 的值.

解 (1) 将 $[0, 4\pi]$ 分划成若干小区间, 使 $\cos x$ 在每个小区间上成为单调函数, 即可得证 $\bigvee_0^{4\pi}(\cos x) = 8$.

(2) 用 $(x - x^3)$ 的零点 $-1, 0, 1$ 分划 $[-1, 1]$ 为三个小区间, 极值点为 $x = \pm\frac{\sqrt{3}}{3}$, 再以其极

小值 $-\dfrac{2\sqrt{3}}{9}$,极大值 $\dfrac{2\sqrt{3}}{9}$ 来计算变差,易知 $\overset{1}{\underset{-1}{V}}(x-x^3)=\dfrac{8\sqrt{3}}{9}$.

11. 下列函数是否是 $[0,1]$ 上的有界变差函数？

(1) $f(x)=\begin{cases} x^2\sin\dfrac{1}{x^2}, 0<x\leqslant 1 \\ 0, x=0 \end{cases}$.

(2) $g(x)=\begin{cases} x^2\sin\dfrac{1}{x}, 0<x\leqslant 1 \\ 0, x=0 \end{cases}$.

解 (1) $f(x)$ 不是有界变差函数. 这是由于对于分割 Δ

$$0<\sqrt{\dfrac{2}{\pi}}\sqrt{\dfrac{1}{2n-1}}<\cdots<\sqrt{\dfrac{2}{\pi}}\sqrt{\dfrac{1}{3}}<\sqrt{\dfrac{2}{\pi}}\sqrt{\dfrac{1}{2}}<1$$

相应的

$$v_\Delta=\sin 1+\dfrac{4}{\pi}\left(\dfrac{1}{3}+\dfrac{1}{5}+\cdots+\dfrac{1}{2n-1}\right)$$

从而 $\overset{1}{\underset{0}{V}}(f)=\infty$.

(2) $g(x)$ 是有界变差函数. 因为

$$g'(x)=\begin{cases} 2x\sin\dfrac{1}{x}-\cos\dfrac{1}{x}, 0<x\leqslant 1 \\ 0, x=0 \end{cases}$$

而 $|g'(x)|\leqslant 3$,所以 $g(x)$ 是有界变差函数.

12. 设 $f(x)$ 是 $\mathbf{R}^1$ 上的有界可测函数,且对于每一个 $t\in\mathbf{R}^1$,有 $f(x)=f(x-t)$, a. e. $x\in\mathbf{R}^1$. 证明:存在常数 c, 使得 $f(x)=c$, a. e. $x\in\mathbf{R}^1$.

证明 令 $F(x)=\displaystyle\int_0^x f(u)\mathrm{d}u$, 显然有

$$F(b)-F(a)=F(b+s)-F(a+s)$$

以及

$$F(t+s)=F(t)+F(s)$$

从而有

$$F(t)=tF(1), F'(t)=F(1)=f(t), \text{a. e. } t\in\mathbf{R}^1$$

令 $F(1)=c$, 即为所求.

13. 设 f 是 $[a,b]$ 上的有界变差函数,证明: f 与 $\overset{x}{\underset{a}{V}}(f)$ 有相同的右(左)连续点.

证明 当 $x<x'$ 时,由

$$|f(x)-f(x')|=V_f(x,x')\leqslant\overset{x'}{\underset{x}{V}}(f)=\overset{x'}{\underset{a}{V}}(f)-\overset{x}{\underset{a}{V}}(f)$$

知, $\overset{x}{\underset{a}{V}}(f)$ 的右(左)连续点必是 $f(x)$ 的右(左)连续点.

反过来,若 ξ 是 $f(x)$ 的右连续点$(a \leqslant \xi \leqslant b)$,则
$$\forall \varepsilon > 0, \exists 0 < \delta \leqslant b - \xi, 使得当 x \in (\xi, \xi + \delta) 时, 有 |f(x) - f(\xi)| < \frac{\varepsilon}{2}.$$
又在$[\xi, \xi + \delta]$上存在一分点组
$$\xi = x_0 < x_1 < \cdots < x_n = \xi + \delta$$
使得
$$\sum_{i=1}^n |f(x_i) - f(x_{i-1})| > \bigvee_\xi^{\xi+\delta}(f) - \frac{\varepsilon}{2}$$
这时,有
$$\bigvee_\xi^{x_1}(f) = \bigvee_\xi^{\xi+\delta}(f) - \bigvee_{x_1}^{\xi+\delta}(f) < \sum_{i=1}^n |f(x_i) - f(x_{i-1})| + \frac{\varepsilon}{2} - \sum_{i=2}^n |f(x_i) - f(x_{i-1})|$$
$$= \frac{\varepsilon}{2} + |f(x_1) - f(\xi)| < \varepsilon$$

从而,当 $x \in (\xi, x_1)$ 时,有 $|\bigvee_a^\xi(f) - \bigvee_a^x(f)| = \bigvee_\xi^x(f) < \varepsilon.$

14. 解答下列问题:

(1) 试作一个在$[0,1]$上无处单调的绝对连续函数.

(2) 设 $E \subset [0,1]$ 且 $m(E) > 0$,试作 $f \in AC([0,1])$,且 $f(x)$ 严格递增,使得 $f'(x) = 0 (x \in E)$

(3) 一致连续的函数是绝对连续的吗?

(4) 两个绝对连续的函数之复合函数是绝对连续函数吗?

(5) 绝对连续函数列在一致收敛的运算下是封闭的吗?

解 (1) 在$[0,1]$中作点集 E,使得$[0,1]$中任一区间 I 都有 $m(I \cap E) > 0, m(I \cap E^c) > 0$,并作$[0,1]$上的绝对连续函数
$$f(x) = \int_0^x (\chi_E(t) - \chi_{E^c}(t))dt$$
因此,对$[0,1]$中任一区间 I,存在 $x_1 \in I \cap E, x_2 \in I \cap E^c$,使得
$$f'(x_1) = \chi_E(x_1) - \chi_{E^c}(x_1) = 1 > 0$$
$$f'(x_2) = \chi_E(x_2) - \chi_{E^c}(x_2) = -1 < 0$$
这说明 $f(x)$ 在区间 I 上不是单调函数,即得所证.

(2) 设 $H \subset [0,1]$ 是类 Cantor 集,$m(H) > 0$ 且 $m(H^c) > 0$. 令 $E = H^c$,作函数
$$f(x) = \int_0^x \chi_H(t)dt, 0 \leqslant x \leqslant 1$$
即为所求.

(3) 否. 例如 $f(x) = x^2 \sin \frac{1}{x^2} (0 < x \leqslant 1), f(0) = 0.$ 对$[0,1]$作分划 Δ

$$0<\frac{1}{\sqrt{n\pi+\frac{\pi}{2}}}<\frac{1}{\sqrt{n\pi}}<\frac{1}{\sqrt{(n-1)\pi+\frac{\pi}{2}}}<\cdots<\frac{1}{\sqrt{1+\frac{\pi}{2}}}<\frac{1}{\sqrt{\pi}}<\frac{1}{\sqrt{\frac{\pi}{2}}}<1$$

则可得

$$v_\Delta = \left|\sin 1 - \frac{2}{\pi}\right| + \sum_{k=0}^{n}\frac{1}{k\pi+\frac{\pi}{2}} + \frac{1}{n\pi+\frac{\pi}{2}}$$

从而易知 $\bigvee_0^1(f) = +\infty$.

(4) 不一定. 例如, $f(y) = y^{\frac{1}{3}}, y \in [-1,1]$, 以及 $g(x) = \begin{cases} x^3\cos^3\frac{\pi}{x}, 0 < x \leqslant 1 \\ 0, x = 0 \end{cases}$.

易知 $f(y)$ 是 $[-1,1]$ 上的绝对连续函数, $g(x)$ 是 $[0,1]$ 上的绝对连续函数. 然而, 有

$$F(x) = f(g(x)) = \begin{cases} x\cos\frac{\pi}{x}, 0 < x \leqslant 1 \\ 0, x = 0 \end{cases}$$

则 $\bigvee_0^1(F) = +\infty$.

(5) 令

$$f_n(x) = \begin{cases} 0, 0 \leqslant x \leqslant \frac{1}{n} \\ x\sin\frac{\pi}{x}, \frac{1}{n} < x \leqslant 1 \end{cases}$$

则 $f_n \in AC([0,1])(n \in \mathbf{N})$, 易知 $\{f_n(x)\}$ 在 $[0,1]$ 上一致收敛于

$$f(x) = \begin{cases} 0, x = 0 \\ x\sin\frac{\pi}{x}, 0 < x \leqslant 1 \end{cases}$$

而 $f(x)$ 在 $[0,1]$ 上不是有界变差的.

15. 证明: 在 $[a,b]$ 上一切点有有界导数的函数是有界变差函数.

证明 设在 $[a,b]$ 上处处有 $|f'(x)| \leqslant M$, 则对 $[a,b]$ 的任一分割

$$D: a = x_0 < x_1 < \cdots < x_n = b$$

依拉格朗日中值公式有

$$|f(x_k) - f(x_{k-1})| = |f'(\xi_k)(x_k - x_{k-1})| \leqslant M|x_k - x_{k-1}|, x_{k-1} < \xi_k < x_k$$

所以

$$\sum_{k=1}^{n}|f(x_k) - f(x_{k-1})| \leqslant \sum_{k=1}^{n}M|x_k - x_{k-1}| = M\sum_{k=1}^{n}(x_k - x_{k-1}) = M(b-a)$$

从而知 $f(x)$ 是 $[a,b]$ 上的有界变差函数.

16. 设 f 定义在 $[a,b]$，且对任给的 $\varepsilon > 0$，有 $\bigvee\limits_{a+\varepsilon}^{b}(f) \leqslant M$，其中 M 与 ε 无关．证明：f 是 $[a,b]$ 上的有界变差函数．

证明 先证 f 在 $[a,b]$ 上有界．因为，对任何 $x \in [a,b]$

$$|f(x)| \leqslant |f(b)| + |f(b)-f(x)| \leqslant |f(b)| + \bigvee\limits_{x}^{b}(f) \leqslant |f(b)| + M$$

所以，f 在 $[a,b]$ 上有界．

又对 $[a,b]$ 上的任一分割 $\Delta: a = x_0 < x_1 < \cdots < x_n = b$

$$v_\Delta \leqslant |f(x_0)| + |f(x_1)| + \bigvee\limits_{x_1}^{b}(f) \leqslant |f(a)| + |f(b)| + 2M$$

从而，f 是有界变差函数．

17. 若 $\{f_n(x)\} \subset BV[a,b]$，$\bigvee\limits_{a}^{b}(f_n) \leqslant M (n=1,2,\cdots)$，且 $\lim\limits_{n\to\infty} f_n(x) = f(x)$，则 $f(x) \in BV[a,b]$．

证明 对 $[a,b]$ 的任意分割

$$\Delta: a = x_0 < x_1 < \cdots < x_n = b$$

有

$$v_\Delta = \sum_{i=1}^{n} |f(x_i)-f(x_{i-1})| = \sum_{i=1}^{n} \lim_{n\to\infty} |f_n(x_i)-f_n(x_{i-1})|$$
$$= \lim_{n\to\infty} \sum_{i=1}^{n} |f_n(x_i)-f_n(x_{i-1})| \leqslant M$$

从而，$\bigvee\limits_{a}^{b}(f) \leqslant M$，即 $f(x) \in BV[a,b]$．

18. 设 $f \in BV([0,a])$，令 $F(x) = \dfrac{1}{x}\displaystyle\int_0^x f(t)\mathrm{d}t\ (0 < x \leqslant a)$，则 $F \in BV([0,a])$．

证明 根据 Jordan 分解，只需指出：当 $f(x)$ 是递增函数时，$F(x)$ 也递增．为此，假定 $0 < x < y \leqslant a$，有

$$F(y) - F(x) = \frac{1}{y}\int_x^y f(t)\mathrm{d}t + \left(\frac{1}{y} - \frac{1}{x}\right)\int_0^x f(t)\mathrm{d}t$$
$$\geqslant \frac{(y-x)f(x)}{y} + xf(x)\left(\frac{1}{y} - \frac{1}{x}\right) = 0$$

由此即得所证．

19. 设 $f \in BV([a,b])$ 当且仅当存在 $[a,b]$ 上的函数 $F(x)$，使得

$$|f(x') - f(x'')| \leqslant F(x'') - F(x'),\ a \leqslant x' < x'' \leqslant b \qquad (*)$$

证明 必要性．取 $F(x) = \bigvee\limits_{a}^{x}(f)$，则对 $a \leqslant x' < x'' \leqslant b$，有

$$|f(x'') - f(x')| \leqslant \bigvee\limits_{x'}^{x''}(f) = |F(x'') - F(x')|$$

充分性. 假定式(*)成立,则对$[a,b]$的任一分划
$$\Delta: a = x_0 < x_1 < \cdots < x_n = b$$
有
$$v_\Delta = \sum_{i=1}^{n} |f(x_i) - f(x_{i-1})| \leqslant \sum_{i=1}^{n} (F(x_i) - F(x_{i-1})) = F(b) - F(a)$$
由此即知 $f \in BV([a,b])$.

20. 设 $f \in BV([a,b])$. 若有 $\bigvee_a^b (f) = f(b) - f(a)$, 则 $f(x)$ 是 $[a,b]$ 上的增函数.

证明 令 $F(x) = \bigvee_a^x (f) - f(x) + f(a)$, 则 $F(a) = F(b) = 0$. 易知 $F(x)$ 是增函数, 故有 $F(x) = 0 (a \leqslant x \leqslant b)$. 这说明 $f(x) = f(a) + \bigvee_a^x (f)$.

21. 若 $f(x)$ 是 $[a,b]$ 上的有界变差函数, 且 $f(x) \geqslant c$ 在 $[a,b]$ 上处处成立. 证明函数 $\dfrac{1}{f(x)}$ 也是 $[a,b]$ 上的有界变差函数.

证明 对 $[a,b]$ 的任一分割 $\Delta: a = x_0 < x_1 < \cdots < x_n = b$, 因为
$$|f(x_i)| \geqslant c, |f(x_{i-1})| \geqslant c$$
所以
$$\sum_{i=1}^{n} \left| \frac{1}{f(x_i)} - \frac{1}{f(x_{i-1})} \right| = \sum_{i=1}^{n} \frac{|f(x_i) - f(x_{i-1})|}{|f(x_i)| \cdot |f(x_{i-1})|} \leqslant \sum_{i=1}^{n} \frac{|f(x_i) - f(x_{i-1})|}{c^2}$$
$$\leqslant \frac{1}{c^2} \sum_{i=1}^{n} |f(x_i) - f(x_{i-1})|$$

取上确界, 得 $\bigvee_a^b \left(\dfrac{1}{f}\right) \leqslant \dfrac{1}{c^2} \bigvee_a^b (f)$. 从而知 $\dfrac{1}{f(x)}$ 也是 $[a,b]$ 上的有界变差函数.

22. 设 f 是 $[a,b]$ 上的有界变差函数, 证明: 存在唯一的 (a,b) 上右连续的有界变差函数 g, 使得

(1) 在 (a,b) 中 f 的连续点上, $f(x) = g(x)$.

(2) $f(a) = g(a), f(b) = g(b)$.

(3) $\bigvee_a^b (g) \leqslant \bigvee_a^b (f)$.

证明 对 $x \in (a,b)$, 取 $g(x) = f(x+0)$.

(1) $x_0 \in (a,b)$ 是 f 的一个连续点, 由于 $f(x_0) = f(x_0 + 0)$, 所以就有 $g(x_0) = f(x_0 + 0) = f(x_0)$, 即 $f(x) = g(x)$ 在 (a,b) 中 f 的连续点上成立.

(2) 再证 g 在 (a,b) 上右连续. 任取 $x_0 \in (a,b)$, 对任何 $\varepsilon > 0$, 必存在 $\delta > 0$, 当 $x \in (x_0, x_0 + \delta)$ 时, 有 $f(x_0 + 0) - \varepsilon < f(x) < f(x_0 + 0) + \varepsilon$, 对 $(x_0, x_0 + \delta)$ 中每个点 x, 只要取 $x_n \in (x_0, x_0 + \delta)$, 且 $x_n \to x$, 则立即可得
$$f(x_0 + 0) - \varepsilon \leqslant f(x + 0) \leqslant f(x_0 + 0) + \varepsilon$$

即当 $x \in (x_0, x_0+\delta)$ 时，$|g(x)-g(x_0)|<\varepsilon$，亦即 g 在 x_0 处右连续，由 x_0 的任意性知，g 在 (a,b) 上右连续.

(3) 因为对 $[a,b]$ 的任一分割 $D:a=x_0<x_1<\cdots<x_n=b$，再取 y_i，使 $x_i<y_i<x_{i+1}(i=1,2,\cdots,n-1)$. 由于

$$V_f(x_0,y_1,\cdots,y_{n-1},x_n)=\bigvee_a^b(f)$$

若令 $y_i \to x_i$，则从上式及 $g(x_i)=\lim f(y_i)$，就有 $V_f(x_0,x_1,\cdots,x_n) \leqslant \bigvee_a^b(f)$. 从而知 $\bigvee_a^b(g) \leqslant \bigvee_a^b(f)$.

满足条件的 g 显然是由唯一确定.

23. 设 $\sum_{k=1}^{\infty}|a_k|<+\infty$，则 $f(x)=\sum_{k=1}^{\infty}a_k x^k$ 是 $[-1,1]$ 上的有界变差函数.

证明 先看对 $[0,1]$ 的任一分划 $\Delta:0=x_0<x_1<\cdots<x_n=1$，有

$$v_\Delta=\sum_{i=1}^{n}|f(x_i)-f(x_{i-1})|=\sum_{i=1}^{n}|\sum_{k=1}^{\infty}a_k(x_i^k-x_{i-1}^k)|\leqslant \sum_{i=1}^{n}(\sum_{k=1}^{\infty}|a_k|(x_i^k-x_{i-1}^k))$$

$$=\sum_{k=1}^{\infty}|a_k|\sum_{i=1}^{n}(x_i^k-x_{i-1}^k)=\sum_{k=1}^{\infty}|a_k|$$

由此知 $\bigvee_0^1(f)<+\infty$. 类似可推得 $f \in BV([-1,0])$. 即得所证.

24. 设 $f \in BV([a,b]),f_n \in BV([a,b])(n \in \mathbf{N})$. 若有 $\lim_{n\to\infty}\bigvee_a^b(f-f_n)=0$，则存在 $\{f_{n_i}(x)\}$，使得 $\lim_{i\to\infty}f'_{n_i}(x)=f'(x)$, a.e. $x \in [a,b]$.

证明 依题设知，存在 $\{f_{n_i}(x)\}$，使得 $\sum_{i=1}^{\infty}\bigvee_a^b(f-f_{n_i})<+\infty$. 令

$$g_i(x)=\bigvee_a^x(f-f_{n_i}), \quad x \in [a,b]$$

易知 $\sum_{i=1}^{\infty}g_i(x)$ 在 $[a,b]$ 上收敛. 注意到 $g_i(x)(i \in \mathbf{N})$ 在 $[a,b]$ 上递增，故根据 Fubini 定理，可知 $\sum_{i=1}^{\infty}\frac{\mathrm{d}}{\mathrm{d}x}(\bigvee_a^x(f-f_{n_i}))$ 几乎处处收敛. 这说明

$$\sum_{i=1}^{\infty}|f'(x)-f'_{n_i}(x)|<+\infty, \text{a.e.} \ x \in [a,b]$$

即

$$\lim_{i\to\infty}|f'(x)-f'_{n_i}(x)|=0, \text{a.e.} \ x \in [a,b]$$

25. 若函数 $f(x)$ 在 $[a,b]$ 上满足 Lipschitz 条件：$|f(x)-f(y)|\leqslant M|x-y|$ $x,y \in [a,b]$ 则 $f(x)$ 是 $[a,b]$ 上的绝对连续函数.

证明 因为
$$\sum_{i=1}^{n}|f(x_i)-f(y_i)|\leqslant M\sum_{i=1}^{n}|y_i-x_i|<\delta M$$
所以对于任意的 $\varepsilon>0$,只需取 $\delta<\dfrac{\varepsilon}{M}$ 立即可知结论成立.

26. 设 $f(x)$ 是 $[a,b]$ 上的非负绝对连续函数,则 $f^p(x)(p>1)$ 是 $[a,b]$ 上的绝对连续函数.

证明 假定 $|f(x)|\leqslant M(a\leqslant x\leqslant b)$. 因为有
$$\xi^p-\eta^p=p(\eta+\theta(\xi-\eta))^{p-1}(\xi-\eta),\xi>\eta>0,0<\theta<1$$
所以对 $x,y\in[a,b]$,得到
$$|f^p(y)-f^p(x)|\leqslant p(2M)^{p-1}|f(y)-f(x)|$$
由此即可得证.

27. 设 $f\in BV([0,1])$. 若对任给 $\forall\varepsilon>0, f(x)$ 在 $[\varepsilon,1]$ 上绝对连续,且 $f(x)$ 在 $x=0$ 处连续,则 $f(x)$ 在 $[0,1]$ 上绝对连续.

证明 对递减收敛于 0 的正数列 $\{\varepsilon_n\}$ 以及 $x\in(0,1]$,可知
$$\int_0^x f'(t)\mathrm{d}t=\lim_{n\to\infty}\int_{\varepsilon_n}^x f'(t)\mathrm{d}t=\lim_{n\to\infty}(f(x)-f(\varepsilon_n))=f(x)-f(0)$$
这说明 $f'\in L([0,1])$,结论得证.

28. 设 $g(x)$ 是 $[a,b]$ 上的绝对连续函数,$f(x)$ 在 $\mathbf{R}^1$ 上满足 Lipschitz 条件,则 $f(g(x))$ 是 $[a,b]$ 上的绝对连续函数.

证明 依题设知存在 $M>0$,使得
$$|f(x)-f(y)|\leqslant M|x-y|,x,y\in\mathbf{R}^1$$
对任给 $\varepsilon>0$,存在 $\delta>0$,当 $[a,b]$ 中互不相交区间组满足 $\sum_{i=1}^n(y_i-x_i)<\delta$ 时,有
$$\sum_{i=1}^n|g(y_i)-g(x_i)|<\varepsilon$$
从而可得
$$\sum_{i=1}^n|f(g(y_i))-f(g(x_i))|\leqslant M\sum_{i=1}^n|g(y_i)-g(x_i)|<M\varepsilon$$
由此结论得证.

29. 设 $f(x)$ 在 $[a,b]$ 上递增,且有 $\int_a^b f'(x)\mathrm{d}x=f(b)-f(a)$,则 $f(x)$ 在 $[a,b]$ 上绝对连续.

证明 考查函数 $F(x)=\int_a^x f'(t)\mathrm{d}t-(f(x)-f(a))$,易知 $F(a)=F(b)=0$. 又因为 $a\leqslant x<y\leqslant b$ 时,有

$$F(y) - F(x) = \int_x^y f'(t)dt - (f(y) - f(x)) \leqslant 0$$

所以 $F(x)$ 是递减函数,从而知 $F(x) \equiv 0$,这说明

$$\int_a^x f'(t)dt - (f(x) - f(a)) = 0$$

即

$$f(x) = f(a) + \int_a^x f'(t)dt$$

即得所证.

30. 设 $f \in BV([a,b])$. 若有 $\int_a^b |f'(x)|dx = \bigvee_a^b(f)$,则 $f(x)$ 在 $[a,b]$ 上绝对连续.

证明 只需指出函数 $\bigvee_a^x(f)$ 是绝对连续的即可.

令 $F(x) = \int_a^x |f'(t)|dt - \bigvee_a^x(f)$,易知 $F(x)$ 是 $[a,b]$ 上的递减函数. 由 $F(a) = F(b) = 0$ 可知,$F(x) \equiv 0$. 即

$$0 \equiv \int_a^x |f'(t)|dt - \bigvee_a^x(f)$$

$$\bigvee_a^x(f) \equiv \int_a^x |f'(t)|dt$$

故结论成立.

31. 设 $f \in AC([a,b]), g \in AC([a,b])$,则 $\bigvee_a^x(fg) \in AC([a,b])$.

证明 依题设知,对任给 $\varepsilon > 0$,存在 $\delta > 0$,使得当 $[a,b]$ 中互不相交区间组 $\{(x_i, y_i)\}_1^n$ 满足 $\sum_{i=1}^n (y_i - x_i) < \delta$ 时,有

$$\sum_{i=1}^n \bigvee_{x_i}^{y_i}(f) < \varepsilon, \quad \sum_{i=1}^n \bigvee_{x_i}^{y_i}(g) < \varepsilon$$

假定

$$|f(x)| \leqslant M_1, \quad |g(x)| \leqslant M_2, \quad a \leqslant x \leqslant b$$

有

$$\bigvee_{x_i}^{y_i}(fg) \leqslant M_1 \bigvee_{x_i}^{y_i}(g) + M_2 \bigvee_{x_i}^{y_i}(f), \quad i = 1, 2, \cdots, n$$

从而知

$$\sum_{i=1}^n |\bigvee_a^{y_i}(fg) - \bigvee_a^{x_i}(fg)| = \sum_{i=1}^n \bigvee_{x_i}^{y_i}(fg) \leqslant \sum_{i=1}^n M_1 \bigvee_{x_i}^{y_i}(g) + \sum_{i=1}^n M_2 \bigvee_{x_i}^{y_i}(f) = M_1\varepsilon + M_2\varepsilon$$

由此得证.

32. 设 $f(x)$ 定义在 $[0,1]$ 上,则 $f \in \mathrm{Lip}1([0,1])$ 的充分必要条件是:存在 $g \in L^\infty([0,1])$,使得

$$f(x) - f(0) = \int_0^x g(t)\,dt \tag{$*$}$$

证明 必要性. 假定 $f \in \mathrm{Lip}1([0,1])$，则 $f \in AC([a,b])$ 且有

$$f(x) - f(0) = \int_0^x f'(t)\,dt,\ |f(y) - f(x)| \leqslant M|y-x|, x,y \in [0,1]$$

由此即知 $|f'(x)| \leqslant M, \mathrm{a.e.}\, x \in [0,1]$，并令 $g(x) = f'(x)$ 即可.

充分性. 假定式($*$)成立且 $|g(t)| \leqslant M, \mathrm{a.e.}\, x \in [0,1]$，则对任意的 $x,y \in [0,1]$，有

$$|f(y) - f(x)| \leqslant \left|\int_x^y |g(t)|\,dt\right| \leqslant M|y-x|$$

练习题 5 答案

1. 设 $f \in L^2([0,1])$ 且 $f(x) \neq 0 (0 \leqslant x \leqslant 1)$，令 $F(x) = \int_0^x f(t)\,dt (0 \leqslant x \leqslant 1)$，则 $\|F\|_2 < \|f\|_2$.

证明 应用 Schwarz 不等式，有

$$\|F\|_2^2 = \int_0^1 \left|\int_0^x f(t)\,dt\right|^2 dt \leqslant \int_0^1 \left(\int_0^x 1^2\,dt\right)\left(\int_0^x |f(t)|^2\,dt\right) dx \leqslant \int_0^1 x\|f\|_2^2\,dx$$

$$= \frac{1}{2}\|f\|_2^2 < \|f\|_2^2$$

2. 设 $f \in L^2([0,1])$，则存在 $[0,1]$ 上的递增函数 $F(x)$，使得对任意的 $[a,b] \subset [0,1]$，均有 $\left|\int_a^b f(x)\,dx\right|^2 \leqslant (F(b) - F(a))(b-a)$.

证明 令 $F(x) = \int_0^x f^2(t)\,dt (0 \leqslant x \leqslant 1)$，有

$$\left|\int_a^b f(x)\,dx\right|^2 \leqslant (b-a)\int_a^b f^2(x)\,dx = (F(b) - F(a))(b-a)$$

3. 设 $\int_0^1 f(x)\,dx = a, 0 \leqslant f(x) \leqslant a^{\frac{2}{3}}$，则 $\int_0^1 \sqrt{f(x)}\,dx \geqslant a^{\frac{2}{3}}$.

证明 设 $p > 1$，且改写 a 为 $a = \int_0^1 f(x)^{\frac{1}{2p} + 1 - \frac{1}{2p}}\,dx$，则可得

$$a \leqslant \left(\int_0^1 \sqrt{f(x)}\,dx\right)^{\frac{1}{p}} \cdot a^{\frac{2p-1}{3p}}$$

从而

$$a^{\frac{p+1}{3}} \leqslant \int_0^1 \sqrt{f(x)}\,dx$$

从而令 $p \to 1^+$，即可得证.

4. 设 $1 < p \leqslant r \leqslant q < \infty, f \in L^q(E)$. 若 $\frac{1}{r} = \frac{t}{p} + \frac{1-t}{q}, 0 < t < 1$，则

$$\|f\|_r \leqslant \varepsilon \|f\|_p^{\frac{\kappa}{p}} + \varepsilon^{-\frac{r(1-t)}{p}} \|f\|_q^{r(1-t)}$$

证明 在 $ab \leqslant \dfrac{a^p}{p} + \dfrac{b^r}{r} (\dfrac{1}{p} + \dfrac{1}{r} = 1)$ 中，以 $\varepsilon^{\frac{1}{p}} a$ 代 a，以 $\varepsilon^{-\frac{1}{p}} b$ 代 b，可知

$$ab \leqslant \frac{\varepsilon a^p}{p} + \varepsilon^{-\frac{r}{p}} \frac{b^r}{r} \leqslant \varepsilon a^p + \varepsilon^{-\frac{r}{p}} b^r$$

对 $p \leqslant r \leqslant q, \dfrac{1}{r} = \dfrac{t}{p} + \dfrac{1-t}{q}$，有 $\|f\|_r \leqslant \|f\|_p^t \cdot \|f\|_q^{1-t}$，从而即可得证.

5. 设 $\omega(x)$ 是 $\mathbf{R}^n$ 上的非负可积函数，记 $\mathrm{d}\mu(x) = \omega(x)\mathrm{d}x$.

(1) $L^q(\mathbf{R}^n, \mathrm{d}\mu) \subset L^p(\mathbf{R}^n, \mathrm{d}\mu)(1 \leqslant p \leqslant q)$.

(2) 设 $\omega \in L^1(\mathbf{R}^n) \cap L^\infty(\mathbf{R}^n)$，则 $L^q(\mathbf{R}^n) \subset L^p(\mathbf{R}^n, \mathrm{d}\mu)(0 < p \leqslant q)$.

证明 (1) 假定 $f \in L^q(\mathbf{R}^n, \mathrm{d}\mu)$，即

$$\int_{\mathbf{R}^n} |f(x)|^q \omega(x) \mathrm{d}x < +\infty$$

则有

$$\int_{\mathbf{R}^n} |f(x)|^p \omega(x)\mathrm{d}x = \int_{\mathbf{R}^n} |f(x)|^p \omega^{\frac{p}{q}}(x) \cdot \omega^{1-\frac{p}{q}}(x)\mathrm{d}x$$

$$\leqslant \Big(\int_{\mathbf{R}^n} |f(x)|^q \omega(x)\mathrm{d}x\Big)^{\frac{p}{q}} \Big(\int_{\mathbf{R}^n} \omega^{(1-\frac{p}{q}) \frac{q}{q-p}}(x)\mathrm{d}x\Big)^{\frac{q-p}{q}}$$

$$= \Big(\int_{\mathbf{R}^n} |f(x)|^q \omega(x)\mathrm{d}x\Big)^{\frac{p}{q}} \Big(\int_{\mathbf{R}^n} \omega(x)\mathrm{d}x\Big)^{1-\frac{p}{q}} < +\infty$$

(2) 只需注意不等式（对指标 $\dfrac{q}{p}$ 与 $\dfrac{q}{q-p}$）

$$\int_{\mathbf{R}^n} |f(x)|^p \omega(x)\mathrm{d}x = \int_{\mathbf{R}^n} |f(x)|^p \omega^{\frac{p}{q}}(x) \cdot \omega^{1-\frac{p}{q}}(x)\mathrm{d}x$$

$$\leqslant \Big(\int_{\mathbf{R}^n} |f(x)|^q \omega(x)\mathrm{d}x\Big)^{\frac{1}{q}} \Big(\int_{\mathbf{R}^n} \omega(x)\mathrm{d}x\Big)^{1-\frac{p}{q}}$$

$$\leqslant \|\omega\|_\infty \Big(\int_{\mathbf{R}^n} |f(x)|^q \mathrm{d}x\Big)^{\frac{1}{q}} \Big(\int_{\mathbf{R}^n} \omega(x)\mathrm{d}x\Big)^{1-\frac{p}{q}} < +\infty$$

6. 设 $m(E) > 0$，若存在 $M > 0$，使得对任意的 $p > 1$，均有 $\|f\|_p \leqslant M$，则 $f \in L^\infty(E)$.

证明 令 $E_n = \{x \in E: |f(x)| \geqslant n\} (n \in \mathbf{N})$，并假定对任意的 $n \in \mathbf{N}$，均有 $m(E_n) > 0$，则

$$n \cdot (m(E_n))^{\frac{1}{p}} \leqslant \Big(\int_{E_n} |f(x)|^p \mathrm{d}x\Big)^{\frac{1}{p}} \leqslant M, p > 1$$

令 $p \to +\infty$，可得 $n \leqslant M (n \in \mathbf{N})$，导致矛盾. 因此，存在 $n_0 \in \mathbf{N}$，使得 $m(E_{n_0}) = 0$，即 $|f(x)| \leqslant n_0$, a.e. $x \in E$.

7. 设 $\lambda \in \mathbf{R}^1$，则 $4\sin^2\lambda - \lambda \cdot \sin 2\lambda \leqslant 2\lambda^2$.

证明 由不等式

$$\left(\int_0^\lambda \cos x\,\mathrm{d}x\right)^2 \leqslant \left(\int_0^\lambda \mathrm{d}x\right)\left(\int_0^\lambda \cos^2 x\,\mathrm{d}x\right)$$

可知,$\sin^2\lambda \leqslant \dfrac{\lambda^2}{2} + \dfrac{\lambda\sin 2\pi}{4}$,由此即得所证.

8. 设 $f \in L^2([0,1])$,令 $g(x) = \displaystyle\int_0^1 \dfrac{f(t)}{|x-t|^{\frac{1}{2}}}\mathrm{d}t\,(0<x<1)$,则

$$\left(\int_0^1 g^2(x)\mathrm{d}x\right)^{\frac{1}{2}} \leqslant 2\sqrt{2}\left(\int_0^1 f^2(x)\mathrm{d}x\right)^{\frac{1}{2}}$$

证明 注意下列不等式 $(0<x<1)$

$$|g(x)|^2 \leqslant \int_0^1 \dfrac{\mathrm{d}t}{|x-t|^{\frac{1}{2}}} \cdot \int_0^1 \dfrac{|f(t)|^2}{|x-t|^{\frac{1}{2}}}\mathrm{d}t \leqslant 2\sqrt{2}\int_0^1 \dfrac{|f(t)|^2}{|x-t|^{\frac{1}{2}}}\mathrm{d}t$$

$$\left(\int_0^1 |g(x)|^2\mathrm{d}x\right)^{\frac{1}{2}} \leqslant 2\sqrt{2}\int_0^1\left(\int_0^1 |x-t|^{-\frac{1}{2}}f^2(t)\mathrm{d}t\right)\mathrm{d}x \leqslant 8\int_0^1 |f(t)|^2\mathrm{d}t$$

从而

$$\|g\|_2 \leqslant 2\sqrt{2}\|f\|_2$$

9. 设 $g(x)$ 是 $E \subset \mathbf{R}^n$ 上的可测函数,若对任意的 $f \in L^2(E)$,有 $\|g \cdot f\|_2 \leqslant M\|f\|_2$,则 $|g(x)| \leqslant M$, a.e. $x \in E$.

证明 反证法. 令 $A = \{x \in E: |g(x)| > M\}$,假定 $m(A) > 0$,则对 $f(x) = \chi_A(x)$,可得 $\|f\|_2 = \sqrt{m(A)}$. 从而有

$$\|g \cdot f\|_2 = \left(\int_A |g(x)|^2\mathrm{d}x\right)^{\frac{1}{2}} > M\sqrt{m(A)} = M\|f\|_2$$

10. $f \in L^p(E)$ 的充分必要条件是:任给 $\varepsilon > 0$,存在 $g \in L^p(E)$ 且 $g(x) \geqslant 0\,(x \in E)$,使得 $\displaystyle\int_{\{x \in E: |f(x)| > g(x)\}} |f(x)|^p \mathrm{d}x < \varepsilon$.

证明 必要性. 取 $g(x) = 2|f(x)|\,(x \in E)$,有
$\{x \in E: |f(x)| \geqslant g(x)\} = \{x \in E: |f(x)| = 0\} \cup \{x \in E: |f(x)| = +\infty\}$
充分性

$$\int_E |f(x)|^p\mathrm{d}x = \int_{\{x \in E: |f(x)| > g(x)\}} |f(x)|^p\mathrm{d}x + \int_{\{x \in E: |f(x)| \leqslant g(x)\}} |f(x)|^p\mathrm{d}x$$

$$\leqslant \varepsilon + \int_E g^p(x)\mathrm{d}x < +\infty$$

11. 设 $f(x)$ 是 $\mathbf{R}^n$ 上的可测函数,$f_*(x)$ 是其分布函数,若 $\sup\{\lambda f_*(\lambda)\} < +\infty$,则称 $f \in L_*(\mathbf{R}^n)$.

(1) 若 $f \in L_*(\mathbf{R}^n)$,且 $m(\{x \in \mathbf{R}^n: f(x) \neq 0\}) < +\infty$,则 $f \in L^p(\mathbf{R}^n)\,(0 < p < 1)$.

(2) 若 $f \in L_*(\mathbf{R}^n) \cap L^\infty(\mathbf{R}^n)$，则 $f \in L^p(\mathbf{R}^n) (1 < p < +\infty)$.

证明 (1) 记 $M = m(\{x \in \mathbf{R}^n : f(x) \neq 0\})$，则

$$\int_{\mathbf{R}^n} |f(x)|^p dx = p\int_0^{+\infty} \lambda^{p-1} f_*(\lambda) d\lambda = p(\int_0^1 + \int_1^{+\infty}) \lambda^{p-1} f_*(\lambda) d\lambda$$

$$\leqslant pM \int_0^1 \lambda^{p-1} d\lambda + p \int_1^{+\infty} \lambda^{p-2} (\lambda f_*(\lambda)) d\lambda$$

$$\leqslant M + p \|f\|_1 \int_1^{+\infty} \lambda^{p-2} d\lambda = M + \frac{p}{p-1} \|f\|_1$$

(2) 注意 $\int_0^{+\infty} \lambda^{p-1} f_*(\lambda) d\lambda = \int_0^{\|f\|_\infty} \lambda^{p-2} (\lambda f_*(\lambda)) d\lambda < +\infty$.

12. 设 $f \in L([0,1])$，则 $\lim_{p \to 0^+} \int_{[0,1]} |f(x)|^p dx = 1$.

证明 注意到

$$|f(x)|^p \leqslant 1, \ |f(x)| \leqslant 1$$
$$|f(x)|^p \leqslant |f(x)|, \ |f(x)| > 1$$

记

$$E_1 = \{x \in [0,1]: |f(x)| > 1\}, E_2 = \{x \in [0,1]: |f(x)| \leqslant 1\}$$

积分号下取极限得

$$\lim_{p \to 0^+} \int_0^1 |f(x)|^p dx = \lim_{p \to 0^+} \int_{E_1} |f(x)|^p dx + \lim_{p \to 0^+} \int_{E_2} |f(x)|^p dx = m(E_1) + m(E_2) = 1$$

13. 设 $f \in L^1(E) \cap L^2(E)$，则 $\lim_{p \to 1^+} \int_E |f(x)|^p dx = \int_E |f(x)| dx$.

证明 令 $E_1 = \{x \in E: |f(x)| \geqslant 1\}, E_2 = E \setminus E_1$，则对 $2 > p_2 > p_1 > 1$，有

$$|f(x)|^{p_1} \geqslant |f(x)|^{p_2}, x \in E_2$$
$$|f(x)|^{p_2} \geqslant |f(x)|^{p_1}, x \in E_1$$

从而知

$$\lim_{p \to 1^+} \int_{E_2} |f(x)|^p dx = \int_{E_2} |f(x)| dx$$

以及

$$\lim_{p \to 1^+} \int_{E_1} (|f(x)|^p - |f(x)|) dx = \int_{E_1} 0 dx = 0$$

由此即得所证.

14. 设 $0 < q < p \leqslant \infty, m(E) < +\infty$，则 $\lim_{q \to p^-} (\int_E |f(x)|^q dx)^{\frac{1}{q}} = (\int_E |f(x)|^p dx)^{\frac{1}{p}}$.

证明 (1) 因为

$$\|f\|_q^q = \int_E |f(x)|^q dx \leqslant (m(E))^{q(\frac{1}{q} - \frac{1}{p})} (\int_E |f(x)|^p dx)^{\frac{q}{p}}$$

所以可得 $\overline{\lim_{q\to p^-}} \|f\|_q \leqslant \|f\|_p$.

(2) 根据 Levi 引理和控制收敛定理，有

$$\lim_{q\to p^-}\|f\|_q^q = \lim_{q\to p^-}\int_{\{x\in E_1\mid |f(x)|>1\}}|f(x)|^q\mathrm{d}x + \lim_{q\to p^-}\int_{\{x\in E_1\mid |f(x)|\leqslant 1\}}|f(x)|^q\mathrm{d}x$$

$$=\int_{\{x\in E_1\mid |f(x)|>1\}}|f(x)|^p\mathrm{d}x + \int_{\{x\in E_1\mid |f(x)|\leqslant 1\}}|f(x)|^p\mathrm{d}x = \|f\|_p^p$$

15. 设 $\varepsilon>0, K_\varepsilon(x) = C_\varepsilon \mathrm{e}^{-\frac{x^2}{\varepsilon}}(x\in\mathbf{R}^1)$, $\|K_\varepsilon\|_1 = 1$, 则 $\lim_{\varepsilon\to 0^+}\|K_\varepsilon * f - f\|_1 = 0 (f\in L^1(\mathbf{R}^1))$.

证明 易知 $C_\varepsilon = \dfrac{1}{\sqrt{\pi\varepsilon}}$, 有

$$\int_{\mathbf{R}^1}|\int_{\mathbf{R}^1}(f(x-y)K_\varepsilon(y) - f(x)K_\varepsilon(y))\mathrm{d}y|\mathrm{d}x$$

$$\leqslant \int_{\mathbf{R}^1}(\int_{\mathbf{R}^1}|f(x-y) - f(x)|\mathrm{d}x)K_\varepsilon(y)\mathrm{d}y$$

$$= \{\int_{|x|\leqslant a} + \int_{|x|>a}\}(\int_{\mathbf{R}^1}|f(x-y) - f(x)|\mathrm{d}x)K_\varepsilon(y)\mathrm{d}y$$

$$\triangleq I + II, a>0$$

对任给的 $\eta>0$, 注意到 $\|f_{(-y)} - f\|_1 \to 0(y\to 0)$, 故当 a 充分小时有 $|I|<\eta$. 又由于 $K_\varepsilon(x)(|x|>a)$ 是随 ε 递减趋于 0 的, 且

$$\int_{\mathbf{R}^1}|f(x-y) - f(x)|\mathrm{d}x \leqslant 2\|f\|_1$$

根据控制收敛定理, 可得当 ε 充分小时 $|II|<\eta$.

16. 设 $m(E) = 1, f(x)$ 与 $g(x)$ 是 E 上正值可测函数, 若 $f(x)g(x)\geqslant 1, x\in E$, 则

$$(\int_E f(x)\mathrm{d}x)(\int_E g(x)\mathrm{d}x) \geqslant 1$$

证明 注意到 $1 = m(E)^2 = (\int_E 1\mathrm{d}x)^2$, 有

$$1 \leqslant (\int_E \sqrt{f(x)g(x)}\mathrm{d}x)^2 \leqslant \int_E f(x)\mathrm{d}x \cdot \int_E g(x)\mathrm{d}x$$

17. 设 $f(x)$ 与 $g(x)$ 是 E 上的可测函数, 且 $\dfrac{1}{p} + \dfrac{1}{q} = \dfrac{1}{r}(1\leqslant p<\infty)$, 则

$$\|fg\|_r \leqslant \|f\|_p \cdot \|g\|_q$$

证明 由于 $\dfrac{r}{p} + \dfrac{r}{q} = 1$, 有

$$1 \leqslant \int_E |f(x)g(x)|^r\mathrm{d}x \leqslant (\int_E |f(x)|^{\frac{p}{r}\cdot r}\mathrm{d}x)^{\frac{r}{p}} \cdot (\int_E |g(x)|^{\frac{q}{r}\cdot r}\mathrm{d}x)^{\frac{r}{q}}$$

18. 设 $f(x)$ 与 $g(x)$ 是 E 上正值可测函数，$\int_E g(x)\mathrm{d}x = 1$，则
$$\left(\int_E f(x)g(x)\mathrm{d}x\right)^p \leqslant \int_E f^p(x)g(x)\mathrm{d}x, \quad p > 1$$

证明 对 p 与 $\dfrac{p}{p-1}$ 用 Hölder 不等式，可得
$$\left(\int_E f(x)g(x)\mathrm{d}x\right)^p = \left(\int_E f(x)g(x)^{\frac{1}{p}}\cdot g^{1-\frac{1}{p}}(x)\mathrm{d}x\right)^p$$
$$\leqslant \left(\int_E f^p(x)g(x)\mathrm{d}x\right)^{\frac{p}{p}}\left(\int_E g^{\frac{p-1}{p}\cdot\frac{p}{p-1}}(x)\mathrm{d}x\right)^{p-1}$$
$$= \int_E f^p(x)g(x)\mathrm{d}x$$

19. 设 $f(x)$ 是 $E \subset (0,\infty)$ 上正值可测函数，$m(E)>0, 0<r<+\infty$，则
$$\left(\frac{1}{m(E)}\int_E f(x)\mathrm{d}x\right)^{-1} \leqslant \left(\frac{1}{m(E)}\int_E \frac{\mathrm{d}x}{f^r(x)}\right)^{\frac{1}{r}}$$

证明 令 $p = 1+\dfrac{1}{r}$，则 $\dfrac{1}{p}+\dfrac{1}{rp}=1$，对这些指标用 Hölder 不等式，可知
$$m(E) = \int_E f^{\frac{1}{p}}(x)\mathrm{d}x \cdot \int_E f^{-\frac{1}{p}}(x)\mathrm{d}x \leqslant \left(\int_E f(x)\mathrm{d}x\right)^{\frac{1}{p}}\left(\int_E f^{-r}(x)\mathrm{d}x\right)^{\frac{1}{rp}}$$

从而可得
$$(m(E))^{1+\frac{1}{r}} \leqslant \left(\int_E f(x)\mathrm{d}x\right)\left(\int_E f^{-r}(x)\mathrm{d}x\right)^{\frac{1}{r}}$$

20. 设 $f(x), g(x)$ 是 E 上正值可测函数，$0<p<1, q=\dfrac{p}{p-1}$，则
$$\int_E f(x)g(x)\mathrm{d}x \geqslant \left(\int_E f^p(x)\mathrm{d}x\right)^{\frac{1}{p}}\left(\int_E g^q(x)\mathrm{d}x\right)^{\frac{1}{q}}$$

证明 作分解 $f^p(x) = (f(x)g(x))^p(g(x))^{-p}$，并且对指标 $\dfrac{1}{p}$ 与 $\dfrac{1}{1-p}$ 用 Hölder 不等式，有
$$\int_E f^p(x)\mathrm{d}x \leqslant \left(\int_E f(x)g(x)\mathrm{d}x\right)^p \left(\int_E (g(x))^{\frac{p}{p-1}}\mathrm{d}x\right)^{1-p}$$

由此即可得证.

21. 设 $f_1(y,z), f_2(x,z), f_3(x,y)$ 是 $\mathbf{R}^2$ 上的非负可测函数，且记
$$I_1 = \int_{\mathbf{R}^2} f_1^2(y,z)\mathrm{d}y\mathrm{d}z, \quad I_2 = \int_{\mathbf{R}^2} f_2^2(x,z)\mathrm{d}x\mathrm{d}z, \quad I_3 = \int_{\mathbf{R}^2} f_3^2(x,y)\mathrm{d}x\mathrm{d}y$$

令 $F(x,y,z) = f_1(y,z)f_2(x,z)f_3(x,y)$，则
$$I = \int_{\mathbf{R}^3} F(x,y,z)\mathrm{d}x\mathrm{d}y\mathrm{d}z \leqslant (I_1 I_2 I_3)^{\frac{1}{2}}$$

证明 应用 Hölder 不等式,可知

$$I = \int_{\mathbf{R}^2} f_1(y,z)(\int_{\mathbf{R}^1} f_2(x,z)f_3(x,y)\mathrm{d}x)\mathrm{d}y\mathrm{d}z$$

$$\leqslant \int_{\mathbf{R}^2} f_1(y,z)(\int_{\mathbf{R}^1} f_2^{\,2}(x,z)\mathrm{d}x)^{\frac{1}{2}}(\int_{\mathbf{R}^1} f_3^{\,2}(x,y)\mathrm{d}x)^{\frac{1}{2}}\mathrm{d}y\mathrm{d}z$$

$$\leqslant (\int_{\mathbf{R}^2} f_1^{\,2}(y,z)\mathrm{d}y\mathrm{d}z)^{\frac{1}{2}}(\int_{\mathbf{R}^2}(\int_{\mathbf{R}^1} f_2^{\,2}(x,z)\mathrm{d}x)(\int_{\mathbf{R}^1} f_3^{\,2}(x,y)\mathrm{d}x)\mathrm{d}y\mathrm{d}z)^{\frac{1}{2}}$$

$$= I_1^{\frac{1}{2}}(\int_{\mathbf{R}^2} f_2^{\,2}(x,z)\mathrm{d}x\mathrm{d}z)^{\frac{1}{2}}(\int_{\mathbf{R}^2} f_3^{\,2}(x,y)\mathrm{d}x\mathrm{d}y)^{\frac{1}{2}} = (I_1 I_2 I_3)^{\frac{1}{2}}$$

22. 设 $f \in L^p(E), e \subset E$ 是可测子集,则 $(p \geqslant 1)$

$$(\int_E |f(x)|^p \mathrm{d}x)^{\frac{1}{p}} \leqslant (\int_e |f(x)|^p \mathrm{d}x)^{\frac{1}{p}} + (\int_{E\setminus e} |f(x)|^p \mathrm{d}x)^{\frac{1}{p}}$$

证明 作函数

$$g(x) = \begin{cases} f(x), x \in e \\ 0, x \in E\setminus e \end{cases}$$

和

$$h(x) = \begin{cases} 0, x \in e \\ f(x), x \in E\setminus e \end{cases}$$

则

$$f(x) = g(x) + h(x)(x \in E)$$

从而由 Minkowski 不等式得

$$(\int_E |f(x)|^p \mathrm{d}x)^{\frac{1}{p}} = (\int_E |g(x) + h(x)|^p \mathrm{d}x)^{\frac{1}{p}}$$

$$\leqslant (\int_E |g(x)|^p \mathrm{d}x)^{\frac{1}{p}} + (\int_E |h(x)|^p \mathrm{d}x)^{\frac{1}{p}}$$

$$= (\int_e |f(x)|^p \mathrm{d}x)^{\frac{1}{p}} + (\int_{E\setminus e} |f(x)|^p \mathrm{d}x)^{\frac{1}{p}}$$

23. 设 $\|f_k - f\|_p \to 0, \|g_k - g\|_q \to 0, p > 1$ 且 $\frac{1}{p} + \frac{1}{q} = 1$,则

$$\lim_{k \to \infty} \int_E |f_k(x)g_k(x) - f(x)g(x)| \mathrm{d}x = 0$$

证明 因为

$$f_k(x)g_k(x) - f(x)g(x) = (f_k(x) - f(x))(g_k(x) - g(x)) +$$
$$f(x)(g_k(x) - g(x)) + g(x)(f_k(x) - f(x))$$

所以得到

$$\int_E |f_k(x)g_k(x) - f(x)g(x)| \mathrm{d}x \leqslant \int_E |f_k(x) - f(x)| \cdot |g_k(x) - g(x)| \mathrm{d}x +$$

$$\int_E |f(x)| \cdot |g_k(x)-g(x)| \, dx + \int_E |g_k(x)| \cdot |f_k(x)-f(x)| \, dx$$
$$\leqslant \|f_k-f\|_p \cdot \|g_k-g\|_q + \|f\|_p \cdot \|g_k-g\|_q + \|g\|_q \cdot \|f_k-f\|_p$$

令 $k \to \infty$ 即得所证.

24. 设在 $E \subset \mathbf{R}^n$ 上有 $\|f_k-f\|_1 \to 0$, $\|g_k-g\|_1 \to 0 (k \to \infty)$, 若 $f_k \in L^\infty(E)$, $\|f_k\|_\infty \leqslant M(k=1,2,\cdots)$, 则 $\|f_k g_k - fg\|_1 \to 0 (k \to \infty)$.

证明 易知 $\|f\|_\infty \leqslant M$, 且 $f_k g_k \in L(E)(k \in \mathbf{N})$, $fg \in L(E)$, 对任给 $\varepsilon > 0, \sigma > 0$, 由题设知存在 $\delta > 0$ 以及 N, 使得 $(e \subset E, e_k(\sigma) = \{x \in E: |f_k(x)-f(x)| > \sigma\})$

$$\int_e |g(x)| \, dx < \varepsilon (m(e) < \delta)$$
$$m(\{x \in E: |f_k(x)-f(x)| > \sigma\}) < \delta, k \geqslant N$$
$$\int_{E_N} |g(x)| \, dx < \varepsilon, E_N = \{x \in E: |x| > N\}$$

从而有
$$\int_{E_N} |f_k(x)g(x)-f(x)g(x)| \, dx \leqslant 2M \int_{E_N} |g(x)| \, dx < 2M\varepsilon$$

以及
$$\int_{E \setminus E_N} |f_k(x)g(x)-f(x)g(x)| \, dx = \left\{ \int_{A_N(\sigma)} + \int_{B_N(\sigma)} \right\} |f_k(x)-f(x)| \cdot |g(x)| \, dx$$
$$\leqslant 2M \int_{A_N(\sigma)} |g(x)| + \sigma \cdot \int_{B_N(\sigma)} |g(x)| \, dx$$
$$< 2M\varepsilon + \sigma \|g\|_1$$

其中 $A_N(\sigma) = (E \setminus E_N) \cap e_k(\sigma), B_N(\sigma) = (E \setminus E_N) \setminus e_k(\sigma)$

由此即可得 $\|f_k g - fg\|_1 \to 0 (k \to \infty)$. 注意到 $\|f_k g - f_k g_k\|_1 \leqslant M \|g-g_k\|$, 最后得到
$$\|f_k g_k - fg\|_1 \leqslant \|f_k g_k - f_k g\|_1 + \|f_k g - fg\|_1 \to 0, k \to \infty$$

25. 设 $\|f_n-f\|_r \to 0$, $\|g_n-g\|_r \to 0 (n \to \infty, r \geqslant 0)$, 则 $\|f_n g_n - fg\|_{\frac{r}{2}} \to 0 (n \to \infty)$.

证明 由题设, $\lim_{n \to \infty} \|f_n\|_r = \|f\|_r$, 有

$$\int_E |f_n(x)g_n(x)-f(x)g(x)|^{\frac{r}{2}} \, dx$$
$$\leqslant \int_E |f_n(x)(g_n(x)-g(x)) - g(x)(f_n(x)-f(x))|^{\frac{r}{2}} \, dx$$
$$\leqslant 2^{\frac{r}{2}} \left(\int_E |f_n(x)(g_n(x)-g(x))|^{\frac{r}{2}} \, dx + \int_E |g(x)(f_n(x)-f(x))|^{\frac{r}{2}} \, dx \right)$$
$$\leqslant 2^{\frac{r}{2}} \left(\left(\int_E |f_n(x)|^r \, dx \right)^{\frac{1}{2}} \left(\int_E |g_n(x)-g(x)|^r \, dx \right)^{\frac{1}{2}} + \right.$$
$$\left. \left(\int_E |g(x)|^r \, dx \right)^{\frac{1}{2}} \left(\int_E |f_n(x)-f(x)|^r \, dx \right)^{\frac{1}{2}} \right)$$

令 $n \to \infty$ 即可得证.

26. 设 $f_k \in L^p(E)(k \in \mathbf{N}, 1 \leqslant p < +\infty), \lim_{k \to \infty} f_k(x) = f(x), \text{a.e.} x \in E$,则下列命题等价:

(1) $f \in L^p(E)$ 且 $\lim_{k \to \infty} \|f_k - f\|_p = 0$.

(2) 对任给 $\varepsilon > 0$,存在 $e_1 \subset E: m(e_1) < +\infty$,以及 $\delta > 0$,使得

$$\int_{E \setminus e_1} |f_k(x)|^p \mathrm{d}x < \varepsilon, k \in \mathbf{N}$$

$$\int_{e_2} |f_k(x)|^p \mathrm{d}x < \varepsilon, k \in \mathbf{N}, e \subset E: m(e_2) < \delta$$

证明 (1)$\Rightarrow$(2) 注意,对任给 $\varepsilon > 0$,以及可测集 $A \subset E$,存在 N,使得

$$\int_A |f_k(x)|^p \mathrm{d}x \leqslant \int_A |f(x)|^p \mathrm{d}x + \varepsilon, k \geqslant N$$

(2)$\Rightarrow$(1) 由题设可知,对任给 $\varepsilon > 0$,存在 $\delta > 0$,使得

$$\int_{E \setminus e_1} |f_k(x)|^p \mathrm{d}x < \varepsilon, \int_{e_2} |f(x)|^p \mathrm{d}x < \varepsilon, m(e_2) < \delta, m(e_1) < +\infty$$

从而可得

$$\int_{E \setminus e_1} |f_k(x) - f(x)|^p \mathrm{d}x \leqslant 2^p \int_{E \setminus e_1} |f_k(x)|^p \mathrm{d}x + 2^p \int_{E \setminus e_1} |f(x)|^p \mathrm{d}x < 2^{p+1} \varepsilon$$

再由 $\{f_k(x)\}$ 在 e_1 上依测度收敛于 $f(x)$,若令 $e_1' = \{x \in e_1 : |f_k(x) - f(x)| \geqslant \varepsilon\}$,则存在 n_0,使得 $m(e_1') < \delta(K \geqslant n_0)$,从而又可得

$$\int_{e_1} |f_k(x) - f(x)|^p \mathrm{d}x = \left\{ \int_{e_1'} + \int_{e_1 \setminus e_1'} \right\} |f_k(x) - f(x)|^p \mathrm{d}x \leqslant C_1 \varepsilon$$

综合上述结果,有 $\|f_k - f\|_p \leqslant C_2 \varepsilon$.

27. 试证明下列命题.

(1) $f, g \in L^2(E)$,则 $\|f+g\|_2^2 + \|f-g\|_2^2 = 2(\|f\|_2^2 + \|g\|_2^2)$(平行四边形公式).

(2) 设 $\|f_n - f\|_2 \to 0, \|g_n - g\|_2 \to 0 (n \to \infty)$,则 $|\langle f_n, g_n \rangle - \langle f, g \rangle| \to 0 (n \to \infty)$.

(3) 设 $\|f\|_2 = \|g\|_2$,则 $\langle f+g, f-g \rangle = 0$.

(4) 设 $\|f_n\|_2 \to \|f\|_2, \langle f_n, f \rangle \to \|f\|_2^2 (n \to \infty)$,则 $\|f_n - f\|_2 \to 0$.

证明 (1) 注意等式

$$\int_E (f(x) + g(x))^2 \mathrm{d}x + \int_E (f(x) - g(x))^2 \mathrm{d}x = 2\left(\int_E f^2(x) \mathrm{d}x + \int_E g^2(x) \mathrm{d}x \right)$$

(2) 注意 $\|g_n\|_2 \to \|g\|_2 (n \to \infty)$ 以及不等式

$$|\langle f_n, g_n \rangle - \langle f, g \rangle| = |\langle f_n - f, g_n \rangle + \langle g - g_n, f \rangle|$$

$$\leqslant \|f_n - f\|_2 \cdot \|g_n\|_2 + \|g_n - g\|_2 \cdot \|f\|_2$$

(3) 注意等式 $\langle f+g, f-g \rangle = \|f\|_2^2 - \|g\|_2^2 + \langle g, f \rangle - \langle f, g \rangle = 0$.

(4) 注意 $\|f_n - f\|_2^2 = \|f_n\|_2^2 + \|f\|_2^2 - 2\langle f_n, f \rangle$.

28. 设 $f \in L^2(\mathbf{R}^1), g \in L^2(\mathbf{R}^1)$,令 $f_h(x) = \dfrac{f(x+h)-f(x)}{h}(h \neq 0)$,若有

$$\lim_{h \to 0} \int_{\mathbf{R}^1} |f_h(x) - g(x)|^2 dx = 0$$

则存在常数 C,使得 $f(x) = \int_0^x g(t)dt + C, \text{a.e. } x \in \mathbf{R}^1$.

证明 注意到不等式

$$\int_0^x |g(t) - f_h(t)| dt \leq \left(\int_{\mathbf{R}^1} |g(t) - f_h(t)|^2 dt\right)^{\frac{1}{2}} |x|^{\frac{1}{2}}$$

可知

$$\int_0^x g(t)dt = \lim_{h \to 0} \int_0^x \frac{f(t+h)-f(t)}{h} dt = \lim_{h \to 0} \frac{1}{h}\int_x^{x+h} f(t)dt - \lim_{h \to 0} \frac{1}{h}\int_0^h f(t)dt$$

$$= f(x) - C, \text{a.e. } x \in \mathbf{R}^1$$

由此即得所证.

29. $\{\sin nx\}$ 是 $L^2([0,\pi])$ 中的完全正交系.

证明 显然,$\{\sin nx\}$ 是 $L^2([0,\pi])$ 中的正交系.此外,设 $f \in L^2([0,\pi])$,且有

$$\int_0^\pi f(x) \sin nx \, dx = 0$$

作 $f(x)$ 在 $[-\pi, \pi]$ 上的奇延拓

$$f^*(x) = f(x), 0 < x \leq \pi$$
$$f^*(x) = -f(-x), -\pi \leq x < 0$$

显然

$$\int_{-\pi}^\pi f^*(x) \cos nx \, dx = 0, n = 0, 1, 2, \cdots$$

而且

$$\int_{-\pi}^0 f^*(x) \sin nx \, dx \xrightarrow{x=-t} \int_0^\pi f(t) \sin nt \, dt = 0, n \in \mathbf{N}$$

这说明 $\int_{-\pi}^\pi f^*(x) \sin nx \, dx = 0$. 从而 $f^*(x) = 0, \text{a.e. } x \in [-\pi, \pi]$. 由此即可得证.

30. 设 $f \in L^1([-\pi, \pi]), \{\varphi_n(x)\}$ 是 $(-\pi, \pi)$ 上的三角函数系.若有

$$\int_{-\pi}^\pi f(x) \varphi_n(x) dx = 0, n = 1, 2, \cdots$$

则 $f(x) = 0, \text{a.e. } x \in [-\pi, \pi]$.

证明 由题设知,对三角多项式 $Q(x)$,有 $\langle f, Q \rangle = 0$. 而对 $g \in C([-\pi, \pi])$,存在三角多项式列 $\{Q_n(x)\}$,它在 $[-\pi, \pi]$ 上一致收敛到 $g(x)$,故有 $0 = \lim_{n \to \infty} \langle f, Q_n \rangle = \langle f, g \rangle$.

又对 $[-\pi, \pi]$ 中的任意正测集 E,存在 $g_n \in C([-\pi, \pi]), |g_n(x)| \leq 1$,使得 $\lim_{n \to \infty} g_n(x) = \chi_E(x)$. 从而根据控制收敛定理,可得 $\langle f, \chi_E \rangle = 0$.

由此立即推出结论成立.

31. 设 $\{\varphi_k\} \subset L^2([a,b])$ 是标准正交系,若存在极限 $\lim\limits_{k\to\infty}\varphi_k(x) = \varphi(x)$, a. e. $x \in [a,b]$,则 $\varphi(x) = 0$, a. e. $x \in [a,b]$.

证明 由
$$\int_a^b \varphi^2(x)\mathrm{d}x = \int_a^b \lim_{k\to\infty}\varphi_k^2(x)\mathrm{d}x \leqslant \varliminf_{k\to\infty}\int_a^b \varphi_k^2(x)\mathrm{d}x = 1$$
可知 $\varphi \in L^2([a,b])$. 从而有
$$0 = \lim_{k\to\infty}\int_a^b \varphi(x)\varphi_k(x)\mathrm{d}x = \int_a^b \varphi^2(x)\mathrm{d}x$$
由此即得 $\varphi(x) = 0$, a. e. $x \in [a,b]$.

32. 设 $\{f_n\} \in L^2([0,1])$ 是标准正交系,则 $\sum\limits_{n=1}^{\infty}\left|\int_0^x f_n(t)\mathrm{d}t\right|^2 \leqslant x, x \in [0,1]$.

证明 注意不等式
$$\sum_{n=1}^{\infty}\left|\int_0^x f_n(t)\mathrm{d}t\right|^2 = \sum_{n=1}^{\infty}\left|\int_0^1 f_n(t)\chi_{[0,x]}(t)\mathrm{d}t\right|^2 = \sum_{n=1}^{\infty}|\langle f_n,\chi_{[0,x]}\rangle|^2 \leqslant \|\chi_{[0,x]}\|_2^2 = x$$

33. 设 $\{\varphi_k\} \subset L^2([a,b])$ 是完全标准正交系,$f \in L^2([a,b])$,$f(x) \sim \sum\limits_{k=1}^{\infty}c_k\varphi_k(x)$,其中 $c_k = \langle f,\varphi_k\rangle$,则对 $[a,b]$ 中的任一可测集 E,有 $\int_E f(x)\mathrm{d}x = \sum\limits_{k=1}^{\infty}c_k\int_E \varphi_k(x)\mathrm{d}x$.

证明 注意,有等式
$$\int_E f(x)\mathrm{d}x = \int_a^b f(x)\chi_E(x)\mathrm{d}x = \langle f,\chi_E\rangle = \sum_{k=1}^{\infty}\langle f,\varphi_k\rangle\langle\chi_E,\varphi_k\rangle$$
$$= \sum_{k=1}^{\infty}c_k\langle\chi_E,\varphi_k\rangle = \sum_{k=1}^{\infty}c_k\int_E \varphi_k(x)\mathrm{d}x$$

参考文献

[1] 周民强.实变函数论[M].北京:北京大学出版社,2008.
[2] 江泽坚,吴智泉.实变函数论[M].北京:人民教育出版社,1959.
[3] 周性伟.实变函数[M].北京:科学出版社,2005.
[4] 那汤松 И П.实变函数论[M].北京:高等教育出版社,1958.
[5] 鄂强 Ю С.实变函数论的定理与习题集[M].北京:人民教育出版社,1981.
[6] 周民强.实变函数解题指南[M].北京:北京大学出版社,2007.